JIANSHE GONGCHENG SHIGONG HETONG
SIFA JIESHI（ER）SHIWU ZHINAN

建设工程
施工合同司法解释（二）
实务指南

李云 包智渊 / 编著

中国法制出版社
CHINA LEGAL PUBLISHING HOUSE

理解《建设工程施工合同司法解释（二）》的几点提示

《最高人民法院关于审理建设工程施工合同纠纷案件适用法律问题的解释（二）》（以下简称《建设工程司法解释（二）》）历经六七年时间，几易其稿，终于在2019年1月3日通过最高人民法院官网正式对外发布，并已于2019年2月1日开始施行。毋庸置疑，尽管《建设工程司法解释（二）》的施行在司法实践中仍然会存在这样那样的问题，但也有相当一部分长期争论的观点自此一锤定音，必然会给施工合同纠纷的解决带来巨大的影响。同时，《建设工程司法解释（二）》在推崇合规经营、诚实守信，充分尊重各市场主体，建立开放包容的市场秩序，敬畏建设工程的安全与质量等方面也必将会有良好的促进作用。

一方面，我们需要深入研究《建设工程司法解释（二）》，以期在个案的纠纷解决中立于不败之地，更好地协助当事人维护其合法权益，为此，我们编写了本书。

另一方面，我们同时也需要给予足够关注的是《建设工程司法解释（二）》未来将给市场主体的各方带来哪些较大的影响，以便从根本上处理好施工合同纠纷，促进市场进一步健康、持续发展。借此，拟就《建设工程司法解释（二）》可能将给施工企业直接带来的影响作一简略之论述，便于相关市场主体对《建设工程司法解释（二）》的实务层面的深度把握与运用。

影响一：经过招标发包的工程项目，中标合同与另行签订的合同在实质性内容上不一致的，建筑施工企业可以请求以中标合同作为工程价款结算依据。

《建设工程司法解释（二）》第1条规定："招标人和中标人另行签订的建设工程施工合同约定的工程范围、建设工期、工程质量、工程价款等实质性内容，与中标合同不一致，一方当事人请求按照中标合同确定权利义务的，人民法院应予支持。"

《建设工程司法解释（二）》第9条规定："发包人将依法不属于必须招标的建设工程进行招标后，与承包人另行订立的建设工程施工合同背离中标合同的实质性内容，当事人请求以中标合同作为结算建设工程价款依据的，人民法院应予支持，但发包人与承包人因客观情况发生了在招标投标时难以预见的变化而另行订立建设工程施工合同的除外。"

对照《建设工程司法解释（二）》第1条及第9条的规定，再结合2005年1月1日施行的《最高人民法院关于审理建设工程施工合同纠纷案件适用法律问题的解释》（以下简称《建设工程司法解释（一）》）第21条的规定，结算工程款的依据从"备案的中标合同"到"中标合同"，强调的不再是"备案"，而是"中标合同"。也就是说，只要经过招标发包的工程项目，如果在"中标合同"之外存在实质性内容与之不一致的另行签订的"施工合同"，则建筑施工企业可以从相对有利于自身利益的角度请求以"中标合同"作为结算依据。

住房和城乡建设部2018年9月28日发布了对《房屋建筑和市政基础设施工程施工招标投标管理办法》的修改，第47条已将"订立书面合同后7日内，中标人应当将合同送工程所在地的县级以上地方人民政府建设行政主管部门备案"的内容删除。即按照该办法现行规定，“中标合同”送政府主管部门备案已经不再是行政监管的硬性要求，实践中“备案的”合同将渐行渐远，市场会进一步开放和包容。由此，以“中标合同”作为工程价款的结算依据自然也就顺理成章。

可见，在以招标方式发包的工程中，除非有其他因素导致中标合同无效，建筑施工企业可以结合工程实际，要求发包人以中标合同作为结算依据，维护自身合法权益。

影响二：经过招标发包的工程项目，施工企业基于各种因素在中标合同之外以单方让利等方式变相降低工程价款的，施工企业可以请求确认该等行为无效，要求以中标合同为工程价款结算依据。

如前所述，我们讨论了在中标合同之外存在实质性内容不一致的另行订立的合同时，建筑施工企业可以出于维护自身利益的考虑，请求以中标合同作为工程价款结算的依据。然实践中，在中标合同之外，很可能双方并未另行签订施工合同，只是施工企业迫于中标的压力，以单方承诺的方式向发包人以高于市场价格购买承建房产、无偿建设住房配套设施、让利等，导致变相降低了工程价款。在《建设工程司法解释（二）》出台之前，类似单方让利等行为的效力一直颇有争议，施工企业也是怨声载道，无可奈何。

现在，《建设工程司法解释（二）》第1条明确规定的“招标人和中标人在中标合同之外就明显高于市场价格购买承建房产、无偿建设住房配套设施、让利、向建设单位捐赠财物等另行签订合同，变相降低工程价款，一方当事人以该合同背离中标合同实质性内容为由请求确认无效的，人民法院应予支持”，在实质上否定了类似单方让利行为的效力，之前出具的该等单方承诺书也将不被认可，施工企业可以直接请求发包人以中标合同为工程价款结算依据。

这一规定无疑对施工企业而言是一个大大的利好，尤其是在建材价格不断上涨的环境下，犹如雪中送炭。同时，我们也希望发包人能够和建筑施工企业一起遵守相应的规定，共同构建一个共赢发展的市场。

影响三：经过招标发包的工程项目，如施工企业签订的中标合同与招标文件、投标文件、中标通知书载明的实质性内容不一致，施工企业可以请求以招标文件、投标文件、中标通知书作为工程价款的结算依据。

在建设工程承发包实践中，发包人除了以在中标合同之外另行订立实质性内容与中标合同不一致的施工合同、要求施工企业出具单方让利等承诺变相降低工程价款外，还通常会在发出中标通知后、签订中标合同之前与施工企业进一步协商，要求签订的中标合同约定的工程价款低于中标通知书载明的工程价款，从而使施工企业不得不违心地作出让步，苦不堪言。

《建设工程司法解释（二）》第10条正是针对此种现象，明确规定："当事人签订的建设工程施工合同与招标文件、投标文件、中标通知书载明的工程范围、建设工期、工程质量、工程价款不一致，一方当事人请求将招标文件、投标文件、中标通知书作为结算工程价款的依据的，人民法院应予支持。"

因此，施工企业对于类似施工合同可以明确说"不"，直接请求以招标文件、投标文件、中标通知书作为结算工程价款的依据。

影响四：建筑施工企业在合同约定的期限内向发包人或者监理人申请过工期顺延且顺延事由符合合同约定的，即便发包人或监理人未予确认，建筑施工企业也可以主张工期顺延。

在建设工程施工合同纠纷案件中，争议的焦点大多都围绕工程价款、建设工期、工程质量展开。《建设工程司法解释（二）》对建筑施工企业的前述几点影响均是围绕工程价款的结算依据，针对实践中长期困扰施工企业的一些现象给出明确意见。而有关建设工期的争议，焦点常常在于施工企业所提出的工期顺延的主张能否得到支持。比如，施工企业按照约定向发包人或监理人就符合合同约定的事由提出工期顺延的申请，但仍然得不到发包人或监理人的确认，该如何处理?

《建设工程司法解释（二）》第6条针对上述情况给出了相应的意见，明确规定："当事人约定顺延工期应当经发包人或者监理人签证等方式确认，承包人虽未取得工期顺延的确认，但能够证明在合同约定的期限内向发包人或者监理人申请过工期顺延且顺延事由符合合同约定，承包人以此为由主张工期顺延的，人民法院应予支持。"

当然，与此同时《建设工程司法解释（二）》第6条也明确规定，当事人约定施工企业未在约定期限内提出工期顺延申请视为工期不顺延的，按照约定处理。即如果施工企业不按照约定的期限提出工期顺延，那么双方合同约定此种情况视为工期不顺延的，按约定办理。

应该说，《建设工程司法解释（二）》的这一规定对于引导发包人和施工企业诚实守信、增强契约意识是大有裨益的。施工企业理应尽快跟上社会法治建设的脚步，规范管理、合规经营，在妥善处理施工合同纠纷的同时，进一步练好"内功"。

影响五：建设工程开工日期的认定与施工许可证的取得没有必然关联，建筑施工企业在施工许可证未办理的情况下提前进场施工需谨慎。

与建设工期争端紧密关联的除了前文谈到的工期顺延的主张是否得到确认外，还有就是对于开工日期的认定。司空见惯的情况是：建筑施工企业往往在发包人尚未取得施工许可证时，就出于赶工期、锁定项目等诸多因素的考虑而提前进场施工。待到各方产生争议，尤其是涉及建设工期的争议时，司法实践中对开工日期的认定大多与施工许可证的取得相关联，这样就变相让施工企业在取得施工许可证之前进行施工的这段时间不计入正式的工期，从而赢得超过约定工期的一段施工时间，更为从容地安排各项施工任务。

但由于一些工程项目施工许可证取得的时间远远晚于施工企业实际进场施工的时间，如果继续坚持认定开工日期与施工许可证的取得相关联，那么无论在理论上还是实践中都会产生相应的问题，且司法实践中也不断涌现出建设工程开工日期的认定与施工许可证的取得没有必然关联的案例。

应该说，在这个问题上各方经过充分的博弈，对建设工程开工日期有争议的，最终《建设工程司法解释（二）》第5条明确规定："人民法院应当分别按照以下情形予以认定：

（一）开工日期为发包人或者监理人发出的开工通知载明的开工日期；开工通知发出后，尚不具备开工条件的，以开工条件具备的时间为开工日期；因承包人原因导致开工时间推迟的，以开工通知载明的时间为开工日期。

（二）承包人经发包人同意已经实际进场施工的，以实际进场施工时间为开工日期。

（三）发包人或者监理人未发出开工通知，亦无相关证据证明实际开工日期的，应当综合考虑开工报告、合同、施工许可证、竣工验收报告或者竣工验收备案表等载明的时间，并结合是否具备开工条件的事实，认定开工日期。"

简言之，对于开工日期的认定，一看实际进场施工时间，二看开工通知载明的时间，三看开工条件具备的时间。可见，建筑施工企业在发包人未办理施工许可证的情况下，如果发包人要求提前进场施工，必然涉及开工日期的认定，尽管工期延误的责任还要综合发包人进度款的支付、发包人直接分包单位的施工情况、发包人供应材料是否及时、未取得施工许可证带来的影响等诸多因素予以考量，仍然应当慎之又慎。至于行政监管与司法审判的价值取向就此如何进一步衔接，是未来相关主管部门与司法审判机关应该加以研究处理的问题。

综上，《建设工程司法解释（二）》对建筑施工企业的影响还远不止上述五个方面，因其对建设工程施工合同纠纷涉及的诸如挂靠、出借资质、司法鉴定、优先受偿权等均进行了规定，这里不再一一赘述，读者可以阅读本书了解详情。

可以肯定的是，《建设工程司法解释（二）》在《建设工程司法解释（一）》施行十四年后“破茧而出”，必将给建筑施工企业带来不可低估的巨大影响。无论在项目承接阶段、履约管理阶段，还是竣工结算阶段、争议解决阶段，建筑施工企业都需要抬腿跟上，将商业逻辑与法治思维紧密结合，站位新时代，为建设美好生活扬鞭奋蹄。

以上内容主要是笔者1月22日发布在锦天城律师事务所微信公众号上的一篇文章，作为本书内容的一个概括，聊以为序以刊之。

李　云

二〇一九年二月十五日

法律法规、司法解释缩略语表

全称	简称
中华人民共和国民法总则	民法总则
中华人民共和国合同法	合同法
中华人民共和国招标投标法	招标投标法
中华人民共和国建筑法	建筑法
中华人民共和国民事诉讼法	民事诉讼法
中华人民共和国城市房地产管理法	城市房地产管理法
中华人民共和国城乡规划法	城乡规划法
中华人民共和国土地管理法	土地管理法
中华人民共和国担保法	担保法
中华人民共和国海商法	海商法
中华人民共和国民用航空法	民用航空法
最高人民法院关于适用《中华人民共和国合同法》若干问题的解释（一）	合同法解释（一）
最高人民法院关于适用《中华人民共和国合同法》若干问题的解释（二）	合同法解释（二）
最高人民法院关于审理建设工程施工合同纠纷案件适用法律问题的解释	建设工程司法解释（一）
最高人民法院关于审理建设工程施工合同纠纷案件适用法律问题的解释（二）	建设工程司法解释（二）
最高人民法院关于适用《中华人民共和国民事诉讼法》的解释	民事诉讼法司法解释
最高人民法院关于民事诉讼证据的若干规定	民事诉讼证据规定
关于适用《中华人民共和国担保法》若干问题的解释	担保法司法解释

目　录

Contents

第一条　合同实质性内容的认定及变相降低工程款的形式

【条文内容】 …………………………………………………… 1

【最高院意见】 ………………………………………………… 1

【条文点读】 …………………………………………………… 2

一、对于“中标合同”的理解 …………………………………… 2

二、关于“实质性内容”中“工程范围”的规定 ……………… 3

【相关案例】 …………………………………………………… 4

一、裁判要点 …………………………………………………… 4

二、裁判文书 …………………………………………………… 5

【实务建议】 …………………………………………………… 7

第二条　建设工程规划审批手续对施工合同效力的影响

【条文内容】 …………………………………………………… 10

【最高院意见】 ………………………………………………… 10

【条文点读】 …………………………………………………… 10

一、有关合同违法无效的规定 ………………………………… 10

二、建设工程施工合同违法无效的主要情形 ………………… 14

【相关案例】 …………………………………………………… 19

一、裁判要点 …………………………………………………… 19

二、裁判文书 …………………………………………………… 20

【实务建议】 …………………………………………………… 24

第三条　施工合同无效后损失赔偿责任的认定
【条文内容】 …… 26
【最高院意见】 …… 26
【条文点读】 …… 27
一、建设工程施工合同无效的后果 …… 27
二、建设工程施工合同无效情形下的损失赔偿责任 …… 28
【相关案例】 …… 33
一、裁判要点 …… 33
二、裁判文书 …… 35
【实务建议】 …… 54

第四条　资质出借方与借用方的连带赔偿责任
【条文内容】 …… 57
【最高院意见】 …… 57
【条文点读】 …… 57
一、本条法律依据 …… 57
二、借用资质的情形 …… 58
三、借用资质与损失之间的因果关系 …… 60
【相关案例】 …… 61
一、裁判要点 …… 61
二、裁判文书 …… 61
【实务建议】 …… 77

第五条　开工日期的认定
【条文内容】 …… 78
【最高院意见】 …… 78
【条文点读】 …… 79
一、开工日期的认定 …… 79
二、施工许可手续与开工日期认定的关系 …… 81

三、如何理解“开工条件”，施工许可证是否属于“开工条件” …… 83
【相关案例】 …… 84
一、裁判要点 …… 84
二、裁判文书 …… 85
【实务建议】 …… 94

第六条　工期顺延的认定

【条文内容】 …… 97
【最高院意见】 …… 97
【条文点读】 …… 98
一、常见的工期顺延事由 …… 98
二、工期顺延的法律后果 …… 99
三、工期顺延的常见方式 …… 99
【相关案例】 …… 101
一、裁判要点 …… 101
二、裁判文书 …… 101
【实务建议】 …… 124

第七条　发包人提起工程质量反诉的处理

【条文内容】 …… 127
【最高院意见】 …… 127
【条文点读】 …… 128
一、反诉的构成要件 …… 128
二、承包人出现工程质量问题的民事法律后果 …… 129
三、对本条中“可以合并审理”的理解 …… 131
【相关案例】 …… 131
一、裁判要点 …… 131
二、裁判文书 …… 132
【实务建议】 …… 136

第八条　工程质量保证金的返还期限
【条文内容】 …… 137
【最高院意见】 …… 137
【条文点读】 …… 138
一、保修期、缺陷责任期、质量保证金返还期限的概念 …… 138
二、不同阶段承包人施工质量民事责任分析 …… 141
三、工程质量保证金的返还期限 …… 142
【相关案例】 …… 145
一、裁判要点 …… 145
二、裁判文书 …… 146
【实务建议】 …… 159

第九条　非必须招标工程招标后结算依据的认定
【条文内容】 …… 161
【最高院意见】 …… 161
【条文点读】 …… 162
【相关案例】 …… 163
一、裁判要点 …… 163
二、裁判文书 …… 164
【实务建议】 …… 179

第十条　中标合同与招投标文件不一致的处理
【条文内容】 …… 181
【最高院意见】 …… 181
【条文点读】 …… 182
【相关案例】 …… 184
一、裁判要点 …… 184
二、裁判文书 …… 185
【实务建议】 …… 190

第十一条 签订的多份施工合同均无效时如何结算
【条文内容】 …… 192
【最高院意见】 …… 192
【条文点读】 …… 193
【相关案例】 …… 194
一、裁判要点 …… 194
二、裁判文书 …… 194
【实务建议】 …… 202

第十二条 工程已结算能否申请对造价进行司法鉴定
【条文内容】 …… 205
【最高院意见】 …… 205
【条文点读】 …… 205
【相关案例】 …… 206
一、裁判要点 …… 206
二、裁判文书 …… 207
【实务建议】 …… 211

第十三条 诉前双方共同委托第三方对造价出具咨询意见的效力
【条文内容】 …… 212
【最高院意见】 …… 212
【条文点读】 …… 212
【相关案例】 …… 214
一、裁判要点 …… 214
二、裁判文书 …… 214
【实务建议】 …… 218

第十四条　司法鉴定的法院释明职责及当事人未及时申请鉴定的后果

【条文内容】 …… 220

【最高院意见】 …… 220

【条文点读】 …… 221

一、鉴定材料的提供 …… 221

二、鉴定费用的交纳 …… 222

【相关案例】 …… 223

一、裁判要点 …… 223

二、裁判文书 …… 223

【实务建议】 …… 227

第十五条　法院确定鉴定相关事项的职责

【条文内容】 …… 229

【最高院意见】 …… 229

【条文点读】 …… 230

一、有关计量和计价的鉴定依据有争议时是否由法院确定 …… 230

二、复印件是否可以作为鉴定材料 …… 230

【相关案例】 …… 232

一、裁判要点 …… 232

二、裁判文书 …… 234

【实务建议】 …… 237

第十六条　法院组织对鉴定意见进行质证的职责

【条文内容】 …… 239

【最高院意见】 …… 239

【条文点读】 …… 239

一、从鉴定机构及人员的主体资格方面进行质证 …… 240

二、从鉴定意见书的形式方面进行质证 …… 240
三、从鉴定意见书的内容方面进行质证 …… 240
【相关案例】 …… 241
一、裁判要点 …… 241
二、裁判文书 …… 242
【实务建议】 …… 244

第十七条　建设工程价款优先受偿权的主体

【条文内容】 …… 246
【最高院意见】 …… 246
【条文点读】 …… 247
一、工程总承包人是否享有建设工程价款优先受偿权 …… 247
二、勘察人、设计人为何不是建设工程价款优先受偿权的权利主体 …… 248
三、与发包人签署施工合同的分包人亦享有建设工程价款优先受偿权 …… 249
四、实际施工人不享有建设工程价款优先受偿权 …… 249
【相关案例】 …… 251
一、裁判要点 …… 251
二、裁判文书 …… 252
【实务建议】 …… 259

第十八条　装饰装修工程承包人可享有建设工程价款优先受偿权

【条文内容】 …… 260
【最高院意见】 …… 260
【条文点读】 …… 261
一、装饰装修工程的承包人享有建设工程价款优先受偿权的条件 …… 261

二、装饰装修工程价款优先受偿权的范围 …… 262
【相关案例】 …… 263
一、裁判要点 …… 263
二、裁判文书 …… 263
【实务建议】 …… 275

第十九条　承包人享有建设工程价款优先受偿权的条件

【条文内容】 …… 277
【最高院意见】 …… 277
【条文点读】 …… 277
一、行使建设工程价款优先受偿权的条件 …… 277
二、合同无效时，承包人是否享有建设工程价款优先受偿权 …… 278
【相关案例】 …… 289
一、裁判要点 …… 289
二、裁判文书 …… 289
【实务建议】 …… 302

第二十条　未竣工工程承包人享有工程价款优先受偿权的条件

【条文内容】 …… 303
【最高院意见】 …… 303
【条文点读】 …… 303
一、本条文法律依据 …… 303
二、如何理解未竣工的建设工程质量合格 …… 305
【相关案例】 …… 308
一、裁判要点 …… 308
二、裁判文书 …… 308
【实务建议】 …… 311

第二十一条　建设工程价款优先受偿的范围
【条文内容】 …… 312
【最高院意见】 …… 312
【条文点读】 …… 313
一、国务院有关行政主管部门关于建设工程价款范围的规定 …… 313
二、建设工程价款优先受偿的范围不包括利息、违约金和赔偿金 …… 314
【相关案例】 …… 315
一、裁判要点 …… 315
二、裁判文书 …… 315
【实务建议】 …… 336

第二十二条　建设工程价款优先受偿权的行使期限
【条文内容】 …… 337
【最高院意见】 …… 337
【条文点读】 …… 337
一、建设工程价款优先受偿权行使期间的性质 …… 337
二、建设工程价款优先受偿权行使期间的起算日 …… 341
【相关案例】 …… 343
一、裁判要点 …… 343
二、裁判文书 …… 344
【实务建议】 …… 369

第二十三条　约定放弃或者限制建设工程价款优先受偿权的效力
【条文内容】 …… 370
【最高院意见】 …… 370
【条文点读】 …… 371
一、承包人是否可以放弃或限制建设工程价款优先受偿权 …… 371

二、如何理解“损害建筑工人利益”的情况 …………………… 373
【相关案例】 …………………………………………………… 374
一、裁判要点 ………………………………………………… 374
二、裁判文书 ………………………………………………… 375
【实务建议】 …………………………………………………… 391

第二十四条　实际施工人直接起诉发包人的处理

【条文内容】 …………………………………………………… 393
【最高院意见】 ………………………………………………… 393
【条文点读】 …………………………………………………… 394
【相关案例】 …………………………………………………… 396
一、裁判要点 ………………………………………………… 396
二、裁判文书 ………………………………………………… 397
【实务建议】 …………………………………………………… 402

第二十五条　实际施工人的代位权诉讼

【条文内容】 …………………………………………………… 404
【最高院意见】 ………………………………………………… 404
【条文点读】 …………………………………………………… 405
【相关案例】 …………………………………………………… 406
一、裁判要点 ………………………………………………… 406
二、裁判文书 ………………………………………………… 406
【实务建议】 …………………………………………………… 409

附录：相关规定

最高人民法院关于审理建设工程施工合同纠纷案件适用
法律问题的解释（二） ………………………………………… 410
（2018 年 12 月 29 日）

最高人民法院关于审理建设工程施工合同纠纷案件适用
法律问题的解释 ………………………………………………… 414
（2005 年 1 月 1 日）
建筑工程施工发包与承包违法行为认定查处管理办法 …………… 418
（2019 年 1 月 3 日）

后　记 ………………………………………………………………… 425

第一条　合同实质性内容的认定及变相降低工程款的形式

【条文内容】

招标人和中标人另行签订的建设工程施工合同约定的工程范围、建设工期、工程质量、工程价款等实质性内容，与中标合同不一致，一方当事人请求按照中标合同确定权利义务的，人民法院应予支持。

招标人和中标人在中标合同之外就明显高于市场价格购买承建房产、无偿建设住房配套设施、让利、向建设单位捐赠财物等另行签订合同，变相降低工程价款，一方当事人以该合同背离中标合同实质性内容为由请求确认无效的，人民法院应予支持。

【最高院意见】

从最高人民法院民事审判第一庭编著的《最高人民法院建设工程施工合同司法解释（二）理解与适用》（以下简称《理解与适用》）对本条的释义来看，“本条主旨”是关于《招标投标法》第46条第2款中“合同实质性内容”之含义，以及以明显高于市场价格购买承建房产等四种情形属于变相降低工程价款的行为的规定。

《理解与适用》在本条“要点提示”中谈到，根据建设工程施工合同的特殊性，本条司法解释明确施工合同中有关工程范围、建设工期、工程质量、工程价款等内容属于合同的实质性内容。

《理解与适用》在本条“条文理解”部分，分别从“招标投标的意义及强制招标投标的工程项目范围”“招标投标行为与建设工程施工合同订立的关系”“对合同实质性内容的理解”等三个方面进行了较为详细的阐述。

在“审判实务”部分,《理解与适用》明确谈到,适用本条司法解释应当注意以下几点:

1. “白合同”有效。在这里需要说明的是,《理解与适用》提出“白合同”有效是认定“黑合同”无效的前提①,值得商榷。如果说“白合同”有效是直接适用“白合同”确定权利义务的前提,应是题中之意。

2. 本条司法解释只明确“白合同”必须是中标合同,与是否备案无关。

3. “黑合同”必须是对中标合同的实质性背离,必须正确把握“实质性背离”与合同变更之间的关系。

4. 本条司法解释适用于发包人与承包人因工程范围、建设工期、工程价款、工程质量等引起的权利义务争议的处理。

5. 当事人另行签订的建设工程施工协议无论是在中标合同之前还是在中标合同之后订立,均不得背离中标合同的实质性内容。

6. 中标合同是指包括一系列法律文件在内的合同书。

【条文点读】

一、对于“中标合同”的理解

《理解与适用》将“中标合同”统一理解为“包括一系列法律文件在内的合同书”②,而客观地说,对于中标合同的理解不宜一概而论,需要结合使用“中标合同”的上下语境给予相应的区别。在绝大多数情况下,理解为“包括一系列法律文件在内的合同书”并无不妥,但在特定的情况下,结合《建设工程施工合同(示范文本)》(GF－2017－

---

① 最高人民法院民事审判第一庭编著:《最高人民法院建设工程施工合同司法解释(二)理解与适用》,人民法院出版2019年版,第52页。

② 最高人民法院民事审判第一庭编著:《最高人民法院建设工程施工合同司法解释(二)理解与适用》,人民法院出版2019年版,第55页。

0201)，“中标合同”理解为包括协议书、通用合同条款、专用合同条款为宜。否则，当我们需要区别“中标合同”与“招标投标文件”时，就如陷入悖论而难以自圆其说。

比如，结合《建设工程司法解释（二)》第10条的规定，尽管该条的表述为“当事人签订的建设工程施工合同”与“招标文件、投标文件、中标通知书”，但事实上，此处的“建设工程施工合同”应该就是特定的“中标合同”，而且即使表述为“建设工程施工合同”，如果不是特指“包括协议书、通用合同条款、专用合同条款”，那么也很难与“招标文件、投标文件、中标通知书”进行比较，因为按照一般意义上的理解，“协议书、通用合同条款、专用合同条款”均已包括了中标通知书等内容。

也就是说，“中标合同”及“建设工程施工合同”是指“包括一系列法律文件在内的合同书”，还是特指“包括协议书、通用合同条款、专用合同条款”，需要具体情况具体分析，不宜一刀切。

二、关于“实质性内容”中“工程范围”的规定

《理解与适用》提到：“凡是可能限制或者排除其他竞标人的条件都可能构成《招标投标法》第46条第1款中的‘合同实质性内容’。”①所以，《建设工程司法解释（二)》第1条只是列举了工程范围、建设工期、工程质量与工程价款，而未排除其他可能的因素。同时，我们注意到最高人民法院《第八次全国法院民事商事审判工作会议（民事部分）纪要》第31条的规定：“招标人和中标人另行签订改变工期、工程价款、工程项目性质等影响中标结果实质性内容的协议，导致合同双方当事人就实质性内容享有的权利义务发生较大变化的，应认定为变更中标合同实质性内容。”该条并未直接将“工程范围”列入“实质性内容”的范畴。而实践中，部分地方高院之前的司法政策也对

① 最高人民法院民事审判第一庭编著：《最高人民法院建设工程施工合同司法解释（二）理解与适用》，人民法院出版2019年版，第47页。

"实质性内容"作出了相应的规定，比如，《北京市高级人民法院关于审理建设工程施工合同纠纷案件若干疑难问题的解答》(2012 年 8 月 6 日) 规定："招投标双方在同一工程范围下另行签订的变更工程价款、计价方式、施工工期、质量标准等中标结果的协议，应当认定为《解释》第二十一条规定的实质性内容变更。"可见，北京高院认为对"实质性内容"的认定应在同一"工程范围"下进行。

笔者认为，事实上，"工程范围"不宜纳入"实质性内容"的范围，因为如果"工程范围"发生变化，就不再仅仅是"实质性内容"不一致，而是合同的"标的"已经发生变化，随之而来的"建设工期、工程价款"等通常也发生变化。当然，《建设工程司法解释（二)》既已作出如此规定，目前只能遵照执行，唯有留待以后再做修订。

【相关案例】①

济宁森泰房地产开发有限公司与山东鸿顺集团有限公司建设工程施工合同纠纷案【(2015) 民申字第 3575 号】

一、裁判要点

法院经审理认为，本案再审审查的焦点问题是：双方当事人签订备案的建设工程施工合同后，又签订补充协议约定了让利条款，让利条款能否作为结算的依据。《中华人民共和国招标投标法》第四十六条第一款规定："招标人和中标人应当自中标通知书发出之日起三十日内，按照招标文件和中标人的投标文件订立书面合同。招标人和中标人不得再行订立背离合同实质性内容的其他协议。"《最高人民法院关于审理建设工程施工合同纠纷案件适用法律问题的解释》第二十一条规定："当事人就同一建设工程另行订立的建设工程施工合同与经过备案的中标合同实质性内容不一致的，应当以备案的中标合同作为结算

① 本书所有案例均来源于中国裁判文书网，出版时隐去了诉讼代理人信息，文书内容未作改动。

工程价款的根据。”

根据本案查明的事实，双方在签订了备案的建设工程施工合同之后，又签订了两份补充协议，对工程价款约定了8%、4%的让利。一、二审判决认为，工程价款属于影响合同当事人基本权利义务的实质性内容，双方在备案合同之外的两份补充协议中，对工程价款约定了8%、4%的让利，属于对备案合同实质性内容作了重大变更，并非一般的合同内容变更或其他条款的修改，该认定并无不当。故一、二审判决依据《最高人民法院关于审理建设工程施工合同纠纷适用法律问题的解释》第二十一条的规定，以备案的中标合同作为结算工程价款的依据，未计算让利条款约定的部分并无不当。森泰公司的再审理由不能成立。

二、裁判文书

中华人民共和国最高人民法院
民事裁定书

（2015）民申字第3575号

再审申请人（一审被告、二审上诉人）：济宁森泰房地产开发有限公司。住所地：山东省济宁市中区皇营路CD座沿街综合楼。

法定代表人：路建，该公司董事长。

被申请人（一审原告、二审上诉人）：山东鸿顺集团有限公司。住所地：山东省济宁市济安桥北路西侧。

法定代表人：段余顺，该公司董事长。

再审申请人济宁森泰房地产开发有限公司（以下简称森泰公司）因与被申请人山东鸿顺集团有限公司（以下简称鸿顺公司）建设工程施工合同纠纷一案，不服山东省高级人民法院（2015）鲁民一终字第172号民事判决，向本院申请再审。本院依法组成合议庭对本案进行了审查，现已审查终结。

森泰公司申请再审称：一、一、二审判决认定双方所签订两份补充协议与备案的建设工程施工合同实质性内容不一致，这一主要事实认定缺乏证据证明。二、一、二审判决没有将两份补充协议约定的让利条款作为工程价款结算依据，适用法律错误。森泰公司依据《中华人民共和国民事诉讼法》第二百条第二项、第六项的规定向本院申请再审。

鸿顺公司提交意见认为，森泰公司的再审主张缺乏事实和法律依据，应当予以驳回。

本院认为，本案再审审查的焦点问题是：双方当事人签订备案的建设工程施工合同后，又签订补充协议约定了让利条款，让利条款能否作为结算的依据。《中华人民共和国招标投标法》第四十六条第一款规定："招标人和中标人应当自中标通知书发出之日起三十日内，按照招标文件和中标人的投标文件订立书面合同。招标人和中标人不得再行订立背离合同实质性内容的其他协议。"《最高人民法院关于审理建设工程施工合同纠纷案件适用法律问题的解释》第二十一条规定："当事人就同一建设工程另行订立的建设工程施工合同与经过备案的中标合同实质性内容不一致的，应当以备案的中标合同作为结算工程价款的根据。"根据本案查明的事实，双方在签订了备案的建设工程施工合同之后，又签订了两份补充协议，对工程价款约定了8%、4%的让利。一、二审判决认为，工程价款属于影响合同当事人基本权利义务的实质性内容，双方在备案合同之外的两份补充协议中，对工程价款约定了8%、4%的让利，属于对备案合同实质性内容作了重大变更，并非一般的合同内容变更或其他条款的修改，该认定并无不当。故一、二审判决依据《最高人民法院关于审理建设工程施工合同纠纷适用法律问题的解释》第二十一条的规定，以备案的中标合同作为结算工程价款的依据，未计算让利条款约定的部分并无不当。森泰公司的再审理由不能成立。

综上，森泰公司的再审申请不符合《中华人民共和国民事诉讼法》

第二百条第二项、第六项规定的情形。本院依照《中华人民共和国民事诉讼法》第二百零四条第一款之规定，裁定如下：

驳回济宁森泰房地产开发有限公司的再审申请。

审　判　长　　王　涛
代理审判员　　梅　芳
代理审判员　　杨　卓
二〇一六年二月十九日
书　记　员　　陈　明

【实务建议】

综合而言，对本条的把握，可以从下列几个层面着手。

第一，充分认识司法审判的价值取向与行政监管的价值取向逐渐融合的趋势。

第二，了解建筑行业于2018年迎来的两大变化：一是强制招标的工程范围的调整，尤其是非国有资金控制或主导的商品住宅不再属于强制招标的范围；二是建筑市场进一步放开管制与准入，尤其经过招标方式发包的工程项目在签订中标合同后，相关建设行政主管部门不再要求将中标合同送交备案。此外，近年来招标代理资格的取消、劳务分包资质的弱化及园林绿化工程资质的取消等，也应该有所了解。

第三，正确理解本条的含义，需结合《建设工程司法解释（二）》第9条、第10条、第11条及《建设工程司法解释（一）》第21条等条文的规定。

第四，本条可以解决实践中存在的以下几个具体问题：

（1）通过招标方式发包的工程项目，招标人和中标人另行订立的施工合同在哪些实质性内容与中标合同不一致，一方可请求按照中标合同予以确定。

（2）本条规定的是“另行订立的建设工程施工合同”与“中标合同”不一致，而不再是《建设工程司法解释（一）》第21条规定的

“备案的中标合同”。

（3）本条可以处理的不仅是工程价款结算依据的问题，还有“按照中标合同确定权利义务”，包括建设工期、工程质量等权利义务。

（4）如果招标人与中标人以直接降低工程价款之外的方式，变相降低工程价款，以规避相关规定，则该等变相降低工程款的合同经一方请求可确认无效。

（5）变相降低工程价款的方式包括以明显高于市场价格购买承建房产、无偿建设住房配套设施、让利、向建设单位捐赠财物等另行签订合同。

需要特别说明的是，在招标发包的实践中，以“让利”变相降低工程价款的表现形式除了另行“签订合同”外，更多地表现为投标人以出具“单方承诺”的方式变相降低工程价款。类似“单方承诺”的效力，实践中一直存有较大争议，有观点认为此种形式正好表明系一方真实意思表示，应确认其效力；有观点却完全反之。本条司法解释在表述上也曾考虑过使用“承诺”的方式，[①] 也就是说，以“单方承诺”的方式变相降低工程价款同样是无效的。与此对应的案例在此不再列举，感兴趣的读者可以查阅北京市第一中级人民法院于 2016 年 3 月 25 日作出的（2016）京 01 民终字 1425 号民事判决书，其裁判要点如下：

本院认为：《中华人民共和国招标投标法》第四十六条第一款规定，招标人和投标人应当自中标通知发出后 30 日内，按照招标文件和中标人的中标文件订立书面合同。招标人和中标人不得再行订立背离合同实质性内容的其他协议。本案中，某集团作为投标人所投标的价款为 15764872 元，后某集团以该价款中标；中标后双方以此价款签订了建设工程施工合同。签订合同当日，某集团向某所出具承诺书，承诺在中标价的基础上让利 5%。根据《中华人民共和国招标投标法》的

① 详见肖峰：《法语峰言：建设工程司法解释二条文的前世与今生之一》，https：//mp. weixin. qq. com/s/PPND57zpOdAwTld3m_ dCzg，最后访问时间 2019 年 1 月 8 日。

相关规定，投标、中标价款属于实质性内容，因此双方在中标价款和合同之外所形成的让利意见，系背离合同实质性内容的其他约定，该承诺书违反了上述法律的强制性规定，应当无效，原审法院对该问题的处理是正确的。

第二条　建设工程规划审批手续对施工合同效力的影响

【条文内容】

当事人以发包人未取得建设工程规划许可证等规划审批手续为由，请求确认建设工程施工合同无效的，人民法院应予支持，但发包人在起诉前取得建设工程规划许可证等规划审批手续的除外。

发包人能够办理审批手续而未办理，并以未办理审批手续为由请求确认建设工程施工合同无效的，人民法院不予支持。

【最高院意见】

最高院的《理解与适用》在本条“条文主旨”中明确，本条是关于未取得建设工程规划审批手续对于合同效力影响的规定。

在“要点提示”中，《理解与适用》主要提示了与本条相关的法律依据主要为《城乡规划法》第40条。

《理解与适用》在“条文理解”部分则着眼于“建设工程规划许可等规划审批手续的理解”“注意把握合同效力补正的时间节点‘起诉前’”“发包人故意不办理规划审批手续的后果”等三个方面。

在“审判实务”部分，《理解与适用》着重强调的是合同效力与当事人是否提出主张无关，也与当事人主张的内容无关，合同效力应是法院依职权审查的范畴。

【条文点读】

一、有关合同违法无效的规定

本条分为两款。依第1款之规定，若承发包双方在签署建设工程施工合同时发包人未依法获得规划审批，且直至建设工程施工合同纠纷案起诉前发包人仍未完成规划审批的补办手续，则案涉施工合同无效。第 2 款规定，在办理规划审批手续的客观条件具备但发包人故意不办理的情况下，发包人无权主张施工合同无效。

本条阐述了建设工程规划审批手续的取得与否将影响施工合同效力的问题，同时进一步树立任何人不能从其不诚信的行为中获利的审判规则。

目前，我国法律有关合同违法无效的规则，主要见于《民法总则》第 153 条、《合同法》第 52 条。

依据 1999 年 3 月 5 日发布的《合同法》第 52 条第 5 项之规定，当事人订立的合同，若违反法律、行政法规的强制性规定，则该合同无效。为明确立法意图，在司法实务中尽可能承认合同效力，纠正此前宽泛认定违法合同无效的适法状态，最高人民法院于 1999 年 12 月颁布了《合同法解释（一)》，其第 4 条规定，合同法实施以后，人民法院确认合同无效，应当以全国人大及其常委会制定的法律和国务院制定的行政法规为依据，不得以地方性法规、行政规章为依据。强调能够否定当事人合意之法律效力的规范性法律文件的位阶只有法律和行政法规，即在认定合同效力的问题上，只能适用全国人大及其常委会制定的法律以及国务院制定的行政法规。但《合同法解释（一)》第 4 条并未对《合同法》第 52 条第 5 项中的“强制性规定”进行解释。

所谓“强制性规定”系相对于“任意性规定”而言的概念。法理学上，从法律规定的适用是否受主体自由意志影响的角度，可以将法律规定分为“强制性规定”和“任意性规定”。“强制性规定”是指必须被严格适用的法律规定，法律主体没有选择不适用或变更的权利，也无法通过约定来排除或变更该等规范的适用。与之相反，“任意性规定”具有非必须适用性、可选择性、可变更性、补充性，即法律主体可以按其意志决定适用或不适用，亦可以自由约定排除或变更该等规范的适用，并且在法律主体所从事的法律行为不完整的情况下，任意性规范具有将该等法律行为补充完整的功能。

2009年4月，最高人民法院发布《合同法解释（二)》，其第14条明确：“合同法第五十二条第（五）项规定的‘强制性规定’，是指效力性强制性规定。”该条对合同违法无效的判定依据做了进一步缩限。最高人民法院研究室在详解《合同法解释（二)》时表示：“在合同效力方面，司法解释严格适用合同无效的法定条件，坚持从宽认定有效的态度……对因违反法律行政法规强制性规定而无效的作了限缩型解释，即将强制性规定解释为效力性强制性规定，排除了管理性强制性规定。”[①] 然而，究竟如何识别和区分“效力性强制性规定”与“管理性强制性规定”？该问题不但在理论界争论不休，在司法实务中也经常成为相关案件的争议焦点。

《民法总则》的制定过程中，其草案有关违法合同无效的规则基本与《合同法》第52条以及《合同法解释（二)》第14条确立的规则相同。2016年7月5日公布的《民法总则（草案）全文》第132条规定，违反法律、行政法规的效力性强制性规定或者违背公序良俗的民事法律行为无效。[②]但是，2017年3月15日发布的《民法总则》正式稿第153条没有采用“效力性强制性规定”的表述方式，而是在“违反法律、行政法规的强制性规定的民事法律行为无效”之后，增加了一个但书条款：“但是该强制性规定不导致该民事法律行为无效的除外。”

然而，哪些强制性规定会导致合同无效？哪些强制性规定不会导致合同无效？想必有关第153条但书条款的理解和适用问题，又将在一段时期内引发各方讨论。

一些学者认为，能够导致合同无效的强制性规定包括以下四类：第一类，“以特定合同主体资格为规制对象”的强制性规定。对于一些

---

① 《妥处合同纠纷，保障经济平稳较快发展——最高人民法院研究室负责人详解〈关于适用《中华人民共和国合同法》若干问题的解释（二)〉》，载“法信网”，www. faxin. cn，最后访问时间2019年2月1日。

② 《民法总则（草案）全文》，载“中国人大网”，www. npc. gov. cn，最后访问时间2019年2月1日。

特定行业或职业，我国法律规定了严格的资质要求，如《建筑法》第13条对从事建筑活动的建筑施工企业、勘察单位、设计单位和工程监理单位的资质要求作出了明确规定，即经资质审查合格，取得相应等级的资质证书后，方可在其资质等级许可的范围内从事建筑活动。第二类，“以合同行为本身为规制对象”的强制性规定。强制性规定以合同行为为规制对象的场合，通常出于对合同标的物依法不能交易的考量。如《建筑法》第28条禁止转包、违法分包，《医疗机构管理条例》第23条禁止伪造、涂改、出卖、转让、出借医疗机构执业许可证等规定。第三类，“以特定缔约方式为规制对象”的强制性规定。如《招标投标法》有关工程项目必须以招标方式缔约的强制性规定。第四类，“以公共利益为保护对象”的强制性规定。如《住房公积金管理条例》第5条规定“住房公积金应当用于职工购买、建造、翻建、大修自住住房，任何单位和个人不得挪作他用”，出于骗取、套取公积金目的而签订的金融借款合同应认定无效。①

不当然导致合同无效的强制性规定则大致可概括为以下三类：第一类，“以特定主体的对内管理行为为规制对象”的强制性规定。此类规定的立法目的在于对特定的主体，尤其是银行等与社会经济发展息息相关的机构，进行公法性质的内部管理控制。若强制性规定所规制的对象不涉及相关主体对外从事的合同行为，则通常仅承担行政责任。第二类，“以特定对象的行政管制为主要内容”的强制性规定。如《城市房地产管理法》第39条第1款第2项关于以出让方式取得土地使用权的房地产转让的规定：按照出让合同约定进行投资开发，属于房屋建设工程的，完成开发投资总额的百分之二十五以上，属于成片开发土地的，形成工业用地或者其他建设用地条件。这一条款在司法实践中屡屡涉及，当事人以此条款属于效力性强制性规定为由主张合同无效的案件较为常见。对此，最高人民法院在多起案件中明确该条款并

① 茆荣华主编：《〈民法总则〉司法适用于审判实务》，法律出版社2017年版，第279—280页。

非属于效力性强制性规定。第三类，“以经营性秩序管制为主要内容”的强制性规定。公法管制规范未必均意在影响合同的有效性，若其规制对象只是诸如时间、地点、种类、方式之类的合同外部秩序，违反此类“管理性强制规定”者，有效性不受影响，此即所谓纯粹秩序性规范。[①]

二、建设工程施工合同违法无效的主要情形

除前述《建设工程司法解释（二）》第2条规定的“未取得建设工程规划许可证等规划审批手续”这一情形外，《建设工程司法解释（一）》第1条、第4条也就建设工程施工合同违法无效的若干情形进行了规定。根据《建设工程司法解释（一）》第1条，建设工程施工合同若出现承包人无资质、超资质、借资质情形的，合同无效；若出现必须招标而未招标情形或中标无效情形的，合同无效。根据第4条，承包人非法转包、违法分包建设工程的，建设工程施工合同无效。综上，我们可以将建设工程施工合同违法无效的主要情形归纳为以下几种。

（一）承包人无资质、超资质、借资质的，施工合同无效

根据《建筑法》第13条的规定，建筑施工企业须取得相应等级的资质证书后，方可在其资质等级许可的范围内从事建筑活动。该法第26条规定，承包建筑工程的单位应当持有依法取得的资质证书，并在其资质等级许可的业务范围内承揽工程。禁止建筑施工企业超越本企业资质等级许可的业务范围或者以任何形式用其他建筑施工企业的名义承揽工程。禁止建筑施工企业以任何形式允许其他单位或者个人使用本企业的资质证书、营业执照，以本企业的名义承揽工程。

《建设工程质量管理条例》第7条第1款规定，建设单位应当将工程发包给具有相应资质等级的单位。第25条第1款、第2款规定，施工单位应当依法取得相应等级的资质证书，并在其资质等级许可的范

① 茆荣华主编：《〈民法总则〉司法适用于审判实务》，法律出版社2017年版，第280—281页。

围内承揽工程。禁止施工单位超越本单位资质等级许可的业务范围或者以其他施工单位的名义承揽工程。禁止施工单位允许其他单位或者个人以本单位的名义承揽工程。此外，《建设工程安全生产管理条例》第 20 条亦规定，施工单位应当依法取得相应等级的资质证书，并在其资质等级许可的范围内承揽工程。

承包人无资质、超资质或借资质承揽工程的，涉及对上述一系列强制性规定的违反。而该等强制性规定基本属于“以特定合同主体资格为规制对象”的强制性规定。因而，违反该等强制性规定将导致施工合同无效。

申言之，建设工程施工合同的签署和履行不仅是承发包双方之间的事，其对公共利益、公共安全也有一定的影响。一方面，工程施工属于具有高度危险性的活动，涉及第三方人身和财产安全；另一方面，施工成果的质量又与建筑物购买人、使用人的人身和财产权益息息相关。这些都是法律要对施工企业实行资质管理的原因。保护参与施工活动各方和有关第三方的人身财产安全，保障建设工程的质量安全，维护公共利益，当系调整建设工程施工合同相关法律规范的基本价值取向。而施工资质管理能够在一定程度上体现、实现该等价值，有关资质管理的强制性规定自然应当被赋予否定当事人违法行为之法律效力的权威。

（二）非法转包、违法分包的，施工合同无效

《建筑法》第 28 条规定，禁止承包单位将其承包的全部建筑工程转包给他人，禁止承包单位将其承包的全部建筑工程肢解以后以分包的名义分别转包给他人。第 29 条规定，承包单位分包工程必须具有合同依据或经发包人认可，承包单位不得将主体结构的施工分包给他人，不得将工程分包给不具有相应资质的单位，分包单位不得再分包。上述规定在《合同法》第 272 条，《建设工程质量管理条例》第 25 条、第 78 条中亦有体现。

承包人非法转包、违法分包工程的，相关施工合同将违反上述强

制性规定。而该等强制性规定应属于“以合同行为本身为规制对象”的强制性规定，因为该等强制性规定明确的是相关标的物（即承包人承揽的工程）不能交易（即不能转包）或不能违反法律规定进行交易（即不能违法分包）。因而，违反该等强制性规定将导致施工合同无效。

上述有关承包人不得转包的强制性规定，不单单是出于对发包人权益进行保护的考量。转包行为，同样有可能损害第三方权益和公共利益。转包（尤其是实践中屡见不鲜的层层转包）往往意味着工程价款的多层盘剥或多轮分配，其必然导致施工成本的不合理压缩，施工企业本就属薄利行业，转包所造成的施工成本的压缩，将在一定程度上对工程质量、施工安全产生重大不利影响。

上述强制性规定所描述的违法分包情形，大多数亦与公共利益密切相关。首先，对分包单位欠缺相应资质的违法分包而言，其本质系上文提到的承包人无资质或超资质承揽工程的情形在分包工程中的体现，因而该等违法分包情形对工程质量、施工安全可能造成的负面影响自不待言。其次，对承包人将主体结构进行分包的违法分包而言，其本质上属于变相转包行为，另有可能出现作为实际施工人的分包人缺乏相应施工资质的情况，因而该违法分包情形同样存在影响第三方或公共利益的可能。最后，分包单位再分包（不包括分包单位将分包工程相关的劳务作业进行劳务分包情形）实际上属于分包单位将分包工程转包（包括部分转让和拆分转包情形），因而该违法分包情形可能导致分包工程实际成本的不合理压缩，进而对质量、安全产生不利影响，损害第三方或公众权益。

因此，有关禁止非法转包、违法分包的强制性规定，同样符合上文提及的保护施工活动参与方人身财产安全，保障工程质量安全，维护公共利益之基本价值取向。该等强制性规定亦应成为评判合同效力的依据。

（三）必须招标而未招标的，施工合同无效

根据《建筑法》第 19 条之规定，建筑工程的发包方式包括招标发包和直接发包。《招标投标法》第 3 条规定了三类必须招标的工程：（1）大型基础设施、公用事业等关系社会公共利益、公众安全的项目；（2）全部或者部分使用国有资金投资或者国家融资的项目；（3）使用国际组织或者外国政府贷款、援助资金的项目。该等必须招标项目的具体范围和规模标准由国务院发展计划部门会同国务院有关部门制定，报国务院批准。

2000 年 5 月 1 日，当时的国家发展计划委员会发布了《工程建设项目招标范围和规模标准规定》，该规定经国务院批准，明列了 7 类基础设施项目、6 类公用事业项目、8 类国有资金投资及国家融资项目、3 类使用国际组织或者外国政府资金的项目，并规定了上述项目的单项施工合同估算价达到 200 万元或项目总投资额达到 3000 万元时，必须招标。不难发现，该规定对必须招标的工程项目的范围规定得十分宽泛，现实生活中常见的不具有国资成分的商品住宅项目也属于必须招标的项目。

2018 年 3 月 8 日，国务院批准了国家发展改革委制定的《必须招标的工程项目规定》。首先，其对《招标投标法》第 3 条提及的全部或者部分使用国有资金投资或者国家融资的项目的范围进行了缩限，即仅包括：（1）使用预算资金 200 万元人民币以上，并且该资金占投资额 10% 以上的项目；（2）使用国有企业事业单位资金，并且该资金占控股或者主导地位的项目。其次，该规定将使用国际组织或者外国政府贷款、援助资金的项目规定为：（1）使用世界银行、亚洲开发银行等国际组织贷款、援助资金的项目；（2）使用外国政府及其机构贷款、援助资金的项目。最后，该规定将必须招标项目的单项施工合同的规模标准从 200 万元提升到了 400 万元，并且取消了项目总投资额规模标准。《必须招标的工程项目规定》于 2018 年 6 月 1 日施行，施行之日，上述《工程建设项目招标范围和规模标准规定》同时废止。2018 年 6 月 6 日，国家发展改革委发布了经国务院批准的《必须招标的基础设施和公用事业项目范围规定》，大幅缩减了必须招标的基础设施、公用事业项目的范围，将民用资本投建的商品住宅、“教科文体旅卫”等公用事业项目从必须招标项目范围中删除了。

《招标投标法》有关必须招标工程项目的规定，属“以特定缔约方式为规制对象”的强制性规定，承发包双方违反该等规定订立施工合同，将导致合同无效。

（四）中标无效的，施工合同无效

根据《招标投标法》第 5 条、第 50 条、第 52 条至第 55 条等相关规定，对于违反公开、公平、公正和诚实信用原则的招投标活动，如投标人相互串通投标、招标人与投标人串通投标、代理机构泄密、投标人骗取中标等情形，中标无效。

此外，根据《招标投标法》第 41 条第 2 项，投标价格低于成本的，不得中标。因而，若中标人的投标价格低于成本，其中标亦属无效。《最高人民法院关于印发〈全国民事审判工作会议纪要〉的通知》即明确规定，对以低于工程建设成本的工程项目标底订立的施工合同，应当依据招标投标法第 41 条第 2 项的规定认定无效。

招投标活动实质上属于承发包方双方订立合同的过程。传统合同法理论认为，招标属要约邀请，投标属要约，中标通知属承诺。因而，中标无效即意味着招标人针对投标人的要约（投标文件）作出的承诺（中标通知）无效。于此情形，施工合同自然无效。

（五）发包人未依法取得规划审批手续

规划审批手续主要包括建设用地规划审批手续、建设工程规划审批手续。根据《城乡规划法》的规定，建设用地规划审批制度，系国家对土地资源依法进行整体规划、统筹安排的手段，关系到土地资源的合法、合理、有效利用，与国家经济、社会公共利益紧密相关。另据《城乡规划法》第40 条第1 款、第64 条的相关规定，发包人进行工程建设，除获得用地规划许可证外，还应取得建设工程规划许可证。未取得建设工程规划许可证或者未按照建设工程规划许可证的规定进行建设的，主管部门应当责令停止建设。

由此可见，取得建设用地规划许可证、建设工程规划许可证是发包人合法建设的前提。未依法取得规划审批手续，意味着发包人从事的是违法建设行为，其建设活动所获得的成果就是违法建筑。

有关发包人应当取得规划审批手续的规定，属于典型的“以公共利益为保护对象”的强制性规定，理应被赋予否定违法合同行为之法律效力的地位。

【相关案例】

江苏东洲环保设备有限公司与无锡市盛达建筑安装工程有限公司建设工程施工合同纠纷【（2017）最高法民申2443号】

一、裁判要点

法院经审理认为，关于2014年12月15日《工程结算审定单》能否作为认定案涉工程价款的依据的问题。根据本案一、二审已查明事实，案涉工程未取得建设用地规划许可证、建设工程规划许可证，东洲公司与盛达公司签订的《建设工程施工合同》应为无效。但盛达公司提交的《工程竣工验收证明书》，可以证明案涉车间工程已于2011年3月30日竣工验收，门卫等附属工程于2011年6月25日竣工验收，且东洲公司已接收使用房屋。东洲公司申请再审虽主张案涉工程并未进行竣工验收，存在严重质量问题，但未提供充分证据予以证明，亦与其在《竣工验收证明书》上签字认可及接收使用所建工程的行为相悖，法院不予采纳。东洲公司据此认为盛达公司无权向其请求支付案涉工程价款的主张，不能成立。

二、裁判文书

中华人民共和国最高人民法院
民事裁定书

（2017）最高法民申2443号

再审申请人（一审被告、二审上诉人）：江苏东洲环保设备有限公司。

法定代表人：倪建林。

被申请人（一审原告、二审被上诉人）：无锡市盛达建筑安装工程有限公司。

法定代表人：吴余龙。

再审申请人江苏东洲环保设备有限公司（以下简称东洲公司）因与被申请人无锡市盛达建筑安装工程有限公司（以下简称盛达公司）建设工程施工合同纠纷一案，不服江苏省高级人民法院（2016）苏民终996号民事判决，向本院申请再审。本院依法组成合议庭进行了审查，现已审查终结。

东洲公司申请再审称：(一）2009年6月23日《协议》是真实有效的，所涉1395625元应从给付盛达公司工程款中予以扣减。1. 2009年6月23日《协议》上的盛达公司印章与《建设工程施工合同》上的盛达公司印章不一致，不能证明2009年6月23日《协议》上印章不是盛达公司的。2. 2009年6月23日《协议》形成的过程及实际履行情况可以证明其内容的真实性，案涉工程前期由南京宏昌建设工程有限公司（以下简称宏昌公司）施工，盛达公司进场施工，系以补偿宏昌公司前期施工费用、宏昌公司同意退场为前提。东洲公司收到加盖有盛达公司印章的《协议》后，与盛达公司正式签订《建筑工程施工合同》。(二)《工程结算审定单》违背东洲公司及其法定代表人倪建林的真实意思，应为无效，不能作为定案依据。1. 倪建林在《工程结算审定单》签字，是受对方欺诈、在违背真实意思的情况下所为，不能证明其对该审定单内容的认可。2. 倪建林签字后，由于盛达公司不同意扣减相关工程量和款项，倪建林当场提出异议，并发生肢体冲突（电话录音可以证明）；时隔不到一周，东洲公司致函无锡市建汇建设工程咨询事务所有限公司（以下简称建汇公司）宜兴分公司，再次表明撤销自己签字行为的意思；盛达公司起诉后，倪建林在法庭上亦提出异议，要求撤销该签字。3. 从形式上看，《工程结算审定单》应当由三方签字确认才能生效，建汇公司负责人当时虽在场，但并未在咨询单位签字盖章栏中签字盖章，虽其嗣后在本案诉讼中提供说明，仍不具法律效力，不能作为定案依据。（三）《工程结算审定单》《工程造价预算审定书》与事实严重不符。1.《工程结算审定单》不符合法定程序，无证据材料辅证，仅系对工程造价的预算，并不是最终的结算。2. 东洲公司招标时确定的三个车间土建面积为 19215m^2，实际建设中因规划变更，土建面积减了 4242m^2，但《工程结算审定单》确定的费用为 1049 万元，只比《建设工程施工合同》约定的 1088 万元减少了 31 万元，显然不合理。3. 案涉工程变更签证只有建设方与施工方签字，无监理公司签字，且系工程结束两年半以后补签，显属虚假，且有围墙、防水等附属工程系宏昌公司或东洲公司委托第三方施工完成，所涉工程款项应予扣除。4. 东洲公司提交的《钢结构建设工程施工合同》专用条款第六条明确约定，本合同价款采用固定价格方式确定。《工程结算审定单》及对应的《工程造价预算审定书》却按照定额指导价格进行计算，远高于合同约定的钢结构工程造价。5.《建设工程施工合同》约定，盛达公司承包的范围为厂房车间的土建和水电安装工程，其中不含门窗、内墙油漆涂料。《工程结算审定单》《工程造价预算审定书》将并非盛达公司施工和承包范围内的门窗 56745.19 元及内墙油漆涂料 133549.35 元等工程纳入造价，有悖事实。（四）案涉工程没有正式进行竣工，至今仍存在严重的质量问题。1. 虽然盛达公司提供了验收时间为 2011 年 3 月 30 日和 6 月 25 日的两份《工程竣工验收证明书》，但实际上并没有进行竣工验收。2. 案涉工程存在严重质量问题，2014 年东洲公司曾就此提起过诉讼，后因盛达公司承诺于近期内修缮，东洲公司申请撤诉，但目前东洲公司仍在因案涉工程质量问题向盛达公司追索赔偿。根据《最高人民法院关于审理建设工程施工合同纠纷案件适用法律问题的解释》第三条的规定，东洲公司不应向盛达公司支付工程款，也不存在应支付相应违约金的情形。综上，东洲公司根据《中华人民共和国民事诉讼法》第二百条第二项的规定申请再审。

本院认为，本案再审审查的重点为：1. 2014 年 12 月 15 日《工程结算审定单》能否作为认定案涉工程价款的依据；2. 2009 年 6 月 23 日《协议》是否真实有效，所涉 1395625 元是否应从给付盛达公司的工程款中予以扣减。

关于 2014 年 12 月 15 日《工程结算审定单》能否作为认定案涉工程价款的依据的问题。根据本案一、二审已查明事实，案涉工程未取得建设用地规划许可证、建设工程规划许可证，东洲公司与盛达公司签订的《建设工程施工合同》应为无效。但盛达公司提交的《工程竣工验收证明书》，可以证明案涉车间工程已于 2011 年 3 月 30 日竣工验收，门卫等附属工程于 2011 年 6 月 25 日竣工验收，且东洲公司已接收使用房屋。东洲公司申请再审虽主张案涉工程并未进行竣工验收，存在严重质量问题，但未提供充分证据予以证明，亦与其在《竣工验收证明书》上签字认可及接收使用所建工程的行为相悖，本院不予采纳。东洲公司据此认为盛达公司无权向其请求支付案涉工程价款的主张，不能成立。

就案涉工程价款的确定依据而言，《建设工程施工合同》未就合同价款作出明确约定，仅约定“暂定价 1088 万元”。双方于 2014 年 8 月 12 日共同委托建汇公司对案涉工程造价进行审计，于 2014 年 12 月 15 日在《工程结算审定单》上共同签字，建汇公司亦说明其在审计过程中对工程现场进行了勘察，与双方多次进行对账，根据 2003 年《江苏省建设与装饰工程计价表》《江苏省安装工程计价表》用09费用定额完成审计工作并出具《工程结算审定单》。东洲公司申请再审以其法定代表人倪建林在《工程结算审定单》上签字并不代表对该审定内容的认可，《工程造价审定单》仅系工程造价的预算，附属工程、变更签证等所涉工程价款应扣减而未扣减，以及建汇公司未在造价咨询单位一栏中签字盖章为由，主张《工程造价审定单》不得作为认定案涉工程价款的依据，但其上述主张既无充分证据予以证明，亦与双方共同委托建汇公司进行工程造价鉴定，《工程造价审定单》送审价一栏空白、审定价一栏记载工程价款，东洲公司法定代表人和项目经理均在《工程造价审定单》上签字，以及建汇公司所出具情况说明所载明内容等事实不符，不能成立。一、二审判决采信2014年12月15日《工程造价审定单》，据此认定案涉工程造价，并无不当，本院予以维持。

关于2009年6月23日《协议》是否真实有效，所涉1395625元是否应从给付盛达公司的工程款中予以扣减的问题，涉及对宏昌公司前期施工费的认定。东洲公司申请再审主张，应依据2009年6月23日《协议》，认定宏昌公司前期施工费为1395625元。但本案一审中，盛达公司即对2009年6月23日《协议》上其印章的真实性提出异议，经盛达公司申请，双方同意以《建设工程施工合同》中盛达公司印章作为比对样本，由一审法院委托鉴定机构进行鉴定，鉴定结论为两印章不是同一枚印章盖印形成。东洲公司申请再审主张，2009年6月23日《协议》上印章与《建设工程施工合同》中印章不一致，不能证明2009年6月23日《协议》上的公章不是盛达公司的，但并未提供充分证据证明盛达公司有使用多枚印章的事实，亦与其在一审鉴定过程中同意以《建设工程施工合同》中盛达公司的印章作为比对样本的在先行为不符。且2009年6月23日《协议》在时间上亦晚于东洲公司主张其与宏昌公司达成补偿1395625元合意的时间。故东洲公司主张应以2009年6月23日《协议》为依据，认定应从盛达公司工程价款中扣除的宏昌公司前期施工费数额，欠缺事实基础，一、二审判决未予采信，并无不当。

综上，东洲公司的再审申请不符合《中华人民共和国民事诉讼法》第二百条第二项规定的情形。依照《中华人民共和国民事诉讼法》第二百零四条第一款，《最高人民法院关于适用〈中华人民共和国民事诉讼法〉的解释》第三百九十五条第二款规定，裁定如下：

驳回江苏东洲环保设备有限公司的再审申请。

审 判 长　王展飞
审 判 员　马东旭
审 判 员　汪　军
二〇一七年七月十四日
法官助理　刘牧晗
书 记 员　王　雪

【实务建议】

承包人和发包人在理解本条规定时需注意以下几点：

第一，须准确理解本条中的“建设工程规划许可证等规划审批手续”的含义，其主要是指《城乡规划法》第38条规定的建设用地规划许可证以及《城乡规划法》第40条规定的建设工程规划许可证，不包括《建筑法》第7条所规定的施工许可证。因此，未取得施工许可证并不影响合同效力。

第二，根据《城乡规划法》的规定，申办建设用地规划许可证、建设工程规划许可证的责任主体是建设单位。因而若合同因适用本条而无效，相关责任在发包人。由此产生的缔约过失责任、损失赔偿等由发包人承担。

第三，本条设定了补救机会，即发包人在起诉前将规划审批手续补办成功的，则施工合同不因之前未取得相关规划审批手续而无效。在房地产和建设工程领域有关合同效力的规定中，设置补救机会的类似制度较多。比如《建设工程司法解释（一）》第5条规定：“承包人超越资质等级许可的业务范围签订建设工程施工合同，在建设工程竣工前取得相应资质等级，当事人请求按照无效合同处理的，不予支持。”再如《最高人民法院关于审理涉及国有土地使用权合同纠纷案件适用法律问题的解释》第 9 条规定：“转让方未取得出让土地使用权证书与受让方订立合同转让土地使用权，起诉前转让方已经取得出让土地使用权证书或者有批准权的人民政府同意转让的，应当认定合同有效。”第 11 条规定：“土地使用权人未经有批准权的人民政府批准，与受让方订立合同转让划拨土地使用权的，应当认定合同无效。但起诉前经有批准权的人民政府批准办理土地使用权出让手续的，应当认定合同有效。”第 15 条第 2 款规定：“当事人双方均不具备房地产开发经营资质的，应当认定合同无效。但起诉前当事人一方已经取得房地产开发经营资质或者已依法合作成立具有房地产开发经营资质的房地产开发企业的，应当认定合同有效。”第 16 条规定：“土地使用权人未经有批准权的人民政府批准，以划拨土地使用权作为投资与他人订立合同合作开发房地产的，应当认定合同无效。但起诉前已经办理批准手续的，应当认定合同有效。”又如《最高人民法院关于审理城镇房屋租赁合同纠纷案件具体应用法律若干问题的解释》第 2 条规定：“出租人就未取得建设工程规划许可证或者未按照建设工程规划许可证的规定建设的房屋，与承租人订立的租赁合同无效。但在一审法庭辩论终结前取得建设工程规划许可证或者经主管部门批准建设的，人民法院应当认定有效。”实务中，相关当事人应注意并利用该等补救机会。当然，还需注意该等补救机会所设置的时间点各不相同，有些规定起诉前（如本条），有些则规定一审辩论终结前等，在适用时须特别注意，避免混淆。

第三条　施工合同无效后损失赔偿责任的认定

【条文内容】

建设工程施工合同无效，一方当事人请求对方赔偿损失的，应当就对方过错、损失大小、过错与损失之间的因果关系承担举证责任。

损失大小无法确定，一方当事人请求参照合同约定的质量标准、建设工期、工程价款支付时间等内容确定损失大小的，人民法院可以结合双方过错程度、过错与损失之间的因果关系等因素作出裁判。

【最高院意见】

最高院的《理解与适用》在“条文主旨”部分明确，本条是关于建设工程施工合同无效、当事人的损失赔偿责任如何确定的规定。

本条“要点提示”中，《理解与适用》着重说明了建设工程施工合同无效后，当事人的过错一般应根据造成建设工程施工合同无效的原因予以认定，无效后造成损失的大小可参照合同约定的质量标准、建设工期、工程价款支付时间等内容进行计算。

《理解与适用》还从“无效合同损失赔偿的举证责任”“损失大小可参照合同约定的方式确定”“承包人因合同无效向发包人主张损失赔偿的范围”“发包人因合同无效向承包人主张损失赔偿的范围”等四个方面谈了本条的“条文理解”。

同时，《理解与适用》还在“审判实务”部分强调，实践中适用本条时需要注意正确界定损失与过错之间是否存在因果关系。

【条文点读】

一、建设工程施工合同无效的后果

本条分为两款，第1款规定，建设工程施工合同被认定为无效，若一方当事人请求对方承担损失赔偿责任的，则其须就对方过错、己方损失大小以及因果关系进行举证。第2款规定，如果己方损失大小无法通过举证证明的话，可以参照合同约定的质量标准、工期、付款时间等内容确定。

《民法总则》第157条规定，民事法律行为无效、被撤销或者确定不发生效力后，行为人因该行为取得的财产，应当予以返还；不能返还或者没有必要返还的，应当折价补偿。有过错的一方应当赔偿对方由此所受到的损失；各方都有过错的，应当各自承担相应的责任。法律另有规定的，依照其规定。《合同法》第58条规定，合同无效或者被撤销后，因该合同取得的财产，应当予以返还；不能返还或者没有必要返还的，应当折价补偿。有过错的一方应当赔偿对方因此所受到的损失，双方都有过错的，应当各自承担相应的责任。

按照上述规定，合同被认定无效后，一般会产生两个后果：第一，恢复原状；第二，赔偿损失。

（一）恢复原状

所谓恢复原状，是指无效合同各方的权利义务应恢复至合同订立和履行前的状态，即《合同法》第58条和《民法总则》第157条所称的返还财产。但在实践中，一些无效合同签订和履行后，当事人双方“再也回不去了”，出现了无法返还财产或不宜返还财产的状况，于此情形只得通过折价补偿方式替代返还财产。

《建设工程司法解释（一）》第2条规定，建设工程施工合同无效，但建设工程经竣工验收合格，承包人请求参照合同约定支付工程价款的，应予支持。很多人认为这一规定使合同效力变得毫无意义，法院一方面认定合同无效，另一方面在工程结算时又参照无效合同的约定，将无效合同作有效化处理。此类观点是未明白《建设工程司法解释（一)》第2条的法条基础。事实上，《建设工程司法解释（一)》第2条是《合同法》第58条第一句的具体适用，即合同无效后，当事人应当返还因无效合同取得的财产，若不能返还或不宜返还的，须折价补偿。建设工程施工合同被认定无效时，施工方因履行无效合同而建造的建筑物、构筑物已经完全附着于建设单位的建设用地之上，建设单位是无法“返还”给施工单位的，只能折价补偿。所谓“折价”，就是把实物折合成货币，一般通过双方协商确定折价价款。参照合同约定确定已建工程折价价款是较为合理、高效的方法，因为诉讼过程中由双方当事人就已建工程的折价价款进行协商的现实可能性并不大，而施工合同虽然被判无效但其中有关案涉工程的造价的约定却是双方前期已经协商一致的，将其作为认定折价价款的参照具有一定的合理性，也符合民事法律的诚实信用原则。

（二）赔偿损失

合同被认定无效后的第二个后果就是赔偿损失。即过错方向另一方承担因合同无效而产生的损失赔偿责任；若双方都有过错，则各方在其过错范围内各自承担责任。《建设工程司法解释（一)》第2条解决的是建设工程施工合同被判无效时，发包人对于已经建造的建设工程如何向承包人进行折价补偿的问题，是有关《合同法》第58条第一句的具体适用，但其未就损害赔偿责任的确定问题进行规定。《建设工程司法解释（二)》第3条则填补了这个空白，就《合同法》第58条第二句在建设工程施工合同领域的具体适用问题进行了规定。

二、建设工程施工合同无效情形下的损失赔偿责任

《合同法》第58条的前半部分在施工合同纠纷中的适用问题由《建设工程司法解释（一)》第2条规定，《合同法》第58条的后半部分在施工合同纠纷中的具体适用问题则由《建设工程司法解释（二)》

第3条解释，一切看上去似乎很完美。然而，问题真的如此简单吗？《建设工程司法解释（二）》第3条真的就只是针对《合同法》第58条第二句的解释吗？

若仔细研读，我们不难发现，《建设工程司法解释（二）》第3条和《合同法》第58条第二句存在着一种若即若离、貌合神离的关系。

《合同法》第58条的原文是："合同无效或者被撤销后，因该合同取得的财产，应当予以返还；不能返还或者没有必要返还的，应当折价补偿。有过错的一方应当赔偿对方因此所受到的损失，双方都有过错的，应当各自承担相应的责任。"值得推敲的是，该条第二句中的"因此"二字是何意？若结合第一句并将指代词"此"还原，"因此"二字就是"因合同无效或者被撤销"的意思。也就是说，当事人依据《合同法》第58条只能向对方追偿因合同无效或者被撤销而产生的损失。

但《建设工程司法解释（二）》第3条第1款原文为："建设工程施工合同无效，一方当事人请求对方赔偿损失的，应当就对方过错、损失大小、过错与损失之间的因果关系承担举证责任。"这一条款似乎更侧重于向大家宣告：在施工合同无效的情况下，如果当事人有损失的话，是可以请求对方赔偿的，只要该当事人能够举证证明对方存在过错、己方存在损失、过错与损失之间存在因果关系即可。需要注意的是，它没有要求当事人证明合同无效与损失之间的因果关系。也就是说，当事人依据《建设工程司法解释（二）》第3条能够追偿的损失不局限于"因合同无效"而产生的损失，可以是任何由对方过错造成的损失。

上述有关《建设工程司法解释（二）》第3条的分析结果从该条第2款似乎更能得到印证。该条第2款规定："损失大小无法确定，一方当事人请求参照合同约定的质量标准、建设工期、工程价款支付时间等内容确定损失大小的，人民法院可以结合双方过错程度、过错与损失之间的因果关系等因素作出裁判。"从该款所列举的"质量标准""建设工期""工程价款支付时间"来看，第3条所指的损失包括以下三类：

（1）与质量相关的损失，包括工程质量不合格给发包人造成的损失以及发包人无故提高质量标准而给承包人造成的损失；

（2）与工期相关的损失，包括工期延误给发包人造成的损失以及停工、窝工给承包人造成的损失；

（3）工程款延期支付给承包人造成的损失。

而这三类损失显然与合同无效之间没有必然的因果关系，甚至说难以存在因果关系。比如，就质量不合格的损失而言，若合同无效系发包人应招标而未进行招标所致，则质量不合格损失与合同无效之间一般不会存在因果关系。若合同无效系承包方无资质、超资质或借资质造成，则质量不合格或许与承包方欠缺相应资质存在一定的因果关系，但这种情况是一个“一因多果”的状态，即合同无效这个“果”与质量不合格这个“果”具有相同的“因”——承包方欠缺相应的施工资质。但“果”与“果”之间是不存在因果关系的。再如，就发包人的工期延误损失或承包人的停窝工损失而言，工期延误通常系承包人投入的人力、物力不够或是施工组织、管理存在问题所致，而停窝工通常系发包人迟延提供施工条件、付款延误或迟延验收所致，这些都与合同无效没有必然关联。

通说认为，合同不成立、无效、被撤销或不被追认，当事人一方因此受有损失，对方当事人对此有过错时，应赔偿受害人的损失。这种责任是缔约过失责任。①《合同法》第42条、第43条、第58条即有关缔约过失责任的规定。缔约过失责任须以责任人具有违反先合同义务的过错为前提，违反先合同义务与损失之间要有因果关系，《建设工程司法解释（二）》第3条的规定显然不局限于此，它规定的不仅仅是因合同无效而产生的损失如何明确的问题，而是在合同无效的情形下相关损失如何明确和承担的问题。

---

① 崔建远：《合同法（第三版）》，北京大学出版社Kindle版本，Kindle位置3735—3736。

实务中，相关案件将存在两个层次的因果关系。第一个层次是关于合同无效的因果关系，即承发包双方的过错与合同无效之间的因果关系；第二个层次是关于损失结果的因果关系，即承发包双方的过错与损失结果之间的因果关系。当过错导致合同无效并进而导致相关损失的情况下，可适用缔约过失责任的规定，由造成合同无效的过错方承担责任；相反，当损失与合同无效无关时，只能由造成损失的过错方承担责任。比如，“对于停工损失费的承担，必须先分清哪些损失是无效合同造成的，哪些损失与合同效力无关。对于因无效合同造成的损失，应当由造成合同无效的过错方承担。对于不是由于无效合同造成的损失，基于诚实信用原则，应当由造成实际损失的过错方承担，不能适用《合同法》第58条的规定。因此即使是由于承包人的过错造成施工合同无效，但承包人停工是由于发包人的原因造成的，停工损失与合同效力无关，该责任就应当由造成实际损失的过错方发包人承担”①。

关于合同无效所造成的缔约过失损失责任的认定和承担，可能不少人会产生疑问：既然与质量相关的损失、与工期相关的损失、工程款延期支付给承包人造成的损失皆与合同无效之间难以存在因果关系。那究竟什么损失是合同无效所造成的缔约过失损失呢？除了经常提及的因签订合同而支出的成本（如编制标书和投标成本、办理合同签订手续产生的成本）损失以外，还有其他损失吗？

笔者认为，有一则案例具有启发性。该案系“江苏省第一建筑安装集团股份有限公司与唐山市昌隆房地产开发有限公司建设工程施工合同纠纷”，相关案号为“（2017）最高法民终175号”。该案的裁判文书被登在了《最高人民法院公报》（2018年第6期）上，由河北省高级人民法院一审、最高人民法院二审。

该案中，承包人江苏一建与发包人昌隆公司签订了两份施工合同。一份系双方通过招投标程序于2009年12月8日签订的《备案合同》，

---

① 最高人民法院民事审判第一庭编著：《最高人民法院建设工程施工合同司法解释（二）理解与适用》，人民法院出版社2019年版，第96页。

另一份则是双方在2009年12月28日签署的《补充协议》。关于这两份施工合同，一、二审法院皆认为无效。首先，《备案合同》存在未招先定等违反《招标投标法》禁止性规定的行为，因而无效；其次，《补充协议》对《备案合同》进行了实质性变更且未经招投标程序签订，亦属无效。

关于结算，法院认为，在黑白合同均无效的情况下，原则上应当按照当事人真实合意并实际履行的合同结算，这也是处理类似案件的主流思路。然而，该案的特殊性在于，综合黑白合同以及实际施工范围与两份合同约定皆不一致、两份合同内容在履行过程中均有体现等情况，法院认为当事人提交的证据难以证明实际履行的究竟是哪份合同，无法判断双方实际履行的合同。

面对上述情形，法院认为，在无法确定双方当事人真实合意并实际履行的合同时，应当结合缔约过错、已完工程质量、利益平衡等因素，根据《合同法》第58条规定由各方当事人按过错程度分担因合同无效造成的损失。审理过程中，法院委托鉴定机构分别以两份合同为依据进行审计，按照《备案合同》鉴定的工程总造价为117323856.47元；按照《补充协议》鉴定的总造价为150465810.58元。两者相差33141954.11元，该差价为合同无效所造成的损失。法院认为，昌隆公司作为发包人是依法组织进行招投标的主体，对未依法招投标应负有主要责任，江苏一建对于未依法招投标导致合同无效也具有过错，故按6∶4分担损失较为恰当，因此案涉工程的总价款为137209028.94元(117323856.47元+33141954.11元×60%)。

关于江苏一建主张的停窝工损失，由于2011年7月20日的工程联系单中监理单位已经签章确认确实存在因昌隆公司原因导致江苏一建窝工81天的事实，故该等损失最终判由昌隆公司向江苏一建赔偿。

笔者认为，本案一、二审法院并未将损失的因果关系混淆，在审理过程中，区分了因合同无效而造成的损失以及非合同无效原因造成的损失。让人眼睛一亮的是，法院将黑白合同之间的差价认定为合同无效造成的损失，并适用《合同法》第 58 条的规定判决由造成合同无效的过错方分担该等损失，巧妙地解决了结算依据问题，具有很大的启发性。当然，这一思路在《建设工程司法解释（二）》第 11 条第 2 款已经就相关问题作出规定的情况下是否还有适用可能，值得探讨。

【相关案例】

中国建筑第六工程局有限公司、哈尔滨凯盛源置业有限责任公司建设工程施工合同纠纷【（2017）最高法民终 730 号】

一、裁判要点

法院经审理认为，施工合同无效，缔约双方应当按照导致合同无效的缔约过错承担相应民事责任。

1. 凯盛源公司作为施工合同发包人、招投标程序中的招标人，在案涉工程招投标程序中，明显居于主导和支配地位。对于因为讼争工程建设项目依法应当招标而未招标、先施工后招标的串标行为等导致施工合同无效，凯盛源公司应当承担主要过错责任。中建六公司作为具有特级资质的大型专业施工企业明知承揽本案讼争建设工程违反法律规定而配合发包人，也应当承担相应的过错责任。

2. 中建六公司存在转包行为。一审认定中建六公司转包证据充分，适用法律正确；中建六公司上诉主张其不存在转包行为，与案件事实不符，本院不予支持。因中建六公司将其作为总承包方承建的讼争建设工程转包给低施工资质等级的施工企业或者工头等自然人施工，有违诚信和有损承揽合同的信赖基础，显然实际施工人的施工能力较合同约定的施工人中建六公司相比有所减损，案涉工程质量缺陷与中建六公司转包行为间存在一定的因果关系。

3. 关于凯盛源公司停工损失应否支持的问题。经审理查明，中建六公司“占置”施工现场长达两年半之久，超出合同约定一年施工期的两倍多。因长时间停工，导致凯盛源公司终止部分供货合同并向供货方支付违约金，因无法按时交房对购房小业主构成迟延交房违约并已实际支付部分购房业主违约金和利息。同时，因案涉工程建设项目为房地产开发项目，需投入大量资金滚动开发，凯盛源公司因工程长期停工从而可能增大融资成本及减损开发资金运营效益。在工程停工既成事实的情况下，双方当事人应尽量友好协商解决纠纷，中建六公司长时间“占置”施工现场，没有合法依据，明显存在过错，同时导致凯盛源公司的损失不断扩大。在此种情况下，中建六公司理应赔偿凯盛源公司由中建六公司“占置”行为导致的停工损失；但考虑到凯盛源公司确实存在开发建设手续不全，凯盛源公司对案涉《施工协议书》及《建设工程施工合同》无效应承担主要缔约过错责任，且按照双方签订的《施工协议书》约定“按施工形象进度每月拨付一次工程进度款，工程进度截止到每月的25日为准，工程竣工验收合格后30日内支付工程总造价85%”，在中建六公司已完成工程总造价326777669.10元的情况下，凯盛源公司仅支付工程款179948789.87元，仅达到工程总造价的55%，确实存在拖欠一定比例的工程进度款的情形。

4. 关于中建六公司的窝工损失应否支持的问题。中建六公司上诉主张其在一审中已提供大量证据证明窝工损失的存在，一审法院未予认定，明显不当。本院认为，凯盛源公司之所以将案涉工程交由中建六公司施工，主要基于中建六公司是具有特级施工资质的大型建筑企业，中建六公司将案涉工程转包给低施工资质等级的建筑施工企业施工，是导致案涉工程质量存在严重缺陷的主要原因。原理上讲，发包人拖欠施工总承包人工程进度款，应当优先考虑通过沟通、协调及违约、索赔、洽商变更合同相关约定等法定、约定途径予以救济，而非通过停（怠）工行为抗辩。如拖欠工程进度款数额较大、比例较高、时间较长，对施工人财务安排产生不良影响，可能与施工总承包人窝工损失间存在一定的因果关系。如上，凯盛源公司对案涉施工合同无效承担主要的缔约过错责任，中建六公司也应承担次要责任。因讼争建设项目已被中建六公司转包给实际施工人施工，缺乏证明窝工损失名目的证据，所示证据不足以证实窝工损失的具体内容。在因双方纠纷导致工程停工既成事实的情形下，对可能发生窝工损失，中建六公司应当有预期，应当采取相应措施减少损失。事实上，停工后，中建六公司随即将大部分施工人员撤离施工现场，仅由少部分留守人员“占置”施工现场，已经较大限度地减少损失的发生。综合考虑上述情况，中建六公司主张凯盛源公司赔偿窝工损失的诉讼请求，一审法院不予支持，并无明显不当。

二、裁判文书

中华人民共和国最高人民法院
民 事 判 决 书

（节 选）

（2017）最高法民终730号

上诉人（原审原告、反诉被告）：中国建筑第六工程局有限公司。住所地：天津市滨海新区塘沽杭州道72号。

法定代表人：吴春军，该公司董事长。

上诉人（原审被告、反诉原告）：哈尔滨凯盛源置业有限责任公司。住所地：黑龙江省哈尔滨市经开区哈平路集中区新疆街8号。

法定代表人：苏清福，该公司董事长。

上诉人中国建筑第六工程局有限公司（以下简称中建六公司）因与上诉人哈尔滨凯盛源置业有限责任公司（以下简称凯盛源公司）建设工程施工合同纠纷一案，不服黑龙江省高级人民法院（2014）黑民初字第5号民事判决，向本院提起上诉。本院于2017年9月19日立案后，依法组成合议庭，公开开庭进行了审理。本案现已审理终结。

……

中建六公司向一审法院起诉，请求：1. 双方签订的《施工协议书》

及与其相关的施工合同均无效；2. 凯盛源公司支付工程款257802374.73元及银行贷款利息；3. 赔偿窝工损失37107207.83元；4. 对案涉工程尚欠工程款范围内享有优先受偿权。

凯盛源公司向一审法院反诉，请求：1. 解除双方签订的《施工协议书》，中建六公司撤离施工现场；2. 赔偿因工程质量造成的拆除费、更换费、修复费及停工损失等合计赔偿费319939061元；3. 中建六公司承担逾期竣工违约金202080000元（按2014年3月15日撤场计算，如每超期一日，按合同总价款的0.1%计算至中建六公司撤场日止）；4. 交付已施工工程完整的技术及内业资料。另外，在一审法庭辩论终结前，凯盛源公司增加诉讼请求：5. 中建六公司为凯盛源公司开具已收到工程款的增值税发票；6. 清运施工现场建筑垃圾的费用2700000元。

一审法院认定事实：2012年5月27日，双方当事人签订《施工协议书》，主要内容：中建六公司承建“玖郡6号庄园”工程（分为A区、B区、C区和D区），框架结构，中建六公司包工包料，建筑材料由凯盛源公司认质认价，总建筑面积40万m^2（分两阶段施工，每阶段20万m^2），总工程价款4.8亿元。开工日期2012年6月10日，竣工日期2013年6月30日，达到省优质工程，结算依据为施工图纸及《施工协议书》。预算定额执行2010年相关定额标准，按施工形象进度每月拨付一次工程进度款，工程进度截止到每月的25日为准，工程竣工验收合格后30日内支付工程总造价85%，同时扣除凯盛源公司代付代缴费用。中建六公司承诺本工程全部管理人员及施工人员均来自中建六公司江苏管理团队及完全的江苏施工队。任何情况下不得出现转包现象的发生，否则由中建六公司负全责。中建六公司为凯盛源公司提供已付款的“足额合法发票”及工程交付使用后30日内向凯盛源公司提交竣工资料。该协议与备案的《建设工程施工合同》相抵触的内容，双方以本协议为准执行。

中建六公司于2012年7月15日开始施工。按施工图设计，住宅楼87栋（别墅18栋、洋房69栋），中建六公司实际施工住宅楼76栋，仅挖基坑未施工10栋，1栋未施工。在已施工的76栋住宅中，完工2栋，未完工74栋。地下车库11座，施工9座，但未全部完工，未施工2座；会所3栋，完工1栋、未完工1栋、未施工1栋。通过施工内业资料记载，中建六公司将案涉工程或基础或主体或基础与主体全部转包给天津洪天建筑工程有限公司、天津益晟建筑工程有限责任公司、苏州永锋建筑劳务有限公司、重庆丰都县长江建筑有限公司、上海绿地建设（集团）有限公司、哈尔滨第三建筑工程公司及中建六公司下属的子公司第三建筑工程有限公司。甚至部分楼房的主体或基础由上述两个施工单位共同施工。

2012年9月，凯盛源公司对案涉工程的B区项目进行招投标。

2012年10月8日，双方当事人签订“玖郡6号庄园”B区《建设工程施工合同》约定：中建六公司承建玖郡小区一期工程，框架异形柱结构，总面积110417.16m^2，总工程价款152964735元。开工日期2012年10月11日，竣工时间2013年9月30日。采用固定单价确定合同价款，执行《建设工程工程量清单计价规范》。

2012年11月30日，中建六公司收到《中标通知书》，《中标通知书》的内容与双方当事人之前签订的《建设工程施工合同》内容一致。

2012年12月7日，双方当事人签订《情况说明》。主要内容：针对“玖郡6号庄园”B区一期工程，双方一致确认2012年10月8日签订的施工合同仅作备案之用，不作为工程结算等经济往来依据，施工合同的实际履行仍按2012年5月27日签订的《施工协议书》执行。

2012年12月19日，双方当事人办理了2012年10月8日签订的“玖郡6号庄园”B区《建设工程施工合同》备案手续。

2013年6月2日至22日期间，工程监理部门陆续给中建六公司下达10份《联检整改通知》。要求中建六公司对工程存在的大量质量问题进行整改。

2013年7月末，中建六公司以凯盛源公司拖欠工程进度款为由停止施工，施工人员陆续撤离施工现场，但留守人员“占置”施工现场。

2013年9月2日，哈尔滨经济技术开发区建设工程质量安全监督站给双方当事人及工程监理部门下达《工程质量问题整改通知单》。主要内容：依据工程监理部门2013年8月29日和8月31日《关于凯盛源玖郡工程质量问题的报告》、《玖郡项目ABCD区严重质量问题补充报告》，要求凯盛源公司组织施工单位对报告中存在的质量问题进行逐项全面检查，提出限期整改方案并于2013年9月7日前报该站备案。

2013年12月19日，中建六公司向一审法院提起诉讼，一审法院立案案号为（2014）黑民初字第5号；2014年1月10日，凯盛源公司向一审法院提起诉讼，一审法院立案案号为（2014）黑民初字第6号。鉴于中建六公司及凯盛源公司提起诉讼的请求所涉及的法律关系及标的相同，故本案合并审理。

一审法院审理期间，中建六公司及凯盛源公司分别提出工程造价鉴定及工程质量鉴定申请。一审法院委托鉴定机构对已完工程造价及已完工程质量进行鉴定。其中：具有甲级工程造价资质的黑龙江创奇工程造价咨询有限公司（以下简称创奇公司）、黑龙江紫轩晟世工程项目管理有限公司（以下简称紫轩公司）对案涉已完工程造价进行司法鉴定；具有甲级工程造价资质的力得尔公司对案涉已完工程质量进行司法鉴定。一审法院启动鉴定程序后，中建六公司提出力得尔公司无工程质量检测资质，一审法院又委托哈尔滨工业大学第二工程质量检测站（以下简称哈工大检测二站）对案涉工程的相关数据进行检测，并将检测结果交付力得尔公司。

鉴定过程中，凯盛源公司向一审法院提出申请，认为中建六公司“占置”案涉工程施工现场中的部分楼体基础、地下室及地下车库存在大量污水及淤泥，不仅影响楼体质量及鉴定机构对该部分工程的现场勘查，且影响冬季维护，要求中建六公司进行排放污水、清理淤泥，以减少不必要的损失。如果中建六公司拒绝排污，凯盛源公司将组织有关人员进入现场进行排污。为此，一审法院于2014年10月17日作出（2014）黑民初字第5号民事裁定（第一份裁定），裁定主文：一、中建六公司应准许鉴定机构人员到案涉工程的排放污水、清理淤泥现场进行勘查、取证；二、中建六公司自收到鉴定机构勘查取证完毕通知后次日起十日内完成案涉工程基础（基础部分）、地下室、地下车库部分的排放污水、清理淤泥义务；三、排放污水、清理淤泥的费用由凯盛源公司先行垫付30000元，自收到本裁定书之日起二日内向中建六公司支付，不足部分由中建六公司先行垫付，上述总费用如有争议由鉴定机构评定。凯盛源公司收到此裁定后，向中建六公司支付排放污水、清理淤泥费30000元。

中建六公司亦向一审法院提出申请，要求对其“占置”的案涉工程进行冬季维护，并要求凯盛源公司承担冬季维护费用。凯盛源公司认为，中建六公司非法转包造成严重工程质量问题，应由非法“占置”案涉工程的中建六公司承担冬季维护费用。为此，一审法院于2014年11月12日作出（2014）黑民初字第5－1号民事裁定（第二份裁定），裁定主文：一、中建六公司自收到本裁定次日起对案涉工程进行2014年冬季维护施工；施工过程中，凯盛源公司及其委托的监理部门应按施工规范履行现场管理、监督、验收等义务；二、中建六公司自行垫付1000000元；凯盛源公司垫付1000000元，自收到本裁定书之日起十日内向中建六公司支付，不足部分由中建六公司继续垫付，上述实际发生总费用如有争议，由鉴定机构评定。凯盛源公司收到此裁定后未向中建六公司支付冬季维护费1000000元，并向一审法院提出复议，被一审法院驳回。2015年3月6日，一审法院组织双方当事人及鉴定机构人员对案涉工程冬季维护施工项目进行勘查。鉴定机构对中建六公司冬季维护支出费用鉴定金额为2388202.75元。

诉讼期间，凯盛源公司多次向一审法院提出书面申请，请求一审法院根据其诉讼请求，责令中建六公司留守人员撤离施工现场，便于其他施工企业进入施工现场继续施工，以减少双方当事人及数千户购房人的经济损失。因中建六公司拒绝退出施工现场，且鉴定机构尚未完成施工现场勘查工作，一审法院暂未作出裁决。2015年10月，鉴于施工现场勘查工作基本结束，故一审法院组织双方协调中建六公司留守人员撤场事宜。中建六公司主张凯盛源公司应先行交付一定数量的工程款，否则不同意撤离施工现场。嗣后，经一审法院多次协调，双方同意由凯盛源公司向一审法院提存人民币10000000元，用于中建六公司撤场期间及之后支出的相关费用，待中建六公司撤离施工现场后，由一审法院支付给中建六公司上述提存款。为此，一审法院于2015年11月26日作出（2014）黑民初字第5－2号民事裁定（第三份裁定），裁定主文：一、中建六公司于本裁定送达之日起十五日内撤离位于哈尔滨市平房区南城七路与普惠大街交会处哈尔滨凯盛源公司“玖郡6号庄园低密度住宅、花园洋房、地下车库、商服”工程项目施工现场归其所有的施工现场建筑材料及机械设备或由其对外租用的机械设备；二、中建六公司于本裁定送达之日起十五日内撤离位于哈尔滨市平房区南城七路与普惠大街交会处哈尔滨凯盛源公司“玖郡6号庄园低密度住宅、花园洋房、地下车库、商服”工程项目所在区域（即A区、B区、C区及D区）及暂设设施（临时办公用房及施工人员用房）内的相关人员；三、中建六公司与凯盛源公司进行施工现场及工程项目所在区域交接并实际全部撤离案涉工程所在区域后，向一审法院申请支付凯盛源公司已向一审法院提存的工程款10000000元。

2016年2月1日，一审法院组织双方当事人进行案涉工程施工现场交接。因施工现场及电梯井内存在大量的建筑垃圾，地下室及地下车库亦存在大量的污冰泥，为此，在双方签订的《现场交接单》中约定，中建六公司在2016年3月15日前清除案涉工程内的建筑垃圾，逾期清除的垃圾由凯盛源公司清除，清除费用由中建六公司承担。同日，一审法院作出（2014）黑民初字第5－3号民事裁定（第四份裁定），裁定主文：一审法院将凯盛源公司提存款10000000元转付给中建六公司。中建六公司于2016年2月4日，收到一审法院转付的提存款10000000元。但中建六公司在2016年3月15日前没有清除案涉工程内的建筑垃圾。嗣后，凯盛源公司委托案外人清运案涉工程建筑垃圾，并实际支付案外人清运建筑垃圾费2700000元。凯盛源公司在法庭辩论结束前，主张按撤场时双方签订的《现场交接单》约定，该费用应由中建六公司承担。一审法院对此予以认定。

2016年7月，力得尔公司作出黑中力鉴字［2014］第1339号《哈尔滨市平房区凯盛源·玖郡小区八十四项单位工程质量及修复费用司法鉴定意见书》。

2016年8月，创奇公司、紫轩公司共同作出“创奇（2016）造价鉴字第001号”、“紫轩（2016）造价鉴字第001号”《司法鉴定意见书》。

一审法院认为，案涉工程系面向社会销售的大型商品住宅小区，关系到社会公共利益、公共安全的建设工程项目，根据《中华人民共和国招标投标法》第三条“在中华人民共和国境内进行下列工程建设项目包括项目的勘察、设计、施工、监理以及与工程建设有关的重要设备、材料等的采购，必须进行招标：（一）大型基础设施、公用事业等关系社会公共利益、公众安全的项目；……”国家发展计划委员会经国务院批准《工程建设项目招标范围和规模标准规定》第三条“关系社会公共利益、公众安全的公用事业项目的范围包括：（一）供水、供电、供气、供热等市政工程项目；（二）科技、教育、文化等项目；（三）体育、旅游等项目；（四）卫生、社会福利等项目；（五）商品住宅，包括经济适用住房；（六）其他公用事业项目。”之规定，案涉工程必须进行招投标。因双方当事人未就案涉工程进行招投标而签订“玖郡6号庄园”《施工协议书》，依据《最高人民法院关于审理建设工程施工合同纠纷案件适用法律问题的解释》第一条第（三）项之规定，双方当事人于2012年5月27日签订的“玖郡6号庄园”《施工协议书》因违反法律、行政法规效力性强制性规定，该《施工协议书》无效。虽然，凯盛源公司于2012年9月对“玖郡6号庄园”的B区项目进行招投标，双方当事人于2012年10月8日签订“玖郡6号庄园”B区《建设工程施工合同》，但签订该施工合同前，中建六公司已于2012年7月15日对“玖郡6号庄园”的A、B、C、D四个区进行全面施工，且签订该施工合同时中建六公司并未收到“玖郡6号庄园”B区的《中标通知书》。因此，双方当事人的上述行为实为“先定后招”的“串标”行为。根据《中华人民共和国招标投标法》第四十三条、第五十五条及《最高人民法院关于审理建设工程施工合同纠纷案件适用法律问题的解释》第一条第（三）项之规定，双方当事人于2012年10月8日签订的“玖郡6号庄园”B区《建设工程施工合同》亦违反法律、行政法规效力性强制性规定，该施工合同无效。中建六公司、凯盛源公司分别作为施工企业、房地产开发企业，应知道其上述行为违反法律、行政法规的禁止性规定，故双方当事人对上述协议无效均有过错，应各自承担相应的责任。

关于案涉工程价款结算标准的问题。虽然双方当事人签订的“玖郡6号庄园”《施工协议书》及“玖郡6号庄园”B区的《建设工程施工合同》无效，但工程款结算标准应以双方当事人真实意思表示的结算内容作为结算标准。双方当事人于2012年12月7日签订的《情况说明》中亦约定：双方签订的“玖郡6号庄园”B区《建设工程施工合同》仅作备案之用，不作为工程结算等经济往来的依据，实际履行仍按2012年5月27日签订的“玖郡6号庄园”《施工协议书》执行。因此，案涉工程价款结算标准应按“玖郡6号庄园”《施工协议书》约定的2010年定额标准结算，中建六公司主张按“玖郡6号庄园”B区《建设工程施工合同》约定的工程量清单结算，并作为工程造价鉴定的依据，一审法院不予支持。

关于案涉工程质量责任的承担、修复及维修费的问题。双方签订的《施工协议书》约定，中建六公司承诺本工程全部管理人员及施工人员均来自中建六公司的施工队。任何情况下不得出现转包现象的发生，否则造成的损失全部由中建六公司承担。但中建六公司在实际履行施工协议过程中，将案涉工程或基础或主体或基础与主体全部转包给重庆丰都县长江建筑有限公司等7家施工企业。为此，在中建六公司停止施工后、提起本案诉讼前，哈尔滨经济技术开发区建设工程质量安全监督站给中建六公司下达《工程质量问题整改通知单》中亦记载“玖郡项目 ABCD 区严重质量问题”等内容，本案诉讼期间通过司法鉴定亦证实案涉工程存在大量的工程质量问题，故中建六公司应对案涉工程质量问题承担责任。鉴于中建六公司现已撤离施工现场，诉讼期间双方矛盾纠纷较大，且中建六公司不认可案涉工程存在大量质量不合格的事实，一审法院不宜强制判令中建六公司限期修复案涉工程不合格部分，故由凯盛源公司自行维修，中建六公司承担案涉工程质量不合格部分对应的维修费用，并从凯盛源公司尚欠其工程款中扣除。

关于案涉已完工程总造价、已付工程款、垫付款、尚欠工程款的数额及尚欠工程款利息起算时间的问题。根据一审法院上述所查事实及相关款项的逐一认定，凯盛源公司尚欠中建六公司工程款 = 案涉已完工程总造价 326777669. 1 元 - 凯盛源公司已付工程款 179948789. 87 元（《支付工程款（垫付材料款）明细表》中认定的 179948789. 87 元）- 凯盛源公司垫付款 4404419. 8 元（水费 82770. 86 元 + 电费 1418683. 94 元 + 农民工工伤保险费用 152965 元 + 安全文明措施费 50000 元 + 清运垃圾费 2700000 元）- 中建六公司应承担的维修费 132096135. 69 元 = 10328323. 74 元。虽然双方约定支付剩余工程款为工程竣工验收合格后 30 日内支付工程总造价 85%，但案涉工程尚未完工，中建六公司提出本案诉讼时尚未撤离施工现场，双方亦未结算，故根据《最高人民法院关于审理建设工程施工合同纠纷案件适用法律问题的解释》第十八条第一款第（三）项之规定，凯盛源公司尚欠中建六公司的工程款利息应从起诉日 2013 年 12 月 19 日按中国人民银行同期同类贷款利率开始计算。

关于中建六公司主张赔偿窝工损失的问题。中建六公司主张的窝工损失，一部分为停工前的损失，另一部分为停工后的损失。对于停工前的损失，因中建六公司未举示由凯盛源公司或监理部门确认的停、窝工证据，且中建六公司将案涉工程中或基础或主体或基础与主体全部转包给案外人，故中建六公司主张该期间的窝工损失，一审法院不予支持。对于停工后的窝工损失，因该期间中建六公司已将大部分施工人员撤离，留有少部分人员“占置”施工现场，而其“占置”施工现场的行为不符合《中华人民共和国担保法》第八十二条、《中华人民共和国物权法》第二百三十条规定的法定留置情形，因此，该期间的损失，应由其自行承担。对中建六公司该项主张，一审法院不予支持。

关于中建六公司主张对案涉工程享有优先受偿权的问题。虽然案涉工程未实际竣工，但双方签订的《施工协议书》约定竣工日期为2013年6月30日。中建六公司于2013年12月19日提起本案诉讼，根据《最高人民法院关于建设工程价款优先受偿权问题的批复》第四条“建设工程承包人行使优先权的期限为六个月，自建设工程竣工之日或者建设工程合同约定的竣工之日起计算。”规定，中建六公司并未超过法定主张优先受偿权的期限。工程价款优先受偿权是以发包人欠付工程款为前提，即使施工合同无效或工程未竣工，只要发包人有欠付工程款的事实，承包人就可以依照法律规定的程序主张工程价款优先受偿权。故中建六公司主张优先受偿权，一审法院予以支持。但案涉工程的房屋已部分出售给众多购房人，根据《最高人民法院关于建设工程价款优先受偿权问题的批复》第二条：“消费者交付购买商品房的全部或者大部分款项后，承包人就该商品房享有的工程价款优先受偿权不得对抗买受人。”故中建六公司享有优先受偿权不得对抗案涉房屋的买受人，且优先受偿权不涉及建筑物所占用的建设用地使用权。

关于凯盛源公司主张解除双方签订《施工协议书》的问题。在《施工协议书》有效的情形下，因中建六公司施工期间将案涉工程或基础或主体或基础与主体工程全部非法转包给案外人，依据《最高人民法院关于审理建设工程施工合同纠纷案件适用法律问题的解释》第八条第一款第（四）项之规定，凯盛源公司主张解除其与中建六公司签订的《施工协议书》，予以支持。但根据一审法院上述认定，双方签订的《施工协议书》无效，故不存在依法解除的情形，且在一审法院审理期间，中建六公司撤离了案涉施工现场，并与凯盛源公司签订了

《撤场协议》，即双方已实际终止了《施工协议书》的履行，因此，凯盛源公司主张解除双方签订的《施工协议书》，一审法院不予支持。

关于凯盛源公司主张逾期竣工违约金的问题。因双方签订的《施工协议书》无效，故凯盛源公司依据该协议主张逾期竣工违约金，一审法院不予支持。

关于凯盛源公司主张中建六公司"占置"施工现场期间的停工损失问题。虽然中建六公司以凯盛源公司拖欠工程款为由"占置"施工现场无法律依据，但凯盛源公司主张中建六公司"占置"施工现场期间发生损失所对应的部分证据均为间接证据，不足以证明其主张的直接损失与中建六公司的"占置"行为存在必然的因果关系，亦不能证明其主张的间接损失系预期必然取得的利益，对此，一审法院不予支持。虽然凯盛源公司举示的另一部分证据能够体现因中建六公司停工而终止部分供货合同，并实际向供货方支付违约金及其他实际发生的费用，但该部分实际发生的直接损失是否应由中建六公司全部承担，应以凯盛源公司是否拖欠中建六公司工程款为处理原则。经一审法院上述认定，中建六公司停止施工时，凯盛源公司尚欠中建六公司工程款，因此，凯盛源公司未及时拨付工程款而造成中建六公司停工所发生的损失，应由凯盛源公司自行承担。一审法院对凯盛源公司举示停工损失的证据，不予采信。对其该项主张，一审法院不予支持。

关于凯盛源公司主张中建六公司交付已施工工程完整的内业资料、开具已支付工程款发票的问题。本案诉讼期间，中建六公司已撤离施工现场，双方签订的《施工协议书》已实际解除，根据《中华人民共和国合同法》第六十条、第九十二条之规定，中建六公司向凯盛源公司开具已收取工程款的发票及交付已完工程的技术内业资料，系其附随的法定义务，且双方亦约定中建六公司为凯盛源公司提供已付款的"足额合法发票"及工程交付使用后30日内向凯盛源公司提交竣工资料，而竣工资料中包括技术内业资料。但中建六公司撤离施工现场后，未向凯盛源公司交付案涉工程的全部技术内业资料。故一审法院对凯盛源公司该两项主张予以支持。

综上所述，依据《中华人民共和国合同法》第一百零七条、第一百零九条、《中华人民共和国民事诉讼法》第一百六十四条之规定，经一审法院审判委员会讨论决定，判决：一、凯盛源公司于本判决生效后十日内给付中建六公司工程款 10328323.74 元及利息（自 2013 年 12 月 19 日起至本判决生效之日止，按中国人民银行同期同类贷款利率计算）；二、中建六公司在凯盛源公司尚欠其工程款 10328323.74 元范围内，对案涉工程尚未出售的房屋（不包括土地使用权）享有优先受偿权；三、中建六公司于本判决生效后十日内向凯盛源公司交付案涉工程的全部技术内业资料，向凯盛源公司开具已收取工程款的增值税发票；四、驳回中建六公司的本诉其他诉讼请求；五、驳回凯盛源公司的反诉其他诉讼请求。一审本诉案件受理费 1531338.79 元，由中建六公司负担 1529593.79 元，由凯盛源公司负担 1745.00 元。一审反诉案件受理费 2651895.31 元，减半收取 1325947.66 元，由中建六公司负担 335966.27 元，由凯盛源公司负担 989981.39 元。工程造价鉴定费 1604069.15 元（中建六公司预交），由凯盛源公司负担；工程质量鉴定费 4458000.00 元（凯盛源公司预交），由中建六公司负担。

本院二审审理期间，当事人围绕上诉请求依法提交了证据。本院组织当事人进行了证据交换和质证。中建六公司提供五组 19 份新证据，第一组证据共 8 份，为原中华人民共和国建设部颁布的建办（2005）89 号《关于印发〈建筑工程安全防护、文明施工措施费用及使用管理规定〉的通知》、黑龙江省住房和城乡建设厅颁布的黑建造价（2010）13 号文件、黑龙江省住房和城乡建设厅颁布的黑建发（2010）11 号《关于下发〈黑龙江省建设工程安全文明施工费使用管理办法〉的通知》、黑龙江省建设工程造价管理总站颁布的黑建造价（2012）13 号《关于发布调整建筑安装工程费用有关项目、标准规定的通知》、黑龙江省住房和城乡建设厅颁布的黑建造价（2013）20 号《关于发布二〇一三年建筑安装等工程结算指导意见的通知》、黑龙江省住房和城乡建设厅主编的《建设工程费用定额》、《安全文明施工费现场评价申请表》、凯盛源公司于2012年12月26日出具的《情况说明》，拟证明安全文明施工费属于建设工程正常取费的项目，且中建六公司实际发生了该部分费用，不应从造价鉴定中扣除。第二组证据为黑龙江省住房和城乡建设厅编著的《2010年黑龙江省建设工程计价依据编制说明、补充定额及有关问题的解释（上册)》，拟证明垂直封闭、垂直防护是建设工程正常取费的项目，一审判决只计取部分脚手架费用，未计取垂直封闭、垂直防护费用错误。第三组证据共8份，为凯盛源公司于2015年11月9日出具的《关于交纳电费的函》、凯盛源公司实施挂表管理的通知、《承诺书》、《B区现场施工单位挂表确认》、《电表数确认单》、《玖郡项目临时用电变压器登记表》、凯盛源公司于2014年3月18日出具的《工作联系单》、凯盛源公司于2014年5月28日出具的《工作联系单》，拟证明一审判决认定的凯盛源公司为中建六公司垫付电费的金额错误，未查明中建六公司实际发生的电费，也未扣除凯盛源公司自己使用的电费、凯盛源公司的分包单位使用的电费、电费余额等项。第四组证据为哈尔滨市劳动和社会保障局、哈尔滨市建设委员会颁布的《关于进一步做好建筑企业农民工参加工伤保险工作的通知》，拟证明农民工工伤保险费应由凯盛源公司承担，不应从已付款中扣除。第五组证据为微信截图，拟证明凯盛源公司因一审法院的判决大肆庆祝。

凯盛源公司质证称，第一组证据中的前六份证据的真实性予以认可，但不认可证明目的。后两份证据的真实性无法核实，证明目的不予认可。按照相关规定，安全文明施工费需由建设主管部门的安全生产监察机构负责现场评价，中建六公司提供的监理部门出具的评价表不能作为核定安全文明施工费的依据。第二组证据的真实性予以认可，证明目的不认可。垂直封闭、垂直防护需经过现场评价才能计取，一审法院未计取是正确的。第三组证据中的前三份证据的真实性予以认可，后五份证据的真实性不予认可。电费主要是中建六公司撤场前使用产生，施工现场的电表因存在远程数据问题不准确，应以凯盛源公司实际向电力部门缴纳的电费数额为准。第四组证据的真实性予以认可，目的性不予认可。其中第4条明确约定农民工工伤保险由总包单位承担，且已经计入工程造价，应从凯盛源公司代中建六公司缴纳的费用中扣除。第五组证据的真实性不予认可，目的性不予认可。即使是真实的，也属于公司正常的活动。

本院对上述证据认定如下：第一组证据中的前六份证据，因凯盛源公司认可其真实性，本院予以确认。后两份证据本院将综合案件其他事实予以认定。第二组证据，因凯盛源公司认可该组证据的真实性，本院予以确认。第三组证据，本院综合案件其他事实予以认定。第四组证据，因凯盛源公司认可该组证据的真实性，本院予以确认。第五组证据，因凯盛源公司不认可该组证据的真实性，且中建六公司无法证明该组证据与本案的关联性，本院不予认可。

凯盛源公司提供黑龙江容大会计师事务所有限公司制作的黑容大(2017）会鉴字第029号司法鉴定意见书，拟证明凯盛源公司对中建六公司给其造成的经济损失进行了司法鉴定，鉴定总额为275454155.49元。

中建六公司质证称，不认可该份证据的真实性、合法性和关联性及证明目的。该鉴定不是合法的司法鉴定，司法鉴定应由法院委托，双方当事人参与，且鉴定材料需经双方当事人质证。该份鉴定书是虚假的，鉴定材料涉嫌造假，其中食材的供应商是凯盛源公司的关联公司，相关金额是虚假的，凯盛源公司实际并未受到损失。

本院对该证据认定如下：该份鉴定意见书为凯盛源公司单方委托黑龙江容大会计师事务所有限公司制作，鉴定材料未经双方当事人质证，且中建六公司对此不予认可。本院不作为鉴定意见证据予以采信。

本院二审查明的其他事实与一审查明的事实一致。

本院认为，综合本案双方当事人的诉辩情况，本案的主要争议焦点为：案涉合同效力；工程造价；工程质量；欠付工程款数额及利息；优先受偿权；一审法院适用法律程序是否正确。

一、关于案涉合同效力的问题

（一）案涉合同无效。《最高人民法院关于审理建设工程施工合同纠纷案件适用法律问题的解释》第一条第三款规定：“建设工程施工合同具有下列情形之一的，应当根据合同法第五十二条第（五）项的规定，认定无效：……（三）建设工程必须进行招标而未招标或者中标无效的。”本案中，双方当事人于2012年5月27日签订“玖郡6号庄园”《施工协议书》。2012年7月15日，中建六公司对“玖郡6号庄园”的A、B、C、D四个区进行全面施工。凯盛源公司于2012年9月对“玖郡6号庄园”的B区项目进行招投标。2012年10月8日，双方当事人签订“玖郡6号庄园”B区《建设工程施工合同》，2012年12月19日，双方当事人办理“玖郡6号庄园”B区《建设工程施工合同》备案手续。本院认为，案涉工程系大型商品住宅小区，涉及社会公共利益及公众安全，属于《中华人民共和国招标投标法》第三条规定必须进行招投标的范畴，双方当事人签订的《施工协议书》因未经招投标程序，应属无效合同。而双方当事人签订的《建设工程施工合同》因先施工后招标的行为，明显属于先定后招、明招暗定，也属无效合同。因此，一审法院认定双方当事人之间一系列施工合同因违反《最高人民法院关于审理建设工程施工合同纠纷案件适用法律问题的解释》第一条第三款及《中华人民共和国招标投标法》等法律、司法解释的效力性、强制性规定而无效，认定正确。双方当事人也均认可案涉施工合同无效，本院对此予以确认。中建六公司作为大型专业施工企业，凯盛源公司作为专业房地产开发企业，对上述行为违反法律、行政法规的禁止性规定应为明知，对案涉合同无效均存缔约过错。

（二）关于合同无效后的过错承担问题。

施工合同无效，缔约双方应当按照导致合同无效的缔约过错承担相应民事责任。

1. 凯盛源公司作为施工合同发包人、招投标程序中的招标人，在案涉工程招投标程序中，明显居于主导和支配地位。对于因为讼争工程建设项目依法应当招标而未招标、先施工后招标的串标行为等导致施工合同无效，凯盛源公司应当承担主要过错责任。中建六公司作为具有特级资质的大型专业施工企业明知承揽本案讼争建设工程违反法律规定而配合发包人，也应当承担相应的过错责任。

2. 中建六公司存在转包行为。双方当事人签订的《施工协议书》第六条第（二）款第14项明确约定，“中建六公司承诺本工程全部管理人员及施工人员均来自中建六公司江苏管理团队及完全的江苏施工队。任何情况下不得出现转包现象的发生，否则由中建六公司负全责”，根据中建六公司在一审中举示的误工索赔台账所附的相关函件记载，中建六公司将其承建的全部案涉工程以分包名义分别交由天津洪天建筑工程有限公司、天津益晟建筑工程有限责任公司、苏州永锋建筑劳务有限公司、重庆丰都县长江建筑有限公司、上海绿地建设（集团）有限公司、哈尔滨第三建筑工程公司及中建六公司下属的子公司第三建筑工程有限公司施工，其中部分楼房的主体或基础工程由上述两个施工单位共同施工。中建六公司上诉主张，应当根据管理人员、建筑主材和大型施工机械设备是否由施工总承包人中建六公司提供为标准，判断案涉工程是否存在转包。中建六公司仅将案涉工程中的劳务部分进行分包，施工现场的管理人员均由中建六公司调配，建筑主材和大型施工机械设备均由中建六公司提供，因此，中建六公司不存在转包行为。根据双方当事人签订的施工合同约定，案涉工程的施工人员也应来自中建六公司的江苏管理团队及完全的江苏施工队，且中建六公司一审提交的《苏州永锋建筑劳务有限公司现场误工报价表》窝工明细中明确标明“5台塔吊处于停工状态，每台塔吊的费用1133.34元/天”，由此可以判断，中建六公司主张的大型机械设备均由中建六公司提供与事实不符。另外，中建六公司于2013年8月23日出具给哈尔滨市平房区人民政府的《回函》中，亦自认案涉工程在中建六公司不知情的情况下被层层转包给不具有施工资质的自然人。《中华人民共和国合同法》第二百七十二条第三款规定，禁止承包人将工程分包给不具备相应资质条件的单位。禁止分包单位将其承包的工程再分包。建设工程主体结构的施工必须由承包人自行完成。《中华人民共和国建筑法》第二十八条规定，禁止承包单位将其承包的全部建筑工程转包给他人，禁止承包单位将其承包的全部建筑工程肢解以后以分包的名义分别转包给他人。因此，一审认定中建六公司转包证据充分，适用法律正确；中建六公司上诉主张其不存在转包行为，与案件事实不符，本院不予支持。因中建六公司将其作为总承包方承建的讼争建设工程转包给低施工资质等级的施工企业或者工头等自然人施工，有违诚信和有损承揽合同的信赖基础，显然实际施工人的施工能力较合同约定的施工人中建六公司相比有所减损，案涉工程质量缺陷与中建六公司转包行为间存在一定的因果关系。

3. 关于凯盛源公司停工损失应否支持的问题。此次二审中，凯盛源公司提交了黑龙江容大会计师事务所有限公司制作的黑容大（2017）会鉴字第029号司法鉴定意见书，因该鉴定意见书系凯盛源公司单方委托鉴定机构制作，且中建六公司不予认可，本院不作为鉴定意见证据予以采信。经审理查明，2013年7月，中建六公司与凯盛源公司发生纠纷后，中建六公司将大部分施工人员撤离施工现场，仅留少部分人员对施工现场进行“占置”。在此期间，凯盛源公司一直无法进入施工现场进行施工。经一审法院多次组织协调，且凯盛源公司支付1000万元撤场费的情况下，中建六公司才于2016年2月1日将案涉施工现场交还给凯盛源公司。中建六公司“占置”施工现场长达两年半之久，超出合同约定一年施工期的两倍多。因长时间停工，导致凯盛源公司终止部分供货合同并向供货方支付违约金，因无法按时交房对购房小业主构成迟延交房违约并已实际支付部分购房业主违约金和利息。同时，因案涉工程建设项目为房地产开发项目，需投入大量资金滚动开发，凯盛源公司因工程长期停工从而可能增大融资成本及减损开发资金运营效益。在工程停工既成事实的情况下，双方当事人应尽量友好协商解决纠纷，中建六公司长时间“占置”施工现场，没有合法依据，明显存在过错，同时导致凯盛源公司的损失不断扩大。在此种情况下，中建六公司理应赔偿凯盛源公司由中建六公司“占置”行为导致的停工损失；但考虑到凯盛源公司确实存在开发建设手续不全，凯盛源公司对案涉《施工协议书》及《建设工程施工合同》无效应承担主要缔约过错责任，且按照双方签订的《施工协议书》约定“按施工形象进度每月拨付一次工程进度款，工程进度截止到每月的25日为准，工程竣工验收合格后30日内支付工程总造价85%”，在中建六公司已完成工程总造价326777669.10元的情况下，凯盛源公司仅支付工程款179948789.87元，仅达到工程总造价的55%，确实存在拖欠一定比例的工程进度款的情形。综上，一审判决凯盛源公司的停工损失由其自行承担，并无明显不当，本院予以维持。

4. 关于中建六公司的窝工损失应否支持的问题。中建六公司上诉主张其在一审中已提供大量证据证明窝工损失的存在，一审法院未予认定，明显不当。本院认为，凯盛源公司之所以将案涉工程交由中建六公司施工，主要基于中建六公司是具有特级施工资质的大型建筑企业，中建六公司将案涉工程转包给低施工资质等级的建筑施工企业施工，是导致案涉工程质量存在严重缺陷的主要原因。原理上讲，发包人拖欠施工总承包人工程进度款，应当优先考虑通过沟通、协调及违约、索赔、洽商变更合同相关约定等法定、约定途径予以救济，而非通过停（怠）工行为抗辩。如拖欠工程进度款数额较大、比例较高、时间较长，对施工人财务安排产生不良影响，可能与施工总承包人窝工损失间存在一定的因果关系。如上，凯盛源公司对案涉施工合同无效承担主要的缔约过错责任，中建六公司也应承担次要责任。因讼争建设项目已被中建六公司转包给实际施工人施工，缺乏证明窝工损失名目的证据，所示证据不足以证实窝工损失的具体内容。在因双方纠纷导致工程停工既成事实的情形下，对可能发生窝工损失中建六公司应当有预期，应当采取相应措施减少损失。事实上，停工后，中建六公司随即将大部分施工人员撤离施工现场，仅由少部分留守人员“占置”施工现场，已经较大限度地减少损失的发生。综合考虑上述情况，中建六公司主张凯盛源公司赔偿窝工损失的诉讼请求，一审法院不予支持，并无明显不当。

二、关于工程造价的问题

……

综上，中建六公司实际施工的工程总造价 = 一审认定的已完工程总造价 326777669.10 元 + 垂直封闭和垂直防护费用 1824786.92 元 + 安全文明施工费 5925360.14 元 + 冬季施工费 2388202.75 元 = 336916018.91 元。

（三）关于是否存在漏鉴的问题。……

三、关于工程质量的问题

……

四、关于欠付工程款数额及利息、优先受偿权等的问题

……

五、关于一审法院适用法律程序是否正确的问题

……

综上所述，中建六公司的上诉请求部分成立，依照《中华人民共和国民事诉讼法》第一百七十条第一款第（二）项规定，判决如下：

一、维持黑龙江省高级人民法院（2014）黑民初字第 5 号民事判决第三项、第四项、第五项；

二、变更黑龙江省高级人民法院（2014）黑民初字第 5 号民事判决第一项为：哈尔滨凯盛源置业有限责任公司于本判决生效后十日内支付中国建筑第六工程局有限公司工程欠款 152612130.74 元及利息（自 2013 年 12 月 19 日起至本判决生效之日止，按中国人民银行同期同类贷款利率计算）；

三、变更黑龙江省高级人民法院（2014）黑民初字第 5 号民事判决第二项为：中国建筑第六工程局有限公司在哈尔滨凯盛源置业有限责任公司尚欠其工程款 152612130.74 元范围内，对案涉工程尚未出售的房屋（不包括土地使用权）享有优先受偿权；

四、中国建筑第六工程局有限公司于本判决生效后十日内支付哈尔滨凯盛源置业有限责任公司工程质量缺陷修复费用128177952.67元；

五、确认中国建筑第六工程局有限公司与哈尔滨凯盛源置业有限责任公司签订的与案涉玫郡项目工程施工有关的合同、协议均无效。

如果未按本判决指定的期间履行给付金钱义务，应当依照《中华人民共和国民事诉讼法》第二百五十三条之规定，加倍支付迟延履行期间的债务利息。

一审本诉案件受理费1531338.79元，由中国建筑第六工程局有限公司负担1455838.92元，由哈尔滨凯盛源置业有限责任公司负担75499.87元；反诉案件受理费2651895.31元，减半收取1325947.66元，由中国建筑第六工程局有限公司负担335966.27元，由哈尔滨凯盛源置业有限责任公司负担989981.39元；工程造价鉴定费1604069.15元（中建六公司预交），由哈尔滨凯盛源置业有限责任公司负担；工程质量鉴定费4458000元（凯盛源公司预交），由中国建筑第六工程局有限公司负担。二审案件受理费2857286.45元，由中国建筑第六工程局有限公司负担1455838.92元，由哈尔滨凯盛源置业有限责任公司负担1401447.53元。

本判决为终审判决。

审 判 长　冯小光
审 判 员　张能宝
审 判 员　武建华
二〇一七年十二月二十七日
法官助理　马赫宁
书 记 员　隋 欣

【实务建议】

诚如上文所述，《建设工程司法解释（二）》第3条并不仅仅是有关缔约过失责任的规定。在建设工程施工合同无效的情况下，既存在

《合同法》第58条规定的缔约过失责任，也存在其他过错损失赔偿责任。实务中，相关案件的当事人须严格区分，逐一证明。对于缔约过失责任，须就对方有关合同无效的过错、合同无效而产生的损失以及相关因果关系进行证明，特别注意既要证明对方过错与合同无效的因果关系，又要证明合同无效与损失之间的因果关系。对于不属于缔约过失责任的损失赔偿事项，则需要就对方过错、损害后果及因果关系进行证明和论证。

上述案例中，对于合同无效后的过错承担问题，虽然法院在判决书中使用了“双方应当按照导致合同无效的缔约过错承担相应民事责任”，但其后讨论的质量瑕疵责任、发包人的停工损失责任、承包人的窝工损失责任并非严格意义上的缔约过错责任。事实上，法院也是逐一论证相关的过错比例和因果关系的。具体而言：（1）在合同无效责任方面，法院认为合同因违反招投标相关法律规定而无效，因此发包人对于合同无效承担主要过错责任，承包人承担相应的过错责任。（2）在质量缺陷责任认定方面，由于承包人存在转包行为，法院认为质量缺陷与承包人的转包存在因果关系。（3）在承包人的窝工损失方面，法院认为承包人停怠工抗辩行为不妥，且具体的窝工损失无法证实，在双方纠纷导致工程停工既成事实的情形下，对可能发生窝工损失，中建六公司应当有预期，应当采取相应措施减少损失。（4）在停工损失方面，法院详细描述了承包人在发生纠纷后长期“占置”施工现场的情况，并认为其“占置”行为“没有合法依据，明显存在过错”，导致了发包人的损失不断扩大，“理应赔偿”发包人由于承包人“占置”行为导致的停工损失。然而，法院最终考虑到发包人对于合同无效承担主要责任，且存在较为严重的工程款拖欠行为，一审法院判决发包人自行承担停工损失“无明显不当”。

笔者认为，本案中，最高院在论述合同无效的过错责任、质量瑕疵的责任认定方面，思路相对还是比较清晰的，但是在论证停窝工损失责任时，对于因果关系的分析比较模糊。尤其是对于发包人的停工损失，其一方面认为承包人的“占置”没有合法依据且明显存在过错，“理应赔偿”发包人由于承包人“占置”行为导致的停工损失，但最终又基于发包人应承担合同无效方面的主要责任且存在工程款拖欠行为而认为一审法院判决发包人自行承担停工损失“无明显不当”。该部分内容值得商榷。

在上述判决书中，法院将质量缺陷、停窝工损失都纳入缔约过失责任项下进行讨论，该行文安排有欠妥当。但即便如此，在分析具体损失时，法院总体上还是对合同无效责任和其他损失赔偿责任进行区分的。故而，实务中，当事人面对相关案件亦须把握前述思路，对各项损失的因果关系进行分别分析和论证。

第四条　资质出借方与借用方的连带赔偿责任

【条文内容】

缺乏资质的单位或者个人借用有资质的建筑施工企业名义签订建设工程施工合同，发包人请求出借方与借用方对建设工程质量不合格等因出借资质造成的损失承担连带赔偿责任的，人民法院应予支持。

【最高院意见】

最高院的《理解与适用》在本条“条文主旨”中指出，本条是关于出借和借用资质的单位应对出借资质造成的损失承担连带责任的规定。

在本条“要点提示”部分，《理解与适用》提示，因法律法规否定了借用资质行为的合法性，在挂靠情形下，对建设工程质量不合格等造成的损失，被挂靠人与挂靠人应承担连带赔偿责任。

《理解与适用》还从“借用资质挂靠情形的诉讼主体”“挂靠人与被挂靠人之间内部责任划分”“损失与借用资质具有因果关系”“发包人‘明知’挂靠借用资质的责任”等四个方面对本条进行了阐释。

在“审判实务”部分，《理解与适用》着重说明了在实践中适用本条规定时应注意挂靠人对外买卖、租赁等商事行为的处理。

【条文点读】

一、本条法律依据

本条规定了在建设工程施工合同领域，出借资质的主体需要与借用资质的主体对因出借资质所造成的损失承担连带赔偿责任。

《建筑法》第66条规定，建筑施工企业转让、出借资质证书或者以其他方式允许他人以本企业的名义承揽工程的，责令改正，没收违法所得，并处罚款，可以责令停业整顿，降低资质等级；情节严重的，吊销资质证书。对因该项承揽工程不符合规定的质量标准造成的损失，建筑施工企业与使用本企业名义的单位或者个人承担连带赔偿责任。《民事诉讼法司法解释》第54条规定，以挂靠形式从事民事活动，当事人请求由挂靠人和被挂靠人依法承担民事责任的，该挂靠人和被挂靠人为共同诉讼人。《建设工程司法解释（二）》第4条的规定与《建筑法》第66条、《民事诉讼法司法解释》第54条相符。

《建筑法》第13条规定，建筑施工企业须取得相应等级的资质证书后，方可在其资质等级许可的范围内从事建筑活动。该法第26条规定，承包建筑工程的单位应当持有依法取得的资质证书，并在其资质等级许可的业务范围内承揽工程。禁止建筑施工企业超越本企业资质等级许可的业务范围或者以任何形式用其他建筑施工企业的名义承揽工程。禁止建筑施工企业以任何形式允许其他单位或者个人使用本企业的资质证书、营业执照，以本企业的名义承揽工程。据此，借用资质签署的施工合同属于违反法律强制性规定的合同，依《建设工程司法解释（一）》第1条之规定，属无效合同。

根据《建设工程司法解释（二）》第3条的规定，建设工程施工合同无效，一方当事人可以请求对方赔偿损失。据此，对建设工程质量不合格等因出借资质造成的损失，发包人可以请求资质出借方承担赔偿责任。《建设工程司法解释（二）》第4条在此基础上进一步确定，于此情形，资质出借方和借用方须对发包人承担连带赔偿责任。

二、借用资质的情形

2019年1月3日，住房和城乡建设部发布《建筑工程施工发包与承包违法行为认定查处管理办法》。该办法第8条、第10条对于借用资质（挂靠）的情形和常见特征进行了列举。

1. 没有资质的单位或个人借用其他施工单位的资质承揽工程。

2. 有资质的施工单位相互借用资质承揽工程（包括资质等级低的借用资质等级高的，资质等级高的借用资质等级低的，相同资质等级相互借用）。

3. 承包人未派驻项目负责人、技术负责人、质量管理负责人、安全管理负责人等主要管理人员，或派驻的项目负责人、技术负责人、质量管理负责人、安全管理负责人中一人及以上与承包人没有订立劳动合同且没有建立劳动工资和社会养老保险关系，或派驻的项目负责人未对该工程的施工活动进行组织管理，又不能进行合理解释并提供相应证明，且有证据证明该情况系借用资质、挂靠造成而非转包或其他原因造成。

4. 合同约定由承包人负责采购的主要建筑材料、构配件及工程设备或租赁的施工机械设备，由其他单位或个人采购、租赁，或承包人不能提供有关采购、租赁合同及发票等证明，又不能进行合理解释并提供相应证明，且有证据证明该情况系借用资质、挂靠造成而非转包或其他原因造成。

5. 专业作业承包人承包的范围是承包人承包的全部工程，专业作业承包人计取的是除上缴给承包人“管理费”之外的全部工程价款，且有证据证明该情况系借用资质、挂靠造成而非转包或其他原因造成。

6. 承包人通过采取合作、联营、个人承包等形式或名义，直接或变相将其承包的全部工程转给其他单位或个人施工，且有证据证明该情况系借用资质、挂靠造成而非转包或其他原因造成。

7. 除建设单位依约作为发包单位的情形，专业工程的发包单位不是该工程的施工总承包或专业承包单位，且有证据证明该情况系借用资质、挂靠造成而非转包或其他原因造成。

8. 专业作业的发包单位不是该工程承包单位，且有证据证明该情况系借用资质、挂靠造成而非转包或其他原因造成。

9. 施工合同主体之间没有工程款收付关系，或者承包单位收到款项后又将款项转拨给其他单位和个人，又不能进行合理解释并提供材料证明，且有证据证明该情况系借用资质、挂靠造成而非转包或其他原因造成。

三、借用资质与损失之间的因果关系

按照《建设工程司法解释（二）》第4条，当施工合同因借用资质行为而无效时，发包人可要求出借方与借用方对由于出借资质造成的损失承担连带赔偿责任。据此，适用该条款的另一个关键是，需要判断发包人主张的损失是否与资质借用行为存在因果关系。

一般来说，工程质量不合格的损失与资质借用行为的因果关系较易证明。因为资质借用意味着实际施工行为并非由出借方实施，而是由借用方实施，倘若借用方不具备相应的资质，则基本可以证明工程质量问题与无资质实际施工人的施工行为以及资质借用行为之间存在因果关系。除非，承包人和实际施工人有证据证明，对于工程质量问题的产生，还存在其他原因，比如设计原因、发包人供应建材原因、发包人指定分包原因等。

与工程质量不合格损失类似，工期延误损失与资质借用行为之间的因果关系似乎也可以按照上述逻辑判断。

除了工程质量不合格损失、工期延误损失之外，对于其他损失，发包人若要论证其与出借资质之间的因果关系可能并不容易。若相关损失与出借资质行为无因果关系或难以证明，则发包人只得依据《建设工程司法解释（二）》第3条的规定，要求造成该等损失的过错方承担责任，而无法要求资质出借方与借用方承担连带责任。

【相关案例】

贵州赋安消防工程有限公司、王怀云建设工程施工合同纠纷【（2017）黔民终881号】

一、裁判要点

法院经审理认为，根据《最高人民法院关于审理建设工程施工合同纠纷案件适用法律问题的解释》第二十五条“因建设工程质量发生争议的，发包人可以以总承包人、分包人和实际施工人为共同被告提起诉讼”之规定，涉案工程出现质量问题，王怀云作为涉案工程的实际施工人，应当对工程质量承担责任；赋安公司作为合同相对人、被挂靠人，也应当对工程质量承担责任；王怀云作为实际施工人挂靠赋安公司，赋安公司借用资质给王怀云，二者均应当对工程质量承担连带责任。

二、裁判文书

贵州省高级人民法院

民事判决书

（2017）黔民终881号

上诉人（原审被告）：贵州赋安消防工程有限公司，住所地贵州省贵阳市南明区新华路177号。

法定代表人：申玉凯，该公司总经理。

上诉人（原审被告）：王怀云，男，汉族，1972年2月28日生，住贵州省贵阳市云岩区。

被上诉人（原审原告）：广州市第四装修有限公司，住所地广州市越秀区环市东路472号奥海大厦22楼。

法定代表人：罗海臻，该公司董事长。

上诉人贵州赋安消防工程有限公司（以下简称“赋安公司”）、上诉人王怀云因与被上诉人广州市第四装修有限公司（以下简称“第四公司”）建设工程施工合同纠纷一案，不服贵州省遵义市中级人民法院于2017年6月20日作出（2016）黔03民初286号民事判决，向本院提起上诉。……本案现已审理终结。

赋安公司上诉请求：1. 撤销一审判决主文第二项，改判驳回第四公司对上诉人的诉求。理由如下：原审判决事实不清，适用法律不当。1. 案由不清。本案没有建立在合同的签订、履行等与工程相关的事项的审理上，主要审理的是对第四公司损失的责任承担，应为损害赔偿纠纷，而非建设工程施工合同纠纷；2. 剥夺上诉人的举证权，辩论权。一审未准予对赋安公司公章进行鉴定而确认其真实性，剥夺了上诉人的举证权以及对该证据的辩论权；3. 上诉人不应对王怀云的行为承担连带责任。在本案中，王怀云是盗用赋安公司名义，而非挂靠赋安公司。一审法院未查明第四公司直接支付给王怀云个人账户的500多万元，赋安公司没有铝合金门窗制作和安装的资质及业务，第四公司用人不当疏于管理，应当负主要责任，而不是只承担30%的责任；4. 第四公司请求赔偿的依据不成立。调解书与判决书具有同等法律效力，但亦有区别，调解书是双方自愿达成，不排除当事人串通达成调解后，再向第三人追偿，通过剥夺第三人的抗辩权以获利的情况，不能实际反映损失金额；5. 一审判决对本案适用《建筑法》相关条款，以及《最高人民法院关于审理建设工程施工合同纠纷案件适用法律问题的解释》是不当的。上述条款适用的主体是具有相应资质的建筑安装施工企业，而上诉人是专业消防工程企业，并未出借消防资质给他人，本案也不是消防工程，适用主体不当，且本案是损害赔偿纠纷，非建设工程施工合同纠纷。

王怀云辩称：1. 认可赋安公司上诉请求第一项，赋安公司不承担责任；2. 关于使用赋安公司印章，与王怀云无关，是第四公司潘宗炜获取印章，其取用途径不可知；3. 对上诉请求的案由不清表示认可，持相同观点；4. 关于连带责任的问题，不予认可，王怀云未盗用过赋安公司印章，也没有盗用其名义进行民事合同签订等行为，对王怀云本人的签字是认可的，但是印章是由第四公司潘宗炜实施的行为，即使盗用也是潘宗炜及第四公司进行盗用；5. 诉请的第四项与我方有一致之处，表示认可；6. 诉请第五项，基本认可。

第四公司辩称：原判决认定事实清楚，适用法律正确，应予维持。上诉人赋安公司的上诉事实及理由均不能成立。1. 本案是因王怀云、赋安公司在涉案工程施工过程中出现质量问题，及其他违约行为导致了被上诉人对涉案工程业主方，即贵州乌江房地产开发有限公司（以下简称乌江公司），承担了各项损失4601532.45元。并且该款项现经人民法院调解，实际履行，被上诉人在承担相应赔偿责任后，有权利向上诉人进行追偿，因此原判决对本案事实认定及案由确定正确；2. 赋安公司以公章真实性提出鉴定申请，一审法院没有采信是正确的。通过一审查明事实，已经确定，涉案工程的相关合同系在王怀云的组织下进行签订，涉案工程的投标、取得也是王怀云一手促成，由王怀云负责与赋安公司接洽。本案中，被上诉人将一千余万元的工程款支付到赋安公司账户下，一审中，赋安公司没有对该账户真实性提出任何异议。上诉人现在却以公章鉴定申请作为其拒不承担本案相关责任的借口是不能成立的；3. 一审查明王怀云在公安机关的询问笔录及相关刑事判决书中，均承认涉案工程是以第四公司的名义实施投标，中标之后又挂靠赋安公司名义与被上诉人第四公司签订了相应的合同，在较长的支付工程款的过程中，赋安公司对自己账户上的巨大金额往来没有提出过任何异议，显然赋安公司对该工程及其与王怀云的关系是认可的。依据相关法律规定，赋安公司作为王怀云挂靠方，依法应当承担连带责任。本案中，王怀云作为实际施工人，由于其在施工过程中存在质量问题，导致被上诉人承担了相应的赔偿费用，其作为施工主体，对此原判决按照70%的比率判定其与赋安公司承担责任也是适当的；4. 本案被上诉人进行追偿的依据充分，上诉人王怀云认为民事调解书不能作为赔偿的依据，理由不能成立。首先，民事调解书是具备法律效力的文书，该调解书确认的赔偿数额，虽然不是通过判决进行确定的，但是也是在法院组织下经过双方协商，并符合各方损失情况的客观情况下达成的。该金额的确定也是在第四公司尽最大努力降低自身及赋安公司、王怀云损失赔偿基础上最终确认的价款。由于涉案工程施工存在质量问题，经法院委托鉴定，仅仅进行修复的费用就达到了360余万元，加上因为二上诉人的违约行为，须对业主方乌江公司承担赔偿责任。因此调解书确定的数额是完全客观的。

王怀云上诉请求：1. 请求依法撤销一审判决主文第一项，改判驳回第四公司对上诉人的诉求；2. 本案一、二审诉讼及相关费用由被上诉人第四公司承担。事实和理由：1. 一审认定事实错误。一审认定第四公司与赋安公司之间为整体分包，即转包关系，王怀云系案涉工程实际施工人与事实不符，明显错误。本案的实际施工人为第四公司，赋安公司不是转承包人，王怀云亦不是实际施工人。如果赋安公司是转承包人、王怀云是实际施工人，在乌江公司与第四公司的案件中，第四公司理应申请人民法院依法追加赋安公司与王怀云，第四公司自愿赔偿的行为也足以说明其实际施工人的地位。一审认定《铝合金门窗制作安装单项工程施工合同》无效，明显错误。该合同主体适格，签订程序合法，不存在无效情形；2. 一审认定事实不清。一审未对合同签订、履行、质量承担责任等方式进行审理，主要审理第四公司损失的承担，且损失的构成依据也仅是第四公司自愿赔偿的调解协议，该协议并不能客观全面地反映损失及关联程度，损失构成未查清；3. 第四公司请求赔偿的依据不成立。调解书是双方自愿达成，不排斥当事人串通达成调解后，再向第三人追偿获利的情况，不能反映损失金额；4. 一审关于责任划分欠缺事实依据，明显不当。本案是质量纠纷即材料问题而非施工不符合要求导致的赔偿，施工人系第四公司，王怀云仅是劳务实施人，责任与其无关，即使材料采购有王怀云的参与，也是受第四公司项目经理指示而帮助购买，是第四公司默认的，造成损失应由第四公司自行承担或承担主要责任；5. 本案已过诉讼时效。调解书是第四公司自愿赔偿的行为，作出的时间不能导致诉讼时效的中断；6. 本案判决适用《最高人民法院关于审理建设工程施工合同纠纷案件适用法律问题的解释》第一条、第二十五条，《建筑法》第二十九条、第六十六条等法律，是不恰当的。

赋安公司辩称：认可王怀云的上诉理由，不认可王怀云不承担责任。

第四公司辩称：与赋安公司相同的上诉理由部分答辩相同，不同部分答辩如下：1. 王怀云上诉认为应当结合其在涉案工程的作用、地位及表现来确定其不是实际施工人的理由不能成立，本案相关事实表明，涉案工程的价款一千多万元，被上诉人是全部支付给了王怀云及赋安公司的指定账户，若按王怀云的主张，第四公司是实际施工人，那么第四公司没有必要也不可能将所有工程款支付到其账户之下；2. 涉案工程施工、工程资料的提交及制作等与工程相关的事项均由王怀云负责，均表明王怀云就是涉案工程的实际施工人，而不是第四公司；3. 在原判决当中，依法确认《工程联合施工合同》是无效合同，而不是上诉人王怀云上诉的《铝合金门窗制作安装单项工程施工合同》，原判决认定《工程联合施工合同》是无效合同的事实及理由正确，并且符合最高院审理该类案件合同无效的情形。因此上诉人认为一审法院认定事实错误的理由不能成立；4. 本案并没有超过诉讼时效的规定，本案中被上诉人承担涉案合同赔偿责任的时间是 2015 年 12 月 1 日，而本案的立案是 2016 年 6 月 8 日，被上诉人依法起诉没有超过法律规定的两年时效。

原审原告第四公司向一审法院起诉请求：一、判令被告赋安公司、王怀云因违约赔偿第四公司各项经济损失人民币 5006532.45 元；二、判令赋安公司、王怀云按照约定出具人民币 12312228.04 元金额的发票；三、由赋安公司、王怀云承担本案诉讼费用。

一审法院认定事实：2011 年 4 月，第四公司与贵州乌江房地产开发有限公司签订了《铝合金门窗制作安装单项工程施工合同》，第四公司为乌江水电遵义基地二期工程安装铝合金门窗。合同约定采用固定总包干的形式，合同价款为13015324.53元，合同还对施工范围、工期、质量标准等问题进行了约定。同年5月，第四公司与赋安公司签订了《工程联合施工合同》，合同编号：四装工程联合字（2011）14号，其中合同开篇即约定根据第四公司与贵州乌江房地产开发有限公司签订施工合同签订本合同；合同第一条工程项目中，约定了联合施工的内容为《工程量清单》，第三条约定工程造价为人民币12689941.42元。采用固定总价包干合同形式。第七条约定乙方委任王怀云为本项目负责人及安全生产直接责任人、文明施工责任人，并由其签署乙方对甲方的有关经济文件资料。合同明确了第四公司委派潘宗炜为现场项目负责人，该合同还约定了双方当事人的其他权利和义务。

2011年6月10日，赋安公司及其法人申玉凯向王怀云出具《授权委托书》，委托王怀云为赋安公司代理人，授权王怀云以赋安公司的名义办理乌江水电遵义基地二期工程铝合金门窗制作安装单项工程签订合同和处理与本工程有关的所有事宜等。同时，赋安公司向第四公司出具《承诺书》，承诺第四公司与贵州乌江房地产开发有限公司签订的有关乌江水电遵义基地二期工程铝合金门窗制作安装单项工程的协议书、招标文件及附件、合同专用条款、通用条款、投标文件、预算报价等，均为其工作内容，接受第四公司对工程过程的安全、质量、进度、资金等全面的监控管理，其确保安全、质量、进度等前提条件下负责工程全面施工，承担本项目的工、机料税金及工程的一切费用，承担项目的盈亏风险。还对其他事项作出承诺。

第四公司与赋安公司签订《工程联合施工合同》后，王怀云开始施工，并于2011年6月13日、7月25日、8月22日、9月22日、10月20日、11月3日、12月6日、12月26日，以《工程进度款申请函》的方式，向第四公司申请办理涉案工程进度款，明确账户为赋安公司，开户行为贵州省贵阳市农业银行新华支行，账号为23××67。该申请函有王怀云签字，加盖赋安公司公章，潘宗炜审核。第四公司收到申请函后，分别于2011年6月17日、8月1日、8月24日、9月28日、10月24日、11月9日、12月14日、2012年1月4日，通过光大银行进行汇款，汇入赋安公司贵州省贵阳市农业银行新华支行23××67的账号，赋安公司也分别向第四公司出具收条，经手人为王怀云，并加盖赋安公司财务专用章。第四公司向赋安公司支付工程款共计12312228.04元。

2012年5月，乌江公司因铝合金门窗质量不合格，向法院起诉第四公司违约，要求解除合同，并由第四公司方承担违约金1570306.49元，赔偿更换铝合金门窗的损失14976909.29元。该案件经遵义市汇川区人民法院审理，在审理过程中，乌江公司对涉案证据进行了公证，遵义市汇川区人民法院委托贵州开元会计师事务所有限公司对第四公司已完成的乌江水电遵义基地二期铝合金门窗安装工程存在的质量缺陷进行修复的费用进行造价鉴定，贵州开元会计师事务所有限公司出具鉴定结论为：第四公司已完成的乌江水电遵义基地二期铝合金门窗安装工程存在的质量缺陷进行修复的费用为3616131.94元。在该案审理过程，第四公司提起反诉，最终双方当事人达成如下协议："一、被告（反诉原告）广州市第四装修有限公司于2015年12月31日前赔付原告（反诉被告）贵州乌江房地产开发有限公司各项损失4601532.45元（含案件诉讼费、公证费、鉴定费等）；二、原告（反诉被告）贵州乌江房地产开发有限公司在被告（反诉原告）广州市第四装修有限公司履行上述第一款赔付款后三日内返还被告（反诉原告）广州市第四装修有限公司履约保证金1301532.45元；三、原告（反诉被告）与被告（反诉原告）履行上述第一、第二款后因乌江水电遵义基地二期铝合金安装工程项目产生的全部债权债务归于清结，双方均无权再向对方主张任何权利；四、被告（反诉原告）未按照上述第一款约定期限付清全部款项的，应按逾期金额支付原告（反诉被告）每月百分之三的违约金。案件诉讼费121000元，依法减半收取60500元，由原告（反诉被告）贵州乌江房地产开发有限公司承担。反诉费39680元，依法减半收取19840元，由被告（反诉原告）广州市第四装修有限公司承担。”遵义市汇川区人民法院按照上述协议于2015年12月16日作出(2012）汇民商初字第136号民事调解书。之后，双方执行完毕。

由于在2011年3月至11月间，因王怀云向潘宗炜行贿，遵义市汇川区人民检察院向遵义市汇川区人民法院提起公诉，遵义市汇川区人民法院作出（2015）汇刑初字第131号刑事判决书，判决王怀云犯行贿罪，免予刑事处罚。该案查明：“王怀云以广州市第四装修有限公司名义投标，中标后，王怀云以贵州赋安消防工程有限公司名义与广州市第四装修有限公司于2011年5月签订《工程联合施工合同》，合同约定广州市第四装修有限公司委派潘宗炜（已另案处理）为现场项目负责人，履行项目经理职责，监督质量安全、进度、文明施工，办理文件往来业务。”该判决已经生效。

2012年8月28日，第四公司作为甲方，赋安公司作为乙方，签订《协议》，经过双方协商合同承包价由1300万元调增至1550万元。签订协议后，第四公司以借款的形式向王怀云支付220万元。

对第四公司向赋安公司支付工程款共计12312228.04元的事项，赋安公司质证意见为王怀云挂靠其公司在贵阳小河做了一个消防工程，便于王怀云使用工程款项，其公司就给王怀云开了一个账户，便于工程款的往来。第四公司打过来的工程款，其公司至今未收到一分钱，是王怀云在使用。王怀云认可收到了该款项，每笔款项到了后，全部按照潘宗炜的指示支付了材料费、人工费等，有一部分是其用来发工资了。对第四公司另支付的220万元，王怀云认可收到。在庭审过程中，赋安公司向一审法院申请对《工程联合施工合同》、《承诺书》、2012年8月28日的《协议》上“贵州赋安消防工程有限公司”印章的真伪进行鉴定。

以上事实，有原、被告的庭审陈述、原、被告提供的《单项工程施工合同》、《工程联合施工合同》、《授权委托书》、承诺书、《协议》、打款凭证、遵义市汇川区人民法院民事调解书、遵义市汇川区人民法院刑事判决书等在案佐证，一审法院予以认定。

一审法院认为，遵义市汇川区人民法院作出的（2012）汇民商初字第136号民事调解书、(2015）汇刑初字第131号刑事判决书，均是生效法律文书，对其真实性一审法院予以确认。在庭审过程中，赋安公司向一审法院申请对《工程联合施工合同》、《承诺书》、2012年8月28日的《协议》上“贵州赋安消防工程有限公司”印章的真伪进行鉴定，一审法院认为，赋安公司虽然否认上述文书上印章的真实性，但王怀云在施工过程中，多次向第四公司申请工程进度款，《工程进度款申请函》上明确账户为赋安公司，开户行为贵州省贵阳市农业银行新华支行，账号为23×××67，并加盖赋安公司公章。第四公司向赋安公司账户汇款后，赋安公司向第四公司出具收条，加盖赋安公司财务专用章，经手人王怀云签字，王怀云在庭审中也承认其已经收到第四公司的工程款12312228.04元。第四公司向赋安公司账户支付工程款的事项持续七个多月，资金达到一千多万元，赋安公司作为正常经营的公司，不可能不知晓其账户资金的变化情况，而赋安公司在此期间，从未对其账户资金变化情况提出异议。且在诉讼中，也没有对《工程进度款申请函》上的公章及其收据上的财务专用章申请鉴定，故一审法院对赋安公司申请对《工程联合施工合同》、《承诺书》、2012年8月28日的《协议》上“贵州赋安消防工程有限公司”印章的真伪进行鉴定不予准许。即使上述印章为假，依据赋安公司收到第四公司工程款的事实，依然可以推定赋安公司知晓涉案工程。故一审法院对《单项工程施工合同》、《工程联合施工合同》、《授权委托书》、承诺书、《工程进度款申请函》、打款凭证、收条、《协议》的真实性予以确认。

（一）关于当事人之间的法律关系

2011年4月，第四公司与乌江公司签订了《铝合金门窗制作安装单项工程施工合同》，乌江公司将涉案工程发包给第四公司，乌江公司与第四公司属于发包与承包的关系。根据第四公司与赋安公司签订的《工程联合施工合同》，联合施工的内容为《铝合金门窗制作安装单项工程施工合同》约定的全部工程量，且由赋安公司全部施工，工程造价为人民币12689941.42元。采用固定总价包干合同形式。故第四公司与赋安公司名义上签订的是《工程联合施工合同》，实质是第四公司将涉案工程全部转包给赋安公司。第四公司与赋安公司之间为整体分包，即转包关系。根据遵义市汇川区人民法院（2015）汇刑初字第131号刑事判决书认定的事实，王怀云挂靠赋安公司，并以赋安公司的名义与第四公司签订《工程联合施工合同》，为涉案工程的实际施工人。王怀云关于其是涉案工程的劳务工作人员的抗辩理由，与查明事实不符，一审法院不予采信。赋安公司关于其从未自行或授权他人在2011年5月与原告签订过《工程联合施工合同》的抗辩理由，一审法院亦不予采信。

（二）关于当事人之间合同的效力

涉案工程实质上是王怀云以第四公司的名义投标，第四公司与乌江公司签订了《铝合金门窗制作安装单项工程施工合同》。中标后，王怀云又挂靠赋安公司，并以赋安公司的名义与第四公司签订《工程联合施工合同》。依据《最高人民法院关于审理建设工程施工合同纠纷案件适用法律问题的解释》第一条“建设工程施工合同具有下列情形之一的，应当根据合同法第五十二条第（五）项的规定，认定无效：（一）承包人未取得建筑施工企业资质或者超越资质等级的；（二）没有资质的实际施工人借用有资质的建筑施工企业名义的；”之规定，《铝合金门窗制作安装单项工程施工合同》、《工程联合施工合同》均属于无效合同。

（三）关于第四公司是否享有追偿权

根据《中华人民共和国建筑法》第二十九条第二款“建筑工程总承包单位按照总承包合同的约定对建设单位负责；分包单位按照分包合同的约定对总承包单位负责。总承包单位和分包单位就分包工程对建设单位承担连带责任。”、第五十五条“建筑工程实行总承包的，工程质量由工程总承包单位负责，总承包单位将建筑工程分包给其他单位的，应当对分包工程的质量与分包单位承担连带责任。分包单位应当接受总承包单位的质量管理。”、第六十六条“建筑施工企业转让、出借资质证书或者以其他方式允许他人以本企业的名义承揽工程的，责令改正，没收违法所得，并处罚款，可以责令停业整顿，降低资质等级；情节严重的，吊销资质证书。对因该项承揽工程不符合规定的质量标准造成的损失，建筑施工企业与使用本企业名义的单位或者个人承担连带赔偿责任。”以及《最高人民法院关于审理建设工程施工合同纠纷案件适用法律问题的解释》第二十五条“因建设工程质量发生争议的，发包人可以以总承包人、分包人和实际施工人为共同被告提起诉讼。”之规定，涉案工程出现质量问题，王怀云作为涉案工程的实际施工人，应当对工程质量承担责任，第四公司作为承包人，对王怀云承担责任部分承担连带责任，赋安公司作为名义施工人，即挂靠公司，对王怀云承担的责任亦应当承担连带责任。乌江公司起诉第四公司后，第四公司承担了质量赔偿责任后，有权向王怀云、赋安公司进行追偿。王怀云、赋安公司关于其不应当承担责任的抗辩理由，一审法院不予支持。

（四）关于责任的划分

本案中，第四公司作为具有装修资质的施工企业，应当知晓不得出租资质进行招投标的管理规定，其接受王怀云以其名义进行招投标，并收取管理费（工程款的差价），将本应当由其承建的工程转包给没有资质的王怀云，且虽然双方签订合同因违反法律的禁止性规定对外无效，但合同约定的内容双方已经履行，第四公司委派了其员工潘宗炜为现场项目负责人，履行项目经理职责，监督质量安全、进度、文明施工，办理文件往来业务，在整个建设过程中，第四公司没有尽到必要的监督管理；王怀云作为项目的实际施工人，通过行贿潘宗炜的方式，将业主方约定的管材偷换成质量不合格的管材，应对涉案工程的质量问题承担直接责任。结合本案双方当事人的过错及造成质量问题实际情况的因素，酌定由实际施工人王怀云承担70%的责任，违法转包人第四公司承担30%的责任。

(五)关于追偿的范围

遵义市汇川区人民法院(2012)汇民商初字第136号民事调解书确认第四公司赔付贵州乌江房地产开发有限公司各项损失4601532.45元(含案件诉讼费、公证费、鉴定费等),该费用第四公司已经支付,属于追偿的范围。在诉讼中,第四公司提供了各类票据,证明因赋安公司和王怀云违约给其造成的交通、差旅、律师费和诉讼费等损失,总计25万元,由于该票据均由第四公司单方制作,赋安公司和王怀云对该证据的关联性也不认可,一审法院对该组证据的关联性不予认定。故一审法院确认第四公司追偿的范围为4601532.45元,对该款项,王怀云承担70%的责任,即3221072.72元,赋安公司对该责任承担连带责任。

(六)关于涉案工程工程款结算的问题

对涉案工程,王怀云和第四公司均认可没有进行结算,对该事实,一审法院予以确认。本案是由于工程质量产生的追偿纠纷,对工程款是否结算,不属于本案审理范围。当事人如果认为其权利因工程款未结算而受损,可另行主张权利。第四公司请求判令王怀云、赋安公司向其出具人民币12312228.04元金额的发票,属于建设工程款支付的附随义务,第四公司在本案中并没有提出建设工程款的诉讼请求,对其该诉讼请求,一审法院不予支持。

(七)关于诉讼时效的问题

第四公司于2015年12月16日经汇川区人民法院(2012)汇民商初字第136号民事调解书确认了向贵州乌江房地产开发有限公司的赔偿责任,故本案起诉并未超过诉讼时效。

一审法院判决:一、由王怀云于本判决生效之日起十日内向广州市第四装修有限公司支付3221072.72元;二、贵州赋安消防工程有限公司对上述债务承担连带清偿责任;三、驳回广州市第四装修有限公司其他诉讼请求。案件受理费46846元,由王怀云承担30139元,由广州市第四装修有限公司承担16707元。

本院二审期间，王怀云提供第四公司与乌江公司（2012）汇民商初字第136号本诉及反诉卷宗复印件等相关资料。拟证明：1. 王怀云并非案涉工程实际施工人；2. 如果王怀云是实际施工人，那么在与乌江公司的诉讼案件中，最后达成的调解是第四公司与乌江公司达成的，不排除双方系恶意串通，该协议在法院的笔录中体现了双方都是国有企业妥协而达成。赋安公司的质证意见为：对王怀云的证明目的表示认可。第四公司的质证意见为：1. 王怀云提供的相关资料不属于二审程序中的新证据，亦不能达到证明目的；2. 第四公司与乌江公司之间的纠纷及案件的处理，王怀云均参与并知晓，王怀云的损害其利益的说法不成立；3. 调解书的达成系恶意串通没有依据，第四公司保留对其追究责任的权利；4. 从该案诉讼过程及调解结果来看，赔偿的数据已经是最大限度降低了各方损失，不存在王怀云主张的对其利益有所损害的事实。调解书经人民法院审理制作，具备相应的法律效力。第四公司依据该法律文书履行了相关赔偿义务，作为本案向上诉人进行追偿的依据，理由充分。

本院认为，王怀云二审提交的该系列材料系第四公司与业主方乌江公司的调解案件的相关诉讼材料，在该调解书具备生效法律文书的效力，能够作为认定本案事实依据的情况下，不能达到其证明目的，本院不予认定。

另查明，二审庭审中，王怀云认可进入赋安公司账户的1000万元实际由王怀云支取。赋安公司认可相关款项出具的收据上的财务章是其公司财务章。

另查明，2014年5月30日汇川公安分局经侦大队的《询问笔录》载明，王怀云自认其挂靠赋安公司签订《工程联合施工合同》的事实，并陈述“我在合同上签字盖章后交给潘宗炜带到广州去交给他们公司领导签字盖章”。

根据本案各方当事人二审中的诉辩意见，本案二审中的争议焦点为：1. 本案的案由确定是否正确；2. 本案当事人之间的相互关系以及责任承担；3. 损失认定的依据；4. 一审认定的责任分担是否合理。

（一）关于本案的案由问题

本案涉及案涉工程的违法转包、挂靠关系、实际施工人确定、工程质量返修赔偿等问题的审理认定，属于建设工程施工合同案件的审理范围，一审法院认定本案案由为建设工程施工合同纠纷并无不妥。

（二）关于本案当事人之间的相互关系及是否承担责任的问题

本案中，第四公司与业主方乌江公司签订《铝合金门窗制作安装单项工程施工合同》后，将承接的铝合金门窗制作安装工程以《工程联合施工合同》的形式，将案涉工程内容全部转包给王怀云挂靠的赋安公司，该《工程联合施工合同》因涉及违法转包、挂靠施工为无效合同；《铝合金门窗制作安装单项工程施工合同》涉及案外人乌江公司，与本案没有直接关系，对该合同是否有效不予认定。

王怀云系案涉工程的实际施工人，挂靠赋安公司对案涉工程进行施工。理由如下：第一，根据遵义市汇川区人民法院（2015）汇刑初字第131号刑事判决书认定的事实，王怀云挂靠赋安公司，并以赋安公司的名义与第四公司签订《工程联合施工合同》，为涉案工程的实际施工人。第二，根据2014年5月30日汇川公安分局经侦大队的《询问笔录》内容，王怀云自认其挂靠赋安公司签订《工程联合施工合同》的事实，并陈述“我在合同上签字盖章后交给潘宗炜带到广州去交给他们公司领导签字盖章”。据此，对于王怀云主张其不是案涉工程实际施工人、仅为第四公司劳务工作人员、赋安公司的相关印章由潘宗炜盗用，与事实不符，本院不予采信。第三，赋安公司主张其从未授权他人签订《工程联合施工合同》，称系他人盗用其印章，要求对相关的印章申请鉴定。但根据2011年6月10日由赋安公司出具的《授权委托书》，已清楚载明是由赋安公司委托授权王怀云以赋安公司的名义办理乌江水电遵义基地二期工程铝合金门窗制作安装单项工程签订合同和处理与本工程有关的所有事宜等，且有法定代表人盖章确认。另结合相关资金款项进入赋安公司的开户账户、收据上盖有赋安公司认可的该公司的财务章以及之前王怀云挂靠其公司借用其资质完成其他工程的事实予以佐证，能够认定案涉工程存在挂靠的事实，赋安公司辩称对此不知情，公章系被盗用，不承担责任的主张没有事实依据与法律依据。据此，赋安公司申请公章鉴定对于待证事实没有实质意义，一审法院不予准许并无不妥。

根据《最高人民法院关于审理建设工程施工合同纠纷案件适用法律问题的解释》第二十五条“因建设工程质量发生争议的，发包人可以以总承包人、分包人和实际施工人为共同被告提起诉讼”之规定，涉案工程出现质量问题，王怀云作为涉案工程的实际施工人，应当对工程质量承担责任；赋安公司作为合同相对人、被挂靠人，也应当对工程质量承担责任；王怀云作为实际施工人挂靠赋安公司，赋安公司借用资质给王怀云，二者均应当对工程质量承担连带责任。

（三）关于损失认定的依据问题

业主方乌江公司因案涉工程质量问题起诉合同相对方第四公司，转包人第四公司承担相应的质量赔偿责任后，有权向实际施工人王怀云、被挂靠人赋安公司进行追偿。根据遵义市汇川区人民法院（2012）汇民商初字第136号民事调解书确认第四公司赔付乌江公司各项损失4601532.45元（含案件诉讼费、公证费、鉴定费等），该费用第四公司已实际支付，属于追偿的范围。该调解书合法有效，未依法予以撤销，属生效法律文书。该调解书是在修复费用鉴定的基础上结合违约金、鉴定费用、诉讼费用等综合达成的，较能客观地反映损失的真实情况，在未有证据证明该调解存在恶意串通，损害相关人权利的情况下，该调解书所确定的损失数额可以作为认定本案损失数额的依据。

另外，各方于庭审中均认可，本案案涉工程尚未进行结算，该调解书于2015年12月16日出具，第四公司于2016年6月8日以此为依据起诉损失追偿，并未超过法定的诉讼时效。

（四）关于一审认定的责任分担是否合理的问题

根据遵义市汇川区人民法院（2015）汇刑初字第131号刑事判决

书认定的事实，第四公司委派了其员工潘宗炜为现场项目负责人，履行项目经理职责，监督质量安全、进度、文明施工，办理文件往来业务，在整个建设过程中，第四公司没有尽到必要的监督管理；而王怀云作为项目的实际施工人，通过行贿潘宗炜的方式，将业主方约定的管材偷换成质量不合格的管材，应对涉案工程的质量问题承担直接责任。一审法院结合本案双方当事人的过错及造成质量问题实际情况等因素，酌定由违法转包人第四公司承担30%的责任，由实际施工人王怀云承担70%的责任，赋安公司作为被挂靠公司对挂靠人王怀云的责任承担连带责任，未有不妥，本院予以维持。

另外，第四公司请求判令王怀云、赋安公司向其出具人民币12312228.04元金额的发票，属于建设工程款支付的附随义务，在双方尚未结算的情况下，本院不予审理，待条件成就后，第四公司可另行主张。

综上所述，赋安公司、王怀云的上诉请求不能成立，应予驳回；一审判决认定事实清楚，适用法律正确，应予维持。依照《中华人民共和国民事诉讼法》第一百七十条第一款第一项之规定，判决如下：

驳回上诉，维持原判。

二审案件受理费，赋安公司预交的32569元，由赋安公司负担；王怀云预交的32569元，由王怀云负担。

本判决为终审判决。

审判长　　赵　君
审判员　　贾鸿雁
审判员　　何陆坤
二〇一七年十月三十一日
法官助理　　李　婕
书记员　　刘　竹

【实务建议】

上述列举案件中，自然人王怀云以第四公司名义投标乌江公司的铝合金工程，中标后以赋安公司名义与第四公司签订联合施工合同。法院认定乌江公司与第四公司属于承发包关系，第四公司将其承包的铝合金工程转包给赋安公司，自然人王怀云挂靠赋安公司，为案涉铝合金工程的实际施工人。故，系争《铝合金门窗制作安装单项工程施工合同》《工程联合施工合同》因存在转包、挂靠情形，均属于无效合同。一、二审法院依据《建筑法》第66条以及《建设工程司法解释（一）》第25条的规定，认为对于案涉工程的质量问题，资质出借方与借用资质方须承担连带赔偿责任，除此之外，转包方亦须承担连带赔偿责任。相关判决基本体现了《建设工程司法解释（二）》第4条的思想。

《建设工程司法解释（二）》第4条已明确要求：在相关案件中，发包人需要证明相关损失与出借资质之间具有因果关系。上述案例中，承包方存在违法转包、挂靠等情形，有关工程质量问题与实际施工人无资质之间存在因果关系的证明难度相对较低。可以预见的是，《建设工程司法解释（二）》实施后，在类似案件中，损失与出借资质之间的因果关系必定是涉案当事人据理力争的争议焦点，也是法院需要辨明的关键事实。实务中，建议相关当事人在面对相关纠纷时，注意就损失与出借资质之间具有因果关系进行着重举证和论证。

第五条　开工日期的认定

【条文内容】

当事人对建设工程开工日期有争议的，人民法院应当分别按照以下情形予以认定：

（一）开工日期为发包人或者监理人发出的开工通知载明的开工日期；开工通知发出后，尚不具备开工条件的，以开工条件具备的时间为开工日期；因承包人原因导致开工时间推迟的，以开工通知载明的时间为开工日期。

（二）承包人经发包人同意已经实际进场施工的，以实际进场施工时间为开工日期。

（三）发包人或者监理人未发出开工通知，亦无相关证据证明实际开工日期的，应当综合考虑开工报告、合同、施工许可证、竣工验收报告或者竣工验收备案表等载明的时间，并结合是否具备开工条件的事实，认定开工日期。

【最高院意见】

最高院的《理解与适用》在本条“条文主旨”中明确，本条是关于如何确定建设工程开工日期的规定。

《理解与适用》在本条“要点提示”中强调了确定开工日期的重要意义，结合《建设工程司法解释（一）》关于竣工日期的规定，即能够确定工期，从而解决违约责任的承担以及有关工期的其他纠纷，并重申了本条所包含的几层含义。

《理解与适用》还从“以发包人或者监理人发出的开工通知上记载

的开工日期为准”“承包人经过发包人同意，已进场施工的，以实际进场施工日期为准”“如果既没有开工通知，也没有证据证明实际开工日期，人民法院应当综合考虑开工报告、合同、施工许可证、竣工验收报告或竣工验收备案表等相关资料中关于开工日期的记载，并结合开工条件是否具备的事实，认定实际开工日期”等三个方面详述了如何理解本条。

在本条“审判实务”中，《理解与适用》说明了在适用本条规定时应注意的“施工许可证对开工日期的证明力问题”“开工条件对开工日期及工期顺延的影响”“其他记载开工日期文件的证明力问题”等三个问题。

【条文点读】

一、开工日期的认定

本条是有关开工日期的认定的规定。根据本条规定，如果当事人就开工日期产生争议，则法院按如下规则认定实际开工日期：

1. 有证据证明承包人的实际进场施工日期，并且发包人或监理人未曾发出开工通知或者开工通知发出日期晚于实际进场施工日期，以实际进场施工的时间认定开工日期。

2. 无证据证明承包人的实际进场施工日期，并且发包人或监理人未曾发出开工通知，综合考虑开工报告、合同、施工许可证、竣工验收报告、竣工验收备案表、开工条件等事实，认定开工日期。

3. 开工通知发出前承包人未实际进场施工，并且开工通知发出时具备开工条件，则以开工通知载明的时间认定开工日期。

4. 开工通知发出前承包人未实际进场施工，并且开工通知发出时尚不具备开工条件（非承包人原因所致），则以开工条件具备的时间为开工日期。

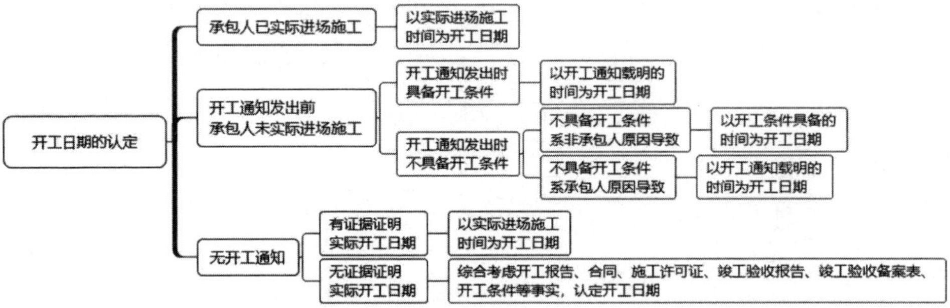

笔者认为，上述开工日期认定规则适用于合同未明确约定开工日期认定标准的情形（或当事人在合同中将开工日期认定标准约定为“开工通知载明的开工日期”）。倘若当事人在合同中另有其他约定，则原则上应当按照当事人的特别约定对开工日期进行认定。

《建设工程施工合同（示范文本）》（GF－2017－0101）在第二部分通用合同条款第1条的词语定义与解释中，将“实际开工日”定义为：“实际开工日期是指监理人按照第7.3.2项〔开工通知〕约定发出的符合法律规定的开工通知中载明的开工日期。”实践中，参照上述示范文本的约定，将发包人或监理开工通知中规定的开工日期约定为“实际开工日”的情况不在少数。但是，同样存在着许多工程，当事人根据具体情况，就开工日期的认定标准作不同的约定，比如：（1）约定由施工单位在开工前提交开工报告，开工日期以发包人或监理人批准的开工报告中载明的时间为准；（2）约定将施工单位实际进场施工的日期作为开工日期；（3）约定以施工许可证规定的开工日期为准。笔者认为，若确有该等特殊约定，则开工日期的认定应依据该等约定判定。

实践中不乏当事人“说一套做一套”的情况，导致合同约定与实际履约相偏离。比如：（1）合同约定开工日期以批准的开工报告为准，但履约时各方当事人未履行开工报告审批程序，施工单位根据书面/口头通知进场施工；或是相反的情况，即（2）合同约定开工日期以开工通知为准，但实际履约时各方当事人却履行了开工报告审批程序，施工单位根据批准的开工报告进场施工。凡此种种，在当事人就开工日期发生争议之时，仍然可依据《建设工程司法解释（二）》第5条的规则认定开工日期。

二、施工许可手续与开工日期认定的关系

根据《建筑法》第7条的规定，建筑工程开工前，建设单位应当按照国家有关规定向工程所在地县级以上人民政府建设行政主管部门申请领取施工许可证。该法第64条规定，未取得施工许可证或者开工报告未经批准擅自施工的，责令改正，对不符合开工条件的责令停止施工，可以处以罚款。

《建筑工程施工许可管理办法》第3条规定，应当申请领取施工许可证的建筑工程未取得施工许可证的，一律不得开工。该办法第12条规定，对于未取得施工许可证或者为规避办理施工许可证将工程项目分解后擅自施工的，由有管辖权的发证机关责令停止施工，限期改正，对建设单位处工程合同价款1%以上2%以下罚款；对施工单位处3万元以下罚款。

然而，现实中发包人为赶工期要求承包人在尚未取得施工许可证的情况下先行施工，承包人出于种种原因同意配合的情况并不少见。并且，该等违法行为亦非都能被主管机关发现、干预、处罚。

于是，在一些涉及工期争议的建设工程施工合同纠纷中，若存在先行无证施工的情节，施工单位往往会主张按施工许可证的取得日期（或施工许可证所载开工日期）起算工期，以便证明自己不存在工期延误或是尽可能减少逾期天数的认定。这就引出了一个极具争议的问题：法院在认定开工日期时，是否应考虑施工许可手续的办理情况？

最高人民法院认为，对于实际开工日期的争议主要是事实认定问题。《民事诉讼证据规定》第64条规定："审判人员应当依照法定程序，全面、客观地审核证据，依据法律的规定，遵循法官职业道德，运用逻辑推理和日常生活经验，对证据有无证明力和证明力大小独立

进行判断，并公开判断的理由和结果。”实践中很多案件的裁判理由认为建筑工程施工许可证的证明力较强，倾向于以施工许可证记载的开工日期作为实际开工日期，忽视对承包人实际进场时间的审查。如果施工许可证记载的日期与施工单位实际进场日期不一致，应当以施工单位实际进场日期为开工日期。[①]

事实上，《建设工程司法解释（二）》颁布前，该问题在部分地方高院的规定中已有所涉及，比如：

（1）《广东省高级人民法院关于审理建设工程合同纠纷案件疑难问题的解答》（粤高法〔2017〕151号）规定：“虽然发包人未取得施工许可证，但承包人已实际开工的，应以实际开工之日为开工日期，合同另有约定的除外。因未取得施工许可证而被行政主管部门责令停止施工的，停工日期可作为工期顺延的事由。”

（2）《河北省高级人民法院建设工程施工合同案件审理指南》（冀高法〔2018〕44号）规定：“发包人未取得施工许可证，但承包人已实际开工的，应以实际开工之日为开工日期，合同另有约定的除外。因未取得施工许可证而被行政主管部门责令停止施工的，可作为工期顺延的事由。”

此外，最高人民法院也曾在一些案例中对该问题表明了态度。比如，在“方升公司与隆豪公司建设工程施工合同纠纷”案件中，最高人民法院认为：“施工许可证载明的日期并不具备绝对排他的、无可争辩的效力，建筑工程施工许可证是建设主管部门颁发给建设单位的准许其施工的凭证，只是表明了建设工程符合相应的开工条件，建设工程施工许可证并不是确定开工日期的唯一凭证。实践中，建设工程开工日期早于或者晚于施工许可证记载日期的情形大量存在。当施工单位实际开工日期与施工许可证上记载的日期不一致时，同样应当以实

---

① 最高人民法院民事审判第一庭编著：《最高人民法院建设工程施工合同司法解释（二）理解与适用》，人民法院出版社2019年版，第128页。

际开工日期而不是施工许可证上记载的日期作为确定开工日期的依据。”①

综上，“工期起算日”与施工许可证的取得日期（或其载明的日期）并无必然的关联。若存在先行无证施工的情况，法院以证据能够证明的实际进场施工的日期来确定“工期起算日”，不因为施工许可证的办理期限滞后于实际进场施工的日期而将“工期起算日”推迟至施工许可证记载的日期。

三、如何理解“开工条件”，施工许可证是否属于“开工条件”

根据《建设工程司法解释（二）》第5条，在发包人或监理人发出开工通知后，尚不具备开工条件的，以开工条件具备的时间为开工日期。如何理解此处的“开工条件”？

笔者认为，通常而言，发包人应当提供的开工条件包括：（1）施工现场的移交；（2）施工现场具备水、电、通信、交通等施工条件；（3）施工基础资料（如地下管线资料、勘察资料等）的提供；（4）施工所需图纸的提供；（5）施工所需各类许可和批准的取得；（6）合同约定的其他开工条件。

不少人可能会产生这样的疑问：取得施工许可证也属于“开工条件”之一，在“开工条件”包括施工许可证的取得这一前提下，按照《建设工程司法解释（二）》第5条的规则，若发包人在发出开工通知时尚未取得施工许可证，则开工条件尚不具备，那么开工日期不也应以开工条件具备的时间，即发包人获得施工许可证时为准吗？

对于该疑问，笔者认为，不能孤立地理解《建设工程司法解释（二）》第5条所说的“尚不具备开工条件的，以开工条件具备的时间为开工日期”。综合分析理解整个第5条，“尚不具备开工条件的，以开工条件具备的时间为开工日期”适用于施工单位未进场施工的情况，

① 详见最高人民法院（2014）民一终字第69号民事判决书。

若施工单位已进场施工，则适用该条第2项，按实际进场施工的时间确定开工时间。申言之，虽然“开工条件”包括施工许可证的取得，但在施工单位先行无证施工的情形下，开工日期的认定却依然与施工许可证的取得无关，因为第5条第1项中规定的“开工通知发出后，尚不具备开工条件的，以开工条件具备的时间为开工日期”并不适用于施工单位先行无证施工的情况，而是适用于施工单位在收到开工通知后以尚未取得施工许可证为由明确拒绝开工要求的情形，即承包人以施工许可证尚未获得、开工条件尚不具备为由，拒绝按照开工通知的规定开工的情况下，工期起算日应以开工条件全部满足的时点为准；但倘若承包人在接到通知后已实际进场施工，事后又以发包人未取得施工许可证为由要求将开工日期认定为施工许可证取得的日期（或施工许可证载明的日期)，则难以得到法院的支持。因为，《建设工程司法解释（二)》第5条第2项“承包人经发包人同意已经实际进场施工的，以实际进场施工时间为开工日期”是一个独立项，与第1项、第3项并列适用，也就是说，在承包人经发包人同意已经实际进场施工的情况下，法院无需过多考虑是否具备开工条件的问题，实际进场施工的事实说明实际上承包人的开工行为并未受到阻碍。

【相关案例】

广州市建筑集团有限公司与广州东顺房地产开发有限公司建设工程施工合同纠纷【（2013）民申字第862号】

一、裁判要点

法院经审理认为，案涉工程的《建筑工程施工许可证》的核发时间虽然是2004年12月6日，但在核发《建筑工程施工许可证》之前，建筑集团早已对案涉工程进行施工建设，并未影响建筑集团的开工建设，故二审判决认定案涉工程开工日期为2004年8月1日，符合本案履约实际，并无不当。

二、裁判文书

中华人民共和国最高人民法院
民事裁定书

（2013）民申字第862号

再审申请人（一审被告、二审上诉人）：广州市建筑集团有限公司。

法定代表人：贺全龙，该公司董事长。

被申请人（一审原告、二审上诉人）：广州东顺房地产开发有限公司。

法定代表人：杨国伟，该公司总经理。

再审申请人广州市建筑集团有限公司（以下简称建筑集团）因与被申请人广州东顺房地产开发有限公司（以下简称东顺公司）建设工程施工合同纠纷一案，不服广东省高级人民法院（2012）粤高法民一终字第88号民事判决，向本院申请再审。本院依法组成合议庭对本案进行了审查，现已审查终结。

建筑集团申请再审称：（一）有新的证据，足以推翻二审判决。建筑集团申请再审提交如下证据：1. 2012年8月8日，建筑集团向广州市天河区人民法院递交的《调阅证据申请书》。2. 2012年8月31日，建筑集团向二审法院提交的《鉴定申请书》。3. 二审法院《诉讼资料接收凭证》。上述三份证据欲证明建筑集团向二审法院申请了鉴定和调查取证，但二审法院没有许可。4. 2013年11月18日，广东省城规建设监理有限公司（以下简称城监公司）出具的《证明》。欲证明：（1）城监公司证明16层工程于2004年12月24日完成；（2）整体工程是2005年12月5日完成并且当月交付；（3）施工期间因天气等原因有62天的停工；（4）2005年12月5日的验收记录是真实的。5. 广州市天河区人民法院（2006）天法民四初字第504号民事判决。6. 广东省广州市中级人民法院（2007）穗中法民五终字第1325号民事判决。欲证明：（1）东顺公司自认在2006年1月5日之前已经取得了验收文件，并且符合售楼条件；(2) 62天停工事实存在，属于不可抗力，建筑集团可以要求延期；(3) 案涉工程确有23层。(二) 二审判决认定的事实缺乏证据证明、适用法律错误。1. 案涉工程开工日应当以东顺公司2004年12月6日取得《建设工程施工许可证》的日期为准，二审判决认定开工日期为2004年8月1日错误。首先，《建设工程承包合同》第三条约定了“开工日期以取得施工许可证及开工报告为准”。案涉工程实际领取《建筑工程施工许可证》的日期及记载开工日期为2004年12月6日，故二审判决认定2004年8月1日为开工时间违背双方合同约定。其次，《中华人民共和国建筑法》规定了开工前必须领取施工许可证；《建筑工程施工许可管理办法》规定了未领取施工许可证的不得开工。二审判决的认定违反了法律规定。第三，二审判决认定2004年8月1日为开工日与事实不符。2004年8月14日，建筑集团向东顺公司发出《关于计划延误事宜的通知》，已经告知其进场仅仅是做开工前的准备工作，并且现场根本不具备全面开工的条件、施工图纸尚未提供、因无施工许可证政府部门要求停工等。而且办理《建筑工程施工许可证》是东顺公司的法定义务，在东顺公司违约的情况下，建筑集团为了尽量减少东顺公司损失，按照其要求提前进场进行准备工作，是诚信的行为，二审判决认定2004年8月1日为开工日，对建筑集团也不公平。2. 案涉工程竣工时间为2005年12月5日，二审判决认定竣工日期为2006年7月28日错误。首先，对竣工时间，建筑集团已经提交了2005年12月5日的验收记录及相应签收记录证据。其次，根据建筑集团提交的穗规验字（2005）755号《规划验收合格证》，证明案涉工程在2005年12月就已经通过整体规划验收，且该《规划验收合格证》明确记载附件为13张竣工图，更记载取得规划验收合格证后就可以使用并办理确权。第三，根据广州市天河区人民法院（2006）天法民四初字第503号民事判决书认定，东顺公司自认其在2005年12月31日向众多小业主发出《收楼通知》，并主张案涉工程已经完成竣工验收、符合《商品房买卖合同》中约定的交付使用条件。根据《最高人民法院关于民事诉讼证据的若干规定》第八条的规定，二审判决应直接认定该事实。第四，退一步讲，即使当时并未完成验收手续，也应当以2005年12月31日东顺公司实际接收案涉工程作为竣工日期。根据《最高人民法院关于审理建设工程施工合同纠纷案件适用法律问题的解释》第十四条规定："当事人对建设工程实际竣工日期有争议的，按照以下情形分别处理：……；（三）建设工程未经竣工验收，发包人擅自使用的，以转移占有建设工程之日为竣工日期。"案涉工程最晚在2005年12月31日东顺公司就已经实际接收，因为当天东顺公司已经向小业主发出《收楼通知书》，要求小业主收楼。3. 案涉工程施工期间，因不可抗力、增加工程范围、无施工许可证等原因，理应合法顺延工期241天，但二审判决未予认定错误，更与东顺公司另案自认的事实相矛盾。首先，东顺公司违法增加22层工程，理应增加工期18天。根据2004年12月6日取得施工许可证记载，案涉工程开工之初，并无22层工程，直到2005年9月12日方办理完增加22层工程的合法手续，故属于工程施工过程中工程量发生的重大变更，应相应增加工期，按照比例计算，应当增加工期18天。其次，因东顺公司增加工程并且未能及时办理合法手续，故应扣除因重新领取施工许可证的停工日期共计161天。2005年4月4日，城监公司向建筑集团、东顺公司发出《工程暂停令》，明确要求东顺公司在未取得22层规划许可证的情况下暂停22层的施工，因此，因增加工程导致停工的时间应为2005年4月4日。而根据施工许可证记载，增加工程在2005年9月12日取得的施工许可证，因此，恢复施工的时间应为2005年9月12日。第三，东顺公司在广州市天河区人民法院（2006）天法民四初字第503号民事判决书中自认，案涉工程施工期间存在大风大雨导致无法施工的情形，属于不可抗力，应相应顺延工期62天。根据《最高人民法院关于民事诉讼证据的若干规定》第八条的规定，二审法院拒不采纳该事实，适用法律错误。综上，建筑集团不存在逾期竣工。4. 二审判决判令建筑集团给付东顺公司105万元违约金与事实不符，且明显重复计算。首先，2004年11月26日，建筑集团向东顺公司出具《承诺书》承诺在2005年1月30日前完成结构工程16层，目的是为了东顺公司实现2004年年底售楼的目标，而该《承诺书》是在《建设工程承包合同》约定逾期完工承担违约金的情况下，由建筑集团单方作出的承诺，只要建筑集团没有影响该目的的实现，就不应当过多加重建筑集团的义务。事实上，东顺公司在2004年年底已经领取了商品房预售许可证，东顺公司售楼的目标并未受到影响。其次，因领取商品房预售许可证的前提就是工程实际完成三分之二以上，证明建筑集团并未违反承诺的工期。东顺公司提交并被法院认定的《关于提前支付工程款的函》及附件《工程款应支付与实际支付时间对照表》为东顺公司单方制作并伪造的，从未得到建筑集团的认可，属于虚假证据。根据《最高人民法院关于适用〈中华人民共和国合同法〉(二)》第二十九条的规定，在东顺公司没有蒙受任何损失的情况下，二审判决建筑集团给付东顺公司105万元的违约金，违反法律的规定，显失公平。(三)二审判决认定事实的证据是伪造的。东顺公司为证明2006年7月28日竣工验收，伪造了《工程竣工验收报告》，其中加盖的建筑集团的印章是伪造的。(四)建筑集团向二审法院提出了调取证据材料及对《工程竣工验收报告》加盖公章的真伪进行鉴定的申请，二审法院未予调取及鉴定错误。建筑集团依据《中华人民共和国民事诉讼法》第二百条第一项、第二项、第三项、第五项、第六项的规定申请再审。

东顺公司提交意见称：建筑集团申请再审提交的六份证据均不属于新的证据。证据1、2、3是建筑集团向法院申请调查证据的申请，二审中已经审查并根据法律规定进行了确认；证据4城监公司出具的《证明》不属于直接证据，且所要证明的事实证据已经过一、二审质证认定；证据5、6没有原件，对其真实性无法确认。建筑集团的再审申请缺乏事实和法律依据，请求予以驳回。

本院认为，本案再审审查涉及四个问题：1. 建筑集团提交的证据是否属于新的证据；2. 二审判决认定的事实是否缺乏证据证明、适用法律是否错误；3. 二审判决认定事实的证据是否伪造；4. 对建筑集团申请调取证据和鉴定，一、二审法院未予调取、鉴定是否错误。

（一）关于建筑集团提交的证据是否属于新的证据问题。经查，建筑集团申请再审提交的证据1、2、3是其向法院申请调取证据的申请及法院签收其申请的凭证，只能证明其申请调取的事实，并不能推翻本案认定的事实；证据4即《证明》载明的内容：（1）根据城监公司现场监理记录及验收报告等文件显示，案涉工程第16层主体工程于2004年12月24日实际完成；（2）案涉工程整体于2005年12月5日完成竣工验收，并由开发商实际接收后施工单位撤场；（3）案涉工程施工期间，确有因天气原因导致工程实际停工，东顺公司陈述的停工62天属实；（4）建筑集团提交的“工程验收记录及验收记录签收表”（及附件）为真实文件，2005年12月5日城监公司共同参与的项目竣工验收，其中各单位的签字盖章均为真实有效，但原件按照施工惯例由甲方发包方持有。《证明》虽然是在本案二审判决之后新出现的，但所涉及的事实，双方当事人在一、二审中均进行了举证、质证及法院的认证，故其出具的《证明》亦无法直接推翻二审判决认定的事实；证据5、6没有加盖法院的公章，对其真实性无法确认。根据《最高人民法院关于适用〈中华人民共和国民事诉讼法〉审判监督程序若干问题的解释》第十条关于“新的证据”的规定，建筑集团提交的证据不属于新的证据。

（二）关于二审判决认定的事实是否缺乏证据证明、适用法律是否错误问题。1. 关于双方当事人履行的是哪一份合同问题。经查，虽然双方当事人针对案涉工程项目分别于2004年7月30日和2004年9月28日签订了《建设工程承包合同》和《建设工程施工合同》，且《建设工程施工合同》经过了备案。但在合同的履行过程中，双方实际履行的是《建设工程承包合同》，并且在建筑集团诉东顺公司建设工程施工合同纠纷一案中，业已生效的民事判决亦认定双方履行的是《建设工程承包合同》，并以该合同作为工程结算的合同依据，故二审判决认定《建设工程承包合同》合法有效，并无不当。2. 关于案涉工程的开工时间问题。东顺公司主张开工日期为2004年8月1日，即建筑集团实际进场施工之日。建筑集团主张其虽然在2004年8月1日进场，但因不符合全面施工条件，而无法全面施工，故开工时间应以《建筑工程施工许可证》核发之日的2004年12月6日为准。经查，双方当事人在2004年7月30日签订的《建设工程承包合同》中，对合同工期进行了约定：开工日期2004年8月1日。而从建筑集团于2004年8月24日向东顺公司发出的《关于计划延误事宜通知的复函》、2004年11月25日向东顺公司发出《关于确认第二期工程进度款的函》、2005年8月4日向东顺公司发出《关于提前支付合同款的说明》内容看，建筑集团均认可并实际已于2004年8月1日组织各有关施工人员进场施工，在2004年11月时，案涉工程已建到第五层，建筑集团向东顺公司确认收取第二期进度款为200万元。案涉工程的《建筑工程施工许可证》的核发时间虽然是2004年12月6日，但在核发《建筑工程施工许可证》之前，建筑集团早已对案涉工程进行施工建设，并未影响建筑集团的开工建设，故二审判决认定案涉工程开工日期为2004年8月1日，符合本案履约实际，并无不当。3. 关于案涉工程的竣工验收时间问题。根据《建设工程承包合同》第23.4款约定：工程竣工验收通过，提交《建设工程质量验收意见书》和各专业部门验收报告的日期为本合同所指的竣工日期，承包人在竣工验收时，按验收人员的建议，或要求进行修改或返工后才批准竣工验收报告的，其竣工验收报告最终批准的日期，为本合同所指的竣工日期。第47.3款约定：指定分包工程协调服务费是指承包人代替发包人管理分包工程的管理费用及为分包人提供必要服务的服务费用，其费用包含在合同内。发包人将通过招标的方式指定分包人承包工程，作为承包人的指定分包人……承包人与分包人负责并履行合同的所有义务。承包人对发包人负责并连带履行分包人的所有义务。对发包人而言，分包人的所有义务，由承包人承担。第47.6款约定：承包范围内的工程是验收合格后的成品移交工程。经查，2005 年 12 月 29 日，东顺公司取得了广州市城市规划局核发的地上第 4 至 22 层的《广州市建设工程规划验收合格证》，上面备注称：本证仅作为第 4 至 22 层住宅部分建筑的规划验收，其余部分（即第 3 层及以下部分和天面部分建筑）待完善该工程北侧和东侧的室外地坪与人行道问题以及拆除叠翠台东南侧和本工程临时部临时建筑和本南侧的实体围墙并整理现场方能另行办理规划验收。2006 年 3 月 15 日，东顺公司取得地上 3 层的《建设工程规划验收合格证》。同年 4 月 5 日，取得首二三层裙楼及地下室的《广州市公安消防局建筑工程消防验收意见书》。2006 年 3 月 8 日建筑集团给广州市建筑质量监督站建筑监督二部的《监督检查意见的整改情况报告》称："对于贵部在二〇〇六年二月七日对我单位承建的叠翠台 EF 栋（东方都会工程）工程进行监督检查所提出的质量问题（市质监二部字［2006］001 号），我司现已整改完成，整改情况如下：……。" 2006 年 6 月 8 日，广东正大联合律师事务所受建筑集团委托，向东顺公司发出《律师函》，内容为："……请贵单位于 2006 年 6 月 20 日之前组织工程总体竣工验收和完善工程结算审核工作，并按协议约定向市建总支付工程尾款……等。" 2006 年 7 月 24 日建筑集团给东顺公司的《关于东方都会房产质量保修的函》中也认可收到了 2006 年 2 月 15 日、5 月 15 日、6 月 23 日、6 月 30 日东顺公司的整改通知，均以积极负责的态度进行保修并由东顺公司及监理公司和质监站验收合格。根据上述证据，证实 2005 年 12 月 5 日的验收仅是对案涉工程的初步验收，并不是对建筑集团交付的成品工程的竣工验收。建筑集团申请再审主张案涉工程已于 2005 年 12 月 5 日或 2005 年 12 月 29 日通过竣工验收与事实不符。东顺公司在一、二审中提交的 2006 年 7 月 28 日《工程竣工验收报告》，工程验收结论为：同意办理验收，但验收资料随后须补齐，并加盖有建设单位、监理单位、施工单位、勘察单位及设计单位的公章。该《工程竣工验收报告》符合双方当事人合同约定的竣工验收标准。建筑集团虽认为该报告系东顺公司伪造的，但未能提交证据予以证明，且与广东正大联合律师事务所于2006年6月8日代表建筑集团向东顺公司发出的《律师函》陈述的内容相矛盾。另外，建筑集团于2005年年底自行离场，双方当事人没有办理任何交接手续。虽然东顺公司在2005年年底向购买案涉房屋的小业主发出《收楼通知》，但该案与本案不属同一法律关系，且与本案双方当事人约定的交付条件亦不相同，建筑集团也未提交充分的证据证实东顺公司已实际占有使用案涉工程，《收楼通知》并不影响东顺公司与建筑集团按合同要求进行工程竣工验收，故二审判决认定2006年7月28日为工程竣工验收的时间，并无不当。4. 关于建筑集团完成第二十二层的施工应否增加工期问题。经查，双方当事人在“合同协议书”第四条约定：本合同价款为固定单价，暂定建筑面积43669平方米。合同所附的《技术规范》第二条约定：叠翠台三期E、F栋商住楼占地面积约9000平方米，总建筑面积43669平方米，其中地上建筑36207平方米，由2栋22层建筑组成（1、2层为商业，3层为餐饮，4至22层为单元式公寓住宅）；地下建筑7462平方米，由2层地下室组成，故地上第二十二层应属于合同约定的工程范围。但因二十二层的工程未经过审批程序，影响了建筑集团的施工，二审法院根据2005年4月4日城监公司向东顺公司、建筑集团发出的《工程暂停令》及2005年6月20日建筑集团向城管中队提交的《关于东方都会广场工程二十二层已暂停施工的情况报告》中载明的：其司已于2005年5月25日停止了第二十二层的所有施工工作，会待东顺公司完善有关手续、发出复工通知后才施工的内容，并结合城监公司在该报告上加盖了公章的实际情况，对建筑集团在该报告中所涉的停工期间（2005年5月25日至2005年6月20日）予以合理扣除，有事实根据。而对于2005年6月20日至9月1日【东顺公司取得第二十二层施工许可证之日】间，建筑集团未能提供证据证实工程处于停工状态，建筑集团要求将该部分期间亦从工期中相应扣除，依据不足，二审判决不予采信，并无不当。5. 关于施工期间是否出现62天的灾害天气，造成工期延误问题。根据案涉合同“专用条款”第13条关于工期延误的约定及“通用条款”第13条关于工期延误的约定，建筑集团虽然主张有62天的灾害天气，但没有证据证实建筑集团曾因天气原因向东顺公司提出了顺延工期的申请。东顺公司虽然在（2006）天法民四初字第503号案中，以施工期间发生62天灾害性天气为由对购房业主提出了逾期交楼违约金请求的抗辩，但因该抗辩并无科学数据佐证，且未得到法院的支持，故东顺公司的抗辩并不足以认定施工期间存在灾害性天气以致造成工期延误的事实，建筑集团据此要求顺延工期62天，依据不足，二审判决不予采信，并无不当。综上，根据合同约定的工期400天，建筑集团应于2005年9月4日完成案涉工程并通过竣工验收，现工程至2006年7月28日方取得《工程竣工验收报告》，已超过约定工期326天，扣除上述所涉合理停工期间（2005年5月25日至2005年6月20日），尚超期299天，二审判决建筑集团应按合同约定，每日按案涉工程总价款46566088.50元的0.2%向东顺公司计付299天的逾期竣工违约金，并以不超过上述工程总价款的15%为限，即6984913.275，并无不当。6. 关于建筑集团是否逾期完成地上第16层的结构工程施工问题。建筑集团于2004年11月26日向东顺公司出具《承诺书》，承诺于2005年1月30日完成16层的结构工程施工，若未完成相应的工期目标，每延误一天罚款3万元。从东顺公司提交的广州市国土资源和房屋管理局于2006年10月31日就东方都会广场核发的《商品房预售许可证》【编号：穗房预（网）字第20040258－4】显示，发证时各栋已建层数为14层，而非16层，故建筑集团认为2004年年底16层主体结构工程施工已完成，缺乏证据证明。建筑集团申请再审称案涉工程已于2004年年底取得《商品房预售许可证》，根据高层住宅商品房开发项目取得的条件，主体结构应已完成2/3，即23×2/3，16层，缺乏证据证明。从建筑集团（郭和林签字）于2005年8月4日向东顺公司发出的《关于提前支付合同款的说明》之附件《工程款应支付与实际支付时间对照表》反映，其自认第三期主体结构工程16层的实际起止时间为2004年11月21日至2005年3月6日。由此证实，建筑集团实际完成该部分工程量的时间比其承诺的2005年1月30日多出35天，故二审判决建筑集团给付东顺公司违约金105万元，并无不当。

（三）关于二审判决认定事实的证据是否伪造的问题。东顺公司提交的《工程竣工验收报告》加盖有建设单位、监理单位、施工单位、勘察单位及设计单位的公章，建筑集团主张系伪造证据，未提交证据证明，本院不予支持。

（四）关于二审法院未调取建筑集团申请调查的证据及对公章未予鉴定是否错误的问题。《最高人民法院关于适用〈中华人民共和国民事诉讼法〉审判监督程序若干问题的解释》第十二条规定："民事诉讼法第一百七十九条第一款第（五）项规定的对'审理案件需要的证据'，是指人民法院认定案件基本事实所必须的证据。"建筑集团虽然向二审法院提出了调取证据及对公章鉴定的申请，但二审法院根据双方当事人提交的证据，足以认定本案的事实，故二审法院未调取建筑集团申请调查的证据、未对公章进行鉴定，并无不当。

综上，建筑集团的再审申请不符合《中华人民共和国民事诉讼法》第二百条第一项、第二项、第三项、第五项、第六项规定的情形。依照《中华人民共和国民事诉讼法》第二百零四条第一款之规定，裁定如下：

驳回广州市建筑集团有限公司的再审申请。

审　判　长　　梁曙明
审　判　员　　肖宝英
代理审判员　　武建华
二〇一三年十二月三十日
书　记　员　　徐　阳

【实务建议】

根据前文论述，当承包人先行无证施工时（即在收到开工通知后，没有以施工许可证未取得拒绝开工的情况），法院在开工日期的认定问题上不考虑施工许可证的取得时间，那么在计算工期延误天数时就会将无证施工的期限一并算入。于此情形，若发包人一方面享受了承包人根据其要求无证提前施工所带来的利益，另一方面又要在追究承包人逾期竣工责任时通过算入无证施工天数的方式加重承包人的责任，这样是否会造成不公平的结果？

事实上，司法实践中，开工日期的认定和工期延误责任的承担是两码事。一方面，施工许可证的滞后办理不影响开工日期的认定及实际工期的计算；另一方面，有关工期延误责任的承担问题，还是要依据各方过错比例来分担，若工期延误与施工许可证的滞后办理或是建设单位未能提供施工条件有关，则发包人亦需分担工期延误责任。笔者查询整理了如下案例供读者参考。

1. 太湖新城公司、三兴公司、天主堂建设工程施工合同纠纷案

在该案中，一、二审法院虽然以实际进场开工日期（而非施工许可证取得日期）作为“工期起算日”，但是对于工期延误的责任，却根据当事人的实际过错情况，认定施工单位三兴公司承担 40% 的责任，发包方太湖新城公司和建设方天主堂承担 60% 的责任。法院认为，发包方存在迟延办证、未依约签发开工令、迟延交付图纸、设计变更频繁等较为明显的过错，对造成工期延误有较大影响，应当承担工期延误的主要责任。该等观点被再审法院江苏省高级人民法院所认可。[①]

2. 同升公司与建华公司建设工程施工合同纠纷案

在该案中，法院认为，施工许可证的取得是工程施工的必要行政审批手续，且合同约定了“因发包人未能履行开工前办妥相关开工手续导致工期延误或给承包人造成损失的，发包人赔偿承包人有关损失，顺延延误的工期”，虽然未取得施工许可证前建华公司进行了实际施工，但必然受到相关行政主管部门的管理限制和其他影响。综合上述情形，能够表明同升公司未在施工前取得行政审批手续、直接分包工

① 详见无锡市中级人民法院（2017）苏 02 民终 3332 号民事判决书、江苏省高级人民法院（2018）苏民申 4925 号民事裁定书。

程的施工验收以及工程变更对案涉工程的工期进度存有一定的影响。基于此，就案涉工程工期延误的责任承担，酌情认定由建华公司承担50%的责任。①

3. 鑫瑞公司与劳动建安公司建设工程合同纠纷案

在该案中，法院认为，《中华人民共和国建筑法》第七条规定，建筑工程开工前，建设单位应当按照国家有关规定向工程所在地县级以上人民政府建设行政主管部门申请领取施工许可证。由此可见，工程施工前，建设单位应当申请领取施工许可证，系法律强制性规定。……鑫瑞公司作为发包方在未办理施工许可证之前，劳动建安公司作为承包方当然有权拒绝组织施工。合同约定开工日期为2012年1月7日，竣工日期为2013年2月7日，而鑫瑞公司实际取得施工许可证的时间为2013年10月31日，远远超过了合同约定的竣工日期。如果劳动建安公司在施工许可证批准之前依法拒绝施工，涉争工程根本不可能按期竣工。实际上，劳动建安公司在施工许可证办理之前已组织施工，有利于工程尽早完成，系对鑫瑞公司的有利行为，但鑫瑞公司在其未履行办证义务的情况下，要求劳动建安公司违规开工，并追究劳动建安公司逾期竣工的责任，对劳动建安公司显失公平，亦无法律依据。②

综上，相关案件的当事人须认识到，工期起算日的认定和工期延误责任的承担是两个问题。虽然施工许可证的滞后办理不影响工期起算日的认定及实际工期的计算，但在分析工期延误责任的分担问题时，建设单位未依法办理施工许可证等过错若对工期延误产生影响，则建设单位亦需就工期延误事宜承担相应的过错责任。在相关案件中，一方面要就开工日期进行积极举证，另一方面也须注意延误责任的过错及因果关系的举证和论证。

---

① 详见江苏省南通市中级人民法院（2018）苏06民终785号民事判决书。

② 详见山东省高级人民法院（2016）鲁民再70号民事判决书。

第六条　工期顺延的认定

【条文内容】

当事人约定顺延工期应当经发包人或者监理人签证等方式确认，承包人虽未取得工期顺延的确认，但能够证明在合同约定的期限内向发包人或者监理人申请过工期顺延且顺延事由符合合同约定，承包人以此为由主张工期顺延的，人民法院应予支持。

当事人约定承包人未在约定期限内提出工期顺延申请视为工期不顺延的，按照约定处理，但发包人在约定期限后同意工期顺延或者承包人提出合理抗辩的除外。

【最高院意见】

最高院的《理解与适用》在本条“条文主旨”中明确，本条是关于工期顺延的规定。

《理解与适用》在本条“要点提示”中谈到，司法实践中承包人和发包人对工期顺延事实的举证能力不对等，只要承包人能够证明在合同约定的期限内向发包人申请过工期顺延且顺延事由符合施工合同约定，对其顺延合理工期的主张应予以支持；且在一些特殊情况下，尤其应注意避免产生不公平的法律后果。

在“条文理解”部分，《理解与适用》同时从“发包人或者监理人未出具工期顺延签证，承包人如何证明顺延”“承包人未在约定时间内提出工期顺延申请，诉讼中主张工期顺延能否支持”等两个方面谈了如何理解本条。

在“审判实务”部分，《理解与适用》提出，实践中需注意，《建设工程施工合同（示范文本)》（GF－2017－0201）第7.5.1条对因发包人原因导致工期延误进行了规定，且应对承包人提出的“发包人迟延支付工程款与工期顺延”“工程量增加与工期顺延”“工程分包延误与工期顺延”“其他可能导致工期顺延的理由”等进行具体分析。

【条文点读】

一、常见的工期顺延事由

本条共两款，按第1款之规定，只要承包人能够证明其在合同约定期限内已向发包人或监理人提出过工期顺延申请，并且确实存在符合约定的顺延事由，即便其没有获得发包人或监理人的书面确认，也有权主张工期顺延。本条第2款规定，如果当事人约定了承包人提出工期顺延申请的期限，并明确约定承包人未在该期限内提出顺延申请即视为不顺延的，该等约定有效，除非发生了发包人在约定期限后依然同意顺延的情况或是承包人能够证明其未能在约定期限内提出顺延申请具有合理理由，否则承包人丧失事后再申请工期顺延之权利。

根据《建设工程施工合同（示范文本)》（GF－2017－0201）通用条款第7.5.1条之约定，并结合现阶段建设工程施工合同领域的实际情况，承包人能够提出工期顺延的事由通常包括以下几种。

1. 发包人未能提供相应的施工条件致使对工期产生影响。比如发包人未能依法依约提供施工所需的图纸或其提供的图纸不符合约定，未能依约提供施工现场、基本资料，未能依法依约获取施工所需的各项行政许可等。

2. 发包人存在相关错误，且该等错误确实对工期产生影响。比如发包人提供的施工图纸存在错误，发包人提供的测量基准点、基准线和水准点及其书面资料存在错误或疏漏等。

3. 发包人存在其他相关违约，且该等违约情形确实对工期产生影响。比如发包人未能在约定期限内发出开工通知，发包人逾期支付工程款对工期造成影响，发包人或监理人未在合同约定期限内完成隐蔽工程验收、进行相关确认、发出有关指示等。

4. 其他造成工期延误的发包人原因。比如发包人设计变更，发包人增加工程内容，发包人另行分包或指定分包对工期造成了负面影响，发包人供货迟延或供货不合格等。

5. 法律规定的或合同约定的其他顺延事由。

二、工期顺延的法律后果

《合同法》第283条规定，发包人未按照约定的时间和要求提供原材料、设备、场地、资金、技术资料的，承包人可以顺延工程日期，并有权要求赔偿停工、窝工等损失。该法第284条规定，因发包人的原因致使工程中途停建、缓建的，发包人应当采取措施弥补或者减少损失，赔偿承包人因此造成的停工、窝工、倒运、机械设备调迁、材料和构件积压等损失和实际费用。据此，若出现由发包人原因造成的工期顺延事由，则承包人不但获得顺延工期的权利，还获得要求发包人赔偿因停工、窝工产生的各项损失的权利。

与之相反，若承包人的工期顺延申请未能获得认同，则承包人不但要自己承担由于工期延长而增加的各项成本的损失，而且还要依法依约向发包人承担逾期完工的违约责任，该等违约责任通常体现为根据合同约定方式计算的逾期违约金，赔偿发包人能够举证证明逾期竣工所造成的各项损失（比如在商品房项目中发包人因逾期交付房屋而向第三方支付的违约金，在工业或商业项目中发包人未能如期经营投产或对外出租而产生的各项损失）。

因此，在实际工程超过约定工期的情况下，承包人能否获得延长工期的认可，往往对承发包双方的权利义务、利益和责任有着重大影响。

三、工期顺延的常见方式

现实中，承包人获得工期顺延的确认或认可往往存在以下几种方式：

第一种方式，发包人或监理人主动确认工期顺延。即发包人在出现了设计变更、工程量增加等情况时，在向承包人发送设计变更单、工作联系单等文件的同时，就该等工程变化所引起的施工时间的延长事宜在该等文件中予以明确。

第二种方式，发包人或监理人依约对承包人的工期延长申请进行确认。即在承包人依法依约向发包人提出工期延长申请或索赔的情况下，发包人或监理人通过签署签证单、在相关会议纪要上签名、反馈索赔处理结果文件或是签署其他认可文件等方式对承包人的申请予以同意。

第三种方式，发包人与承包人就工期延长事宜签署补充协议。即承发包双方签署了有关建设工程施工合同的补充协议，该等协议中包含了工期延长的内容，承包人根据该等协议获得工期顺延利益。

第四种方式，司法机关或仲裁机构认为承包人提出的工期顺延主张符合法律规定或合同约定，依法认可承包人有关工期顺延的主张。

在上述四种工期顺延方式中，第一种方式比较鲜见。严格来说第二种方式和第三种方式其实类似，都是属于双方就工期延长事宜达成了合意。只不过在第二种方式中，双方合意以签证单、会议纪要、索赔处理文件、确认函等形式体现，而在第三种方式中双方合意则以形式上更为正式的补充协议的方式体现。若就第四种方式进行进一步的说明，则在仲裁或诉讼过程中承包人提出的工期顺延主张大致可分为两类：一类是抗辩，即承包人针对发包人提出的工期逾期违约赔偿请求，提出工期顺延抗辩，要求仲裁机构或司法机关确认工期能够顺延，其无需承担工期延误违约责任；另一类则是提出工期延长损害赔偿的诉请，是指承包人通过起诉或反诉的方式，主张工期因发包人原因产生延误，并要求发包人赔偿因其原因造成的工期延误损失（如停工、窝工等损失）。

【相关案例】

湖南省建银建筑工程有限公司与常德市西洞庭昌华房地产开发有限公司建设工程施工合同纠纷【（2016）湘民终211号】

一、裁判要点

法院经审理认为，建银公司主张因昌华公司原因造成建银公司进度迟延导致人工及设备租金损失、工程进度款拨付不及时造成建银公司财务成本增加的损失和利息损失，建银公司所主张的大部分损失并未按照合同约定在损失发生28天内提交索赔意向书，而仅仅是在工程完工后提交竣工结算文件时才提交了相关索赔的文件，故其索赔不符合合同的约定，同时，建银公司虽然提交了相关的损失统计表（包括建银公司提供的施工过程中的相关损失报告），但并未提供充分的损失计算依据以及损失实际发生的证据，鉴定机构经委托对此问题鉴定后在鉴定结论中也未予认定，因此，一审法院以索赔不符合合同约定和证据不足为由驳回建银公司关于损失赔偿的诉请并无不当，法院予以维持。

二、裁判文书

湖南省高级人民法院

民事判决书

（2016）湘民终211号

上诉人（原审原告）：湖南省建银建筑工程有限公司，住所地湖南省常德市武陵区三岔路办事处新建巷社区洞庭大道1791号。

法定代表人：戴成章，该公司董事长。

上诉人（原审被告）：常德市西洞庭昌华房地产开发有限公司，住所地湖南省常德市西洞庭管理区祝丰镇育才居委会电力路明珠广场。

法定代表人：赵桂林，该公司总经理。

上诉人湖南省建银建筑工程有限公司（以下简称建银公司）与上诉人常德市西洞庭昌华房地产开发有限公司（以下简称昌华公司）建设工程施工合同纠纷一案，双方当事人均不服湖南省常德市中级人民法院（2015）常民一初字第1号民事判决，向本院提起上诉。本院立案后，依法组成合议庭，开庭审理了本案。本案现已审理终结。

建银公司上诉请求：1. 撤销原判，改判昌华公司赔偿建银公司损失4276528.57元并按银行同期贷款利率支付自2014年3月2日起至实际付款之日止的利息；2. 判令昌华公司承担一、二审诉讼费用。事实与理由：1. 建银公司所承建的工程在施工过程中，因昌华公司原因，致工程进度延迟导致建银公司人工及设备租金损失、因工程进度款拨付不及时造成财务成本增加，建银公司制作了《洞庭明珠1#—5#楼进度延迟汇总报告》、《常德市西洞庭明珠项目因甲方原因造成损失费用汇总表》及其他相关索赔文书，并将前述索赔文书及时提交给了监理单位湖南建科工程项目管理有限公司，由监理单位进行了签收。一审判决认定超过索赔期限错误。2. 建银公司提交的证据已充分证明其损失，按照建银公司提交的资料，因工期延误造成的损失为1100790元，相关证据已由监理单位于2012年11月28日签收，监理单位对损失项目及数额未提出异议，签署了“经核实，情况属实”。昌华公司未及时支付进度款导致建银公司财务成本增加，损失1626662元，监理单位没有提出任何异议，认可了损失项目和数额。另外还有利息损失1549076.57元，有相关明细为证。这些损失应当支持。3. 一审鉴定机构常中鉴（2015）第102号鉴定意见关于“经查甲方提供的银行付款依据进行分析未曾有故意拖欠工程款的意向”不能成为本案的定案依据。建银公司已提出充分证据证明延期支付工程进度款的事实，昌华公司延期支付工程款是客观存在的，是否存在故意不影响其承担责任。一审鉴定机构也无权对昌华公司是否对建银公司造成损失进行判断，应由法院认定。

昌华公司答辩称：1. 根据鉴定意见以及昌华公司的付款凭证，昌华公司没有拖欠工程进度款的事实。昌华公司在一审中已经提供充分证据证明工期延误系建银公司原因造成，建银公司无权主张赔偿损失。2. 建银公司提交的索赔资料系单方制作，上面监理单位人员的签名和盖章不真实，其效力不应得到认可。建银公司的上诉请求没有依据，应予驳回。

昌华公司上诉请求：依法撤销原判，依法予以改判。事实与理由：1. 一审鉴定意见中签证争议部分 3945961.78 元不应计入工程款。鉴定意见对于该部分工程款认为依据不足，需要相应佐证材料，否则无法认定其真实性。建银公司此后并未提交任何佐证材料。上述款项所涉的争议签证单是虚假的，该部分签证上监理人员"陈敬清"的签字明显不是其本人所签，陈敬清也并未参与涉案工程的监理。这些签证单上的签名和盖章均是后期形成，不具有现场签证的效力。本次诉讼前，建银公司 2014 年 4 月 28 日向有关审计机构提交结算书和相关材料时，就包含了涉案的签证单，但均系空白，没有所谓补刷乳胶漆和外墙涂刷防水溶液的任何资料，本次诉讼中，该争议部分所涉签证单均填写了内容，增加了签字和盖章，明显是后期伪造的。建银公司未提供任何证据证明该争议签证部分已实际施工，一审判决的认定无任何依据。2. 一审鉴定意见认定的工程款（除争议签证部分）中，应扣除两项工程款，一是天棚抹灰，建银公司并未按约定对该分项工程施工，应扣减天棚抹灰与石灰油浆的价差 653595.7 元。二是涉案工程 1 至 3 号栋将原设计的采光墙缩减了 1 米左右，应扣除该采光墙的外墙贴砖面积工程款 33192.43 元。3. 一审判决关于昌华公司已付工程款数额认定错误。一审认定已付工程款是 37330000 元错误，根据建银公司提交的证据和法院组织的对账，已付工程款应为 37717758 元。4. 一审认定昌华公司应于 2014 年 3 月 4 日起支付欠付工程款利息错误，昌华公司应从本案生效判决确定的履行期限届满之日起支付利息。建银公司主张于 2014 年 1 月 6 日向监理单位湖南建科工程项目管理有限公司提交了结算书不属实。建银公司主张其最初提交结算书是2013年12月19日，但该结算书没有监理人员签字和盖章。即使建银公司确实向监理单位提交了结算书，监理单位也无权免除或变更合同约定的权利义务。本案双方结算一直未完毕，存在争议，本案诉讼中，双方均同意以常德中立信工程造价咨询有限公司作出的鉴定结论为结算依据，应视为双方对之前结算约定的变更，本案应从生效判决确定的履行期限届满开始计算利息。

建银公司答辩称：1. 所谓争议签证部分，实际上已经有有效的签证，如果昌华公司签证中的工程量存在异议，应当由昌华公司举证证明，本案昌华公司并无证据证明这些签证不实，故其应当支付相应工程款。这些争议签证上有陈敬清的签名，陈敬清所在的建科公司也是昌华公司聘请的监理单位，陈敬清系监理公司委派，监理公司的公章也是真实的。2. 昌华公司提出的天棚抹灰、采光墙等问题，没有证据证明，涉案的天棚抹灰和采光墙工程系合同范围内工程，建银公司完成工程后经验收合格，如果建银公司未完成该工程，则不可能取得验收合格。天棚抹灰并不表示每个地方的天棚都必须抹灰，建筑质量本身达到了技术标准就不存在抹灰。3. 关于已付工程款问题，一审判决并无错误。4. 建银公司提交竣工结算资料后，昌华公司没有及时结算，应当承担拖延付款的利息。昌华公司的上诉请求不能成立，应予驳回。

建银公司向一审法院起诉请求：1. 判令昌华公司支付拖欠的工程款6341666.75元并按银行同期贷款利率支付自2014年3月2日起至付款之日止的利息；2. 判令昌华公司赔偿损失4276528.57元并按银行同期贷款利率支付自2014年3月2日起至付款之日止的利息；3. 判令昌华公司承担本案全部诉讼费用。

一审法院认定事实：2011年8月4日，常德工程招标代理有限公司向建银公司发出中标通知书，通知建银公司中标昌华公司开发建设的洞庭明珠B区1—5#楼建筑及装饰工程。同日，建银公司（承包人）与昌华公司（发包人）签订了《湖南省建设工程施工合同》，该合同的主要内容为：第一部分：合同协议书。1. 工程概况：工程名称为洞庭明珠B区1#—5#楼，工程承包范围为基础工程、主体工程、室内外一次装饰装修工程施工；3. 合同工期：以施工桩承台之日起计为开工日，合同工期总日历天数365天；5. 合同价款为36426051.67元；6. 合同文件：组成合同的文件及合同文件的优先顺序与本合同文件中合同通用条款和合同专用条款的规定一致。合同专用条款没有约定的，则与合同通用条款规定一致。7. 发包人承诺：发包人委托的监理人为湖南建科工程项目管理有限公司，监理人委派的总监理工程师为陈敬清。第二部分：通用条款。17.6 竣工结算。17.6.1 工程竣工验收合格后，发包人和承包人应按照合同约定的工程价款及合同价款调整内容及变更事项，办理竣工结算，除合同专用条款另有约定外，发包人、监理人、承包人办理竣工结算按下述约定进行。17.6.1.1 除合同专用条款另有约定外，承包人应当于工程竣工验收合格之日起28天内，向监理人提交完整的竣工结算文件，监理人在收到竣工结算文件之日起56日内审核完毕。如有异议，监理人应在审核期内向承包人提出或要求承包人提供补充结算资料，监理人应在提出异议之日起的21天内与承包人协商，承包人收到监理人要求补充结算资料文件后的7天内，按监理人要求提供补充结算资料。监理人和承包人在协商期内对竣工结算达成一致，或承包人提交的补充结算资料能满足监理人所提要求，监理人应在协商期满后的7天内完成竣工结算的审核。异议期满，监理人未提出异议或协商期满，监理人未与承包人协商，视为监理人认可结算文件，发包人应当按照合同约定与承包人进行竣工结算。23 索赔。23.1 承包人索赔的提出。根据合同约定，承包人认为有权得到追加付款和（或）延长工期的，应按以下程序向发包人提出索赔：（1）承包人应在知道或应当知道索赔事件发生后的28天内，向监理人递交索赔意向通知书，并说明发生索赔事件的事由。承包人未在前述28天内发出索赔意向通知书的，丧失要求追加付款和（或）延长工期的权利。（2）承包人应在发出索赔意向通知书后28天内，向监理人正式递交索赔通知书。索赔通知书应详细说明索赔理由以及要求追加的付款金额和（或）延长的工期，并附必要的记录和证明材料。第三部分：合同专用条款。17.6 竣工结算。17.6.1 竣工结算编制、审查、审定时限的约定：按合同通用条款执行。

2011 年 8 月 20 日，建银公司与昌华公司签订了《洞庭明珠 1－5 栋楼〈建设工程施工合同〉补充协议》，对工程价款、建筑施工企业劳保费、分包项目、招标评委评审费、工程试验费的承担、工程款支付等事项作出了进一步的约定，其主要内容是：一、工程价款：1. 工程承包价款采用包工料、包工期、包质量、包税金、包利润、包意外伤害、包安全生产及安全生产措施费、文明施工等全部内容的综合性建筑面积包干价，其中 1 栋、3 栋按 948 元每平方米，2 栋、4 栋、5 栋按 906 元每平方米。本价格确定后除高于或低于（水泥现金交易价 400 元/吨，钢材现金交易价 4800 元/吨）单价调整价差外，其他无论何种情况均不再调整承包单价。……4. 设计变更不含在承包价格之内。五、工程款支付：……4. 验收合格 30 日内付至总造价 90%，验收 3 个月内付至 95%（含变更结算额）；5. 余款 5% 作为保修金，保修期满一年时付 3%，余额在保修期满后付清。八、结算：本工程建筑面积×承包单价/平方米＋（－）设计变更额（设计变更额的构成为按定额分析的人工工日×65 元/工日、材料费、税金、7% 的利润、1% 的管理费）。2013 年 5 月 13 日，建银建筑公司与昌华房产公司又签订了两份《洞庭明珠施工承发包协议》，昌华房产公司将样板间精装修、东、北警卫室及大门、东警卫室至电力路的路面施工及花岗石铺贴、下水井和管道零星工程、电力路化粪池、围墙及管线施工、地下消防水池、物业楼等工程交由建银建筑公司施工完成。

2013 年 5 月 21 日，施工单位、设计单位、勘察单位、监理单位、建设单位五方主体联合对建银建筑公司施工完成的洞庭明珠 1#—5#楼主体工程及增加工程进行了工程质量竣工验收，综合验收结论为合格，并从 2013 年 5 月 21 日起计算保修期，其中有防水要求的卫生间、房间和外墙面防渗漏保修期限为5年，供热与供冷保修期为2年，装修工程及电气管线、给排水管道、设备安装保修期为2年。此外，建银公司与昌华公司签订的两份《洞庭明珠施工承发包协议》所约定的工程也在2013年12月完工并交付昌华公司实际使用。建银公司在全部工程完工并交付昌华公司后，于2013年12月19日制作了《常德市洞庭明珠1#—5#栋住宅楼主体增加工程结算书》和《常德市洞庭明珠水泵房、门卫、样板房装饰及室外附属项目工程结算书》。同日，建银公司还制作了《常德市洞庭明珠1#—5#栋工程因甲方原因造成施工方损失费用项目结算书》，计算因昌华公司原因造成建银公司进度延迟导致人工及设备租金的损失1100790.00元、工程进度款项拨付不及时造成施工方财务成本增加1626662.00元，合计2727452.00元。2014年1月6日，建银公司将上述三份结算书送交监理人湖南建科工程项目管理有限公司，湖南建科工程项目管理有限公司在该结算书上加盖公章并签署了收到日期为2014年1月6日。2014年1月5日，建银公司又制作了《常德市洞庭明珠1#—5#楼工程进度延误造成资金财务损失补充结算书》，计算建银公司的利息损失为1549076.57元，但未将该结算书提交给监理人湖南建科工程项目管理有限公司。监理人湖南建科工程项目管理有限公司收到建银公司提交的上述三份结算书后，并未在建银公司与昌华公司签订的《湖南省建设工程施工合同》所约定的期间内对结算文件向建银公司提出任何异议或要求建银公司补充结算资料。昌华公司曾单方委托第三人常德市余翔工程信息咨询有限责任公司对建银公司提交的相关结算文件进行审计，并在建银公司提起本案诉讼后向建银公司发出函件，邀约建银公司共同去常德市余翔工程信息咨询有限责任公司确认审计结果，建银公司对此予以了拒绝，对审计结果也不予认可。因昌华公司一直未向建银公司支付剩余工程款，建银建筑公司遂提起诉讼。

本案诉讼过程中，昌华公司对建银公司制作的多份结算书均不予认可，并提出鉴定申请，要求对建银公司所完成的本案所涉工程结算造价和是否存在因昌华公司原因给建银公司造成了损失等问题进行司法鉴定。建银公司亦明确同意对上述问题进行司法鉴定，并同意以鉴定结论作为确定工程款的依据。一审法院遂组织双方共同选定常德中立信工程造价咨询有限公司为鉴定机构，常德中立信工程造价咨询有限公司于2015年11月30日作出了《关于常德市西洞庭“洞庭明珠”1#—5#商住楼及附属工程结算造价纠纷鉴定的报告》，该鉴定报告作出的鉴定结论为：西洞庭“洞庭明珠”1#—5#商住楼及附属工程结算鉴定确认部分金额为39725704.97元、签证争议部分为3945961.78元，合计43671666.75元。该鉴定报告第九点有关鉴定意见说明第10、11项还列明：由于昌华公司、建银公司存在分歧，结算审计未最终结案，工程结算总金额也就未最终确定，经查昌华公司提供的银行付款依据进行分析未曾有故意拖欠工程款的意向；因工程总结算金额未定，本鉴定暂未考虑银行利息事宜。昌华公司预交了鉴定费用140000元。

另查明，昌华公司先后已向建银公司支付的工程款共计37330000元。

一审法院认为：本案系建银公司与昌华公司因建设工程款结算而产生的纠纷，根据双方的诉辩观点，本案的争议焦点为：一、昌华公司是否欠付建银公司的工程款，数额是多少，是否应按银行同期贷款利率支付欠付工程款的利息；二、昌华公司是否应赔偿建银公司的损失并按银行同期贷款利率支付利息。

关于争议焦点一，本案中，建银公司与昌华公司先后签订了《湖南省建设工程施工合同》及两份《洞庭明珠施工承发包协议》，建银公司已按照上述合同约定完成了全部施工任务，所承建的洞庭明珠1#—5#楼主体工程及增加工程通过了施工单位、设计单位、勘察单位、监理单位、建设单位等五方主体组织进行的工程质量竣工验收，综合验收结论为合格，其余工程也已交付昌华房产公司实际使用。根据《中华人民共和国合同法》第八条第一款“依法成立的合同，对当事人具有法律约束力。当事人应当按照约定履行自己的义务，不得擅自变更或者解除合同。”和第二百七十九条第一款“建设工程竣工后，发包人应当根据施工图纸及说明书、国家颁发的施工验收规范和质量检验标准及时进行验收。验收合格的，发包人应当按照约定支付价款，并接收该建设工程。”之规定，昌华公司应当按照合同约定向建银公司支付相应的工程价款。

因昌华公司对于建银公司提交的《常德市洞庭明珠1#—5#栋住宅楼主体增加工程结算书》和《常德市洞庭明珠水泵房、门卫、样板房装饰及室外附属项目工程结算书》不予认可，而在昌华公司单方委托常德市余翔工程信息咨询有限责任公司对建银公司提交的上述结算文件进行审计并作出审计结果后，建银公司也拒绝确认该审计结果，故双方迟迟无法就本案所涉工程的结算金额达成一致意见，也就无法确定昌华公司欠付建银公司的工程款具体数额。本案诉讼过程中，昌华公司提出鉴定申请，要求对建银公司所完成的本案所涉工程的结算造价和是否存在因昌华公司原因给建银公司造成了损失等问题进行司法鉴定，建银公司亦明确表示同意进行司法鉴定并以鉴定结论作为确定本案所涉工程工程款的依据。根据《中华人民共和国合同法》第七十七条第一款“当事人协商一致，可以变更合同”之规定，昌华公司与建银公司已协商一致对施工合同所约定的结算方式进行了变更，即双方均同意以司法鉴定结论作为结算工程款的依据。根据常德中立信工程造价咨询有限公司作出的鉴定报告，建银公司施工完成的本案所涉工程的工程款结算金额合计为43671666.75元，减去昌华公司已向建银公司支付的工程款37330000元，昌华公司欠付建银公司的工程款数额为6341666.75元。此外，根据昌华公司和建银公司的约定，昌华公司可以暂扣总造价的5%作为质量保修金，保修期满一年时付3%，余额在保修期满后付清。因本案所涉工程的保修期从2013年5月21日起开始计算，目前保修期间已满1年但尚未满5年，故昌华公司仍然有权保留本案所涉工程总造价2%即873433.34元（43671666.75元×2%）的质量保修金暂时不予支付，故昌华公司应向建银公司支付的工程款数额为5468233.41元（6341666.75元－873433.34元）。建银公司要求昌华公司向其支付拖欠工程款6341666.75元的请求部分成立。

对于建银公司要求昌华公司就欠付的工程款按银行同期贷款利率支付自2014年3月2日起至付款之日止的利息的请求，根据查明的案件情况，本案所涉工程于2013年5月21日已经竣工验收合格，建银公司在2014年1月6日向昌华公司委托的监理人湖南建科工程项目管理有限公司提交了相关结算书，按照建银公司与昌华公司的合同约定，监理人应在收到竣工结算文件之日起56日内审核完毕，如有异议，监理人应在审核期内向承包人提出或要求承包人提供补充结算资料，而监理人湖南建科工程项目管理有限公司和昌华公司在收到竣工结算文件之日起56天的期间内并未对建银公司提交的结算书提出异议，故昌华公司本应于56天异议期满后即在2014年3月4日前与建银公司结算完毕并支付剩余工程款。虽然昌华公司之后明确表示对建银公司提交的结算书不予认可，并且在本案诉讼过程中建银公司和昌华公司又一致同意以双方共同选定的鉴定机构作出的司法鉴定报告作为双方结算工程款的依据，但从本案实际情况看，昌华公司长期占用建银公司应取得的工程款给建银公司带来一定资金占用损失，从双方合同约定以及公平原则的角度，昌华公司应当从2014年3月4日起向建银公司支付欠付工程款的利息。根据《最高人民法院关于审理建设工程施工合同纠纷案件适用法律问题的解释》第十八条的相关规定，昌华公司应按照中国人民银行同期同类贷款利率从应付工程款之日（2014年3月4日）起向建银公司支付欠付工程款的利息至付清之日止。由于昌华公司欠付建银公司的工程款5468233.41元中，包括了占本案所涉工程总价款3%的质保金1310150元（43671666.75元×3%），这一部分质保金的支付时间应为2013年5月21日（质保期起算时间）起满一年即2014年5月21日，故2014年3月4日至2014年5月20日期间，昌华房产公司只应就欠付的工程款4158083.41元（5468233.41元－1310150元）支付利息，2014年5月21日起就欠付工程款5468233.41元支付利息。建银公司要求昌华公司按照银行同期贷款利率支付拖欠工程款利息的请求成立，予以支持，但利息的起算之日应为2014年3月4日。昌华公司认为建银公司诉求昌华公司支付拖欠工程款及利息没有任何依据应予驳回的答辩主张不能成立，不予支持。

关于争议焦点二，建银公司主张因昌华公司原因造成建银公司进度延迟导致人工及设备租金的损失1100790.00元、工程进度款项拨付不及时造成建银公司财务成本增加1626662.00元以及利息损失为1549076.57元，根据建银公司与昌华公司签订的《湖南省建设工程施工合同》，双方在合同中约定了“承包人应在知道或应当知道索赔事件发生后28天内，向监理人递交索赔意向通知书，并说明发生索赔事件的事由。承包人未在前述28天内发出索赔意向通知书的，丧失要求追加付款和（或）延长工期的权利。承包人应在发出索赔意向通知书后28天内，向监理人正式递交索赔通知书。索赔通知书应详细说明索赔理由以及要求追加的付款金额和（或）延长的工期，并附必要的记录和证明材料”。按照以上约定，如果因发包人昌华公司的原因影响了工程进度造成建银公司遭受人工、设备租金等相关损失，或因发包人昌华公司未按时拨付进度款造成建银公司的资金财务损失，建银公司均应按照合同约定在规定期限内向昌华公司委托的监理人递交索赔意向通知书，并在随后正式递交索赔通知书说明索赔理由、付款金额等事项，否则建银公司即丧失要求赔偿损失的权利。本案中，建银公司在提交竣工结算文件时才一并制作了《常德市洞庭明珠1#—5#栋工程因甲方原因造成施工方损失费用项目结算书》和《常德市洞庭明珠1#—5#楼工程进度延误造成资金财务损失补充结算书》，并据此要求昌华公司向建银公司赔偿人工及设备租金的损失、工程进度款项拨付不及时造成施工方财务成本增加损失及利息损失等共计4276528.57元。根据前述合同约定，建银公司在提交竣工结算文件才主张昌华公司赔偿其相关损失，已超过了合同约定的索赔应在索赔事件发生后28天内提出的索赔期限，建银公司已因自己怠于主张权利的行为而丧失了要求昌华公司进行赔偿的权利。此外，建银公司也未提交充分证据证明因昌华公司原因而造成建银公司工程进度受阻、工期延长及昌华公司未按时支付进度款等事实的存在，并且根据鉴定机构作出的《关于常德市西洞庭“洞庭明珠”1#—5#商住楼及附属工程结算造价纠纷鉴定的报告》，该鉴定报告也明确指出经查昌华公司提供的银行付款依据进行分析未曾有故意拖欠工程款的意向，也未确认存在因昌华公司原因给建银公司造成损失的情形。因此，建银公司要求昌华公司赔偿其损失4276528.57元并按银行同期贷款利率支付利息的请求没有事实和法律依据，不予支持。昌华公司认为建银公司诉求昌华公司赔偿损失并支付利息没有任何依据的答辩主张成立。

一审法院依照《中华人民共和国合同法》第八条第一款、第七十七条第一款、第二百七十九条第一款，《最高人民法院关于审理建设工程施工合同纠纷案件适用法律问题的解释》第十八条，《中华人民共和国民事诉讼法》第六十四条之规定，判决：一、昌华公司于本判决生效之日起十五日内向建银公司支付工程款5468233.41元，并从2014年3月4日起至付清之日止按照中国人民银行发布的同期同类贷款利率向建银公司支付欠付工程款的利息（2014年3月4日至2014年5月20日期间按欠付工程款4158083.41元计算利息，2014年5月21日起至付清之日止按欠付工程款5468233.41元计算利息）；二、驳回建银公司的其他诉讼请求。如果未按本判决指定的期间履行给付金钱义务，应当按照《中华人民共和国民事诉讼法》第二百五十三条之规定，加倍支付迟延履行期间的债务利息。案件受理费88716元，鉴定费140000元，合计228716元，由建银公司和昌华公司各负担114358元。

本案审理过程中，双方当事人围绕本案争议焦点问题提交了新的证据，本院组织双方当事人进行了证据交换和质证。

上诉人建银公司提交的证据有：证据一，《关于西洞庭“洞庭明珠”1#—5#商住楼现场勘验情况给予说明或解释的报告》，证明上诉人要求鉴定机构中立信公司对现场勘验情况及鉴定结论中相关部分的确认依据进行说明的事实。证据二，《关于常德市西洞庭“洞庭明珠”1#—5#

商住楼及附属工程结算造价纠纷鉴定的报告中争议部分的说明》，证明：（1）鉴定机构再一次确认签证争议部分造价3945961.78元的工程，属不确定造价，需要施工方提供有力证据资料加以证明，且明确指出防渗漏补救措施属保修范围、乳胶漆属更改设计标准等；（2）一审判决在被上诉人（被上诉人）未提供任何佐证资料的情形下对争议部分进行认定错误。证据三，《承诺书》，证明上诉人与监理公司的监理关系在2013年6月30日便已经终止，监理单位此后的任务仅为配合办理资料及备案手续等善后工作，无权进行签证等监理工作。证据四，《证明》及《司法鉴定意见书》，证明：（1）陈敬清证实其从未在洞庭明珠1—5#楼工程手签任何签证单，其与洞庭明珠项目无任何关联，并提供了签字样本；(2)《工程现场增加量签证单》上陈敬清的签名与陈敬清亲手书写的陈敬清签名字迹不一致，不是陈敬清书写。证据五，《监理工作联系单》、《工作联系单》、《工程款支付申请表》若干份，证明监理单位对外使用的公章一直是刻有“常德项目部”字样的圆形公章。证据六，监理机构组织成员（昌华项目部），证明张彪不在监理公司派驻到上诉人“洞庭明珠”项目成员名单内。证据七，2012年12月27日《工程现场增加工程量签证单》，证明：（1）签证单的内容为“两间样板房”、“两个门卫的建筑、结构和装饰装修”、“物业楼的建筑、结构和装修装饰”设计；（2）签证单只在施工单位及监理单位栏加盖了公章并签名，而建设单位栏既无签章也无签名，根据施工合同专用条款3.7关于现场管理的约定，没有上诉人签字盖章的签证，对上诉人不有约束力；（3）监理单位栏加盖的椭圆形公章不是监理单位惯用公章，陈敬清签名系伪造，张彪不具有签字权限。需要说明的是上诉人已补充提交证据证明签证单所述工程量不是由被上诉人完成。证据八，2013年1月12日《工程现场增加工程量签证单》，证明：（1）签证单的内容为“搭设舞台”；（2）签证单只在施工单位及监理单位栏加盖了公章并签名，而建设单位栏既无签章也无签名，根据施工合同专用条款3.7关于现场管理的约定，没有上诉人签字盖章的签证，对上诉人不有约束力；(3) 监理单位栏加盖的椭圆形公章不是监理单位惯用公章，陈敬清签名系伪造。需要说明的是该项工程量在鉴定报告《室外附属及其他部分造价汇总表》中已计价，且与一审已认定的2014年1月17日签证单内容重复。证据九，2013年3月2日《工程现场增加工程量签证单》，证明：(1) 签证单的内容为“消防水池施工的过程中连降暴雨导致开挖的基坑多次滑坡……就护坡产生费用申请签证”；(2) 签证单只在施工单位及监理单位栏加盖了公章并签名，而建设单位栏既无签章也无签名，根据施工合同专用条款3.7关于现场管理的约定，没有上诉人签字盖章的签证，对上诉人不有约束力；(3) 监理单位栏加盖的椭圆形公章不是监理单位惯用公章，陈敬清签名系伪造，张彪不具有签字权限。需要说明的是根据余翔公司2016年5月19日出具的《证明》，上诉人与被上诉人在余翔公司已就护坡费用达成10万元的签证，且该签证内容与鉴定报告表08-1洞庭明珠消防水池泵房签证内容一致，鉴定报告就护坡费用已计价，为101142.38元。证据十，2013年11月23日《工程现场增加工程量签证单》，证明：(1) 签证单的内容为“因天降暴雨将已竣工验收的洞庭明珠1—5#楼工程的楼梯间内墙全部损坏……整改方案如下：所有楼梯间原来的仿瓷涂料全部铲除，重新施作仿瓷2遍，乳胶漆3遍”；(2) 签证单只在施工单位及监理单位栏加盖了公章并签名，而建设单位栏既无签章也无签名，根据施工合同专用条款3.7关于现场管理的约定，没有上诉人签字盖章的签证，对上诉人不有约束力；(3) 监理单位栏加盖的椭圆形公章不是监理单位惯用公章，陈敬清签名系伪造，张彪不具有签字权限；(4) 签证单是2013年11月23日监理关系终止后形成的。需要说明的是根据上诉人一审提交的证据12《质量保修书》，外墙渗漏属保修范围，保修期为5年，自工程竣工验收合格之日（2013年5月21日）起计算，该签证单争议的外墙防渗漏工程量在质保期内。证据十一，2013年12月7日《工程现场增加工程量签证单》，证明：(1) 签证单的内容为由于窗户安装质量问题导致渗水漏水……整改方案：“用防水胶对窗户四周进行勾缝”、“1—5#楼外墙用渗透性表面防水溶液涂刷3遍”；（2）签证单只在施工单位及监理单位栏加盖了公章并签名，而签证单的致送主体建设单位在签证单上却既无签章也无签名，根据施工合同专用条款3.7关于现场管理的约定，没有上诉人签字盖章的签证，对上诉人不有约束力；（3）监理单位栏加盖的椭圆形公章不是监理单位惯用公章，陈敬清签名系伪造，张彪不具有签字权限；（4）签证单是2013年12月7日监理关系终止后形成的。证据十二，《证明》，证明：（1）上诉人“洞庭明珠”1—12#楼的公共楼梯间的内墙面、天棚、楼梯底面、面层的施工做法为内墙涂料，入户门厅内墙面为墙砖，未发现有涂刷乳胶漆的内墙面；（2）2013年11月23日《工程现场增加工程量签证单》所说的乳胶漆工程量与事实不符。证据十三，《证明》，证明：（1）上诉人西洞庭“洞庭明珠”1—5#楼公共楼梯间内墙涂料裂缝严重，整改措施仍为涂刷内墙涂料；（2）2013年11月23日《工程现场增加工程量签证单》所说的楼梯间乳胶漆工程量与事实不符。证据十四，《承包合同》及发票，证明上诉人西洞庭“洞庭明珠”项目的窗户工程全部是由常德市润和装饰工程有限公司施工完成，被上诉人2013年3月16日签证单所言窗户工程量与事实不符。证据十五，1—5#楼《竣工图》，证明：（1）1#楼窗户数量为444个，2#楼窗户数量为457个，3#楼窗户数量为432个，4#、5#楼窗户数量均为252个，合计1837个窗户；（2）被上诉人2013年3月16日签证单所言窗户工程量为2305个与事实不符，明显系被上诉人伪造。证据十六，上诉人2013年7月份至2014年1月份工资表，证明：（1）监理关系在2013年6月份正式终止；（2）监理关系终止后，监理公司原代表龚义强开始以上诉人公司员工名义在项目工作，并由上诉人向其发放工资。证据十七，《证明》及加盖余翔公章的五张签证单，证明：（1）被上诉人与上诉人提交余翔公司审计的资料中不含有以下无编号签证单：1—5#楼工程所有楼梯间元仿瓷涂料铲除，重新施作仿瓷2遍，乳胶漆3遍；用防水胶对窗户四周进行勾缝，所有外墙用渗透性表面防水溶液涂刷3遍；样板房、两个门卫的建筑、结构和装修装饰，物业楼的建筑、结构和装饰装修设计费；钢管扣件等材料的费用28000元，搭拆人工费用21000元；(2)所附签证系被上诉人伪造。证据十八，《证明》，证明：(1) 上诉人与被上诉人共同委托余翔公司对工程结算款进行审计及双方共同参与审计的事实；(2) 被上诉人拒绝确认最终审计结果违反约定；(3) 上诉人与被上诉人至今未能结算完毕的原因在被上诉人，被上诉人无权要求工程款利息。证据十九，《公证书》，证明被上诉人根本未对天棚进行抹灰，无权要求获得因天棚抹灰而产生的工程价款，对此应当扣减工程款719713.84元（39588.22m^2×18.18元/m^2)。证据二十，收据及常德市西洞庭管理区商品房预售合同，证明上诉人以洞庭明珠住房一套向上诉人抵付工程款40万元的事实。证据二十一（补充证据七)，湖南城市学院规划建筑设计研究院2016年5月16日《证明》、《建设工程设计合同》、付款发票及设计图，证明上诉人“洞庭明珠”消防水池、物业用房、传达室（门卫室）均由湖南城市学院规划建筑设计研究院设计，2012年12月27日《工程现场增加工程量签证单》系被上诉人伪造的工程量签证单。证据二十二，常德市余翔工程信息咨询有限公司2016年5月19日《证明》，证明上诉人与被上诉人在余翔公司已就护坡费用达成10万元的签证，该签证内容与中立信鉴定报告“洞庭明珠”消防水池泵房签证内容一致，2013年3月2日《工程现场增加工程量签证单》所载护坡费用系多余的伪造签证单。证据二十三，龚义祥的出庭证言，拟证明涉案的争议签证是虚假的。证据二十四，陈敬清的证言，拟证明涉案争议的签证系伪造。

建银公司质证如下：针对证据一、二，真实性无法确认，合法性、关联性有异议，不能因此否认签证争议部分应予支付。这两份证据是一审判决后，昌华公司向鉴定机构发的函，鉴定机构做了回复，这份回复与原鉴定结论的差别在于，签证争议部分需要施工方提供其他材料予以佐证，我们认为鉴定机构的这一表述实际是对诉讼双方的举证责任予以分配，显然超出了他们的权力范围，且程序上不符要求。针对证据三，真实性无法确认，合法性、关联性均有异议，这与我司没有关系，这份证据内容本身是不真实的，因里面陈述双方委托监理关系结束在监理公司提交结算资料之前。针对证据四，真实性不能肯定，不具备合法性，关联性有异议。鉴定结论从形式上讲，是昌华公司法人代表赵桂林个人委托，且发生在一审判决后，二审期间，并没有申请人民法院去委托，故不能证明本案的事实，也不能证明陈敬清的签字是否真实。我们监理单均有签证单位的公章，故不管有无陈敬清的签字，不影响签证单的效力。针对证据五、六，真实性无法确定，这是昌华公司与他们委托的监理公司内部的东西，监理单位的公章，从我们所获得的签证单来看，监理单位不止一枚公章，具体是怎么回事，与我司没有关系，如果对方认为哪一枚是虚假的，应进行鉴定，我们所获得签证单都来自监理单位，没有一份是我们伪造的。针对证据七至十一，这几份签证单是我们一审时提交的，包含在我们起诉时的证据四，对方一审没有对其一一发表意见，几份签证单上体现的工程量是不能否认的，不管陈敬清的签字是否是他本人所签，因为上面加盖了监理单位的公章，它就是有效的。针对证据十二至十四，真实性、合法性均有异议，关联性有异议，根本不能达到其证明目的，这两份证明所要说的是指向工程的现状，但双方的工程在2013年5月21日就已经竣工验收，竣工验收后，相关工程已移交。至于证据十四的合同，是昌华公司与其他公司签订的，该份合同也不能证明我们的工程没有完工，应以竣工验收记录为准。针对证据十五，我们签证单上体现的窗户数量是正确的，如果昌华公司认为竣工图上所体现的窗户数量与签证单上不一致，且对方认为有必要，对方可以拿竣工图原件与我们签证单进行对照，只要确实不一致，且能说明原因，我们就认。针对证据十六，真实性、合法性我们不认可，是对方与监理公司内部的事情，且达不到其证明目的，合同中体现的只有陈敬清，但不否认，有些签证单有龚义祥的签字，对方是否给龚义祥发工资与我司没有关系，我们提交结算文件时，有监理单位的盖章。2013年5月21日双方进行工程验收，但我们提交结算资料是在2014年1月26日，而对方称监理关系于2013年6月份正式终止，这不符合建设开发的常规，不可能提前结束监理关系。针对证据十七、十八，真实性、合法性有异议。针对证据十九，真实性有异议，系复印件，关联性有异议，根本不能证明未完工程部分，公证书产生于2016年5月2日，它所证明的只是工程对象5月2日的现状，不能证明在建设施工过程中的状况，且发生在双方工程早已完成的几年之后，与本案工程没有关联性。针对证据二十，该合同上没有签约备案号，这根本就是未履行的合同。如果商品房买卖合同真的落实，对方除了提交该合同外，还应提交交房的证据。针对证据二十一、二十二，真实性、合法性我们无法认可，不足以达到其证明目的，如果签证单是伪造的，对方必须证明监理单位加盖的公章是虚假的，且现在也没有任何证据证明这点。证据二十三；龚义祥是昌华公司员工，与昌华公司存在利害关系，其证言不能采信。龚义祥也不是涉案项目的监理负责人。证据二十四，不能达到其证明目的。

上诉人建银公司提交了如下证据：证据1，徐四华出庭作证的证言；证据2，建科公司向常德西洞庭时代广场新建工程项目下发的委派通知两份；证据3，湖南建科工程项目管理有限公司变更函；证据4，建科公司监理的梦圆居小区工程项目施工现场质量管理检查记录两份；证据5，涉案工程的施工组织设计审批记录；证据6，涉案工程的工程竣工报验单、单位工程开工报告及分包单位资格报审表。以上证据共同证明本案争议签证是真实的，签证上所盖建科公司椭圆形公章系建科公司的真实公章。

昌华公司质证称：对建银公司提交的证据1，徐四华的陈述虚假，其对张彪盖章是不知情的，只有总监才可以进行现场签证，否则无效。涉案签证也是在监理合同到期后签署。建银公司提交的证据2至6，与本案无关，建科公司在这些文件上的部分盖章只有半边，真实性无法确定，本案争议签证上的公章也与这些公章不完全吻合。

本院对昌华公司二审提交的证据认证如下：证据一、二，系昌华公司对鉴定机构的陈述，系昌华公司于一审判决后向鉴定机构提交，其实质是昌华公司对一审判决结果提出的异议，不属于民诉法规定的证据范围。证据三，真实性、合法性、关联性予以认定，是否能够达到其证明目的，将在本判决分析说理部分阐述。证据四，真实性、合法性和关联性予以认定，能否达到其证明目的将在本判决书分析说理部分阐述。证据五，真实性、合法性予以认定，但关联性不予认定。证据六，真实性、合法性、关联性予以认定，本院予以采信。证据七、八、九、十、十一系一审已经提交的证据，不属于新证据。证据十二、十三，系第三人出具的证明，属于证人证言，因证人未出庭作证，不能作为定案依据。证据十四、十五，真实性、合法性予以认定，但不能达到证明涉案签证系伪造的目的。证据十六，真实性、合法性予以认定，关联性不予认定。证据十七，真实性、合法性予以认定，关联性不予认定。证据十八，真实性、合法性予以认定，关联性不予认定。证据十九，真实性、合法性、关联性予以认定，但不能达到其证明目的。证据二十，真实性、合法性予以认定，关联性不予认定。证据二十一，真实性、合法性予以认定，关联性不予认定。证据二十二，真实性、合法性予以认定，关联性不予认定。证据二十三，真实性不予认定。证据二十四，真实性予以认定，该证据体现涉案争议签证上“陈敬清”的签名并非陈敬清所签，但能否达到其证明目的，本院将在下文阐述。

本院对建银公司二审提交的证据认证如下：证据1至6的真实性、合法性和关联性均予以认定，能否达到其证明目的，本院将在下文阐述。

本院审理查明如下事实：本院在审理过程中，向湖南建科工程项目管理有限公司调查涉案争议签证上公章的真实性问题，该公司副总经理和办公室主任称公司在2014年之前并不知道徐四华的湖南建科工程项目管理有限公司常德分公司与昌华公司签订了项目监理合同，也没有向该项目部核发公章，且不知道该项目部进行了工商登记。该公司是2014年才知道常德分公司进行了工商登记，并在2014年委派了其他人去常德分公司，目前该分公司运行得很好。

本院于2016年8月19日经双方当事人同意，在常德中院相关办案人员和中立信公司的参与下，到涉案工程现场进行勘察，并要求中立信公司根据现场勘察的情况对涉案争议签证中的内容是否真实进行答复，该公司2016年9月20日回复称：1. 有争议部分造价为3945961.78元，主要原因为甲方对现场监理人员（陈敬清）的签字有异议；2. 天棚抹灰属整体工程包干部分，涉案项目1至5栋商住楼及增加工程已由五方主体组织工程质量竣工验收合格，可按比例扣留质量保修金；3. 2013年11月23日签证单：因暴雨将已验收1至5栋商住楼的楼梯间内墙损坏，整改方案为：将原仿瓷涂料铲除、重做仿瓷2遍、乳胶漆3遍、按相关定额取费结算；2015年9月10日常德市中级人民法院鉴定室有关人员及中立信公司鉴定工程师、甲、乙双方进行现场踏勘，并对其他签证单进行了现场踏勘确认，大部分存在乳胶漆，也就是乳胶漆上刷仿瓷涂料。从专业角度来看，仿瓷涂料不应该是刷在乳胶漆之前，应是底漆；4. 现场勘察窗户四周有防水胶勾缝，从专业角度看，如果甲方没有单独分包的话，就不应该增加此项。但门窗工程已由甲方分包，就应有交叉作业及后续工作产生的费用由甲方支付；5. 乙方已提供争议部分相关佐证资料一并寄来。本院对鉴定机构称“乙方已提供争议部分相关佐证资料”进行核对，这些资料就是建银公司二审提交的证据2至6。

本院认为，本案的争议焦点是：一、建银公司要求判令昌华公司赔偿损失的诉请是否成立；二、一审鉴定机构对双方争议签证部分工程项目计算出的费用是否应当计入工程款；三、一审法院认定的应付工程款中是否应扣除天棚抹灰相关工程款及采光墙工程款；四、昌华公司的欠付工程款是多少，其是否应当向建银公司支付拖欠工程款的利息，该利息应如何计算。

关于第一个焦点问题。建银公司主张因昌华公司原因造成建银公司进度迟延导致人工及设备租金损失、工程进度款拨付不及时造成建银公司财务成本增加的损失和利息损失，本院认为，建银公司所主张的大部分损失并未按照合同约定在损失发生28天内提交索赔意向书，而仅仅是在工程完工后提交竣工结算文件时才提交了相关索赔的文件，故其索赔不符合合同的约定，同时，建银公司虽然提交了相关的损失统计表（包括建银公司提供的施工过程中的相关损失报告），但并未提供充分的损失计算依据以及损失实际发生的证据，鉴定机构经委托对此问题鉴定后在鉴定结论中也未予认定，因此，一审法院以索赔不符合合同约定和证据不足为由驳回建银公司关于损失赔偿的诉请并无不当，本院予以维持。

关于第二个焦点问题。一审鉴定机构在鉴定意见中对双方争议的签证计算的总价为3945961.78元，昌华公司上诉认为这些签证在形式上虚假，在内容上也不真实，昌华公司不应支付此部分工程款。本院认为，对于此部分工程款应予认定：第一，昌华公司与建科公司签订了监理合同，合同上加盖建科公司公章，徐四华以建科公司名义签字，从本院到建科公司总部调查了解的情况，建科公司相关人员虽然表示不清楚涉案监理合同的情况且未核发公章，但并未否定其在常德存在分公司的事实，还称常德分公司已经在工商局注册，建科公司在2014年更换了常德分公司的负责人，且昌华公司认可建科公司签署的其他签证，表明昌华公司对建科公司的监理事实是认可的；第二，这些签证上均加盖了建科公司项目部椭圆形公章，根据建银公司二审补充提交的证据，涉案争议签证单上所盖椭圆形刻有“湖南建科工程项目管理有限公司项目部”公章在昌华公司建设的其他项目以及涉案项目的其他施工资料上使用过，进一步表明该公章并非虚假。第三，虽然监理单位委托的项目总监工程师是陈敬清，而陈敬清对涉案项目不知情，也未在相关签证上签字，但昌华公司认可的本案其他签证也不是陈敬清签名，表明涉案工程签证的效力与这些签证是否由陈敬清签名没有必然联系，且监理负责人徐四华证实了签证公章的真实性（徐四华系监理合同上的签字人和合同约定的监理公司常驻现场负责人）。因此，本案在没有证据推翻涉案签证上公章真实性的情况下，不能仅以签证上并非陈敬清的签名就否定签证的真实性。第四，从签证内容上看，本案证据不能推翻签证内容的真实性。对于双方主要争议的项目中的楼梯间墙面乳胶漆问题，中立信公司在二审期间的回复表明一审期间现场勘察时大部分存在乳胶漆，也就是乳胶漆上刷仿瓷涂料，虽然本院二审现场勘察的情况有所变化，但因两次勘察间隔时间较长，昌华公司不能证明现场发生变化是因何原因导致，本案事实的认定应以一审勘察结果为准，故昌华公司关于争议签证部分乳胶漆项目不应计价的主张不能成立。关于窗户四周用防水胶勾缝的问题，鉴定机构中立信二审期间的回复称如果门窗工程另行分包，就应有交叉作业及后续工作产生的费用由发包方支付，由于本案门窗工程系由昌华公司单独分包给其他施工人施工，故按照中立信公司的回复，涉案门窗工程施工中应存在交叉作业和后续工作费用，由于本案无证据推翻相关签证形式上的真实性，该部分项目费用应当计价给建银公司。关于外墙用放水溶液涂刷的问题，双方对涉案工程外墙存在防水溶液涂刷的事实未提出明确异议，昌华公司主要是认为这项工程属于主体工程，也系合同内工程，同时还属于质量维修的范围，不应另行计算工程量。本院认为，双方签订的施工合同中并未特别约定涉案工程的外墙须用防水溶液涂刷，对于主体工程是否包含防水溶液涂刷外墙昌华公司也未提供充分证据证明，且本案无证据证明涉案工程外墙存在因施工方原因导致漏水的情形，不能认定外墙做防水涂料系弥补施工质量瑕疵，故该费用应由昌华公司负担，昌华公司关于该项工程不应在合同外另行计算工程量的主张不能成立。综上，本案签证争议部分的工程价款3945961.78元应计为昌华公司应付工程款。

关于第三个焦点问题，昌华公司认为建银公司未对涉案工程进行天棚抹灰处理，故应当从合同包干价中扣除这部分工程款。从现场勘察的情况看，涉案工程确实存在部分房屋未进行天棚抹灰处理的情况，根据鉴定机构在本案二审期间的说明，涉案工程已经验收合格，可按比例扣留质保金，本院认为，本案是总价包干合同，天棚抹灰施工是包干价内的项目，对于涉案工程是否需要全部进行天棚抹灰处理是根据施工具体情况来判断的，从涉案工程已竣工验收合格的情况看，部分房屋未进行天棚抹灰处理并不影响涉案工程的质量，且涉案工程大部分房屋已经装修入住（投入使用），到底有多少房屋未进行天棚抹灰无法核实，因此，昌华公司关于扣除天棚抹灰相关工程款的主张不能成立。关于采光墙的问题，昌华公司未提供充分证据证明应当减少工程价款，该部分工程款不应予以扣减。

关于第四个焦点问题。一审法院对昌华公司已付工程款数额的认定并无不当，昌华公司称一审对已付工程款少认定40万元的主要理由是昌华公司曾以房屋抵偿了40万元工程款，但其仅提供了一份商品房预售合同和相关收据，不能证明该买卖关系所涉相关款项与本案工程款有关。根据上述认定，一审法院对昌华公司欠付工程款的认定并无不当，应予维持。至于欠付工程款的计息时间，由于本案双方签订的施工合同对于工程款的付款时间没有明确约定，根据《最高人民法院关于审理建设工程施工合同纠纷案件适用法律问题的解释》第十八条的规定，当事人对付款时间约定不明的，建设工程已经实际交付的，付款时间为交付之日，利息从应付款之日计付。涉案工程于2013年5月21日竣工验收合格，建银公司2014年1月6日提交结算书前涉案工程已经交付使用，故本案应付工程款的时间应早于2014年1月6日，一审法院认定应付款时间为2014年3月4日虽有不当，但鉴于建银公司未对此提出上诉，本院维持一审法院的认定。昌华公司关于不应支付欠付工程款利息的主张不能成立。

另，昌华公司二审期间提出对签证争议部分和天棚抹灰项目进行重新鉴定，鉴于二审中鉴定机构中立信公司已经作出答复，且昌华公司一审中未提出对上述项目进行鉴定，故对其重新鉴定申请予以驳回。

综上，建银公司和昌华公司的上诉请求均不能成立，应予驳回。一审法院认定事实清楚，适用法律正确，应予维持。依照《中华人民共和国民事诉讼法》第一百七十条第一款第一项规定，判决如下：

驳回上诉，维持原判。

二审案件受理费129729元，由上诉人湖南建银建筑工程有限公司负担41013元，由上诉人常德市西洞庭昌华房地产开发有限公司负担88716元。

本判决为终审判决。

审　判　长　　唐雨松
代理审判员　　刘　杨
代理审判员　　向　英
二〇一六年十一月十八日
书　记　员　　吕　晶

【实务建议】

建设工程施工合同中，一般会就第二种方式顺延工期的事宜予以约定，明确要求承包人有关工期顺延的申请必须在约定期限内以约定形式向发包人或监理人提出，并且只有在发包人予以认可的情况下，工期方能获得顺延。《建设工程施工合同（示范文本)》（GF－2017－0201）在其通用条款第19条中还设置了一套工期索赔程序，根据该程序，如果承包人认为发生了相关事实导致其有权延长工期，则其必须在知道或应当知道该等事实发生后28天内，向监理人递交索赔意向通知书，若承包人未在28天内发出索赔意向通知书的，则其丧失要求延长工期的权利；此后，承包人应在发出索赔意向通知书后28天内，向监理人正式递交索赔报告，详细说明索赔理由以及要求延长的工期及追加的费用（如有），并将必要的记录和证明材料附后；如果索赔事件具有持续影响力，则承包人还需按合理时间间隔继续递交延续索赔通知，说明持续影响的实际情况和记录，列出累计的工期延长天数及追加的费用（如有）；在索赔事件影响结束后28天内，承包人应向监理人递交最终索赔报告。与之对应，对于承包人的索赔，示范文本亦约定了监理人和发包人的处理程序，监理人应在收到索赔报告后 14 天内完成审查并报送发包人；监理人对索赔报告存在异议的，有权要求承包人提交全部原始记录副本；发包人应在监理人收到索赔报告或有关索赔的进一步证明材料后的 28 天内，由监理人向承包人出具经发包人签认的索赔处理结果；发包人逾期答复的，则视为认可承包人的索赔要求；承包人接受索赔处理结果的，索赔款项在当期进度款中进行支付；承包人不接受索赔处理结果的，则双方进入争议解决程序。

前文提及，基于《合同法》第 283 条、第 284 条的规定，若因发包人原因导致工期延误，承包人有权主张工期顺延并获得停窝工损失的赔偿。但当事人之间的建设工程施工合同往往又会约定承包人提出工期顺延申请的程序，并将是否同意申请、工期是否能够顺延的决定权赋予发包人，客观上不公平地限制了承包人的上述法定权利。当然，由于建设工程施工合同的履行期限往往较长，履行行为又相当复杂，相关程序性条款的设置初衷，也不能单单被理解成对发包人特权的维护，该等条款主要还是为了敦促当事人及时行使权利、积极保留证据、固定相关事实。

然而实务中，往往存在着承包人出于种种原因未依约及时提出工期顺延申请（索赔），或是即便提出了也无法得到发包人的确认的情况。承包人未依约提出工期顺延申请（索赔），有些是自身法律理念和契约意识欠缺所致，有些是因为自身管理和法律风险控制能力较弱，还有一些则是基于面对甲方时内心产生的弱势消极心态。实践中，不少承包人还存在着合作期间暂搁争议的观念，对于纠纷采取拖延处理或回避政策，即便提出了申请或索赔，也不会在申请或索赔得不到发包人认可的情况下在施工期间处理相关争议，这就导致施工期间的暗流全都集中于竣工结算期间爆发。《建设工程司法解释（二）》第 6 条正是在这样的现实背景下制定的。

《建设工程司法解释（二）》第 6 条第 2 款规定，当事人约定承包人未在约定期限内提出工期顺延申请视为工期不顺延的，按照约定处理，但发包人在约定期限后同意工期顺延或者承包人提出合理抗辩的除外。该款规定主要是出于以下几点考虑：

第一，诚如前文所述，建设工程施工合同中有关顺延工期申请程序的约定，主要是基于该类合同履行较长、履行行为复杂的实际情况，敦促当事人及时行使权利、形成证据并固定有关事实。相关约定的存在具有合理性，不能被片面地理解成维护发包人利益的不公平条款。

第二，合法有效的约定本应被严格遵守。倘若合同已经约定“承包人未在约定期限内提出工期顺延申请视为工期不顺延”，该等约定并未违反法律、行政法规的强制性规定，属于合法有效的条款，理应被认可。

第三，法律不保护权利上的睡眠者。这条法谚几乎是一切有关权利期限规定的基础理念。契约是当事人之间的法律，其有关权利行使期限的合法有效的约定亦与该等基础理念相符，亦应被认可。

综上所述，实务中，对于工期顺延事项，建议承包人依约积极主张权利，及时申请工期顺延或提出工期索赔，避免成为权利上的沉睡者。

第七条　发包人提起工程质量反诉的处理

【条文内容】

发包人在承包人提起的建设工程施工合同纠纷案件中，以建设工程质量不符合合同约定或者法律规定为由，就承包人支付违约金或者赔偿修理、返工、改建的合理费用等损失提出反诉的，人民法院可以合并审理。

【最高院意见】

最高院的《理解与适用》在本条“条文主旨”中明确，本条是关于在承包人提起的工程欠款纠纷中，发包人以工程质量不符合约定或者法律规定为由，提出反诉的诉讼程序问题的规定。

《理解与适用》在本条“要点提示”中着重谈到对于抗辩与反诉的判断标准应从两个方面入手：一是是否超过原告诉讼请求范围；二是是否具有独立给付请求的内容。

《理解与适用》同时在本条“条文理解”中分别从应当注意的“承包人已先行提起本诉”“判断是抗辩还是反诉的参考标准”“发包人的主张属于抗辩的情形”“发包人的主张属于反诉或者另行起诉的情形”“反诉与另行起诉的关系”等五个方面的问题进行了详述。

《理解与适用》在“审判实务”部分提出，实践中需要注意“施工合同约定违约金可以直接从工程款中抵扣，被告主张减少工程款并抵扣的，应否提起反诉”“一审认为是反诉，二审认为是抗辩，或者一审认为是抗辩，二审认为是反诉的，应如何处理”“反诉不予受理，能否仅在‘本院认为’的说理部分中驳回”等三个方面的问题。

【条文点读】

一、反诉的构成要件

本条属程序性条款，按本条之规定，若在承包人提起的建设工程施工合同纠纷案件中，发包人就承包人承建工程的质量问题提起反诉，人民法院可以合并审理。

《民事诉讼法》第51条规定，被告可以承认或者反驳诉讼请求，有权提起反诉。该法第140条规定，原告增加诉讼请求，被告提出反诉，第三人提出与本案有关的诉讼请求，可以合并审理。关于反诉，《民事诉讼法》并未做深入、具体的规定，《民事诉讼法司法解释》第232条、第233条又就反诉问题进行了补充。《民事诉讼法司法解释》第232条规定，在案件受理后，法庭辩论结束前，原告增加诉讼请求，被告提出反诉，第三人提出与本案有关的诉讼请求，可以合并审理的，人民法院应当合并审理。该司法解释第233条又规定，反诉的当事人应当限于本诉的当事人的范围。反诉与本诉的诉讼请求基于相同法律关系、诉讼请求之间具有因果关系，或者反诉与本诉的诉讼请求基于相同事实的，人民法院应当合并审理。反诉应由其他人民法院专属管辖，或者与本诉的诉讼标的及诉讼请求所依据的事实、理由无关联的，裁定不予受理，告知另行起诉。

基于上述规定，关于反诉的构成要件，有学者归纳了以下几点：第一，关于反诉的主体。反诉只能由本诉的被告向本诉的原告提起。第二，关于反诉的实体要求。反诉与本诉的牵连关系包括反诉的诉讼请求与本诉的诉讼请求基于同一法律事实或者属于同一法律关系。第三，关于反诉的程序要求。反诉要符合起诉条件；反诉只能向受理本诉的同一人民法院提起，且不能违反法律对专属管辖的规定；反诉与本诉应当适用同种诉讼程序。[①]

在建设工程施工合同纠纷中，较为常见的是承包人就工程款结算、支付问题起诉发包人，而发包人通常会以承包人的施工质量、工期问题提出抗辩或反诉。若发包人提起关于工程质量或工期延误方面的反诉，相关案件符合上述反诉的构成要件要求。本条规定也正是基于该等考虑而制定的。

二、承包人出现工程质量问题的民事法律后果

建设工程质量问题不仅仅是承发包双方的事情，更涉及建筑物的购买人和使用人，关涉第三方和人民群众的人身安全和财产安全。保障建设工程的质量，维护人身和财产安全可以说是建设工程施工领域相关法律规范必须追求的首要价值。根据规定，如果施工质量出现问题，承包人在民事法律责任方面将面临如下后果。

（一）发包人有权要求承包人承担修理、返工、改建责任

《合同法》第262条规定，承揽人交付的工作成果不符合质量要求的，定作人可以要求承揽人承担修理、重作、减少报酬、赔偿损失等违约责任。施工合同系一种特殊的承揽合同，《合同法》第281条就承包人的质量违约亦做了特别的规定，因施工人的原因致使建设工程质量不符合约定的，发包人有权要求施工人在合理期限内无偿修理或者返工、改建。经过修理或者返工、改建后，造成逾期交付的，施工人应当承担违约责任。

因此，对于承包人的施工质量不符合合同约定或法律规定的情况，发包人有权要求承包人修理、返工、改建，并就因修理、返工、改建而造成的工程延误承担相应的责任。

（二）在承包人拒绝修复时，发包人有权解除合同

根据《建设工程司法解释（一）》第8条，承包人已完成的建设工

① 江必新、吴兆祥、司艳丽：《新民事诉讼法司法解释修改要点及争议问题解读（新民事诉讼法司法解释理解与适用丛书）》，中国法制出版社Kindle版本，Kindle位置782—785。

程质量不合格并拒绝修复的，发包人有权解除施工合同。

（三）在承包人拒绝承担修理、返工、改建义务时，发包人有权相应减少工程价款

《建设工程司法解释（一）》第11条规定，因承包人的过错造成建设工程质量不符合约定，承包人拒绝修理、返工或者改建，发包人请求减少支付工程价款的，应予支持。根据民事赔偿补偿性理念，一般而言，发包人请求减少支付工程价款的金额应相当于其自行或委托第三方替代承包人履行相关义务而产生的损失。

（四）发包人有权要求支付违约金或赔偿损失

当承包人出现工程质量违约情形，发包人有权依法依约要求承包人支付违约金或赔偿己方损失。发包人可以就该等请求单独起诉，也可以在承包人起诉支付工程款的纠纷案件中提起反诉。

最高人民法院民事审判第一庭在《理解和适用》一书中指出，对发包人以工程质量存在问题为由提出的减少工程价款的主张，究竟系反诉还是抗辩的问题，答案基本一致，即因其不具有新的独立给付请求内容，“减少工程款”应按抗辩处理。但凡发包人的主张是独立的具有给付请求内容，则构成反诉，应按反诉处理。据此，若发包人依据《建设工程司法解释（一）》第11条请求减少支付工程款，即上述第3项情形，法院按抗辩处理，但若发包人提出独立的诉请，比如要求承包人支付违约金、赔偿损失等，则属发包人提起反诉。①

（五）在无法修复至合格时，承包人无权获得工程价款

根据《建设工程司法解释（一）》第3条的规定，在建设工程施工合同无效且建设工程经竣工验收不合格的情况下，若修复后的建设工程仍不合格，承包人有关支付工程款的请求将得不到法院的支持。

（六）可能产生侵权损害赔偿责任

在工程质量问题造成发包人或/和第三方的人身财产损害的情况

---

① 最高人民法院民事审判第一庭编著：《最高人民法院建设工程施工合同司法解释（二）理解与适用》，人民法院出版社2019年版，第160页。

下，承包人须承担侵权损害赔偿责任。需要说明的是，倘若承包人已对发包人提起诉讼，则有关工程质量问题而产生的侵权损害赔偿责任诉讼只能另行起诉而无法作为承包人合同之诉的反诉。因为，此类情形并不符合反诉的构成要件，即两个诉的法律关系无牵连性，并非基于同一法律事实或者属于同一法律关系。

三、对本条中“可以合并审理”的理解

根据《民事诉讼法》第 140 条的规定，对于被告提出的反诉，人民法院“可以”合并审理。《建设工程司法解释（二）》为与《民事诉讼法》第 140 条相统一，亦采用“可以”合并审理的措辞。

但在司法实践中，基于《民事诉讼法司法解释》第 232 条、第 233 条的规定，本诉与反诉合并审理具有一定的强制性。根据《民事诉讼法司法解释》第 232 条，被告提出反诉时，可以合并审理的，人民法院“应当”合并审理。该法第 233 条进一步明确，反诉与本诉的诉讼请求基于相同法律关系、诉讼请求之间具有因果关系，或者反诉与本诉的诉讼请求基于相同事实的，人民法院“应当”合并审理。因此，须结合《民事诉讼法司法解释》第 232 条、第 233 条准确理解本条“可以合并审理”的含义。

【相关案例】

辽宁东北摩尔置业有限公司、吴国中建设工程施工合同纠纷【（2017）最高法民终 648 号】

一、裁判要点

法院经审理认为，该案一审期间，摩尔公司虽然针对案涉合同效力、返还工程款及损失赔偿等事由在辽宁省鞍山市中级人民法院另行提起民事诉讼。但在该院驳回其起诉后，摩尔公司以合同效力、案涉工程质量存在缺陷及提出相应损失赔偿等事由在本案中提起了反诉。

尽管当时辽宁省鞍山市中级人民法院驳回摩尔公司起诉的案件尚在二审审理期间，但《中华人民共和国民事诉讼法》第一百四十条规定，原告增加诉讼请求，被告提出反诉，第三人提出与本案有关的诉讼请求，可以合并审理。《最高人民法院关于适用〈中华人民共和国民事诉讼法〉的解释》第二百三十二条、第二百三十三条规定，在案件受理后，法庭辩论结束前，原告增加诉讼请求，被告提出反诉，第三人提出与本案有关的诉讼请求，可以合并审理的，人民法院应当合并审理。反诉的当事人应当限于本诉的当事人的范围。反诉与本诉的诉讼请求基于相同法律关系、诉讼请求之间具有因果关系，或者反诉与本诉的诉讼请求基于相同事实的，人民法院应当合并审理。因此，摩尔公司就案涉工程质量问题提起的反诉与晟元公司提出的支付工程欠款的起诉请求具有因果关系，且工程是否存在质量缺陷与案涉工程价款是否应当给付具有关联关系，应当与晟元公司提起的支付工程欠款的起诉合并审理。而原审对摩尔公司的反诉裁定不予合并审理，导致本案摩尔公司是否应支付工程欠款的相关事实不能查清。

二、裁判文书

中华人民共和国最高人民法院

民 事 裁 定 书

（2017）最高法民终648号

上诉人（原审被告）：辽宁东北摩尔置业有限公司。住所地：辽宁省鞍山市千山区千山西路＊＊＊号。

法定代表人：徐顺华，该公司董事长。

上诉人（原审被告）：吴国中。

被上诉人（原审原告）：晟元集团有限公司。住所地：浙江省金华市解放西路＊＊＊号。

法定代表人：应金良，该公司董事长。

上诉人辽宁东北摩尔置业有限公司（以下简称摩尔公司）、吴国中因与被上诉人晟元集团有限公司（以下简称晟元公司）建设工程施工合同纠纷一案，不服辽宁省高级人民法院（2015）辽民一初字第00024号民事判决，向本院提起上诉。本院依法组成合议庭对本案进行了审理。

本院认为，原审判决认定的部分基本事实不清。

一、对影响施工合同效力的案件事实未查清。2009年5月5日，摩尔公司与晟元公司就东北MALL一期工程052#商住楼及裙楼工程签订了建设工程施工合同。在合同第三部分专用条款47补充条款第10条约定：在办理投标程序时，必须保证晟元公司中标，如因晟元公司原因出现其他异常情况，所有损失由晟元公司承担。所有参与本项目所有单位的投标费用均由晟元公司承担。第11条约定：所有关于招标、中标方面的内容不适用本合同（上一条约定除外）。根据《中华人民共和国招标投标法》、《中华人民共和国招标投标法实施条例》、《最高人民法院关于审理建设工程施工合同纠纷案件适用法律问题的解释》等法律、法规、司法解释的规定，启动招标投标程序前选定中标人，招标人与投标人之间进行实质性谈判并签约的行为，属于串标和招标人违规谈判行为，影响中标结果的，中标无效，进而依中标通知书订立的施工合同无效。因此，本案应对影响案涉工程施工合同效力的相关事实予以查实。

二、对案涉工程质量争议，特别是二期8#楼工程是否存在影响主体结构安全性能的基本事实，未予查清。本案系工程款纠纷，摩尔公司在原审中以案涉工程存在质量缺陷为由对晟元公司请求支付工程欠款的诉讼请求予以抗辩。《中华人民共和国合同法》第二百七十九条规定，建设工程竣工后，发包人应当根据施工图纸及说明书、国家颁发的施工验收规范和质量检验标准及时进行验收。验收合格的，发包人应当按照约定支付价款，并接收该建设工程。建设工程竣工经验收合格后，方可交付使用。未经验收或者验收不合格的，不得交付使用。《最高人民法院关于审理建设工程施工合同纠纷案件适用法律问题的解释》第三条、第十一条规定，建设工程施工合同无效，且建设工程经竣工验收不合格的，承包人需承担修复责任，修复后的建设工程经竣工验收不合格，承包人请求支付工程价款的，不予支持。因承包人的过错造成建设工程质量不符合约定，承包人拒绝修理、返工或者改建，发包人请求减少支付工程价款的，应予支持。因此，本案晟元公司施工的案涉工程质量是否符合约定和国家强制性标准，与摩尔公司是否有权拒绝或要求减少支付工程价款，并要求晟元公司承担相应的民事责任相关联。根据原审查明的事实，本案一期工程虽然已经交付使用，但并未进行综合竣工验收。二期8#楼工程未经验收也未使用。根据上述法律及司法解释规定，无论合同是否有效，二期8#楼工程质量合格是支付工程价款的前提条件。本案中，双方对二期8#楼工程均持有自行委托有关部门作出的结论不同的检测鉴定报告。摩尔公司在原审亦申请法院对二期8#楼工程质量进行鉴定。在此情形下，原审作出摩尔公司关于案涉工程质量不合格的抗辩主张不成立的认定，事实依据尚不充分。对二期8#楼工程地基基础和主体结构工程是否存在工程质量缺陷，应当由有权机构对二期8#楼工程主体结构整体安全性能作出专业判断。对案涉一期051#、052#楼及裙楼工程未经过综合竣工验收的原因及交付使用情况等相关事实亦应进一步查明，以确定摩尔公司抗辩支付工程欠款的工程质量缺陷是否存在，摩尔公司是否构成擅自使用一期工程及对一期工程价款的支付是否构成影响等案件基本事实。

三、本案对摩尔公司反诉的处理欠妥，不利于查清案件事实和当事人充分行使诉权。本案系晟元公司诉请摩尔公司支付工程欠款而提起的民事诉讼。一审期间，摩尔公司虽然针对案涉合同效力、返还工程款及损失赔偿等事由在辽宁省鞍山市中级人民法院另行提起民事诉讼。但在该院驳回其起诉后，摩尔公司以合同效力、案涉工程质量存在缺陷及提出相应损失赔偿等事由在本案中提起了反诉。尽管当时辽宁省鞍山市中级人民法院驳回摩尔公司起诉的案件尚在二审审理期间，但《中华人民共和国民事诉讼法》第一百四十条规定，原告增加诉讼请求，被告提出反诉，第三人提出与本案有关的诉讼请求，可以合并审理。《最高人民法院关于适用〈中华人民共和国民事诉讼法〉的解释》第二百三十二条、第二百三十三条规定，在案件受理后，法庭辩论结束前，原告增加诉讼请求，被告提出反诉，第三人提出与本案有关的诉讼请求，可以合并审理的，人民法院应当合并审理。反诉的当事人应当限于本诉的当事人的范围。反诉与本诉的诉讼请求基于相同法律关系、诉讼请求之间具有因果关系，或者反诉与本诉的诉讼请求基于相同事实的，人民法院应当合并审理。因此，摩尔公司就案涉工程质量问题提起的反诉与晟元公司提出的支付工程欠款的起诉请求具有因果关系，且工程是否存在质量缺陷与案涉工程价款是否应当给付具有关联关系，应当与晟元公司提起的支付工程欠款的起诉合并审理。而原审对摩尔公司的反诉裁定不予合并审理，导致本案摩尔公司是否应支付工程欠款的相关事实不能查清。

综上，原审判决认定部分基本事实不清。依照《中华人民共和国民事诉讼法》第一百七十条第一款第三项，《最高人民法院关于适用〈中华人民共和国民事诉讼法〉的解释》第三百三十五条规定，裁定如下：

一、撤销辽宁省高级人民法院（2015）辽民一初字第00024号民事判决；

二、本案发回辽宁省高级人民法院重审。

上诉人辽宁东北摩尔置业有限公司预交的二审案件受理费160000元，上诉人吴国中预交的二审案件受理费150658元予以退回。

审 判 长　冯小光
审 判 员　董　华
审 判 员　万　挺
二〇一七年十一月三十日
法官助理　侯　望
书 记 员　黄婷婷

【实务建议】

在承包人提起的工程款支付纠纷中，若承包人存在质量问题，建议发包人根据实际案情和具体证据情况，在反诉和抗辩之间，尽可能选择较为有利的方式主张权益。

通常而言，法院对发包人提起的质量反诉都会比较慎重，不予受理的情况较少。原因在于，根据《民事诉讼法》第154条的规定，对于反诉的不予受理，法院必须以裁定形式作出，且该等裁定是可以上诉的。在“中国建筑第八工程局有限公司与辽阳亚龙房地产开发有限公司建设工程施工合同纠纷案”中，一审法院对发包人的反诉不予受理，但未作出裁定，而仅是在“本院认为”部分中对发包人的反诉予以驳回。最高院在二审中指出，“一审法院对亚龙公司的反诉未予受理属于适用法律错误，且仅在一审判决书‘本院认为’部分中对亚龙公司的反诉予以驳回，没有以裁定形式作出处理，存在违反法定程序的情形”[①]。由此可见，法院对发包人提起的合法反诉若欲不予受理，其将会较为慎重，而一旦其受理反诉，则对有关质量问题的反诉的审理将比对以质量问题提出抗辩的审理更为细致。故建议发包人根据具体案情和证据情况，选择有利于己方的方式处理相关案件。

---

① 详见最高人民法院（2016）最高法民终135号判决书。

第八条　工程质量保证金的返还期限

【条文内容】

有下列情形之一，承包人请求发包人返还工程质量保证金的，人民法院应予支持：

（一）当事人约定的工程质量保证金返还期限届满。

（二）当事人未约定工程质量保证金返还期限的，自建设工程通过竣工验收之日起满二年。

（三）因发包人原因建设工程未按约定期限进行竣工验收的，自承包人提交工程竣工验收报告九十日后起当事人约定的工程质量保证金返还期限届满；当事人未约定工程质量保证金返还期限的，自承包人提交工程竣工验收报告九十日后起满二年。

发包人返还工程质量保证金后，不影响承包人根据合同约定或者法律规定履行工程保修义务。

【最高院意见】

最高院的《理解与适用》在本条“条文主旨”中明确，本条是关于不同情况下承包人请求返还工程质量保证金的期限的规定。

《理解与适用》在本条“要点提示”中提出了工程质量保证金的返还期限问题，同时涉及与工程质量保证金有关的诸多问题。

《理解与适用》还在本条“条文理解”中着重阐述了“相关概念的界定”“本条的适用条件”等两方面问题。

《理解与适用》并在“审判实务”部分指出，实践中应注意“关于工程款与工程质量保证金能否一并或分开主张的问题”“关于发包人能否以工程存在质量缺陷为由拒绝返还或部分返还工程质量保证金的问题”“关于逾期返还工程质量保证金的违约责任”“建设工程没有通过竣工验收的缺陷责任期如何确定” 等四个问题。

【条文点读】

一、保修期、缺陷责任期、质量保证金返还期限的概念

本条共两款，第1款系有关工程质量保证金返还期限如何认定的规则，又分为三项：第1项规定，若当事人关于质量保证金的返还期限已有约定，则按约定处理；第2项规定，若当事人未约定工程质量保证金返还期限，则自建设工程通过竣工验收之日起满2年后，承包人可以请求发包人返还工程质量保证金；第3项规定，因发包人原因导致建设工程未能竣工验收的，工程质量保证金返还期限从承包人提交工程竣工验收报告90日后起算，其期限有约定从约定，没有约定的为承包人提交工程竣工验收报告90日后起满2年。

本条第2款明确了返还质量保证金与承包人承担保修义务没有必然关联，发包人返还工程质量保证金后，不影响承包人履行和承担有关工程保修的义务和责任。

建设工程领域长期存在着保修期、缺陷责任期、质量保证金返还期限等相关概念不清晰、认识混乱的情况。很多人将质量保证金返还期限与建设工程保修期混为一谈，在合同中错误地约定质量保证金在保修期结束后返还。此类约定要么导致合同有关质保期的约定与法律不符，要么导致有关质量保证金返还期限的约定违法且根本没有可操作性。还有些人错误地认为质量保证金返还完毕后，承包人即免除了保修义务，将保修期等同于质量保证金返还期限。

事实上，质量保证金返还期限与保修期在期限方面虽然存在部分重合的现象，但实属两个不同的概念。

质量保证金返还期限基本与缺陷责任期同义。[①]按照《建设工程施工合同（示范文本）》（GF－2017－0201）的定义条款，缺陷责任期是指承包人按照合同约定承担缺陷修复义务，且发包人预留质量保证金（已缴纳履约保证金的除外）的期限，自工程实际竣工日期起计算。《建设工程质量保证金管理办法》第10条规定，缺陷责任期内，承包人认真履行合同约定的责任，到期后，承包人向发包人申请返还保证金。另据该办法第8条、第2条规定，缺陷责任期（质量保证金返还期限）从工程通过竣工验收之日起计；由于发包人原因导致工程无法按规定期限进行竣工验收的，在承包人提交竣工验收报告90天后，工程自动进入缺陷责任期（质量保证金返还期限）；缺陷责任期（质量保证金返还期限）一般为1年，最长不超过2年，由承发包双方在合同中约定。

保修期是承包人按照合同约定对工程承担保修责任的期限。根据《建筑法》及《建设工程质量管理条例》的相关规定，建筑工程实行质量保修制度，保修期自竣工验收合格之日起计算。《建设工程质量管理条例》第40条对各类建设工程规定了最低保修期限，如基础设施工程、房屋建筑的地基基础工程和主体结构工程的最低保修期限为设计文件规定的该工程的合理使用年限；屋面防水工程、有防水要求的卫生间、房间和外墙面的防渗漏工程的最低保修期限为5年等。司法实践中，《建设工程质量管理条例》第40条最低保修期限的规定通常被认为属于效力性强制性规范。如在《浙江省高级人民法院民事审判第一庭关于审理建设工程施工合同纠纷案件若干疑难问题的解答》以及《北京市高级人民法院关于审理建设工程施工合同纠纷案件若干疑难问题的解答》中皆规定，合同约定的保修期若低于法定最低保修期限，

---

① “质量保证金返还期限”基本与“缺陷责任期”同义，但两者也存在背离情况。详见后文论述。

则该约定无效。[①]

缺陷责任期（质量保证金返还期限）和保修期主要具有以下四点区别。

1. 法律依据方面的区别

缺陷责任期（质量保证金返还期限）主要由《建设工程质量保证金管理办法》规定；保修期主要规定于《建筑法》及《建设工程质量管理条例》。

2. 期限方面的区别

缺陷责任期（质量保证金返还期限）的长短主要根据合同约定确定，且最长不超过2年；各类工程的保修期则主要根据《建设工程质量管理条例》第40条最低保修期限的规定确定。

3. 与质量保证金的关系方面存在区别

质量保证金是发包人从应付工程款中预留的，用于保证承包人在缺陷责任期内履行维修义务、承担鉴定及维修费用。缺陷责任期（质量保证金返还期限）是发包人预留质量保证金的期限，其与质量保证金在概念上具有天然的互相依附性。保修期则与质量保证金并无必然关联，质量保证金预留与否、返还情况如何，皆不影响承包人在保修期内承担保修责任。这点已在《建设工程司法解释（二）》第8条第2款中明确："发包人返还工程质量保证金后，不影响承包人根据合同约定或者法律规定履行工程保修义务。"

4. 期限届满后的后果不同

缺陷责任期（质量保证金返还期限）届满，承包人的瑕疵担保责任终止，有权主张返还质量保证金。保修期届满，承包人对于相关工程的保修责任终止，不再负有维修义务。

---

① 《浙江省高级人民法院民事审判第一庭关于审理建设工程施工合同纠纷案件若干疑难问题的解答》："建设工程施工合同中约定的正常使用条件下工程的保修期限低于国家和省规定的最低期限的，该约定应认定无效。"《北京市高级人民法院关于审理建设工程施工合同纠纷案件若干疑难问题的解答》："建设工程施工合同中约定正常使用条件下工程的保修期限低于法律、行政法规规定的最低期限的，该约定无效。"

二、不同阶段承包人施工质量民事责任分析

建设工程施工质量问题可能出现在施工过程中、竣工验收期间，亦有可能暴露于缺陷责任期内或是缺陷责任期届满以后。针对不同阶段所出现的施工质量问题，承包人承担的民事责任并不完全相同。

施工过程中，承包人施工质量问题可能被发现于隐蔽工程检查时、分部分项验收阶段，或任何时期及任何形式的工程质量检查、检测或检验期间。对于在施工过程中被发现的施工质量问题，发包人可依据《合同法》第281条之规定及施工合同的相关约定要求承包人在合理期限内修理、返工、改建。并且，承包人还需自担因该等补救措施造成的工期延误及额外费用。此外，由于工程进度款的支付通常与合格工程量关联，故而施工过程中出现的质量问题通常会使发包人获得拒付或扣减工程进度款的抗辩权。

对于竣工验收期间发现的施工质量问题，承包人承担的民事责任与上述施工过程中须承担的民事责任基本相同，即修理、返工、改建责任，且发包人通常亦能获得拒付相关工程款（如按照合同约定竣工验收合格后方能支付的工程结算款）的抗辩权。

建设工程经竣工验收合格后，进入缺陷责任期以及保修期。从上文缺陷责任期（质量保证金返还期限）和保修期之间的区别可以看出，缺陷责任期（质量保证金返还期限）对应的是承包人的瑕疵担保责任，保修期对应的是承包人的保修责任，虽然瑕疵担保责任和保修责任都包括了承包人的维修义务，但瑕疵担保责任还意味着发包人具有拒付或扣减工程款（即预留的质量保证金）方面的抗辩权。由于缺陷责任期（质量保证金返还期限）和保修期皆起始于竣工验收合格日，故两者通常会出现重合现象。在重合期间出现的施工质量问题，既适用缺陷责任期的相关规则（承包人的瑕疵担保责任）又同时适用保修期的相关规则（承包人的保修责任）。一旦缺陷责任期届满，重合现象即终止，对仍处于保修期内的工程而言，承包人仅负有保修责任。

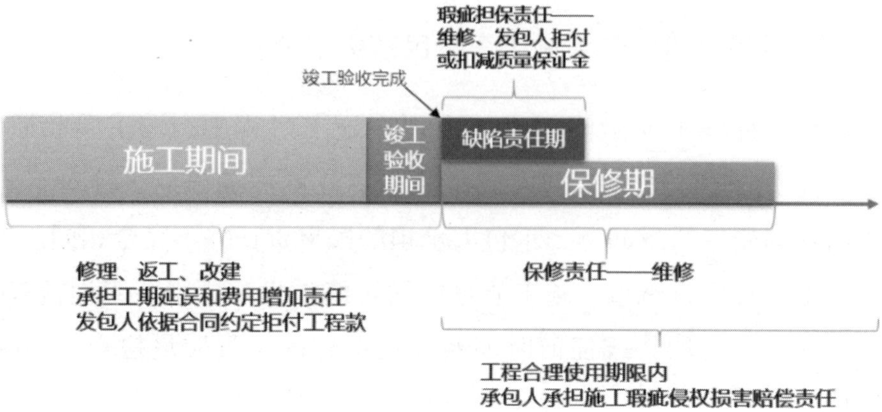

三、工程质量保证金的返还期限

根据《建设工程司法解释（二）》第8条第1款，关于工程质量保证金的返还期限，存在以下三种情形：

（一）当事人关于质量保证金返还期限有约定的情况

根据《建设工程司法解释（二）》第8条第1款第1项，当事人约定的工程质量保证金返还期限届满，承包人请求发包人返还工程质量保证金的，人民法院应予支持。依此规定，若当事人关于质量保证金的返还期限已有约定，则按约定处理。

在理解和适用时须注意以下两点：

首先，当事人有关工程质量保证金返还期限的约定应当是合法有效的，若约定无效，则无法适用第8条第1款第1项。实践中，建设工程被判无效的情形较多。在建设工程施工合同整体无效的情形下，当事人有关工程质量保证金返还期限的约定当然不具有约束力，返还期限只能依法确定。比如，在某建设施工合同纠纷案中，双方约定“质保期从工程竣工综合验收合格之日起计算”而非通过竣工验收之日，并且，“一年质保期满，如无保修扣款及赔偿款项，甲方在20日内给付乙方质保金总额的50%；二年质保期满，如无保修扣款及赔偿款项，甲方在15日内给付乙方质保金总额的30%；五年质保期满，如无保修扣款及赔偿款项，甲方在15日内付清乙方质保金余额”。法院认为：

“关于质保金的问题。由于双方签订的《补充协议》和备案合同均为无效合同，故双方约定的质保金条款不具有约束力。在合同约定无效的情况下，应按照法律规定履行相应义务。根据《保证金管理办法》第二条、第八条的规定，质保金应从工程通过竣工验收之日起计算，质保金最长不超过2年。”①

其次，《建设工程质量保证金管理办法》在效力位阶方面属于部门规章。因此，若当事人约定的工程质量保证金返还期限超过2年的，该等约定有效。但是，“缺陷责任期”是《建设工程质量保证金管理办法》项下的法定概念，在当事人约定的工程质量保证金返还期限超过2年的情况下，将出现“缺陷责任期”与“质量保证金返还期限”不一致的特殊情况。即约定的“质量保证金返还期限”超过2年的部分不属于“缺陷责任期”。于此情形，“质量保证金返还期限”与《保证金管理办法》规定的“缺陷责任期”发生了背离。

（二）当事人未约定工程质量保证金返还期限的情况

根据《建设工程司法解释（二）》第8条第1款第2项，若当事人未约定工程质量保证金返还期限，则自建设工程通过竣工验收之日起满二年后，承包人可以请求发包人返还工程质量保证金。

《建设工程司法解释（二）》第8条第1款第2项的规定基本与《建设工程质量保证金管理办法》第8条“缺陷责任期从工程通过竣工验收之日起计”以及第2条“缺陷责任期一般为1年，最长不超过2年”的规定相符合。

在理解和适用第8条第1款第2项时须注意，在一些案件中，当事人双方在施工合同中对质量保证金返还期限虽然作出了约定，但相关约定存在错误或不明确的地方，于此情形，应视为当事人未作出相关约定。比如，在某建设工程施工合同纠纷案中，承发包双方在合同中约定“工程决算价款的3%作为质保金，在质保期满后一个月内付清”，

① 详见河北省高级人民法院（2018）冀民终591号民事判决书。

与此同时，合同附件的《房屋建筑工程质量保修书》有关于质量保修期的条款与《建设工程质量管理条例》所规定的最低保修期一致。一审法院认为，《房屋建筑工程质量保修书》第2条既有屋面防水工程等保修期为5年的约定，又有电气管线、给排水管道等保修期为2年的约定，现双方在合同中仅约定质保期满后1个月内无息付清，但未明确以2年还是5年质保期满为准，故而一审法院确定以5年期满作为退还质保金的起算时间。对此，二审法院认为，缺陷责任期与质量保修期是两个不同的概念。本案中合同专用条款第15.5条约定质保期满后退还质保金，此处的“质保期”应推定为缺陷责任期，而非质量保修期。一审法院错误地将质量保修期等同于缺陷责任期，应予纠正。双方对缺陷责任期的具体时间并无约定，根据《建设工程质量保证金管理暂行办法》第2条的规定，缺陷责任期一般为24个月。[①] 笔者赞同二审法院的观点，本案当事人有关质量保证金返还期限的约定是错误的、不明确的，不具有可执行性。但遗憾的是，现实生活中，类似的错误约定大量存在。若遇到相关情形，只能认为当事人有关质量保证金返还期限的约定不明或未作约定，进而适用第8条第1款第2项的规定确定返还期限。

(三) 因发包人原因导致工程未能竣工验收的情况

根据第8条第1款第3项，因发包人原因导致建设工程未能竣工验收的，工程质量保证金返还期限从承包人提交工程竣工验收报告90日后起算，其期限有约定从约定，没有约定的为承包人提交工程竣工验收报告90日后起满2年。

《建设工程司法解释（二)》第8条第1款第3项的规定基本与《保证金管理办法》第8条的规定相符。根据《保证金管理办法》第8条，由于发包人原因导致工程无法按规定期限进行竣工验收的，在承

① 《建设工程质量保证金管理办法》的颁布时间为2016年12月，本案审理期间适用的是2005年的《建设工程质量保证金管理暂行办法》。详见重庆市高级人民法院（2015）渝高法民终字第00283号民事判决书。

包人提交竣工验收报告90天后，工程自动进入缺陷责任期。该规定与《建设工程司法解释（二）》第8条第1款第3项有关发包人原因导致建设工程未能竣工验收情形下质量保证金返还期限起算时间的规定相一致。

【相关案例】

黑龙江四海园建筑工程有限公司与哈尔滨市第五医院建设工程施工合同纠纷案【（2015）民一终字第94号】

一、裁判要点

法院经审理认为，在本案中《建设工程施工合同》第二部分“通用条款”第65.2条约定：“除专用条款另有约定外，质量保证金为合同价款的5%，发包人将按该比例从每次应支付给承包人的工程款中扣留。”第65.3条约定：“工程竣工验收合格满二年的28天内，发包人应将剩余的质量保证金和利息返还给承包人。剩余质量保证金的返还并不能解除承包人按合同约定应负的质量保修责任。”案涉工程2012年8月10日视同竣工，至2014年9月7日，合同约定的质保金返还期限已经届至，而一审判决作出时间为2015年1月25日，无证据证明案涉工程质量存在问题，哈五院应当按照约定返还质保金，一审法院判决给付全部剩余工程款的结果虽然正确，但对质保金部分的一并给付未予说明理由欠妥。合同约定质保金扣留期限届满，质保金和利息一并返还，四海园公司在二审庭审中同意扣减质保金扣留期限内的利息，该认诺不违反法律规定，法院予以尊重。质保金扣留期限届满，哈五院未返还质保金，应当自合同约定期限届满的次日，亦即2014年9月8日起，按中国人民银行发布的同期同类贷款基准利率支付质保金的利息。

二、裁判文书

中华人民共和国最高人民法院
民事判决书

(2015) 民一终字第94号

上诉人(一审被告):哈尔滨市第五医院。

法定代表人:王健,该院院长。

被上诉人(一审原告):黑龙江四海园建筑工程有限公司。

法定代表人:罗兴远,该公司董事长。

上诉人哈尔滨市第五医院(以下简称哈五院)因与被上诉人黑龙江四海园建筑工程有限公司(以下简称四海园公司)建设工程施工合同纠纷一案,不服黑龙江省高级人民法院(以下简称黑龙江高院)(2014)黑民初字第8号民事判决,向本院提起上诉。本院受理后,依法组成合议庭,公开开庭审理了本案。本案现已审理终结。

四海园公司一审诉称:2010年10月11日,哈五院对其骨科、烧伤病房综合楼工程(以下简称案涉工程)进行招标。2010年10月14日,哈五院通知四海园公司中标。2010年10月28日,哈五院与四海园公司签订《建设工程施工合同》,由四海园公司承包案涉工程。后四海园公司依约履行了包括现场变更及签证在内的全部施工义务。2012年8月1日,哈五院开始使用案涉工程。2013年3月双方经审核结算,哈五院应向四海园公司支付工程款总额为329,825,640.37元,哈五院仅向四海园公司支付了179,585,520.89元(后变更为164,585,520.89元),尚欠工程款为165,240,119.48元。哈五院拖欠给付工程款,应承担违约责任。请求判令:(一)哈五院给付工程款165,240,119.48元及利息25,154,738.43元(利息从2012年8月2日起至2014年6月11日止),共计190,394,857.91元。(二)哈五院给付从2014年6月12日起至生效判决确定的给付之日止,按中国人民银行发布的同期同类贷款利率上浮20%向四海园公司支付利息。（三）由哈五院承担本案诉讼费用。

哈五院辩称：四海园公司提出的诉讼请求应全部驳回。因为双方在《建设工程施工合同》中约定，工程款的给付是以审计结果作为给付条件。本案中，给付工程价款的条件不成立，现在哈尔滨市审计局正对全部工程项目进行审计，依据合同约定，四海园公司应待审计结果出来后才能主张相应工程款。此外，该项目属于政府投资的公益项目，结算不仅需按照合同约定进行审计，还要报哈尔滨市发改委进行核准审批。哈五院不存在违约事实，所以不应给付相应工程款、违约金及利息。四海园公司主张给付工程款的依据不足，不应支持。

一审法院经审理查明：2010年10月11日，哈五院对案涉工程进行招标。2010年10月14日，哈五院通知四海园公司中标。2010年10月28日，哈五院与四海园公司签订《建设工程施工合同》，约定：由四海园公司承包案涉工程。工程内容为：建筑面积约41,567平方米，地下一层、地上十层，框架结构。承包范围为：建筑物外2米以内工程量清单内所有土、水、电、消防和清单内装饰及手术室净化、电梯、室外工程施工等。开工日期为2010年10月16日，竣工日期为2011年10月1日。合同第一部分“协议书”第五条约定：合同暂定价149,539,066.49元（以最后审计结算为准）。合同第三部分“专用条款”第62.1条关于工程进度款提交和审核时间的约定为：按月进行，每月5号承包人报送至监理单位审核，监理单位3日内审核完毕后，报送至发包人委托的造价咨询审核公司，造价咨询审核公司5日内审核完毕后送至发包人。剩余工程款待审计部门审计后付95%，扣除总造价5%的质量保证金，15个工作日内余款一次性付清。第65.2条约定质保金的扣留方式为：工程竣工后，审计结束结算价款的5%扣留。

2011年10月1日工程竣工。2012年8月10日投入使用。四海园公司原主张已给付工程款为179,585,520.89元，后因哈五院出具说明，将已给付款中的15,000,000元作为支付案涉工程以外的骨科后楼、烧伤楼维修改造项目的款项，故四海园公司对已付工程款数额进行了调减。庭审中，对四海园公司主张已付工程款的数额及提交的相关证据，哈五院表示待庭后审核并予答复。虽经一审法院释明并预留答复期限，哈五院逾期未答复。一审法院认定，至四海园公司起诉时止，哈五院共给付工程款为164,585,520.89元。

一审法院另查明：2010年8月25日，哈五院作为甲方与共赢公司作为乙方，签订《建设工程竣工结（决）算审计合同》（以下简称《审计合同》），约定：甲方委托乙方对案涉工程结算进行审计。合同约定的委托内容为：（一）编制工程量清单；（二）工程结算造价审计。2013年3月25日，共赢公司依据哈五院的委托对案涉工程造价进行审核，出具哈共赢咨审字（2013）第2号《哈尔滨市第五医院骨科烧伤病房综合楼扩建项目工程结算审核报告》（以下简称《审核报告》），确认审核后工程结算金额为329,825,640.37元。哈五院、四海园公司及共赢公司在该《审核报告》上加签公章。

再查明：2013年7月3日，哈尔滨市审计局依据有关行政部门的要求，将案涉工程项目列入2013年的审计计划，哈五院与四海园公司就案涉工程签订《建设工程施工合同》时，该项目并未列入审计计划。同年11月26日，该局向哈五院下达了哈审投通（2013）108号《审计通知书》。本案一审审理期间，该局向哈五院发出了《审计报告征求意见稿》，并附《五院建设项目工程结算明细表》、《建设工程结算审计认定单》。《五院建设项目工程结算明细表》中，体现案涉工程审计金额为252,693,277.43元。该局负责该审计项目的相关人员在接受一审法院调查询问时称，最终结果应以《审计报告》为准，《审计报告》何时出具尚无法确定，且并非所有哈尔滨市所属工程项目都需要进行审计。哈五院称，案涉工程在《建设工程施工合同》签订时，相关部门已经要求进行审计，但未举示证据证实。

四海园公司举示的哈尔滨日报体现，案涉工程于2012年8月10日交付哈五院并投入使用。

一审法院认为：哈五院与四海园公司签订的《建设工程施工合同》系双方真实意思表示，不违反法律、行政法规的效力性强制规定，为有效合同。根据《中华人民共和国合同法》第八条，依法成立的合同受法律保护，双方均应依约履行。现案涉工程已经交付使用，四海园公司主张结算工程款应予支持。双方合同第一部分“协议书”第五条“合同价款条款”及第三部分“专用条款”第62.1条、第65.2条均约定，最终结算价款应经过审计，故双方对工程款的结算应遵守该约定。本案焦点是：案涉工程结算应以共赢公司审计为准还是以哈尔滨市审计局的行政审计为准。

审计机关对工程建设单位审计的性质为行政监督行为。如将行政审计监督结果作为民事法律关系中确定工程造价的依据，应有明确的约定。经查，四海园公司主张以共赢公司审计为准的证据充分。首先，从《建设工程施工合同》约定方面审查。该合同第一部分第五条约定“暂定价以最后审计结算为准”，体现了工程价款以审计结算为准。第三部分第62.1条约定，“监理单位3日内审核完毕后报送至发包人委托的造价咨询审核公司，造价咨询审核公司5日内审核完毕后送至发包人”，体现出造价咨询审核公司参与案涉工程款审核的内容。其次，从《审计合同》约定方面审查。哈五院在与四海园公司签订《建设工程施工合同》之前，与共赢公司签订了《审计合同》。该合同名称及前言、第二条委托内容、第三条完成时间等内容均明确体现，共赢公司的义务是为案涉工程结算造价进行审计。第三，从实际履行情况方面审查。工程竣工后，共赢公司又按《审计合同》约定出具了2013年3月25日《审核报告》，共赢公司、哈五院、四海园公司三方均在该报告上签章。第四，从行政审计的事实方面审查。《建设工程施工合同》签订时，案涉工程尚未列入审计局的审计计划当中。经对哈尔滨市审计局的调查表明，至2013年7月3日，该局方依据有关行政部门的要求，将案涉工程列入年度审计计划，而向哈五院下达正式审计通知书时已是当年11月。审计机关亦证实，行政审计并非所有市属项目的必经程序，审计机关目前对案涉工程造价尚未出具正式、明确的审计结果。哈五院无证据证实双方《建设工程施工合同》签订时案涉工程已被要求进行行政审计。故哈五院主张案涉工程签订时，主管部门就要求对该工程进行审计与上述调查所得事实不符，无法得出施工合同中约定的审计为行政审计的明确结论。此外，哈五院与四海园公司已先行就工程造价结算签章确认，即使存在通过两种审计方式确定结算结果的可能，最终双方已通过实际履行行为选择了审计方式，故共赢公司审计结算金额为329,825,640.37元的结果，应当作为案涉工程的结算依据。哈五院主张应以哈尔滨市审计局《审计报告征求意见稿》确定的252,693,277.43元为案涉工程造价，证据不充分。至四海园公司起诉时止，哈五院共给付工程款为164,585,520.89元，尚欠165,240,119.48元。

关于工程款利息起算点及利率标准问题。《最高人民法院关于审理建设工程施工合同纠纷案件适用法律问题的解释》（以下简称建设工程司法解释）第十八条第一款第一项规定："利息从应付工程价款之日计付。当事人对付款时间没有约定或者约定不明的，下列时间视为应付款时间：（一）建设工程已实际交付的，为交付之日……"案涉工程于2012年8月10日交付哈五院并投入使用，故四海园公司主张从该日起计算工程款利息，应予支持。对于四海园公司主张从2014年6月12日至判决确定给付之日止利率上浮20%的问题，依据建设工程司法解释第十七条："当事人对欠付工程款利息给付标准有约定的，按照约定处理；没有约定的，按照中国人民银行发布的同期同类贷款利率计算。"四海园公司主张的利率标准不符合法律规定，故对此部分诉讼请求不予支持。

综上，依据《中华人民共和国合同法》第八条、建设工程司法解释第十七条、第十八条第一款第一项之规定，一审法院判决：（一）哈五院自判决生效之日起十日内给付四海园公司工程款人民币165,240,119.48元，自2012年8月10日起，至本判决生效之日止，按中国人民银行发布的同期同类贷款利率支付利息。（二）驳回四海园公司的其他诉讼请求。案件受理费993,774.04元，由哈五院承担862,477.81元，四海园公司承担131,296.23元。

哈五院不服一审判决，向本院提起上诉称：（一）一审法院程序违法。四海园公司在庭审时并未提交共赢公司出具的《审核报告》，一审法院未经质证即对该证据予以认定错误。哈五院一审庭审时提交了《哈五院骨科、烧伤病房综合楼（扩建项目）工程造价控制咨询补充协议书》（以下简称《补充协议书》）的原件，一审法院却认定哈五院提交的是复印件，请二审法院调取一审庭审同步录音录像予以审查核实。《补充协议书》已将《审计合同》代替，一审法院认定《审计合同》有效错误。（二）共赢公司出具的《审核报告》不应作为工程价款认定依据。《建设工程施工合同》对审计有特别约定，哈尔滨市审计局的审计结果是工程款的给付条件，该局也在进行审计，哈五院目前不应支付四海园公司工程款。共赢公司不具备案涉工程审计业务的审计资质，而且该公司先后向哈五院出具了两份造价咨询结论不一致的《审核报告》，一份造价约3.2亿元，另一份约2.9亿元，自相矛盾，哈五院收到的以上两份《审核报告》仅有共赢公司签章。共赢公司出具的《审核报告》仅供哈五院内部参考，不具有法律效力。共赢公司与四海园公司恶意串通将《审核报告》交给四海园公司，严重侵害哈五院的合法权益，一审法院未经审查即认定共赢公司审核报告的效力错误。（三）一审法院对案涉工程的竣工时间认定错误。四海园公司出具的《竣工验收报告》仅是框架部分工程的内部初审报告，不是整体工程竣工验收报告，不能作为认定竣工时间的依据。一审确定的利息计算时间错误。（四）质保金和相应部分利息应从工程价款中扣除。综上，请求二审法院撤销一审判决，发回重审或者依法改判，驳回四海园公司的全部诉讼请求，由该公司承担全部诉讼费。

四海园公司辩称：（一）一审法院以《审核报告》作为工程款的结算依据，事实清楚，证据充分。第一，从《审计合同》约定内容看，哈五院明确指定共赢公司为案涉工程项目进行审计结算，该院以其与共赢公司签订的《补充协议书》否认《审计合同》的效力，没有任何法律依据。《审计合同》与《补充协议书》约定了不同的委托内容，《补充协议书》没有变更《审计合同》的条款，《审计合同》合法有效且已实际履行。第二，哈五院先签订《审计合同》，后签订《建设工程施工合同》，从时间先后顺序看，《建设工程施工合同》约定的审计结算显然仅指共赢公司的审计结算。第三，从实际履行看，案涉工程竣工后，哈五院、四海园公司均向共赢公司提交了审计结算所需的全部材料，共赢公司经审计后于2013年3月25日出具了《审核报告》，三方签章予以认可。2013年6月5日，哈五院又向四海园公司支付30,000,000元的工程款，是对《审核报告》的实际履行。《审核报告》是本案最根本的证据，哈五院在《审核报告》上签章确认及再次给付工程款的行为，是对审计结算方式的最终确认。虽然哈五院在一审庭审时又提供了两份《审核报告》，但这两份报告没有哈五院和四海园公司签章，且其中一份与四海园公司提交的内容完全一致，另一份没有按照双方约定的人工费标准取费，这两份报告不能否认三方签章认可的《审核报告》法律效力。第四，一审法院已查明哈尔滨市审计局是在2013年7月3日才将案涉工程项目列入2013年审计计划，充分证明《建设工程施工合同》约定的审计不是指哈尔滨市审计局的行政审计。(二) 哈五院称一审程序违法，没有任何事实依据。哈五院从本案进入审理程序就以各种理由拖延时间，包括提出中止审理、管辖权异议等，一审法院已给哈五院充分的答辩、提交证据、参与法庭调查和法庭辩论的时间，其提出所谓一审程序违法并请求调取庭审录像，是在拖延审理。(三)《审计报告征求意见稿》无法律效力。《审计报告征求意见稿》附有《建设工程结算审计认定单》、《五院建设项目工程结算明细表》，没有哈尔滨市审计局的公章。一审法院已向该局核实清楚，此结果并非最终审计结果，不具备法律效力，更不是哈五院所称的审计结算价格，不能作为定案依据。(四) 一审对利息的计算正确。2012年8月1日案涉工程交付给哈五院，同年8月10日该院投入使用，四海园公司从工程交付之日主张利息，符合法律规定。同意扣除质保金部分的相应利息。

除以下事实外，本院与一审法院查明的事实相同：

2010年12月25日，哈五院（甲方）与共赢公司（乙方）签订《补充协议书》一份，主要内容如下：为了合理确定和有效控制基本建设工程造价，提高投资的经济效益和社会效益，根据《中华人民共和国建筑法》的规定，哈五院委托共赢公司对案涉工程咨询有关内容约定如下：（一）委托内容：施工过程中与造价有关的全面控制咨询；（二）完成时间：甲方应将工程项目所需的要求交代给乙方，作为工程项目造价控制咨询的计算依据，乙方接到甲方交给的工作后，按任务量大小七至三十日内必须完成。

2011年10月1日，哈五院、四海园公司及案涉工程的勘察单位、设计单位、监理单位对该工程部分项目进行了检查验收，并出具了《单位工程竣工验收报告》，该报告载明该部分工程竣工日期为2011年10月1日，工程相关人员在建筑工程、采暖卫生和燃气工程、建筑电气安装工程项目栏签字确认，但在通风与空调工程、电梯安装工程项目等栏没有签字。

2012年8月10日的《哈尔滨日报》C19版刊登《热烈祝贺哈尔滨市第五医院骨科烧伤综合楼门诊正式开诊》一文，载明：第五医院骨科烧伤综合楼于2012年8月8日落成开诊。

本院认为：

本案争议涉及四个焦点问题，即：一、一审庭审程序是否违法；二、三方签章的《审核报告》能否作为工程款结算的依据；三、关于剩余工程款支付日以及工程款利息起算点的确定；四、质保金应否扣留及相应利息应否扣减。分析如下：

一、关于一审庭审程序是否违法的问题

（一）关于共赢公司出具的《审核报告》是否进行质证的问题。经查，黑龙江高院2014年11月27日第一次开庭的庭审笔录记载，四海园公司提交的第四组证据为《审核报告》和《审计合同》，哈五院的委托代理人王某对《审核报告》及《审计合同》均发表了质证意见，并在该笔录上签字确认。哈五院称《审核报告》未经质证，与事实不符。

（二）关于哈五院提交的《补充协议书》是否是原件的问题。据黑龙江高院第一次开庭的庭审笔录记载，哈五院当庭提交了《补充协议书》，并注明系复印件。四海园公司提出质证意见称，《补充协议书》是复印件，无法核对真伪。哈五院对该质证意见未提出反驳。而且，提交的《补充协议书》是否是原件并不重要，关键是该协议书是否确实替代了《审计合同》，从而对案件的事实认定产生了实质性的影响。从《补充协议书》约定的内容看，该补充协议书载明委托内容为施工过程中与造价有关的全面控制咨询，而《审计合同》载明的委托内容为编制工程量清单和工程造价结算审计。同时，结合《建设工程施工合同》第三部分第62.1条关于对咨询公司在进度付款中作用的约定可知，《补充协议书》只是在《审计合同》原约定的工程量清单编制和结算造价审计两项委托内容的基础上，增加了进度款审核控制的内容，并未否定《审计合同》的效力。因此，无论《补充协议书》是否系原件，均不影响案件事实的认定，哈五院的该点上诉理由不能成立。

二、关于三方签章的《审核报告》能否作为工程款结算依据的问题

（一）关于《建设工程施工合同》约定的“审计结算”是共赢公司的社会审计还是哈尔滨市审计局的行政审计问题。审计机关与被审计单位之间的行政审计属于行政法律关系调整的范畴，无论被审计单位是否同意，其一旦被纳入审计对象，必须无条件接受审计机关的审计。而发包人与承包人之间的建设工程施工合同法律关系，属于平等主体之间的民事法律关系，审计和接受审计必须有委托方和受托方的合意。建设工程施工合同中，当事人之所以要引入第三方机构进行结算审计，其目的是利用第三方的专业知识来弥补发包方在工程造价专业知识上的不足，将工程成本控制在合理范围。审计机关介入当事人之间的民事法律关系，尤其是将行政审计结论作为工程款结算的依据，

必须有当事人明确的合意。本案中，当事人并未在合同中约定审计部门即为哈尔滨市审计局，至于哈五院所称四海园公司多次到哈尔滨市审计局接受审计，仅说明该公司对行政审计持配合态度，但无法得出其愿意将该局的审计结果作为工程款结算依据的结论。由于审计机关依法独立开展审计，并不受民事主体的合意约束，如果建设工程施工合同将行政审计结果作为工程款结算的依据，则应当具备合同签订时审计机关已经将相关工程列入了审计范围这一前提条件。哈五院在本院庭审时声称，案涉工程当然属于行政审计的范围，却一直未提供证据。相反，从一审法院向哈尔滨市审计局查证的情况看，案涉工程在合同签订时并未列入该局的审计对象，直到该工程投入使用后的2013年7月3日，该局才依据相关行政首长的批示列入审计计划，当事人不可能在签订合同时，就已经预料到前述批示的事实会确定发生。

其次，在《建设工程施工合同》签订之前，哈五院已与共赢公司签订了《审计合同》，对共赢公司承揽案涉工程造价审计业务的内容、费用直至出具工程结算审计报告进行了一系列的约定，结合《建设工程施工合同》、《审计合同》其他条款内容及实际履行情况，哈五院与四海园公司约定的审计应当是共赢公司的社会审计，而非哈尔滨市审计局的行政审计。哈五院称《建设工程施工合同》所约定的审计单位系指哈尔滨市审计局，所约定的审计结算指该局的行政审计依据不足，理由不能成立。

（二）关于共赢公司超越资质范围出具审核报告的效力问题。工程造价的委托审计应当区分为公权力机关依职权进行的委托和民事主体自主进行的委托。前者必须委托具有相应资质的造价机构。对后者而言，遵循“法无禁止即可为”的原则，当事人有权委托其认为具备造价专业知识的任何主体。进而言之，如果当事人认为自身即具备相当专业能力，经双方协商一致，完全可以自行确定价格。

由于工程结算审计的目的是确定工程结算价格，而价格的高低仅仅是不同当事人之间的利益调整，并不涉及建筑工程质量安全等公共利益，因此，共赢公司虽然超越有关行政规章限定的乙级资质承揽工程造价的业务范围，但由于该公司出具的《审核报告》源于哈五院自行委托且又经过该院和四海园公司共同签章确认，应当视为双方当事人对工程款的结算价格已经协商一致，亦应当将该报告核定金额作为工程款结算的依据。哈五院在双方产生争议后，又以共赢公司超越资质为由要求否定《审核报告》的效力，违背诚实信用原则，不予支持。

（三）关于共赢公司出具相互矛盾的《审核报告》问题。从一审和本院二审查证情况看，共赢公司曾先后出具过两份金额不同的《审核报告》，一份金额为329, 825, 640. 37元，另一份为299, 888, 822. 13元，但只有329, 825, 640. 37元的报告经共赢公司和哈五院共同签章确认，未经当事人确认的报告不能作为结算依据，一审法院以双方签章确认的《审核报告》作为计算工程款的依据，并无不当。

（四）关于四海园公司与共赢公司是否存在恶意串通的问题。《最高人民法院关于民事诉讼证据的若干规定》第二条规定："当事人对自己提出的诉讼请求所依据的事实或者反驳对方诉讼请求所依据的事实有责任提供证据加以证明，没有证据或者证据不足以证明当事人的主张的，由负有举证责任的当事人承担不利后果。"哈五院称，四海园公司和共赢公司恶意串通，损害其合法权益，但未提供相应证据，应当承担举证不能的后果。同时，该报告设计有委托方、发包方、承包方签章栏，哈五院自身也在其上签章，与该院所称该报告仅供内部参考的主张互相矛盾，不足采信。

三、关于剩余工程款支付日和利息起算点的确定问题

（一）关于竣工日期的认定问题。建设工程司法解释第十四条规定："当事人对建设工程实际竣工日期有争议的，按照以下情形分别处理：（一）建设工程经竣工验收合格的，以竣工验收合格之日为竣工日期；（二）承包人已经提交竣工验收报告，发包人拖延验收的，以承包人提交验收报告之日为竣工日期；（三）建设工程未经竣工验收，发包

人擅自使用的，以转移占有建设工程之日为竣工日期。”从该司法解释的规定看，建设工程的竣工日期区分为实际竣工日期和视同竣工日期。由于2011年10月1日的竣工验收仅是单项工程的验收，双方当事人均未提交案涉工程整体验收合格的证据，仅凭现有证据，难以确定竣工日期，人民法院只能确定视同竣工日期。

2012年8月10日的《哈尔滨日报》载明，案涉工程于2012年8月8日落成开诊。《哈尔滨日报》系当地党委机关报，具有公信力，且该文系哈五院在该报刊登的专刊，该文内容载明的落成开诊日期应当视为该院认可的案涉工程投入使用日期，因此，应当将2012年8月8日哈五院投入使用的日期视同竣工日期。一审法院将《哈尔滨日报》刊登相关专刊之日的2012年8月10日视同竣工日期的认定有误，但是，鉴于竣工日期延后2日的认定对四海园公司不利，而该公司并未提出上诉，本院尊重其处分权，仍按照一审法院的认定，将2012年8月10日视同竣工日期。

（二）关于剩余工程款的支付日及利息起算点问题。建设工程司法解释第十八条规定：“利息从应付工程价款之日计付。当事人对付款时间没有约定或者约定不明的，下列时间视为应付款时间：（一）建设工程已实际交付的，为交付之日；……”一审法院据此认为，哈五院应从工程交付之日的2012年8月10日，亦即视同竣工之日，支付剩余工程款及利息。但是，依据该条司法解释规定，将交付日作为工程款支付和利息起算之日的前提，是“当事人对付款时间没有约定或者约定不明”，而本案中，当事人双方在《建设工程施工合同》中对剩余工程价款的支付方式和条件有明确的约定，即“剩余工程款待审计部门审计后付95%，扣除总造价5%的质量保证金，15个工作日内余款一次性付清”。可见，当事人将审计结果的确定作为支付剩余价款的条件。因此，应当尊重双方当事人的约定，以双方当事人在共赢公司《审核报告》上的签章之日，即2013年3月25日作为审计结果确定之日，扣除15日的最后付款期限，哈五院应当在2013年4月9日前，付清除质保金外的剩余工程款。哈五院未按约定付款，应当从2013年4月10日起支付该部分工程款的利息。同时，建设工程司法解释第十七条规定："当事人对欠付工程价款利息计付标准有约定的，按照约定处理；没有约定的，按照中国人民银行发布的同期同类贷款利率计息。"哈五院和四海园公司没有约定欠付工程款的利率标准，应当按照中国人民银行发布的同期同类贷款基准利率计息。一审判决将2012年8月10日作为支付剩余工程款的支付日和利息起算点属适用法律错误，本院予以纠正。

四、关于质保金应否扣留以及相应利息应否扣减的问题

《建设工程施工合同》第二部分"通用条款"第65.2条约定："除专用条款另有约定外，质量保证金为合同价款的5%，发包人将按该比例从每次应支付给承包人的工程款中扣留。"第65.3条约定："工程竣工验收合格满二年的28天内，发包人应将剩余的质量保证金和利息返还给承包人。剩余质量保证金的返还并不能解除承包人按合同约定应负的质量保修责任。"案涉工程2012年8月10日视同竣工，至2014年9月7日，合同约定的质保金返还期限已经届至，而一审判决作出时间为2015年1月25日，无证据证明案涉工程质量存在问题，哈五院应当按照约定返还质保金，一审法院判决给付全部剩余工程款的结果虽然正确，但对质保金部分的一并给付未予说明理由欠妥。合同约定质保金扣留期限届满，质保金和利息一并返还，四海园公司在二审庭审中同意扣减质保金扣留期限内的利息，该认诺不违反法律规定，本院予以尊重。质保金扣留期限届满，哈五院未返还质保金，应当自合同约定期限届满的次日，亦即2014年9月8日起，按中国人民银行发布的同期同类贷款基准利率支付质保金的利息。

综上，依照《中华人民共和国民事诉讼法》第一百七十条第一款第一、二项，第一百七十五条之规定，判决如下：

一、维持黑龙江省高级人民法院（2014）黑民初字第8号民事判决第二项；

二、变更黑龙江省高级人民法院（2014）黑民初字第8号民事判决第一项为：哈尔滨市第五医院于本判决生效之日起十日内支付黑龙江四海园建筑工程有限公司工程款165,240,119.48元及利息（利息按中国人民银行发布的同期同类贷款基准利率计算，自2013年4月10日至2014年9月7日，以148,748,837.46元为本金计算；自2014年9月8日起至本判决确定的履行期限届满之日止，以165,240,119.48元为本金计算）。

如未按本判决指定的期间履行给付金钱义务，应当依照《中华人民共和国民事诉讼法》第二百五十三条之规定，加倍支付迟延履行期间的债务利息。

本案一审受理费993,774.04元，由黑龙江四海园建筑工程有限公司承担131,296.23元，由哈尔滨市第五医院承担862,477.81元。本案二审受理费862,477.81元，由黑龙江四海园建筑工程有限公司承担62,477.81元，由哈尔滨市第五医院承担800,000元。

本判决为终审判决。

审 判 长 范向阳
审 判 员 汪国献
审 判 员 李明义
二〇一五年八月十三日
法官助理 刘耀国
书 记 员 杨 娃

【实务建议】

实务中，当事人应注意对保修期、缺陷责任期、质量保证金返还期限等概念的区分，在合同条款中使用有关措辞应尽可能严谨。实践中，经常会出现当事人双方在合同中约定“质保期满后一个月内返还质量保证金”或类似条款。此类条款是没有执行性的，基本会被法院认定为约定不明。在这类条款中，混淆了质保期、缺陷责任期（质量保证金返还期限）的概念，质保期根据不同的工程期限不同，且有些工程的质保期等同于设计文件规定的合理使用年限，根本无可执行性。综上，建议承发包双方在合同中约定质量保证金返还期限时，特别注意相关概念和用词，确保有关约定的合法有效性。

第九条　非必须招标工程招标后结算依据的认定

【条文内容】

发包人将依法不属于必须招标的建设工程进行招标后，与承包人另行订立的建设工程施工合同背离中标合同的实质性内容，当事人请求以中标合同作为结算建设工程价款依据的，人民法院应予支持，但发包人与承包人因客观情况发生了在招标投标时难以预见的变化而另行订立建设工程施工合同的除外。

【最高院意见】

《理解与适用》在对本条的释义中明确阐明，“本条主旨”是关于发包人将依法不属于必须招标的建设工程（以下简称非必须招标工程）进行招标后，与承包人另行订立的建设工程施工合同背离中标合同实质性内容时如何结算工程价款的规定。

在本条“要点提示”中，《理解与适用》谈到本条的问题还涉及非必须招标工程范围、非必须招标工程是否必须适用《招标投标法》、非必须招标工程招标后工程价款结算依据、背离中标合同实质性内容的合同与依法变更合同的区别等问题。

《理解与适用》还从“对于非必须招标工程项目以中标合同作为结算建设工程价款依据的理解”“关于客观情况发生难以预见的变化的理解”等两个方面呈现了“条文理解”的内容。

在“审判实务”部分，《理解与适用》指出，本条司法解释的内容可以认为是对《建设工程司法解释（一）》第 21 条规定的延伸、细化和补充。

【条文点读】

要深刻理解本条的规定，需要对我国工程项目的发包方式进行一个清晰的梳理。首先，根据《建筑法》第19条的规定，建筑工程依法实行招标发包，对不适于招标发包的可以直接发包。换言之，工程项目发包的方式只有招标发包和直接发包两种。尽管《上海市建设工程承发包管理办法》第10条规定，建设工程的发包分为招标发包、议标发包和直接发包，但“议标”在我国法律层面至今并未被认可。凡是工程项目进行招标发包，无论是公开招标还是邀请招标都应适用《招标投标法》，遵守《招标投标法》的相关规定，这在该法第2条即有明确规定。

其次，实践中大量的房地产企业发包的商品住宅项目，自2018年6月6日《必须招标的基础设施和公用事业项目范围规定》开始施行之后，非国有资金控股或主导的部分不再属于必须招标的范围。而大型房产企业常常出于廉洁、高效、可控等管理需要，既有严格的招标发包规定，又存在一些灵活的做法。

由此，便容易出现本条规定中的“发包人将依法不属于必须招标的建设工程进行招标后，与承包人另行订立的建设工程施工合同背离中标合同的实质性内容”的情况，且在结算过程中就可能引发相应的纠纷。

尽管《理解与适用》在本条释义的最后提到：“实际上对于当事人将非必须招标工程项目在招标后另行订立合同的问题如何处理，司法实践中已经基本形成了以中标合同作为结算工程价款根据的一般原则，同时兼顾客观情况发生变化时的特殊情形。”① 事实上在实践中却仍然存有一定的分歧，比如江苏省高级人民法院于2018年6月出台的《关

---

① 最高人民法院民事审判第一庭编著：《最高人民法院建设工程施工合同司法解释（二）理解与适用》，人民法院出版2019年版，第219页。

于审理建设工程施工合同纠纷案件若干问题的解答》中明确规定："非强制招投标的建设工程，经过招投标或备案的，当事人在招投标或备案之外另行签订的建设工程施工合同与经过备案的合同实质性内容不一致的，以双方当事人实际履行的合同作为结算工程价款的依据。"

但无论之前存在怎样的分歧，本条司法解释实施后，对于类似问题将统一裁判规则，各地方高院与此意见不同的规定均应即时废止。

【相关案例】

浙江宝业建设集团有限公司、天津老板娘水产食品物流有限公司、浙江老板娘食品集团有限公司建设工程施工合同纠纷【（2013）民一终字第67号】

一、裁判要点

法院经审理认为，关于天津老板娘公司应当向宝业公司支付多少工程款与违约金的问题，涉案工程款与违约金的计算应当依据双方当事人之间的合同约定。双方当事人前后就一期工程签订了经备案的《天津市建设工程施工合同》与《施工补充合同》。就G4冷库工程签订了经备案的《天津市建设工程施工合同》后又另行签订了《施工合同书》。就大门工程签订了《工程施工合同》。上述合同的效力除G4冷库工程双方存在争议外，其余双方均不存在争议。关于G4冷库工程，天津老板娘公司主张《施工合同书》有效，应依据《施工合同书》计算欠付G4冷库工程的工程款与违约金。但《施工合同书》并未经过备案，且在工程价款上进行了重大变更，而工程价款属于合同的实质性内容，该《施工合同书》违反了《中华人民共和国招标投标法》第四十六条的强制性规定，依法应当认定为无效。《最高人民法院关于审理建设工程施工合同纠纷案件适用法律问题的解释》第二十一条明确规定："当事人就同一建设工程另行订立的建设工程施工合同与经过备案的中标合同实质性内容不一致的，应当以备案的中标合同作为结算工程价款的根据。”因此，欠付的G4冷库工程款与违约金的计算应当以经过备案的《天津市建设工程施工合同》为依据。天津老板娘公司与宝业公司对于涉案工程已经支付的工程款数额并不存在争议，但对于已经支付的工程款支付的是针对哪个工程的工程款存在争议。天津老板娘公司主张应依据9.26协议确定支付工程款的情况。但双方签订的12.7协议第（四）项约定，“如甲方在2011年12月30日前仍未履行，则9.26协议自行作废，按原签订的相关工程承包合同约定的权利义务执行”。该附条件的约定系双方真实意思的表示，且不违反法律的禁止性规定，应为有效。本案的实际情况是在2011年12月30日前，天津老板娘公司并未依约支付涉案工程款，因此，依据双方合同约定，9.26协议自行作废。天津老板娘公司认为应依据9.26协议确认工程款及违约金的支付，其主张缺乏依据，本院不予支持。关于应支付的违约金，由于以合同总价作为计算违约金的依据会出现违约金高于欠款本金数额的情况，一审法院在天津老板娘公司提出违约金过高应予调整的请求后，对于过高的违约金数额结合本案的实际情况以欠付的工程款作为计算基数进行了适当调整，并无不当。宝业公司主张违约金数额远低于其实际损失并未提供相应证据，且其主张应将违约金计算至判决生效之日已超出一审的诉讼请求范围，因此，对于其上诉请求，本院亦不予支持。

二、裁判文书

中华人民共和国最高人民法院
民事判决书

（2013）民一终字第67号

上诉人（原审原告）：浙江宝业建设集团有限公司。

法定代表人：王荣富，该公司董事长。

上诉人（原审被告）：天津老板娘水产食品物流有限公司。

法定代表人：胡志兴，该公司董事长。

上诉人（原审被告）：浙江老板娘食品集团有限公司。

法定代表人：胡志兴，该公司董事长。

上诉人浙江宝业建设集团有限公司（以下简称宝业公司）与上诉人天津老板娘水产食品物流有限公司（以下简称天津老板娘公司）、浙江老板娘食品集团有限公司（以下简称浙江老板娘公司）建设工程施工合同纠纷一案，天津市高级人民法院于2012年12月31日作出（2012）津高民一初字第1号民事判决。三方当事人均不服该判决，向本院提起上诉。本院依法组成合议庭，于2013年4月17日开庭审理了本案。

一审法院经审理查明：2007年7月23日，宝业公司经招投标成为天津老板娘公司"天津北方国际水产物流中心工程总承包项目"（即一期工程）的中标单位。同年7月24日，双方签订了《天津市建设工程施工合同》，7月31日在天津市建设工程合同管理站备案。该合同约定：工期为2007年8月1日至2008年6月30日。工程质量标准为合格。合同价款为140861201元。合同签订后开工前七日内，发包人预付合同总价的10%工程款，发包人每月按承包人实际完成的工程量的80%支付工程款，工程竣工验收合格后付至总完成工程量的85%，待工程结算完毕且承包人向发包人移交本合同范围内所有建筑物、构筑物并办妥一切移交手续后14日内再支付至工程结算总价的97%，余下3%作为工程的保证金，保修押金支付按保修合同规定执行。发包人违约每延期付款一天，按照合同总价的万分之三向承包人支付违约金。合同附件3《房屋建筑工程质量保修书》约定：屋面防水工程、有防水要求的卫生间、房间和外墙面的防渗漏的保修期为五年，其他部分保修期为二年；保修期自工程竣工验收合格之日起计算。

2007年7月，天津老板娘公司（甲方）与宝业公司（乙方）还就一期工程签订了一份《施工补充合同》，约定：工程工期为2007年7月10日至2008年6月30日。工程质量标准为一次性达到国家施工验收规范合格标准。合同价款为固定总价。每月25日申报上月26日至本月24日完成的经验收合格的工程量，甲方、监理书面确认后，在次月5日内支付完成工程量造价下浮18%后的68%；工程竣工验收合格，竣工决算审核完毕后10天内支付至决算价款的80%；竣工验收合格后15个月后10天内支付至决算价款的95%；尾款5%作为本工程质量保修金，保修期限为5年，甲方在乙方完全履行工程质量保修责任的前提下，在工程竣工验收合格满二年后10天内支付保修金的30%，满三年后10天内支付保修金的20%，满四年后10天内支付保修金的30%，满五年后10天内支付保修金的20%。

2007年6月25日，天津老板娘公司与浙江老板娘公司向宝业公司出具“天津北方国际水产物流中心项目承建工程款支付保证函”。主要内容是：天津老板娘公司承诺以未来的公司收益按合同约定优先如期支付宝业公司一期工程的工程款。浙江老板娘公司作为保证人，当天津老板娘公司不能按约支付工程款时，由浙江老板娘公司负责支付。保证期间自保证之日起生效至宝业公司收到全部工程款时失效。

2008年8月11日，一期工程竣工验收合格。

2009年7月3日，天津老板娘公司与宝业公司签订《建设工程结算审定书》，确认一期工程结算造价为163283503元。

2009年11月，宝业公司经招投标成为“天津老板娘水产食品物流有限公司冷库项目工程”（即G4冷库工程）的中标单位。2009年11月25日，双方签订《天津市建设工程施工合同》，2010年5月5日在天津市北辰区建设工程合同管理站备案。该合同约定：工期为2009年11月26日至2010年7月30日。工程质量标准为合格。合同价款为65001904元。合同签订后开工前七日内，发包人预付合同总价的10%工程款，发包人每月按承包人实际完成的工程量的80%支付工程款，工程竣工验收合格后付至总完成工程量的85%，待工程结算完毕且承包人向发包人移交本合同范围内所有建筑物、构筑物并办妥一切移交手续后14日内再支付至工程结算总价的97%，余下3%作为工程的保修押金，保修押金支付按保修合同规定执行。发包人违约每延期付款一天，按照应付价款的万分之三向承包人支付违约金。合同附件3《房屋建筑工程质量保修书》约定：屋面防水工程、有防水要求的卫生间、房间和外墙面的防渗漏的保修期为五年，其他部分保修期为二年。保修期自工程竣工验收合格之日起计算。

2009年11月，天津老板娘公司（甲方）与宝业公司（乙方）还就G4冷库工程签订一份《施工合同书》，约定：工期为2009年11月15日至2010年7月30日。工程质量标准为一次性达到国家冷库建筑施工验收规范合格标准。合同价款为暂定50000000元（以决算为准）。结构封顶后10天内付40%计20000000元，结构砌筑墙体完成后10天内付10%计5000000元，内外粉刷完成后10天内付10%计5000000元，竣工验收合格后10天内付10%计5000000元，余30%工程款（以决算审计为准）分三年付清，每年付10%，满一年后10天内支付，尾款到2013年付清。甲方逾期支付则按逾期支付额承担同期银行贷款双倍利率的利息。

G4冷库工程实际于2009年12月25日开工，于2011年7月11日竣工验收合格。

2011年8月10日，天津老板娘公司与宝业公司签署《工程移交书》，移交内容为："1. 工程施工合同及设计变更联系单范围内经验收达到合同要求质量等级（除甲方要求的二层楼面混凝土甩项外）的全部土建、安装竣工工程。2. 完整的经审核具备归档条件的全套施工技术资料及竣工图纸。"

2011年12月23日，双方签订《工程结算报告》，确认G4冷库工程总造价为58000000元，并注明该总价未包括252000元现场环境保护费。

2010年7月15日，天津老板娘公司与宝业公司签订《工程施工合同》，约定由宝业公司承建"天津老板娘水产食品物流有限公司大门"（即大门工程），工期为2010年7月20日至2010年9月20日，合同价款为1304598元，保修期为二年。另约定发包人于主体工程完工后15天内支付总工程款的60%，工程竣工验收合格后15天内支付总工程款的40%，扣除20000元为工程保修金，在满二年后10天内付清。发包人应自承包人提交付款申请之日起15天内支付工程款，否则发包人按应付工程款的15%的利息支付违约金。

2010年12月18日，双方签订《决算书》，确认大门工程决算造价为1520826元。

2011年6月17日，天津老板娘公司与宝业公司共同签署《工程款支付对账单》，确认：截至该日宝业公司收到天津老板娘公司工程款项明细如下：（一）一期工程：139354415元（其中文明施工措施费为252000元）；（二）H2钢棚：11361215元（因工程未备案，暂开收据）；（三）G4冷库：21140385元（其中文明施工措施费为21600元）。合计收到工程款项为：171856015元。庭审中，双方均认可对账单中的G4冷库文明施工措施费“21600元”系笔误，应为“201600元”。2011年8月31日，天津老板娘公司给付宝业公司工程款1000000元。

2011年9月26日，天津老板娘公司与宝业公司再次共同签署《工程款支付对账单》，除确认宝业公司收到G4冷库工程款22140385元，合计收到工程款172856015元外，其他部分与2011年6月17日的《工程款支付对账单》相同。同日，天津老板娘公司（甲方）与宝业公司（乙方）签订《工程款支付协议书》（即“9.26协议”），约定：双方经友好协商，就一期工程，新大棚工程，南大门工程，G4冷库工程，G4冷库配电房、道路地坪、排水等附属设施配套工程，达成如下工程款结算协议：(一）到2011年9月26日止，一期工程款为163283503元，新大棚工程款为11361215元，南大门工程款为1520826元，合计176165544元（应扣一期工程保证金4082087元及南大门保证金20000元，合计4102087元）。(二）到2011年9月26日止，甲方已支付乙方上述工程款172856015元。(三）双方结算：172856015元－176165544元＝甲方多付792600元（多付的792600元作为乙方建设G4冷库配电房、G4冷库道路地坪、排水工程预付款）。(四）甲方委托乙方建设的G4冷库，双方约定预算总价为50000000元，于2011年7月11日竣工验收，目前正在预决算，待2011年10月30日前完成决算后，双方再确认G4冷库工程的最终造价。（五）G4冷库暂定工程款50000000元，按合同规定支付35000000元，另15000000元作为保证金，具体支付日期如下：(1) 2011年10月15日—10月20日支付5000000元；(2) 2011年11月15日—11月20日支付10000000元；(3) 2011年12月1日—12月8日支付10000000元；（4）2012年5月30日支付5000000元；(5) 2012年9月30日支付5000000元；(6) 结算完成后，如最终审核价超过暂定的50000000元，则实际余额在2012年9月30日支付；(7) 30%工程余款，即保证金15000000元，在2013年底前付清。（六）甲方一次性补偿乙方一期工程、新大棚、南大门、G4冷库工程利息款2000000元，在2012年3月30日付清。此外，双方还对G4冷库及其附属工程的收尾工作、违反协议的违约责任等进行了约定。

2011年11月9日、11月29日，天津老板娘公司分别支付宝业公司工程款2500000元。

2011年12月7日，天津老板娘公司（甲方）与宝业公司（乙方）签订《协议书》（即“12.7协议”），约定：双方关于尚欠工程款支付事宜于2011年9月26日达成协议，由于甲方未能按协议支付，经协商一致达成以下条款：（一）根据“9.26协议”，甲方应于2011年10月15日至10月20日支付5000000元，2011年11月15日至11月20日支付10000000元，2011年12月1日至12月8日支付10000000元。但甲方第一期延期支付5000000元，剩余款项至今未支付，现已违约。（二）如甲方在2011年12月30日前支付20000000元工程款，则此20000000元的逾期利息乙方同意不收。如甲方截至2011年12月30日仍不支付该款项，则乙方向甲方收取该款项的逾期利息（按年息15%收取，时间从2011年11月16日起算）。（三）甲方在2011年12月30日前支付乙方20000000元工程款。（四）如甲方在2011年12月30日前仍未履行，则“9.26协议”自行作废，按原签订的相关工程承包合同约定的权利义务执行。（五）乙方所承建的全部工程已竣工验收，全部履行完毕。

后天津老板娘公司未按“12.7 协议”履行，宝业公司于2012年1月9日向一审法院提起诉讼。2012年1月13日，天津老板娘公司又支付宝业公司工程款4000000元。

2012年1月4日，宝业公司起诉请求：一、判令天津老板娘公司立即支付工程款56511129元；二、判令天津老板娘公司支付拖欠工程款的违约金44843454元（暂计算到起诉之日）；三、判令浙江老板娘公司对天津老板娘公司上述全部债务承担连带给付责任；四、确认宝业公司在天津老板娘公司欠31061215元工程款范围内，对坐落于天津市北辰区北仓道5009号的G4冷库工程经拍卖、变卖等方式实现的价款享有优先受偿权；五、本案诉讼费用由天津老板娘公司和浙江老板娘公司承担。一审审理期间，宝业公司变更诉讼请求为：一、判令天津老板娘公司立即支付工程款50656655元；二、判令天津老板娘公司支付违约金40494827元；第三、四、五项诉讼请求无变化。

一审法院认为，本案的争议焦点为：一、天津老板娘公司尚欠宝业公司工程款的数额是多少；二、天津老板娘公司逾期支付工程款的违约金如何计算；三、浙江老板娘公司是否应当对天津老板娘公司的债务承担保证责任；四、宝业公司是否对G4冷库工程折价或者拍卖的价款享有优先受偿权。

天津老板娘公司与宝业公司就一期工程签订的经备案的《天津市建设工程施工合同》、就G4冷库工程签订的经备案的《天津市建设工程施工合同》、就大门工程签订的《工程施工合同》，不违反法律、行政法规的强制性规定，合法有效。双方就一期工程订立的《施工补充合同》，虽然对中标合同进行了部分变更，但在合同的实质性内容，即工程价款、工程质量、工程期限等三个方面并不存在与中标合同相背离的情形，因此，该补充合同不违反法律、行政法规的强制性规定，亦为有效。双方就G4冷库工程另行订立的《施工合同书》，对中标合同的工程价款进行了重大变更，属于背离中标合同实质性内容的协议，违反《中华人民共和国招标投标法》第四十六条之强制性规定，应认定无效。

关于天津老板娘公司尚欠工程款数额问题。天津老板娘公司与宝业公司对讼争工程的结算价款及已付工程款总额无争议，双方的争议在于各项工程对应的已付款数额及应扣质保金数额。1. 关于已付款，宝业公司主张一期工程、G4冷库工程和大门工程对应的已付款数额应当以付款凭证及对账单的记载为准。而天津老板娘公司主张“9.26协议”对已付款情况进行了调整，调整后确认一期工程、大门工程的工程款（除未到期质保金外）已支付完毕，尚欠的仅为G4冷库的工程款。一审法院认为，天津老板娘公司向宝业公司开具的工程款发票均载明了工程名称，此后双方两次对账的结果亦与发票上记载的工程名称及对应的金额相吻合，这说明发票记载是真实的，且已得到双方的确认。尽管“9.26协议”对已付款对应的工程项目进行了调整，但从协议内容看，该调整与天津老板娘公司将来能否依约支付工程款是相互关联的。而事实上，天津老板娘公司未依照“9.26协议”履行付款义务，亦未在“12.7协议”规定的宽限期内给付，已构成违约。依“12.7协议”的约定，此时“9.26协议”自行作废，双方仍按原相关工程承包合同履行。在无特别约定的情况下，“作废”理应及于“9.26协议”的全部内容。天津老板娘公司主张“9.26协议”中有关调整已付款的约定并未作废，现仅欠付G4冷库的工程款，理据不足，一审法院不予支持。各项工程已付款数额应依据付款凭证、工程款支付对账单等相关证据确定，具体如下：（1）一期工程已付139354415元；（2）G4冷库工程截至2011年9月26日已付22140385元，此后又支付文明施工措施费50400元及工程款9000000元，合计31190785元；（3）大门工程未付款。2. 关于质保金，如前所述，天津老板娘公司与宝业公司就一期工程签订的《施工补充合同》合法有效，双方均应依约履行。该补充合同对于备案合同中的质保金条款进行了变更，约定以决算价款的5%作为质保金，在工程竣工验收合格满二年后陆续返还。依该约定，一期工程未到期质保金为163283503元×5%×20%＝1632835元。

双方就G4冷库工程签订的《施工合同书》无效，质保金仍应按备案合同履行。依备案合同约定，G4冷库工程质保期尚未届满，应扣决算价款的3%作为质保金，即58252000元×3% =1747560元。双方就大门工程签订的《工程施工合同》约定质保金为20000元，质保期为二年。双方均认可质保期自2010年12月18日起算，现质保期已经届满，天津老板娘公司亦未提出质量问题或维修要求，故质保金应予返还。综上，一期工程尚欠工程款为：决算价163283503元－已付款139354415元－质保金1632835元 =22296253元；G4冷库工程尚欠工程款为：决算价58252000元－已付款31190785元－质保金1747560元 =25313655元；大门工程尚欠工程款为1520826元，合计49130734元。

关于天津老板娘公司逾期支付工程款的违约责任问题。经查，在讼争的一期工程、G4冷库工程和大门工程中，天津老板娘公司均存在逾期支付工程款的行为，已构成违约，应当支付相应的违约金。1. 关于一期工程，天津老板娘公司与宝业公司签订的《施工补充合同》虽然对工程款支付方式进行了变更，但对违约金标准没有另行约定，故违约金标准仍应以备案合同约定的日万分之三为准。但是，如果以备案合同约定的合同总价为基数计算，违约金数额显然过高。虽然诉讼中宝业公司对违约金请求进行过变更，但其主张的违约金数额仍远高于欠款本金数额，对此天津老板娘公司提出了违约金过高的抗辩，宝业公司亦没有就其实际损失提供证据证明。基于以上情况，一审法院依照《最高人民法院关于适用〈中华人民共和国合同法〉若干问题的解释（二)》第二十九条第一款“当事人主张约定的违约金过高请求予以适当减少的，人民法院应当以实际损失为基础，兼顾合同的履行情况、当事人的过错程度以及预期利益等综合因素，根据公平原则和诚实信用原则予以衡量，并作出裁决”之规定，酌情确定一期工程款违约金以欠付工程款的日万分之三计算为宜。计算至2012年12月20日为7535964元。2. 关于G4冷库工程，因双方于备案合同之外订立的《施工合同书》无效，故天津老板娘公司主张依该合同约定计算违约金，缺乏法律依据，一审法院不予支持。根据备案合同的约定，天津老板娘公司逾期支付工程款的，应当按照欠付款的日万分之三支付违约金。以此标准计算至2012年12月20日为4821908元。3. 关于大门工程，依双方所签《工程施工合同》的约定，违约金以欠付工程款的年息15%计算。根据双方确认的起算时间即2010年12月18日，计算至2012年12月20日为450248元。综上，天津老板娘公司应支付宝业公司的违约金为：一期工程7535964元+G4冷库工程4821908元+大门工程450248元=12808120元。

关于浙江老板娘公司的保证责任问题。根据2007年6月25日的工程款支付保证函，浙江老板娘公司与宝业公司之间形成一般保证关系，即浙江老板娘公司为天津老板娘公司支付宝业公司一期工程的工程款提供保证，在天津老板娘公司不能按约支付时，由浙江老板娘公司承担给付责任。该保证函虽载明保证期间自保证生效之日起至宝业公司收到全部工程款时止。但根据《最高人民法院关于适用〈中华人民共和国担保法〉若干问题的解释》第三十二条第二款的规定，“保证合同约定保证人承担保证责任直至主债务本息还清时为止等类似内容的，视为约定不明，保证期间为主债务履行期间届满之日起二年”。本案中，根据一期工程《施工补充合同》的约定，天津老板娘公司应于2009年11月21日之前支付除质保金外的全部工程款。宝业公司于2012年1月起诉要求浙江老板娘公司承担保证责任，已超过二年保证期间，除质保金部分外，浙江老板娘公司的保证责任已经免除。浙江老板娘公司仅在天津老板娘公司欠付的一期工程质保金范围内（至2012年12月20日应返还质保金的80%，计6531340元）承担一般保证责任。宝业公司要求浙江老板娘公司对天津老板娘公司的全部债务承担连带责任，缺乏事实和法律依据，一审法院不予支持。

关于宝业公司主张的G4冷库工程款优先受偿权问题。《中华人民共和国合同法》第二百八十六条规定：“发包人未按照约定支付价款的，承包人可以催告发包人在合理期限内支付价款。发包人逾期不支付的，除按照建设工程的性质不宜折价、拍卖的以外，承包人可以与发包人协商将该工程折价，也可以申请人民法院将该工程依法拍卖。建设工程的价款就该工程折价或者拍卖的价款优先受偿。”此外，依照《最高人民法院关于建设工程价款优先受偿权问题的批复》的规定，建设工程承包人行使优先权的期限为六个月，自建设工程竣工之日或者合同约定的竣工之日起计算。本案中，G4冷库工程竣工时间为2011年7月11日，宝业公司于2012年1月4日起诉主张优先权，并未超过法定期限，故一审法院确认宝业公司在天津老板娘公司欠付的G4冷库工程款范围内享有优先受偿权。

综上所述，依照《中华人民共和国合同法》第八条、第四十四条、第五十二条第（五）项、第七十七条第一款、第一百零七条、第一百一十四条第二款、第二百八十六条；《中华人民共和国招标投标法》第四十六条第一款；《中华人民共和国担保法》第十七条第一款、第二款，第二十五条第二款；《最高人民法院关于适用〈中华人民共和国合同法〉若干问题的解释（二）》第二十九条第一款；《最高人民法院关于适用〈中华人民共和国担保法〉若干问题的解释》第三十一条、第三十二条第二款；《最高人民法院关于建设工程价款优先受偿权问题的批复》第一条、第三条、第四条之规定，一审判决：一、判决生效之日起十日内，天津老板娘公司给付宝业公司工程款49130734元；二、判决生效之日起十日内，天津老板娘公司给付宝业公司逾期支付工程款违约金12808120元；三、在天津老板娘公司不能履行上述债务时，由浙江老板娘公司在6531340元范围内向宝业公司承担给付责任；四、宝业公司在天津老板娘公司欠付的G4冷库工程款范围内就该工程折价或者拍卖的价款优先受偿；五、驳回宝业公司的其他诉讼请求。案件受理费548573元、财产保全费5000元，合计553573元，由宝业公司负担215279元，天津老板娘公司负担338294元。

天津老板娘公司、浙江老板娘公司与宝业公司均不服该判决，向本院提起上诉。

天津老板娘公司的上诉请求为：1. 变更天津市高级人民法院（2012）津高民一初字第1号民事判决第一项为：天津老板娘公司给付宝业公司工程款39227894元；2. 变更天津市高级人民法院（2012）津高民一初字第1号民事判决第二项为：天津老板娘公司给付宝业公司逾期支付工程款违约金7024408元；3. 变更天津市高级人民法院（2012）津高民一初字第1号民事判决第三项为：在天津老板娘公司不能履行上述债务时，由浙江老板娘公司在2449252.5元范围内向宝业公司承担给付责任。其理由为：

首先，G4冷库工程、一期工程的工程款支付数额，一审判决并未以双方实际支付款项的真实情况来认定，而是以非真实支付情况的对账单及有关票据（包括发票及收据）来认定的，直接影响天津老板娘公司所承担的违约金。其次，一审判决认定G4冷库工程存在阴阳合同情况，对此天津老板娘公司无异议。但对于计付工程款的依据存有异议。本案阴合同系双方真实意思表示，不存在强迫、欺诈等情况，根据当事人意思自治原则，其应当作为定案依据。阴合同所约定的工程价款（暂定价50000000元，以决算为准）与阳合同所约定的工程价款（65001904元），结合双方的决算价款（58252000元），应不属于重大变更，一审判决认定阴合同无效没有法律依据。其三，一审判决认定12.7协议中的“自行作废”的范围及于9.26协议的全部内容，应属于认定错误，请求二审法院给予纠正。其四，关于浙江老板娘公司的保证责任问题。一审判决认定“除质保金部分外，浙江老板娘公司的保证责任已经免除”。对此天津老板娘公司没有异议，但对于一审判决认定的质保金的范围即6531340元有异议。

浙江老板娘公司同意天津老板娘公司的上诉意见。

宝业公司答辩称，对于欠付的工程款，一审认定是正确的。天津老板娘公司认为工程款的计算依据是9.26协议和阴合同。9.26协议已经被12.7协议否定废止。阴合同属于无效合同。因此应依据有效合同来计算欠付的工程款。

浙江老板娘公司的上诉请求为：依法撤销天津市高级人民法院(2012)津高民一初字第1号民事判决第三项，改判浙江老板娘公司不承担一般保证责任。理由是：本案一期工程款天津老板娘公司已于2011年9月26日前支付完毕。本案的主债务在2009年11月21日已届满，宝业公司在2012年1月起诉，已超过二年保证期间，浙江老板娘公司的保证责任已经免除。根据一期工程《施工补充合同》约定，至一审判决时天津老板娘公司尚无义务支付第四期保修金。

天津老板娘公司陈述称，对于一审判决认定的质保金的范围即6531340元有异议。

宝业公司答辩称，一审对于浙江老板娘公司担保责任的判决有根据。请求二审驳回浙江老板娘公司的上诉请求。

宝业公司的上诉请求为：1. 变更天津市高级人民法院(2012)津高民一初字第1号民事判决第二项为：天津老板娘公司支付宝业公司一期工程违约金15535964元，全部工程违约金为20808120元；2. 判决天津老板娘公司支付宝业公司的逾期付款违约金计算时间至二审判决之日止；3. 本案一、二审诉讼费均由天津老板娘公司与浙江老板娘公司承担。理由是：天津老板娘公司支付宝业公司一期工程款逾期违约金月息28‰的计算方法，是双方约定，又在本案一审诉讼时为双方一致认可。根据该计算方法和双方认可的计算期限时间，该项违约金为36193095元。但一审判决仅认定了7535964元，远低于双方约定和宝业公司的实际损失。

天津老板娘公司答辩称，一期工程违约金应在本金基础上进行计算，经进一步计算，即使12.7协议的范围及于全部，违约金也仅为7236170元。

浙江老板娘公司同意天津老板娘公司的答辩意见。

本院二审查明的事实与一审法院查明的事实相同。

本院认为，本案双方当事人的争议焦点为：一、天津老板娘公司应当向宝业公司支付多少工程款与违约金；二、如何认定浙江老板娘公司的保证责任。

关于天津老板娘公司应当向宝业公司支付多少工程款与违约金的问题。涉案工程款与违约金的计算应当依据双方当事人之间的合同约定。双方当事人前后就一期工程签订了经备案的《天津市建设工程施工合同》与《施工补充合同》。就G4冷库工程签订了经备案的《天津市建设工程施工合同》后又另行签订了《施工合同书》。就大门工程签订了《工程施工合同》。上述合同的效力除G4冷库工程双方存在争议外，其余双方均不存在争议。关于G4冷库工程，天津老板娘公司主张《施工合同书》有效，应依据《施工合同书》计算欠付G4冷库工程的工程款与违约金。但《施工合同书》并未经过备案，且在工程价款上进行了重大变更，而工程价款属于合同的实质性内容，该《施工合同书》违反了《中华人民共和国招标投标法》第四十六条的强制性规定，依法应当认定为无效。《最高人民法院关于审理建设工程施工合同纠纷案件适用法律问题的解释》第二十一条明确规定："当事人就同一建设工程另行订立的建设工程施工合同与经过备案的中标合同实质性内容不一致的，应当以备案的中标合同作为结算工程价款的根据。"因此，欠付的G4冷库工程款与违约金的计算应当以经过备案的《天津市建设工程施工合同》为依据。天津老板娘公司与宝业公司对于涉案工程已经支付的工程款数额并不存在争议，但对于已经支付的工程款支付的是针对哪个工程的工程款存在争议。天津老板娘公司主张应依据9.26协议确定支付工程款的情况。但双方签订的12.7协议第（四）项约定，"如甲方在2011年12月30日前仍未履行，则9.26协议自行作废，按原签订的相关工程承包合同约定的权利义务执行"。该附条件的约定系双方真实意思的表示，且不违反法律的禁止性规定，应为有效。本案的实际情况是在2011年12月30日前，天津老板娘公司并未依约支付涉案工程款，因此，依据双方合同约定，9.26协议自行作废。天津老板娘公司认为应依据9.26协议确认工程款及违约金的支付，其主张缺乏依据，本院不予支持。关于应支付的违约金，由于以合同总价作为计算违约金的依据会出现违约金高于欠款本金数额的情况，一审法院在天津老板娘公司提出违约金过高应予调整的请求后，对于过高的违约金数额结合本案的实际情况以欠付的工程款作为计算基数进行了适当调整，并无不当。宝业公司主张违约金数额远低于其实际损失并未提供相应证据，且其主张应将违约金计算至判决生效之日已超出一审的诉讼请求范围，因此，对于其上诉请求，本院亦不予支持。

关于如何认定浙江老板娘公司的保证责任与范围的问题。浙江老板娘公司与天津老板娘公司对于一审认定浙江老板娘公司承担保证责任的性质为一般保证以及保证期间为主债务履行期间届满之日起两年均不持异议。从一期工程《施工补充合同》的约定看，天津老板娘公司应于2009年11月21日前支付除质保金之外的全部工程款，从付款义务的履行期间看，除质保金之外的工程款的保证期间为2011年11月21日，该保证期间已经到期。而对于质保金支付的约定期间，双方约定："尾款5%作为本工程质量保修金，保修期限为5年，甲方在乙方完全履行工程质量保修责任的前提下，在工程竣工验收合格满二年后10天内支付保修金的30%，满三年后10天内支付保修金的20%，满四年后10天内支付保修金的30%，满五年后10天内支付保修金的20%。"从上述约定看，最早的一期质保金的支付日期为工程竣工验收合格后满两年后的10天。依据一审查明的事实，一期工程竣工验收合格之日为2008年8月11日。最早的第一期质保金支付的日期为2010年8月21日，保证期间应至2012年8月21日到期，宝业公司的起诉时间为2012年1月4日。因此，在宝业公司起诉时，各期质保金的保证期间均未到期，一审认定浙江老板娘公司的保证范围为未到期的质保金并无不当。一审以双方之间有效的合同约定来计算涉案质保金亦无不当。

综上，一审判决认定事实清楚，适用法律正确。本院根据《中华人民共和国民事诉讼法》第一百七十条第一款第（一）项之规定，判决如下：

驳回上诉，维持原判。

二审案件受理费410628元，由天津老板娘水产食品物流有限公司负担285308元，浙江老板娘食品集团有限公司负担57520元，浙江宝业建设集团有限公司负担67800元。

本判决为终审判决。

审　判　长　　张进先
审　判　员　　吴晓芳
代理审判员　　王毓莹
二〇一三年六月十五日
书　记　员　　王楠楠

【实务建议】

事实上，对本条的理解，在实务不仅要结合《建设工程司法解释（一）》第21条的规定，同时也可以对照《建设工程司法解释（二）》第1条的规定。《建设工程司法解释（二）》第1条并未说明针对的是“必须招标的建设工程”还是“不属于必须招标的建设工程”。也就是建设工程无论是否属于必须招标，只要采用了招标方式发包工程项目，《建设工程司法解释（二）》第1条就可以适用，当然第1条不仅是工程价款结算依据的问题，还包括确定建设工期、工程质量等权利义务的问题。而本条则明确与《建设工程司法解释（一）》第21条一致，是解决工程价款结算依据的问题。两者不同之处在于本条明确是针对“不属于必须招标的建设工程”、也明确以“中标合同”而不是“备案的中标合同”作为结算依据。

正是由于《建设工程司法解释（一）》第21条没有十分明确规定是否适用非必须招标的工程，所以实践中产生分歧。如前述案例，在支持《建设工程司法解释（一）》第21条是同样适用于非必须招标的工程时，裁判文书只能引用该条规定。尽管前述案例中双方没有就第21条是否适用于非必须招标的工程展开激烈的争辩，但事实上这确是一个争点，同时因为前述案例系最高人民法院的判例，所以选取其为相关案例。在实践中，还有不少的案例涉及第 21 条是否适用非必须招标的工程之争议。

比如，在某建设工程施工合同纠纷案中，法院经审理认为："关于工程款结算依据问题。《最高人民法院关于审理建设工程施工合同纠纷案件适用法律问题的解释》第二十一条规定：'当事人就同一建设工程另行订立的建设工程合同与经过备案的中标合同实质性内容不一致的，应当以备案的中标合同作为结算工程价款的根据。'该条规定并非专门针对必须招标项目作出，而是适用于所有备案的中标合同。讼争工程虽属于非必须招标项目，仍应受该条款拘束。因此，一审据此认定根据备案的中标合同确定工程价款，与法相符，本院予以维持。上诉人……认为，该规定针对必须招标的项目，对于非必须招标的项目，应遵循双方真实意思表示，工程款应以 2006 年 7 月 18 日的《建设工程施工合同》及 2006 年 7 月 19 日的《补充协议》、2006 年 9 月 2 日的《补充协议书》为结算依据。这一主张违背上述司法解释规定，故本院不予采信。"①

可见，本条司法解释实施后，类似案件的裁判依据就更加清晰、明确、统一，利于定纷止争。

正如在解读《建设工程司法解释（二)》第 1 条时谈到的那样，本条以"中标合同"直接作为建设工程价款结算依据的前提是"中标合同"合法有效，但在"非必须招标工程"以招标方式进行发包的实践中，常常出现违反《招标投标法》的规定从而导致"中标合同"无效的情况。而实践中的难点在于如何举证说明"中标合同"无效。

而且，单从"中标合同"无效是否有利的角度，实践中也很难一概而论，只有结合具体情况才能判断"中标合同"一定对施工企业有利或者说对发包人有利。即对于举证"中标合同"的有效与否，不仅本身是一大难题，而且还要结合当事人的自身立场而言。

---

① 详见浙江省台州市中级人民法院（2015）浙台民终字第 574 号民事判决书。

第十条　中标合同与招投标文件不一致的处理

【条文内容】

当事人签订的建设工程施工合同与招标文件、投标文件、中标通知书载明的工程范围、建设工期、工程质量、工程价款不一致，一方当事人请求将招标文件、投标文件、中标通知书作为结算工程价款的依据的，人民法院应予支持。

【最高院意见】

最高院的《理解与适用》在本条释义中明确，"本条主旨"为明确当事人通过招标程序后签订的建设工程与招标投标文件不一致时工程价款的结算依据问题。

《理解与适用》在本条"要点提示"中提出，本条涉及就同一建设工程当事人签订的不同合同的种类及其内容、招投标文件的性质与效力、我国的招标投标备案制度、招投标文件在当事人之间能否成立生效的合同等问题。

在"条文理解"部分，《理解与适用》从"关于合同的基本理论""招标、投标、中标通知书的法律性质""招标投标程序中合同的成立时间""以招投标文件作为结算工程价款依据的法理依据"等五个方面阐释了对本条的理解。

同时，《理解与适用》在"审判实务"部分指出应当注意"参照招投标文件结算工程价款的前提是招标投标活动合法有效""中标通知书发出后，招标人、中标人因在工程实施的细节方面没有达成一致或者其他原因最终没有签订书面合同，那么在此情况下如何确定当事人结算工程价款的依据”“当事人在合同约定了合同文件优先顺序导致合同与招投标文件不一致的，能否尊重当事人约定适用合同约定结算工程价款”“审判实践中，能否将招投标文件作为当事人全部义务的依据”等四大问题。

【条文点读】

显然，本条没有区分所涉工程是否属于必须招标的工程，也就是只要通过招标方式发包的工程，本条规定都应适用。

《建设工程司法解释（一）》自2005年1月1日实施以来，整个建设工程施工合同纠纷领域，大多总是围绕工程价款、建设工期、工程质量、工程范围等实质性内容展开，而直至今日其中最为突出的仍然是工程价款结算依据的问题。《建设工程司法解释（一）》第21条在解决这一问题的过程中功勋卓著，同时又引发了诸多新的问题。

第一个新的问题，《建设工程司法解释（一）》第21条是否适用于非必须招标的工程项目。这个问题在实践中争议较大，司法裁判的价值取向各异，如果不解决就难以体现司法公正，令有关当事人无所适从，乱象丛生。此次《建设工程司法解释（二）》第9条给出了明确的意见，基本解决了非必须招标工程中有关工程价款结算依据的类似问题。

第二个新的问题，《建设工程司法解释（一）》第21条没有明确“实质性内容”的具体含义。进而在实践中引发不少的争议，导致司法判决不尽相同。随着时间的推移，司法实践逐步将“实质性内容”集中在“工程范围、建设工期、工程质量、工程价款”等几个方面，其间最高人民法院也曾以会议纪要的形式予以指导。此次《建设工程司法解释（二）》第1条第1款开宗明义，直接在处理“按中标合同确定权利义务”的问题时，对背离中标合同“实质性内容”的判断标准予以了明确。

第三个新的问题，《建设工程司法解释（一）》第21条开始施行以后出现了一些以让利等变相降低工程价款的方式、意在规避《招标投标法》第 46 条第 1 款的做法如何处理的问题。也就是单纯考量“另行签订的施工合同”在工程价款方面与“中标合同”并无二致，但双方却以其他的诸如就明显高于市场价格购买承建房产、无偿建设住房配套设施、让利、向建设单位捐赠财物等方式变相降低工程价款。《建设工程司法解释（二）》第 1 条第 2 款明确规定了此种情况下一方当事人请求确认无效应予支持。

第四个新的问题，《建设工程司法解释（一）》第 21 条没有明确以“备案的中标合同”作为结算工程价款的根据时，是否以该“备案的中标合同”有效为前提，以及如果“备案的中标合同”无效该如何处理。主流观点认为该条的适用应当以“备案的中标合同”有效为前提。从《理解与适用》对《建设工程司法解释（二）》多个条文的释义来看，只要直接采用“中标合同”，也就是《建设工程司法解释（一）》第 21 条规定的“备案的中标合同”作为工程价款结算依据的，其前提均是“中标合同”合法有效。至于如果“备案的中标合同”无效时该如何处理的问题，《建设工程司法解释（二）》第 11 条给出了明确的意见，我们下面会专门给以解析。

第五个新的问题，也就是本条需要解决的问题。《建设工程司法解释（一）》第 21 条施行后部分发包人为了规避这一规定，常常在招标发包工程项目的过程中，不再另行签订施工合同，而是将招标投标文件确立的实质性内容直接调整后约定到双方签订的中标合同里，对此应如何处理。

应该说，本条的规定是明确的，如果发包人出于自身控制成本的考虑，在确定中标人之后或者在确定中标人之前，即在招标文件、投标文件的基础上进一步就实质性内容与施工企业洽谈以追求自身利益最大化，而中标人或者拟中标人迫于中标的实现或者是最终能签订中标合同的压力，无奈之下与招标人在签订的施工合同中变更了之前通过招标投标文件确定的实质性内容，那么如果施工企业请求将招标文件、中标文件、中标通知书作为结算工程价款的依据，人民法院应予支持。

【相关案例】

新乡市新星房地产开发有限公司与河南省第二建设集团有限公司建设工程施工合同纠纷案【（2013）民申字第876号】

一、裁判要点

法院经审理后认为，关于工程款结算依据的认定问题：

1.《招标投标法》第四十六条第一款规定："招标人和中标人应当自中标通知书发出之日起三十日内，按照招标文件和中标人的投标文件订立书面合同。招标人和中标人不得再行订立背离合同实质性内容的其他协议。"上述规定属于法律的强制性规定。所谓"背离合同实质性内容"，是指在工程价款、工程期限以及工程质量等内容方面有所违背，而不是一般的合同内容变更或者其他条款的修改。本案新星公司与二建公司在工程招投标后签订的施工合同，有关工程价款、工程质量的约定与经过备案的招投标文件的内容不一致，属于招标人和中标人再行订立的背离合同实质性内容的其他协议。该合同违反了招标投标法第四十六条的强制性规定，应认定为无效合同。施工合同未经备案，只是二审判决认定本案不存在备案的中标合同的理由，并非否定合同效力的理由。因施工合同违反法律的强制性规定而无效，二审判决依据备案的招投标文件结算工程价款，并无不当。

2. 合同采取要约与承诺的方式订立，招标的法律性质为要约邀请，而投标的法律性质为要约，中标属于承诺。《施工招标文件》第3.1条关于以优惠率形式报价的规定，已由新星公司和二建公司通过投标与中标达成合意，共同确认合同价格为工程总造价的优惠率8.5%，该约定对双方当事人具有合同约束力，故投标和中标文件设定的优惠率是双方工程价款的结算依据。新星公司关于优惠率只是报价方式、缺乏合同依据的申请再审主张，不应支持。二建公司与另一公司签订的《联合施工协议》与本案不是同一法律关系，不能否定本案二建公司与新星公司之间应以招投标文件确定的优惠率来结算工程价款。

3.《建设工程司法解释（一）》第二十一条规定："当事人就同一建设工程另行订立的建设工程施工合同与经过备案的中标合同实质性内容不一致的，应当以备案的中标合同作为结算工程价款的根据。"该条解释的内容是"黑白合同"的认定问题。由于本案不存在备案的中标合同（白合同），新星公司与二建公司签订的施工合同就不属于一般意义上的"黑合同"，故二审判决并未适用建设工程案件司法解释第二十一条的规定来认定施工合同无效，不存在新星公司申请再审所主张的适用法律错误的情形。《建设工程司法解释（一）》第二十二条规定："当事人约定按照固定价结算工程价款，一方当事人请求对建设工程造价进行鉴定的，不予支持。"该条规定的适用，以按照固定价结算工程价款的合同有效为前提。本案新星公司与二建公司签订的施工合同是违反招标投标法强制性规定的无效合同，故本案不应适用建设工程案件司法解释第二十二条的规定。

二、裁判文书

中华人民共和国最高人民法院
民 事 裁 定 书

（2013）民申字第876号

再审申请人（一审被告、反诉原告，二审上诉人）：新乡市新星房地产开发有限公司。

法定代表人：熊家清，该公司董事长。

被申请人（一审原告、反诉被告，二审被上诉人）：河南省第二建设集团有限公司。

法定代表人：黄道元，该公司董事长。

再审申请人新乡市新星房地产开发有限公司（以下简称新星公司）因与被申请人河南省第二建设集团有限公司（以下简称二建公司）建

设工程施工合同纠纷一案，不服河南省高级人民法院（2012）豫法民一终字第159号民事判决，向本院申请再审。本院依法组成合议庭对本案进行了审查，现已审查终结。

新星公司申请再审称：（一）二审判决将招投标文件作为结算依据缺乏证据证明。1.《建设工程施工合同》（以下简称施工合同）与招投标文件的内容不一致，应当以合同为依据进行结算。新星公司与二建公司签订的施工合同，不属于《中华人民共和国招标投标法》（以下简称招标投标法）第四十六条规定的背离合同实质性内容的其他协议。合同效力高于招投标文件，应作为工程结算的依据。备案是二建公司的义务，不是合同生效条件，本案一审判决以施工合同未经备案为由否定合同效力，有悖于法律。2. 招投标文件设定的“优惠率形式招标”只是招标和投标报价的方式，不能作为结算依据。新星公司按合同约定价款再优惠8.5%进行结算，有合同依据。二建公司与另一公司签订的《联合施工协议》证明本案不能以优惠率结算。3. 本案不应适用最高人民法院《关于审理建设工程施工合同纠纷案件适用法律问题的解释》（以下简称建设工程案件司法解释）第二十一条的规定，应适用该司法解释第二十二条的规定。（二）二建公司逾期竣工621天，依据施工合同通用条款第14.2条、专用条款第35.2条的约定，二建公司应支付2005年6月30日至2006年12月7日的逾期交工违约金2384235元，2006年12月7日至2007年3月16日的逾期交工违约金5万元。2006年12月7日召开的协调会只协调竣工日期，未涉及二建公司逾期竣工的处理问题。二审判决仅判令二建公司承担5万元的逾期竣工违约金，显然不当。（三）二建公司应承担未文明施工的违约责任。施工合同专用条款第35.2条第4款、第9条第8款以及通用条款第9条均约定了文明施工的内容及违约责任，二建公司也作出了文明施工的承诺。新星公司提交了垫付8笔处理现场不文明施工费用的票据，证明二建公司未文明施工，应扣10万元。（四）二建公司未完全施工部分，由新星公司委托第三方施工支付工程款1495205元。新星公司还为二建公司垫付材料款 31414.56 元，垫付业主赔款 83041 元，上述款项均应在二建公司总工程款中扣除。新星公司依据《中华人民共和国民事诉讼法》第二百条第二项、第六项的规定申请再审。

二建公司提交意见称：新星公司的再审申请缺乏事实与法律依据，请求予以驳回。

本院认为：

（一）关于工程款结算依据的认定问题

1. 招标投标法第四十六条第一款规定："招标人和中标人应当自中标通知书发出之日起三十日内，按照招标文件和中标人的投标文件订立书面合同。招标人和中标人不得再行订立背离合同实质性内容的其他协议。"上述规定属于法律的强制性规定。所谓"背离合同实质性内容"，是指在工程价款、工程期限以及工程质量等内容方面有所违背，而不是一般的合同内容变更或者其他条款的修改。本案新星公司与二建公司在工程招投标后签订的施工合同，有关工程价款、工程质量的约定与经过备案的招投标文件的内容不一致，属于招标人和中标人再行订立的背离合同实质性内容的其他协议。该合同违反了招标投标法第四十六条的强制性规定，应认定为无效合同。施工合同未经备案，只是二审判决认定本案不存在备案的中标合同的理由，并非否定合同效力的理由。因施工合同违反法律的强制性规定而无效，二审判决依据备案的招投标文件结算工程价款，并无不当。

2. 合同采取要约与承诺的方式订立，招标的法律性质为要约邀请，而投标的法律性质为要约，中标属于承诺。《施工招标文件》第 3.1 条关于以优惠率形式报价的规定，已由新星公司和二建公司通过投标与中标达成合意，共同确认合同价格为工程总造价的优惠率 8.5%，该约定对双方当事人具有合同约束力，故投标和中标文件设定的优惠率是双方工程价款的结算依据。新星公司关于优惠率只是报价方式、缺乏合同依据的申请再审主张，不应支持。二建公司与另一公司签订的《联合施工协议》与本案不是同一法律关系，不能否定本案二建公司与新星公司之间应以招投标文件确定的优惠率来结算工程价款。

3. 建设工程案件司法解释第二十一条规定："当事人就同一建设工程另行订立的建设工程施工合同与经过备案的中标合同实质性内容不一致的，应当以备案的中标合同作为结算工程价款的根据。"该条解释的内容是"黑白合同"的认定问题。由于本案不存在备案的中标合同（白合同），新星公司与二建公司签订的施工合同就不属于一般意义上的"黑合同"，故二审判决并未适用建设工程案件司法解释第二十一条的规定来认定施工合同无效，不存在新星公司申请再审所主张的适用法律错误的情形。建设工程案件司法解释第二十二条规定："当事人约定按照固定价结算工程价款，一方当事人请求对建设工程造价进行鉴定的，不予支持。"该条规定的适用，以按照固定价结算工程价款的合同有效为前提。本案新星公司与二建公司签订的施工合同是违反招标投标法强制性规定的无效合同，故本案不应适用建设工程案件司法解释第二十二条的规定。

（二）关于二建公司是否应按施工合同的约定承担逾期竣工违约金的问题

二建公司逾期竣工是客观事实。虽然施工合同对逾期竣工的违约责任作出了约定，但2006年12月7日，新星公司与二建公司达成了《关于石榴园2#营住楼总二期安排及资金需求协调会议纪要》（以下简称会议纪要），对工程竣工日期和逾期交工违约责任进行了重新约定。该会议纪要第四条约定："如乙方（二建公司）未按期完工，一次性罚款5万元。"该约定对施工合同约定的逾期竣工违约责任作出了变更，双方当事人并未明确表明对竣工日期调整前二建公司的逾期竣工行为仍要追究违约责任。而且，逾期竣工与工程内容和工程量的变更有关。因此，二审判决依据会议纪要第四条的约定，判令二建公司承担5万元的逾期竣工违约责任，并无不当。新星公司要求二建公司按照施工合同的约定承担逾期竣工违约责任，依据不足。

（三）关于二建公司是否应承担未文明施工的违约金问题

施工合同虽然约定了未文明施工的违约责任，但对"未文明施工"

的标准并未作出明确约定。新星公司申请再审时依据8张代垫费用收据主张二建公司未文明施工，该8张收据的内容分别是支付建筑安装公司款项、垃圾运费、人工费以及消防连接费用，其内容不能证明有关款项与涉案工程的施工有关，也不能证明二建公司存在何种未文明施工行为，且在工程竣工验收时，新星公司与监理机构均未就文明施工问题提出异议，故二审判决不予支持新星公司的该项反诉请求，并无不当。

（四）关于二建公司所得工程款是否应扣除新星公司为其垫付的286.94万元的问题

1. 本案一审法院经双方当事人申请，委托司法鉴定机构对二建公司施工部分的工程造价进行了鉴定，鉴定意见明确标明“不含新星公司主张扣除部分造价”。二审判决依据鉴定结论判令新星公司支付的工程价款，不包括二建公司未施工部分，新星公司主张从二建公司应得工程款中扣除新星公司垫付款项，不应支持。而且，新星公司委托第三方施工所支付的工程款，不属于新星公司为二建公司垫付的费用，不存在代垫费用的返还问题。

2. 新星公司申请再审提交的8张收据，不能证明其为二建公司垫付31414.56元材料款的事实。一是8张收据的总额与再审申请书所主张的垫付款总额不一致；二是8张收据均是复印件，其内容与该公司在一审提交的用以证明垫付款事实的8张收据不完全一致，真实性不能确定；三是有4张收据的出具时间是2008年，而涉案工程早在2007年3月就已竣工验收，故这4张收据与涉案工程没有关联性；四是另外4张收据中，有2张收据载明的款项是支付垃圾清运费，不是新星公司主张的材料款，而另2张收据载明的款项是砖地面人工费和粉刷阳台款，不能证明是与涉案工程有关的费用。因此，新星公司关于为二建公司垫付材料款的主张，缺乏证据证明。

3. 工程出现质量问题应由新星公司通知二建公司进行维修，新星公司在未通知二建公司的情况下，单方面出具的支付业主赔款的收据，真实性不能确定，不能据此认定房屋存在质量问题以及二建公司应承担赔偿责任。

综上，新星公司的再审申请不符合《中华人民共和国民事诉讼法》第二百条第二项、第六项规定的情形。依照《中华人民共和国民事诉讼法》第二百零四条第一款之规定，裁定如下：

驳回新乡市新星房地产开发有限公司的再审申请。

审 判 长　郑学林
代理审判员　尚　争
代理审判员　潘　杰
二〇一三年十一月二十九日
书 记 员　冯哲元

【实务建议】

在建设工程承发包实践中，发包人除了以在中标合同之外另行订立实质性内容与中标合同不一致的施工合同、以要求施工企业出具单方让利等承诺变相降低工程价款外，还通常会在发出中标通知后、签订中标合同之前与施工企业进一步协商，要求签订的中标合同约定的工程价款低于中标通知书载明的工程价款，从而使施工企业不得不违心地作出让步，苦不堪言。

本条正是针对此种现象，明确规定“当事人签订的建设工程施工合同与招标文件、投标文件、中标通知书载明的工程范围、建设工期、工程质量、工程价款不一致，一方当事人请求将招标文件、投标文件、中标通知书作为结算工程价款的依据的，人民法院应予支持”。因此，施工企业对类似在招投标文件之外另行协商或承诺的关于工程范围、建设工期、工程质量、工程价款等内容而最后签订的施工合同可以大胆说“不”，直接请求以招标文件、投标文件、中标通知书作为结算工程价款的依据。

同样，对发包人来说，如果希望通过招标投标活动很好地控制建造成本、提高效率、确保质量，那么需要花更多的功夫在招标文件的制作方面，以利于选择到相对最合适的承包人，而不是将招投标活动视为一种形式，进而通过另行与准中标人洽谈施压的方式来降低工程价款。

当然，对承包人而言，也不能因为有了本条的规定，就可以在招投标活动中一味采取先答应然后再反悔的方式处理类似问题。毕竟一家企业在市场中的商誉和口碑是日积月累综合多种因素逐渐形成的，无论在道德层面还是法律层面，均应以诚信为先，方能不断持续经营发展。

第十一条　签订的多份施工合同均无效时如何结算

【条文内容】

当事人就同一建设工程订立的数份建设工程施工合同均无效，但建设工程质量合格，一方当事人请求参照实际履行的合同结算建设工程价款的，人民法院应予支持。

实际履行的合同难以确定，当事人请求参照最后签订的合同结算建设工程价款的，人民法院应予支持。

【最高院意见】

最高院的《理解与适用》在本条“条文主旨”中明确，本条是关于就同一建设工程签订的数份建设工程施工合同均无效但建设工程质量合格时，以哪份合同作为结算建设工程价款依据的规定。

《理解与适用》在本条“要点提示”中从合同成立、合同效力、合同无效的法律后果及保持与《建设工程司法解释（一）》司法解释理念的一致性出发，仍坚持在工程价款结算问题上参照合同约定原则，并确立实际履行合同优先，实际履行合同难以确定时，最后签订合同优先的原则。

“条文理解”部分从“如何理解本条中‘当事人就同一建设工程订立的数份建设工程施工合同均无效，但建设工程质量合格’”“如何理解本条中‘实际履行的合同难以确定，当事人请求参照最后签订的合同结算建设工程价款的，人民法院应予支持’”等两个方面详细阐释了本条。

在“审判实务”部分，《理解与适用》则明确指出，司法实务中至少还需要厘清“如何理解本条中的‘当事人请求参照最后签订的合同结算建设工程价款'”及“如建设工程质量不合格，应如何结算工程价款”等两个问题。

【条文点读】

从起草人的角度看，《理解与适用》明确表明本条的基本起草理念与《建设工程司法解释（一）》第2条基本保持一致，而在实务操作者的眼里，本条既是处理合同无效但质量合格的工程价款支付问题，也是处理工程价款在面临几份合同均无效情况下的结算依据问题。本条同时与《建设工程司法解释（一）》第21条、《建设工程司法解释二》第1条、第9条、第10条密切相关，这五条共同构成了建设工程价款结算依据的基本体系，尽管在《建设工程司法解释（二）》第1条规定的不仅是工程价款的结算依据，还有“按照中标合同确定权利义务”。

本条实质上重点解决一个问题，即施工合同均无效如何结算？尽管导致合同无效的原因众多，但因中标无效进而导致合同无效的情形占了相当一部分，原因在于通过招标发包工程项目时相对更容易出现就同一建设工程签订数份施工合同的情况。换句话说，这里的“均无效”在很多情况是包括“中标合同”也无效在内的。包括“中标合同”在内的数份合同均无效如何结算，正是实践中亟须妥善处理的问题。

这个问题又分两个层面，当数份合同均无效时，如果双方实际履行的合同不难确定，那么一方请求参照实际履行的合同结算建设工程价款的，人民法院予以支持；如果实际履行的合同难以确定，那么当事人请求参照最后签订的合同结算建设工程价款的，人民法院应予支持。当然，我们讨论这些问题都是建立在建设工程质量合格的前提下的。

对于参照实际履行的合同结算工程价款，实务中已基本达成共识，分歧较小；但在难以确定实际履行的合同时，参照最后签订的合同结算工程价款，实践中却有不少的分歧。随着《建设工程司法解释（二）》的正式施行，最高人民法院一锤定音，实现了司法裁判原则的统一。

【相关案例】

浙江天业建设有限公司与被申请人泰州市新东方房地产开发有限公司建设工程施工合同纠纷案【（2015）民申字第2254号】

一、裁判要点

法院经审理认为，本案所涉工程为商品住宅，新东方公司对工程建设项目正式招标前与天业公司事先签订了《施工合同意向协议》。原审法院认为，该工程建设项目根据国家发展计划委员会《工程建设项目招标范围和规模标准规定》属于必须招标的工程建设项目，根据《最高人民法院关于审理建设工程施工合同纠纷案件适用法律问题的解释》第一条之规定，《施工合同意向协议》系未经招标签订的合同，应认定为无效。

关于本案所涉工程款项结算，《施工合同意向协议》与《建设工程施工合同》的约定不完全一致，前者约定为据实结算，后者约定为固定价格。一、二审法院在认定《施工合同意向协议》与《建设工程施工合同》无效的基础上，依据《建设工程施工合同》结算工程价款。

从意思表示的顺序上看，因两份合同的当事人均为新东方公司与天业公司，且针对同一工程项目，在两份合同约定不一致时，也应根据签订在后的《建设工程施工合同》作为确定当事人权利义务的依据。

二、裁判文书

中华人民共和国最高人民法院

民 事 裁 定 书

（2015）民申字第2254号

再审申请人（一审原告、二审上诉人）：浙江天业建设有限公司。住所地：浙江省杭州市拱墅区湖州街18号1楼。

法定代表人：吴盛奖，该公司董事长。

被申请人（一审被告，二审上诉人）：泰州市新东方房地产开发有限公司。住所地：江苏省泰州市姜堰区姜堰镇西大街111号。

法定代表人：黄晓兰，该公司董事长。

再审申请人浙江天业建设有限公司（以下简称天业公司）为与被申请人泰州市新东方房地产开发有限公司（以下简称新东方公司）建设工程施工合同纠纷一案，不服江苏省高级人民法院（2015）苏民终字第0245号民事判决，向本院申请再审。本院依法组成合议庭进行了审查，现已审查完结。

天业公司申请再审称：（一）原审法院认定《施工合同意向协议》无效是错误的。1. 根据《江苏省工程建设项目招标范围和规模标准规定》第四条之规定，商品住宅不属于必须招标的项目。本案一期、二期工程均为商品住宅，原审法院认为本案所涉项目属于必须招标的工程建设项目是错误的。2. 当事人在诉讼中均一致认定《施工合同意向协议》为有效合同，人民法院应当尊重当事人的意思自治。（二）本案一、二期工程所涉的《建设工程施工合同》为无效合同。天业公司投标的报价是根据新东方公司招标时的施工图纸编制，但实际施工的图纸并不是招标时的图纸，因图纸变更导致的施工范围变动应由新东方公司承担。原审法院以《建设工程施工合同》作为结算依据，违背客观事实。（三）本案所涉工程应以《施工合同意向协议》为结算依据，按实结算工程款。1.《建设工程施工合同》仅是双方为满足招投标程序做的一个手续，其内容并不是双方的真实意思。原审法院认定双方实际履行的是《建设工程施工合同》而非《施工合同意向协议》是错误的。2. 天业公司并不是以《建设工程施工合同》签订时的施工图和工程量清单实际施工，而是按新东方公司后来提供的施工图施工，实际施工图与招投标时的施工图有实质性变化。3. 天业公司一、二期的投标报价文件均以招投标时的施工图编制，只有在施工图总体不变时才依据《建设工程施工合同》采用固定总价结算工程款，但本案所涉工程的实际施工图已经发生了实质性变化。4. 根据一审2013年2月27日庭审笔录，双方均同意按2004年定额结算工程款。5. 根据2014年3月19日一审庭审笔录，鉴定人缪志宏明确提出“如果双方实事求是，按理说按实结算与合同加变更是一致的”。说明合同加变更的结算方式并没有真实反映实际施工情况，也说明采用该结算方式认定工程款是错误的。6. 按实结算没有损害新东方公司的利益。7. 大量证据证明双方系按实结算。(四) 原审认定事实错误的其他几个主要内容。1. 原审法院认定8号楼在招标时使用的是经过修改的设计图纸是错误的。8号楼图纸修改的是与天业公司无关的工程，与天业公司有关的工程并未修改。原审法院二审中引用的泰州市振兴工程咨询管理有限公司编制的工程参考预算价并未经过质证。2. 二期工程招标时仅涉及地下室，但天业公司实际施工的工程不仅有地下室还有人防工程，该部分工程款应据实结算。3. 天业公司实际施工的联系单部分工程款未进行结算。4. 鉴定机构对工程造价进行鉴定时，未严格按照国家规定的定额标准结算工程款，造成天业公司合理的工程款未能得到保护。5. 原审法院对天业公司实际施工的大量工程没有依法查明。(五) 即使《施工合同意向协议》与《建设工程施工合同》均为无效，也应按《施工合同意向协议》与《建设工程施工合同》的差价确定工程价款。综上，依据《中华人民共和国民事诉讼法》第二百条第（一)、(二)、(四)、(六)项之规定，向本院申请再审。

新东方公司答辩称：（一）本案不存在“有新证据足以推翻原判决”的情形。1. 天业公司再审申请时，不提交相关证据，与法不符。2. 天业公司提交的证据不属于法律意义上的新证据，亦不足以推翻原判决。(二) 天业公司提出的“原判决认定的基本事实缺乏证据证明”的主张不能成立。1. 本案所涉工程款项应以《施工合同意向协议》还是《建设工程施工合同》作为结算依据，不是事实认定问题，而是法律适用的范畴。一、二审法院在委托鉴定机构对工程价款进行了司法鉴定，双方均未提出重新鉴定申请的情况下，依照相关法律和司法解释的规定，作出工程结算价应执行《建设工程施工合同》的判决。2. 本案不存在招标图纸与施工图纸不一致的情形，更不存在新东方公司在“施工过程中”另向天业公司提交其他图纸的事实。一审法院委托鉴定的工程图纸系天业公司所提交，天业公司还申请调取招标主管部门存档的案涉工程招标图纸，但从未提出过图纸不一致的问题。二审中，天业公司以招投标之前尚未正式定案的工程图纸为证据，提出工程招标图纸与施工图纸不一致的问题。二审法院经通知鉴定人到庭质证，确认天业公司二审提交的图纸不是案涉工程的招标图纸和施工图纸。3. 案涉工程款已经司法鉴定，双方均未要求重新鉴定，故在工程结算价款这一基本事实的认定上，原审判决的证据是充分的。（三）原审判决适用法律确有错误，但天业公司的主张不能成立。1. 一审诉讼中，双方当事人都认为案涉建设工程施工合同是有效的，直到法庭辩论时，天业公司才认为《施工合同意向协议》是有效的，两份《建设工程施工合同》是无效的。现天业公司申请再审认为，双方当事人均一致认定《施工合同意向协议》为有效合同，与客观事实不符。2. 国家发展计划委员会与江苏省人民政府不是同一机关，两者发布的《工程建设项目招标范围和规模标准规定》不属“新规定与旧规定”的关系。天业公司以案涉工程必须进行招投标为由，认为《施工合同意向协议》有效，却主张两份《建设工程施工合同》无效，显然自相矛盾。3.《施工合同意向协议》只是邀请投保的意向性协议，且明确约定工程价款以中标价为准。两份《建设工程施工合同》均是经招标程序签订的合同，且经过主管部门登记备案，其合同价款应按中标价确定。

再审审查中，天业公司申请案外人贾羊喜出庭作证，拟证明天业公司制作投标材料时新东方公司并没有提供图纸，而只是按照新东方公司给定的参考预算价确定招标价格，双方实际是按实结算。

根据双方的再审申请及答辩理由，本院认为，本案的争议焦点有四：一是本案所涉《施工合同意向协议》是否有效；二是本案所涉工程款项应以《施工合同意向协议》还是《建设工程施工合同》为结算依据；三是天业公司实际施工图纸是否与招投标图纸不一致；四是本案是否存在其他事实认定错误问题。

一、本案所涉《施工合同意向协议》是否有效的问题

本案所涉工程为商品住宅，新东方公司对工程建设项目正式招标前与天业公司事先签订了《施工合同意向协议》。原审法院认为，该工程建设项目根据国家发展计划委员会《工程建设项目招标范围和规模标准规定》属于必须招标的工程建设项目，根据《最高人民法院关于审理建设工程施工合同纠纷案件适用法律问题的解释》第一条之规定，《施工合同意向协议》系未经招标签订的合同，应认定为无效。天业公司再审申请认为，根据《江苏省工程建设项目招标范围和规模标准规定》，商品住宅的工程建设项目不属于必须招标项目，原审法院认定本案所涉工程建设项目属于必须招标项目，适用法律错误。本院认为，国家发展计划委员会《工程建设项目招标范围和规模标准规定》是依照法定程序制定的，现仍为有效规定，原审法院依据该规定认定商品住宅的工程建设项目属于必须招标的工程建设项目，并无不当。此外，关于合同效力的认定属于人民法院必须依职权主动审查事项，故即使当事人均认为合同有效，人民法院仍应根据法律规定对合同效力作出判断。天业公司以当事人一致认定《施工合同意向协议》为有效合同为由主张该协议有效，缺乏依据，不予支持。即使《施工合同意向协议》有效，本案所涉工程价款也不当然以该协议作为结算依据。可见，《施工合同意向协议》效力的认定，不影响本案的实体审理。天业公司关于《施工合同意向协议》效力的再审理由，不予支持。

二、本案所涉工程款项应以《施工合同意向协议》还是《建设工程施工合同》为结算依据的问题

关于本案所涉工程款项结算，《施工合同意向协议》与《建设工程施工合同》的约定不完全一致，前者约定为据实结算，后者约定为固定价格。一、二审法院在认定《施工合同意向协议》与《建设工程施工合同》无效的基础上，依据《建设工程施工合同》结算工程价款。

天业公司再审申请认为，《建设工程施工合同》仅是双方为满足招投标程序做的一个手续，《施工合同意向协议》才真正体现当事人双方的真实意思，双方实际履行的是《施工合同意向协议》，而不是《建设工程施工合同》，原审按照《建设工程施工合同》结算工程价款不当。根据原审查明事实，《施工合同意向协议》是新东方公司与天业公司在招投标之前签订的协议，该协议第四条载明："工程造价：暂定4000万元(实际按中标价)。"第十一条载明："本意向协议双方签字盖章后一月内，甲方（新东方公司）进入此项工程的招投标程序，开标后乙方（天业公司）若能中标，双方在十日内签订施工合同，同时明确贰佰万元的投保保证金转为履约保证金。如乙方不能作为中标单位，在开标后三日内甲方将全额退还乙方的招标保证金。"从以上内容可以看出，新东方公司与天业公司签订意向书的目的是为了事先固定缔约机会，以便将来中标后签订正式的施工合同。因此，《施工合同意向协议》从法律性质上看属于预约合同，在当事人双方正式签订作为本约的《建设工程施工合同》后，应根据《建设工程施工合同》来确定当事人之间的权利义务关系。天业公司认为应根据《施工合同意向协议》来结算工程价款的主张缺乏法律依据，不予支持。从意思表示的顺序上看，因两份合同的当事人均为新东方公司与天业公司，且针对同一工程项目，在两份合同约定不一致时，也应根据签订在后的《建设工程施工合同》作为确定当事人权利义务的依据。《最高人民法院关于审理建设工程施工合同纠纷案件适用法律问题的解释》第二十一条规定："当事人就同一建设工程另行订立的建设工程施工合同与经过备案的中标合同实质性内容不一致的，应当以备案的中标合同作为结算工程价款的根据。"《施工合同意向协议》未经备案，而《建设工程施工合同》已经备案，二者不一致时，也应以备案的《建设工程施工合同》作为结算工程价款的根据。因此，原审法院以《建设工程施工合同》作为结算工程价款的依据，符合法律规定。

三、天业公司实际施工图纸是否与招投标图纸不一致的问题

一审中，天业公司申请对本案所涉工程价款进行鉴定，并提交了

46张设计图纸作为鉴定依据。鉴定机构依据该图纸进行鉴定，并出具鉴定结论。二审中，天业公司又提交了50张图纸，认为该50张图纸才是新东方公司招标时的设计图纸，一审中其提交的46张图纸是实际施工的设计图纸，实际施工的图纸与招标时设计图纸相比存在实质性变化，导致工程量增加，《建设工程施工合同》约定的合同价格是根据招标时的设计图纸计算的，如以《建设工程施工合同》约定的价格为结算依据明显不公。二审法院认为，天业公司关于招标时编制预算的依据是二审中提供的50张图纸依据不足，不予采信。天业公司再审申请认为，其实际施工的工程范围与招标时的设计图纸有实质性变化，原审以《建设工程施工合同》作为结算依据明显不当。根据在案事实，一审法院委托鉴定所依据的图纸是天业公司提交的，二审中天业公司虽又提交了另外50张图纸，并认为该50张图纸才是新东方公司招标时的设计图纸，但却没能提供证据予以证明，二审法院未予支持并不违反证据规则。而且，据前文所述，本案所涉工程价款应以《建设工程施工合同》作为结算依据。根据《建设工程施工合同》，一期工程合同价款采用固定价格，总金额为37975666元。关于工程变更，《建设工程施工合同》专用条款第29条载明："承包人不得随意变更原工程设计，所有设计变更、签证须经发包人认可。仅有监理工程师签订未经发包人履约代表认可的设计变更、签证单据不得作为验收和结算的依据。"第33条载明："经发包人认可调整的工程量参照工程招标计价依据，由具有相应资质的工程造价咨询机构审核计算工程款，并按照9%下浮率进行工程结算。"根据以上约定，天业公司如在施工过程中发现实际施工的图纸与招标时的图纸不一致，应当取得新东方公司的认可，并由有相应资质的工程造价咨询机构审核计算工程款。本案中，天业公司主张，其实际施工的工程范围与招标时的设计图纸不一致，但却没有提供证据证明工程变更经过新东方公司同意，故天业公司关于实际施工范围与招标时设计图纸不一致的主张亦不能得到支持。天业公司再审申请时提出，其制作投标材料时新东方公司并没有提供图纸，而只是按照新东方公司给定的参考预算价确定招标价格，并申请证人出庭证明该事实。天业公司申请出庭的证人为实际施工单位的工作人员，与天业公司存在利害关系，不能仅依据其证人证言证明以上事实。天业公司还提出，二审关于8号楼在招标时使用的是经过修改的设计图纸是错误的，且二审判决依据的泰州振兴工程咨询管理有限公司编制的工程参考预算价未经质证。据前文分析，以上事实对本案关于天业公司实际施工的工程范围与招标时的设计图纸是否有实质性变化的认定并无影响，故天业公司以上理由，亦不能得到支持。

四、本案是否存在其他事实认定错误问题的问题

天业公司主张，二期工程招标时仅涉及地下室，但天业公司实际施工的不仅有地下室还有人防工程，该部分工程款应据实结算。根据二期工程招标文件的投标须知前附表1，本案所涉工程项目包括地下室，天业公司投标时出具的报价表中明确注明“地下室及人防”的建筑面积为5280平方米，双方签订的《建设工程施工合同》亦包括人防及地下室工程。天业公司以上主张与事实不符，不能得到支持。天业公司还主张，其实际施工的联系单部分工程未予结算、鉴定机构对工程造价进行鉴定时违反相关国家规定、原审法院对天业公司实际施工的大量工程没有依法查明，但均未能提供相应证据予以证明，亦不能得到支持。

综上，天业公司的再审申请不符合《中华人民共和国民事诉讼法》第二百条第一、二、四、六项规定的情形。本院依照《中华人民共和国民事诉讼法》第二百零四条第一款之规定，裁定如下：

驳回浙江天业建设有限公司的再审申请。

审　判　长　　王富博
代理审判员　　林海权
代理审判员　　张　颖
二〇一五年十一月九日
书　记　员　　陆　昱

【实务建议】

前述案例历经江苏省泰州市中级人民法院一审（案号为（2012）泰中民初字第0035号）、江苏省高级人民法院二审（案号为（2015）苏民终字第0245号）、最高人民法院再审（案号为（2015）民申字第2254号）后尘埃落定。

概言之，双方当事人对争议的一期工程先后签订了两份施工合同，一份是招标发包之前签订的《施工合同意向协议》，另一份是经过招标投标后签订的《建设工程施工合同》；双方对争议的二期工程仅在经过招标投标后签订了一份《建设工程施工合同》。

由于天业公司在签订《施工合同意向协议》之后、签订《建设工程施工合同》之前就实际进场施工，一审法院认定一期工程两份合同均无效，且因两份合同关于工程款的约定并不冲突，以《建设工程施工合同》作为结算依据给予支持；而对于二期工程，一审法院认为仅签订一份经过招标投标的《建设工程施工合同》，该合同合法有效，应作为结算工程价款的依据。

二审法院对一期工期所涉两份合同认定为均无效，同时因双方实际履行的是《建设工程施工合同》，因此以《建设工程施工合同》作为结算工程价款依据；同时，二审法院在新东方公司认可二期工程中桩基工程在招投标之前即由天业公司进场施工的基础上，认定二期工程签订的《建设工程施工合同》亦属无效，依法参照该合同约定进行工程价款结算。二审法院对于一期工程有关的两份合同均无效的处理，符合《建设工程司法解释（二）》第11条第1款的规定，即“一方当事人请求参照实际履行的合同结算工程价款的，人民法院应予支持”。

再审法院对于天业公司在一期工程结算中以《施工合同意向协议》作为依据的请求不予支持的理由主要有三个方面：一是《施工合同意向协议》在法律上属于预约合同；二是从意思表示的顺序看，《施工合同意向协议》在前，《建设工程施工合同》在后；三是《建设工程施工合同》属于登记备案的合同，《施工合同意向协议》未经备案。

且看最高人民法院的上述三点理由。首先，可以推测的是最高人民法院对二审法院在系争一期工程中以《建设工程施工合同》属于双方实际履行的合同所以支持其作为结算依据的观点持有保留意见，事实上天业公司也有相当的理由认为实际履行的是《施工合同意向协议》；其次，最高人民法院的第一点理由在实践中的其他类似案件中难以普遍适用，因为有大量在招标投标之前签订的类似合同，并不具备“预约合同”的特征，同时关于“预约”与“本约”的争论历来纷繁复杂；再次，最高人民法院的第三点理由随着2018年住房和城乡建设部取消施工合同备案登记制度后，在未来的司法实践中也失去了制度和现实的基础，不具有普遍适用的可能；最后，最高人民法院的第二点理由符合《建设工程司法解释（二）》第11条第2款的规定，即“实际履行的合同难以确定，当事人请求参照最后签订的合同结算建设工程价款的，人民法院应予支持”。

然在实践中，就双方争议的一期工程而言，可能是更为复杂的情况，比如双方不仅在招标投标前签订《施工合同意向协议》、在招标投标后签订《建设工程施工合同》，很可能在签订《建设工程施工合同》之后双方还会签订一份简要的协议书或类似的承诺书等以确认双方按照招标投标前签订的《施工合同意向协议》履行，同时表明《建设工程施工合同》只是配合招标投标程序而定。在这种情形下，工程价款的结算依据又该如何认定？笔者倾向于在各种因素综合考量的情况下，着眼于引导各方当事人向依法经营的方向发展，同时兼顾各方利益之平衡，以裁判。

此外，新东方公司与天业公司的纠纷如果发生在商品住宅已不属于必须招标范围的2018年6月之后，那么《建设工程司法解释（二）》第11条仍然适用，因为强调的是建设工程质量作为前提，而无关乎工程是否属于必须招标的范围。另有一点需要说明，本案例中二审法院以施工单位提前进场施工且就工程发包的实质性内容进行洽谈，得出双方存在串标且中标无效的结论似乎也还有商榷的余地。值得关注的是,《理解与适用》在对《建设工程司法解释（二）》第1条进行条文释义时，提到实务中应注意的是:“不能简单地以当事人在招标投标之前签订过具备施工合同实质要件的意向书、补充协议、承诺书、会议纪要、备忘录等即否定中标合同的效力。中标合同是否无效，取决于双方当事人在招标投标过程中是否存在导致招标投标无效的情形。”①

综上，在实务操作中，对于哪份合同是实际履行的合同之判断，主要在于举证的充分。这需要从双方实际履行的细节事实着手，比如每一次进度款的支付、现场签证的办理、施工进度的报告、每一次例会的纪要内容等。如果出现合同交叉履行的情形，那么哪一份是最后签订的合同，关键也在于举证的充分。反观类似案件审判的现状，是错综复杂的，无论发包人还是承包人，均应从中积累经验和吸取教训，从而不断提高公司的法治意识及工程管理水平是为上策。

---

① 最高人民法院民事审判第一庭编著:《最高人民法院建设工程施工合同司法解释（二）理解与适用》，人民法院出版社2019年版，第55页。

第十二条　工程已结算能否申请对造价进行司法鉴定

【条文内容】

当事人在诉讼前已经对建设工程价款结算达成协议，诉讼中一方当事人申请对工程造价进行鉴定的，人民法院不予准许。

【最高院意见】

最高院的《理解与适用》在本条“条文主旨”中明确，本条是关于当事人就建设工程价款结算达成一致后，当事人一方又申请对建设工程造价进行鉴定，人民法院是否准许的规定。

《理解与适用》在“要点提示”部分谈到，本条实质是民事诉讼应当遵守诚实信用原则在建设工程施工合同纠纷领域的具体落实和体现。

同时，《理解与适用》还从“如何理解本条中‘当事人在诉讼前已经对建设工程价款结算达成协议’”及“如何理解本条中‘诉讼中一方当事人申请对工程造价进行鉴定的，人民法院不予准许’”等两个方面谈了对本条的理解。

在“审判实务”部分，《理解与适用》着重分析了实践中还存在的“本条适用是否以建设工程施工合同有效为前提”“本条适用是否以建设工程竣工或质量合格为前提”“建设工程价款结算协议无效或被撤销后，申请工程造价鉴定应依情形而定”等三个实务问题。

【条文点读】

《理解与适用》中谈到，“司法解释专班成员讨论稿第 19 条对本条表述为：当事人在诉讼前已经对工程价款数额结算达成协议。……该表述多为口语习惯性表达，并不正式。官方文件正式表述为：建设工程价款结算”[①]。故而将“数额”两字删除并在定稿时采用了目前的表述。殊不知，“数额”两字的有无，区别并非仅仅在于“口语习惯性表达”和“官方文件正式表述”。关键在于从字面上理解，有了“数额”两字，说明建设工程价款的结算已经完成，具体数额已经达成，表达的是一个客观存在的状态；如果没有“数额”两字，很可能被理解为双方还需要开展具体的“结算”活动，才能得出具体的数额，双方不过是就如何开展“结算”活动达成了一致而已。真可以说，差之毫厘失之千里。

从《理解与适用》的字里行间能够体会到，起草人对本条中“工程价款结算”的理解应该是要表达“工程价款数额结算”的意思。也就是说，当事人在诉讼前只有对建设工程价款“数额结算”达成协议，才符合本条的规定。

【相关案例】

薛理杰、陈强因与重庆交通建设（集团）有限责任公司、绵阳市交通运输局、绵阳市重点公路建设指挥部（以下简称指挥部）、绵阳市重点公路建设指挥部办公室、绵阳市人民政府、四川荣邦建筑工程有限公司、四川辰升建筑劳务有限责任公司建设工程施工合同纠纷案【（2015）民申字第3226号】

一、裁判要点

法院经审查认为，《退场清算协议》是在相关各方当事人参与协商并取得一致意见的基础上形成的，系为彻底解决工程款问题与退场清算问题而达成的协议，当地人民政府相关部门参与了这一过程并作为

---

① 最高人民法院民事审判第一庭编著：《最高人民法院建设工程施工合同司法解释（二）理解与适用》，人民法院出版2019年版，第273页。

见证人。薛理杰、陈强提出该协议系其在被胁迫的情况下签订的主张，缺乏证据证明；薛理杰、陈强虽认为该协议约定的工程价款过低，涉案工程款应为2亿多元（编者注：《退场清算协议》约定为10044万元），但也不能提供充分证据，故本院对其主张不予支持。《退场清算协议》是双方自愿协商的结果，体现了双方真实的意思表示，并且不违反法律的禁止性规定，二审判决认定该协议有效，并以此为依据确定涉案工程款，不存在认定的基本事实缺乏证据证明的问题。

依据本案已经查明的事实，涉案工程系由指挥部发包给重庆交建，重庆交建与辰升公司签订了《劳务协作合同》。后辰升公司将涉案工程又转包给薛理杰、陈强，并对薛理杰、陈强履行了部分管理职责，双方还就工程款结算以及工程质量等问题签订了《退场清算协议》。在薛理杰、陈强退场后，辰升公司仍然继续履行其与重庆交建签订的《劳务协作合同》。因此，二审判决认定辰升公司与薛理杰、陈强之间存在转包合同关系，也不缺乏证据证明。在双方已经签订有效的《退场清算协议》基础上，本案已无须对涉案工程款进行鉴定，原审判决不支持薛理杰、陈强对工程价款进行鉴定的请求，并未违反法律的相关规定。

二、裁判文书

中华人民共和国最高人民法院
民事裁定书

（2015）民申字第3226号

再审申请人（一审原告、二审上诉人）：薛理杰。

再审申请人（一审原告、二审上诉人）：陈强。

被申请人（一审被告、二审被上诉人）：重庆交通建设（集团）有限责任公司，住所地：重庆市渝北区香锦路4号。

法定代表人：黄小良，董事长。

被申请人（一审被告、二审被上诉人）：绵阳市交通运输局，住所地：四川省绵阳市剑南路西段71号。

法定代表人：段扬，局长。

被申请人（一审被告、二审被上诉人）：绵阳市重点公路建设指挥部，住所地：四川省绵阳市涪城区剑南路西段71号。

法定代表人：赵琪，负责人。

被申请人（一审被告、二审被上诉人）：绵阳市重点公路建设指挥部办公室，住所地：四川省绵阳市涪城区剑南路西段71号二楼。

法定代表人：陈进，主任。

被申请人（一审被告、二审被上诉人）：绵阳市人民政府，住所地：四川省绵阳市绵兴东路。

法定代表人：林书成，市长。

一审第三人：四川辰升建筑劳务有限责任公司，住所地：四川省绵阳市高新区锦兴东路A4－3－302。

法定代表人：王升辉，总经理。

一审第三人：四川荣邦建筑工程有限公司，住所地：四川省成都市西航港近都段8号空港16区20－5－801。

法定代表人：吴周，总经理。

薛理杰、陈强因与重庆交通建设（集团）有限责任公司（以下简称重庆交建）、绵阳市交通运输局（以下简称交通局）、绵阳市重点公路建设指挥部（以下简称指挥部）、绵阳市重点公路建设指挥部办公室（以下简称重点办）、绵阳市人民政府（以下简称市政府）、四川荣邦建筑工程有限公司（以下简称荣邦公司）、四川辰升建筑劳务有限责任公司（以下简称辰升公司）建设工程施工合同纠纷一案，不服最高人民法院作出的（2014）民一终字第88号民事判决（以下简称二审判决），向本院申请再审。本院依法组成合议庭进行了审查，现已审查终结。

薛理杰、陈强申请再审认为，原判决认定的基本事实缺乏证据证明，本案符合《中华人民共和国民事诉讼法》第二百条第二项规定的情形，应当再审，改判撤销二审判决，判令被申请人向其支付剩余工程款5000万元，一审、二审的所有诉讼费由被申请人承担。具体理由如下：

2012年7月20日，薛理杰和陈强与辰升公司签订《退场清算协议》，确定辰升公司向薛理杰、陈强包干锁定支付10044万元，且已累计支付7588万元，是在迫于压力情况下作出的。本案中各方当事人对于涉案工程款数额和实际支付款项数额的主张不能互相印证，《退场清算协议》没有经过任何结算手续；薛理杰、陈强在原审过程中对辰升公司已向其累计支付7588万元工程款的事实也提出了异议，且在二审庭审中还对一审判决确认的《退场清算协议》已经履行完毕进行了否认，原审法院对重庆交建和辰升公司向薛理杰、陈强支付的工程款数额没有进行实质性审查；2012年7月12日，重点办、监理方、薛理杰、陈强等就涉案工程量进行签认后形成过三张《工程量现场签证单》，核算出的工程款就已超过1.35亿元，时隔7日又签订《退场清算协议》将工程款缩减为10044万元本身就不正常，而在这7日中相关各方在工程现场又发生过激烈冲突。二审判决仅从双方已经签字确认的角度认定《退场清算协议》合法有效，根据辰升公司单方陈述及《退场清算协议》签订后辰升公司又分四期向薛理杰、陈强支付了2456万元的事实就认定“除质保金外，《退场清算协议》其余内容均已履行完毕”，缺乏证据证明。

辰升公司并未承担管理职责，其作用仅为转账，薛理杰、陈强与重庆交建之间形成非法转包关系，二审判决认定辰升公司与薛理杰、陈强之间为转包关系是错误的。根据合同相对性以及相关司法解释规定，承包人可以请求按实结算工程价款。诉争工程截至薛理杰、陈强退场时，经二人初步核算已完工程量价款达2亿余元，而根据二人与辰升公司之间的《退场清算协议》清算价款仅为10044万元。若根据《退场清算协议》履行，薛理杰、陈强利益受损严重，重庆交建应当据实结算并支付拖欠的工程价款。二审判决以薛理杰和陈强无法确定单价，以及没有任何证据证明的所谓“仍然应当参照辰升公司与原告之间的约定来计算工程价款”为理由，不予核准二人的工程价款鉴定申请，明显属于审判程序违法。

重庆交建、交通局、指挥部、重点办、市政府均未提交书面答辩意见。

荣邦公司、辰升公司均未提交书面陈述意见。

本院经审查认为，《退场清算协议》是在相关各方当事人参与协商并取得一致意见的基础上形成的，系为彻底解决工程款问题与退场清算问题而达成的协议，当地人民政府相关部门参与了这一过程并作为见证人。薛理杰、陈强提出该协议系其在被胁迫的情况下签订的主张，缺乏证据证明；薛理杰、陈强虽认为该协议约定的工程价款过低，涉案工程款应为2亿多元，但也不能提供充分证据，故本院对其主张不予支持。《退场清算协议》是双方自愿协商的结果，体现了双方真实的意思表示，并且不违反法律的禁止性规定，二审判决认定该协议有效，并以此为依据确定涉案工程款，不存在认定的基本事实缺乏证据证明的问题。

依据本案已经查明的事实，涉案工程系由指挥部发包给重庆交建，重庆交建与辰升公司签订了《劳务协作合同》。后辰升公司将涉案工程又转包给薛理杰、陈强，并对薛理杰、陈强履行了部分管理职责，双方还就工程款结算以及工程质量等问题签订了《退场清算协议》。在薛理杰、陈强退场后，辰升公司仍然继续履行其与重庆交建签订的《劳务协作合同》。因此，二审判决认定辰升公司与薛理杰、陈强之间存在转包合同关系，也不缺乏证据证明。在双方已经签订有效的《退场清算协议》基础上，本案已无须对涉案工程款进行鉴定，原审判决不支持薛理杰、陈强对工程价款进行鉴定的请求，并未违反法律的相关规定。

综上，薛理杰、陈强提出的再审申请不符合《中华人民共和国民事诉讼法》第二百条规定应当再审的情形，本院依照《中华人民共和国民事诉讼法》第二百零四条第一款的规定，裁定如下：

驳回薛理杰和陈强的再审申请。

审　判　长　　何　抒
审　判　员　　李桂顺
审　判　员　　王云飞
二〇一五年十二月十日
书　记　员　　许冬冬

【实务建议】

在实务操作中，针对本条规定及前述案例中的情况，提出下列两点建议：

一是任何一方当事人在没有充分掌握建设工程价款实际情况下，切不可贸然签订类似明确约定了具体数额的“结算协议”“清算协议”“了结协议”等。

二是一旦由于各种因素，比如内部管理的原因等，已经签订了类似的约定有具体数额的“结算协议”后，认为事实上构成了极大的不公平，那么可以依法申请撤销该等协议，进而申请造价鉴定以维护自身权益。在这种情况下，当事人的有效举证显得尤为重要，正如前述案例中，再审申请人一方面认为“涉案工程款应为2亿多元”，另一方面却“也不能提供充分证据”，则于事无补。就事论事，前述案例的再审申请人如果能够委托一家在建设工程造价鉴定方面十分权威的鉴定机构出具一份令人信服的鉴定意见，以说明“涉案工程款应为2亿多元”，案情或有转机也未必没有可能。当然，这需要建立在涉案工程款客观上确实已达2亿多元的事实基础上。

第十三条　诉前双方共同委托第三方对造价出具咨询意见的效力

【条文内容】

当事人在诉讼前共同委托有关机构、人员对建设工程造价出具咨询意见，诉讼中一方当事人不认可该咨询意见申请鉴定的，人民法院应予准许，但双方当事人明确表示受该咨询意见约束的除外。

【最高院意见】

最高院的《理解与适用》中“本条主旨”明确，本条是关于诉讼中一方当事人不认可当事人共同委托有关机构、人员对建设工程造价出具的咨询意见，向人民法院申请鉴定，应如何处理的规定。

《理解与适用》在本条“要点提示”部分主要谈及工程造价咨询意见与诉讼中鉴定意见之间的区别。

“条文理解”部分则是从“如何理解本条中的‘诉讼前共同委托有关机构、人员对建设工程造价出具咨询意见’”及“如何理解本条中‘诉讼中一方当事人不认可该咨询意见申请鉴定的，人民法院应予准许，但双方当事人明确表示受该咨询意见约束的除外”等两个方面进行了阐述。

《理解与适用》还在“审判实务”部分指出本条在具体实务中至少还有“工程造价与资产评估的关系”“当事人不认可咨询意见申请鉴定是否需要举证证明该咨询意见存在瑕疵”等两个问题需要厘清。

【条文点读】

本条规定“双方当事人明确表示受该咨询意见约束的除外”，司法解释本身及《理解与适用》均没有明示什么是“明确表示受该咨询意见约束”。《理解与适用》谈到：“除非双方已通过委托合同或者其他方式明确表示接受咨询意见约束，人民法院则应从尊重当事人意思自治出发，对当事人一方事后申请鉴定的行为，不予准许。”[①]

也就是说，如果双方在共同委托造价鉴定机构的委托合同里明确表示接受其咨询意见约束，那么合同一方在该造价鉴定机构根据双方的委托出具鉴定意见后，任一方事后再申请鉴定就很难为人民法院所允许。

这里需要特别注意的是，如果是通过委托合同明确表示接受咨询意见约束，该等咨询意见事实上尚未出具，双方对未来即将出具的咨询意见表示接受约束，由此双方均可能会承担较大的风险且不必说，该等意思表示是否科学合理也可能是一个问题。但若是双方均在该等咨询意见出具后再明确表示接受其约束，则毫无疑问是符合本条规定之情形的，只是实践中任何一方均从自身利益出发，很难双方均对一份鉴定咨询意见明确表示接受。

概言之，本条司法解释的规定是否包含对未来出具的咨询意见表示接受其约束的情况，如果包含这一情况，那么不仅是双方在共同委托的委托合同有此明确表示即适用本条规定，而且双方以其他方式明确表示接受咨询意见约束也将适用本条规定。比如，双方在施工合同中明确约定工程造价以某特定造价咨询机构出具的咨询意见为准，双方接受其咨询意见的约束，依照上述逻辑，该等情况下也应适用本条的规定。如此一来，发包人很可能利用自身相对优势的商业地位，在施工合同中，甚至是在招标文件中即设定类似的条款，提前把自己指定的工程造价咨询单位转换为双方约定的咨询单位，并要求双方均明确表示接受该咨询意见的约束。当然，即便是这样，承包人也可以在招投标阶段对此提出异议。

可见，看似平常的一条司法解释，真正实施起来，又会给各方带来利益攸关的新的变化。

---

① 最高人民法院民事审判第一庭编著：《最高人民法院建设工程施工合同司法解释（二）理解与适用》，人民法院出版社2019年版，第304页。

【相关案例】

十堰市万隆基房地产开发有限公司与新七建设集团有限公司建设工程施工合同纠纷案【（2017）最高法民申4840号】

一、裁判要点

法院经审理认为，关于原审法院采信诉讼中委托十堰楚信资产评估事务所的鉴定意见而非诉前安广厦公司所作工程造价报告是否正确的问题。

首先，新七建公司与万隆基公司虽在诉前协商一致共同委托安广厦公司对工程造价进行审核，但如前所述，双方向法院提交的安广厦公司十安造咨字〔2014〕第165号《关于鼎盛阁综合楼及附属工程结算造价咨询报告》在审核工程范围方面存在重大差别，安广厦公司鉴定人员金勇关于上述差别是笔误所致的解释万隆基公司又不认可，在此情况下，上述报告存在重大瑕疵，且无法弥补，故不能作为定案依据使用，本案应重新鉴定，原审法院启动鉴定程序的事由合理合法。

其次，鉴定机构十堰楚信资产评估事务所具备相应的司法鉴定资质，该所的选定又符合法定程序，其鉴定所依据的材料经过法院组织的双方当事人质证，因此该所出具的报告书鉴定程序合法，结论有相应的依据，万隆基公司虽然不认可，但没有提交足以反驳的证据，一审、二审法院根据《最高人民法院关于民事诉讼证据的若干规定》第七十一条的规定予以采信，并无不妥。

二、裁判文书

中华人民共和国最高人民法院

民事裁定书

（2017）最高法民申4840号

再审申请人（一审被告、二审上诉人）：十堰市万隆基房地产开发有限公司，住所地湖北省十堰市茅箭区朝阳中路9号。

法定代表人：余清泰，该公司董事长。

被申请人（一审原告、二审上诉人）：新七建设集团有限公司，住所地湖北省武汉市新洲区辛冲镇街108号。

法定代表人：余宝琳，该公司董事长。

再审申请人十堰市万隆基房地产开发有限公司（以下简称万隆基公司）因与被申请人新七建设集团有限公司（以下简称新七建公司）建设工程施工合同纠纷一案，不服湖北省高级人民法院（2017）鄂民终151号民事判决，向本院申请再审。本院依法组成合议庭进行了审查，现已审查终结。

再审申请人万隆基公司根据《中华人民共和国民事诉讼法》第二百条第二项、第六项规定申请再审，主要事实及理由：（一）一审法院以《湖北省建设工程施工合同》、《“鼎盛阁”工程承包补充协议书》无效为由释明新七建公司申请工程造价鉴定错误。人民法院应当以备案的中标合同作为结算工程价款的依据，不应当对工程造价再进行司法鉴定。（二）一审、二审法院均采信了十堰楚信资产评估事务所重新鉴定结论，未采信十堰安广厦工程造价咨询有限公司（以下简称安广厦公司）所作工程造价审定是错误的。本案由于原审法院审理过程中违背当事人的意愿，对当事人认可的鉴定意见不予采信，证据采信错误，审判程序违法，致使判决结果错误，请求撤销一审、二审判决。

新七建公司提交意见称，原审判决适用法律及处理结果正确，请求驳回万隆基公司的再审申请。

本院认为，本案审查的主要问题是一审法院重新委托鉴定是否违反法定程序，原审法院采信诉讼中委托十堰楚信资产评估事务所所作鉴定意见而非诉前安广厦公司所作工程造价报告是否正确。

一、关于一审法院重新委托鉴定是否违反法定程序的问题。首先，万隆基公司以经过备案的中标合同即《湖北省建设工程施工合同》作为结算工程价款依据的主张不能成立，应参照双方实际履行的标后合同即《“鼎盛阁”工程承包补充协议书》作为结算工程价款的标准。本案中万隆基公司发包给新七建公司的鼎盛阁工程项目，系商品房住宅建设工程，属于《中华人民共和国招标投标法》第三条、《中华人民共和国招标投标法实施条例》第二条规定的必须经过招标投标的工程建设项目。新七建公司与万隆基公司于2008年4月8日签订的《“鼎盛阁”建设工程补充协议》、2009年8月24日签订的《鼎盛阁项目工程补充协议》，未经过招投标程序因而均无效。2009年10月21日经过招投标程序签订并备案的《湖北省建设工程施工合同》，与此前双方签订的协议及此后2009年10月28日签订的《“鼎盛阁”工程承包补充协议书》，在工程价款、工程质量及施工时间等实质性内容方面均不一致，违反了《中华人民共和国招标投标法》关于在确定中标人前，招标人不得与投标人就投标价格、投标方案等实质性内容进行谈判，及招标人和投标人不得再行订立背离合同实质性内容的其他协议的强制性规定，根据《中华人民共和国合同法》第五十二条第五项的规定，上述协议均属于无效合同。《最高人民法院关于审理建设工程施工合同纠纷案件适用法律问题的解释》第二十一条规定：“当事人就同一建设工程另行订立的建设工程施工合同与经过备案的中标合同实质性内容不一致的，应当以备案的中标合同作为结算工程价款的根据。”但该规定以中标合同作为结算工程价款的前提是中标合同须为有效合同，在中标合同无效的情况下，万隆基公司主张以该合同作为结算工程价款的依据不能成立。在本案多份施工合同均为无效合同、涉案工程经竣工验收合格的情况下，根据《最高人民法院关于审理建设工程施工合同纠纷案件适用法律问题的解释》第二条之规定，应参照双方实际履行的标后合同即2009年10月28日的《“鼎盛阁”工程承包补充协议书》作为结算工程价款的标准，即“以竣工验收后承包人编制的竣工决算，经监理工程师初审，发包人审核、工程造价事务所审核，对有误有争议部分由承包方及上述三方协商解决为最终工程造价”。其次，虽然新七建公司与万隆基公司在诉前已经达成一致意见将工程造价委托安广厦公司进行鉴定，但双方就安广厦公司出具的十安造咨字〔2014〕第165号《关于鼎盛阁综合楼及附属工程结算造价咨询报告》的审核工程范围存在分歧，又无法通过《最高人民法院关于民事诉讼证据的若干规定》第二十七条规定的补充鉴定、重新质证或者补充质证等方法解决该分歧，而新七建公司施工的鼎盛阁工程项目造价数额又是本案必须查明的关键事实，在此情况下一审法院向新七建公司释明合同无效应当重新申请工程造价鉴定，再委托十堰楚信资产评估事务所依据《"鼎盛阁"工程承包补充协议书》约定的计价方式进行鉴定，系案件审理的客观需要，不存在违反法定程序的问题。

二、关于原审法院采信诉讼中委托十堰楚信资产评估事务所的鉴定意见而非诉前安广厦公司所作工程造价报告是否正确的问题。首先，新七建公司与万隆基公司虽在诉前协商一致共同委托安广厦公司对工程造价进行审核，但如前所述，双方向法院提交的安广厦公司十安造咨字〔2014〕第165号《关于鼎盛阁综合楼及附属工程结算造价咨询报告》在审核工程范围方面存在重大差别，安广厦公司鉴定人员金勇关于上述差别是笔误所致的解释万隆基公司又不认可，在此情况下，上述报告存在重大瑕疵，且无法弥补，故不能作为定案依据使用，本案应重新鉴定，原审法院启动鉴定程序的事由合理合法。其次，鉴定机构十堰楚信资产评估事务所具备相应的司法鉴定资质，该所的选定又符合法定程序，其鉴定所依据的材料经过法院组织的双方当事人质证，因此该所出具的报告书鉴定程序合法，结论有相应的依据，万隆基公司虽然不认可，但没有提交足以反驳的证据，一审、二审法院根据《最高人民法院关于民事诉讼证据的若干规定》第七十一条的规定予以采信，并无不妥。

综上，万隆基公司的再审申请不符合《中华人民共和国民事诉讼法》第二百条第二项、第六项规定的情形。依照《中华人民共和国民事诉讼法》第二百零四条第一款、《最高人民法院关于适用〈中华人民共和国民事诉讼法〉若干问题的解释》第三百九十五条第二款之规定，裁定如下：

驳回十堰市万隆基房地产开发有限公司的再审申请。

审 判 长　　杨立初
审 判 员　　刘崇理
审 判 员　　梅　芳
二〇一八年八月二十九日
法官助理　　刘平安
书 记 员　　苗歌歌

【实务建议】

《建设工程司法解释（二）》第12条主要强调，在诉讼前双方达成了工程价款结算协议，有了具体的结算数额，一方当事人在诉讼中申请工程造价鉴定的，人民法院不予准许；《建设工程司法解释（二）》第13条则意在说明，诉讼前双方共同委托了有关机构、人员对工程造价出具咨询意见，除非双方明确表示受该咨询意见约束，否则诉讼中一方不认可该咨询意见申请鉴定的，人民法院应予准许。换句话说，既要尊重当事人意思自治，又要保障工程价款的结算客观公允。

建设工程价款的结算确实是每一个工程项目都必然会面临的，也是最重要的一个环节。通常是由施工单位提交结算报告交发包人审核，如果双方分歧不大，相互配合，达成一个双方都能接受的结果也是完全有可能的。一旦双方分歧较大，此时作为任何一方当事人均应高度重视结算工作，无论是双方对账，还是委托第三方出具咨询意见都应保持足够的清醒。一定要注意避免因为工程施工过程中人员慢慢熟悉了就产生麻痹大意的思想。总体上提示下列三点注意事项：

一是诉讼前共同委托有关机构、人员出具咨询意见需要谨慎，要注意明确仅仅是共同委托该等机构、人员出具咨询意见，还是直接表示无论其出具的咨询意见如何，都接受其咨询意见的约束。

二是如果已经共同委托有关机构、人员出具咨询意见，且仅仅是出具咨询意见，并未表示接受其咨询意见的约束，那么在签收该等咨询意见时需要特别谨慎。实务中，常常把签收咨询意见与认可咨询意见混为一谈，以致是非不清。在签收咨询意见之前，务必看清楚所签收的文件资料的内容以后再签字。签收咨询意见后，如果不认可该等咨询意见，应尽快以书面形式表达自己不认可的明确意思表示，且该等意思表示应确保及时送达另一方当事人及出具咨询意见的机构、人员。

三是在有关机构、人员开展相关工作的过程中，需要在一些手续上由当事人签字的时候，也务必谨慎下笔，不可掉以轻心，以免在误解之下或者错误地表达成了自己接受该咨询机构、人员的咨询意见的约束之意思表示。

第十四条　司法鉴定的法院释明职责及当事人未及时申请鉴定的后果

【条文内容】

当事人对工程造价、质量、修复费用等专门性问题有争议，人民法院认为需要鉴定的，应当向负有举证责任的当事人释明。当事人经释明未申请鉴定，虽申请鉴定但未支付鉴定费用或者拒不提供相关材料的，应当承担举证不能的法律后果。

一审诉讼中负有举证责任的当事人未申请鉴定，虽申请鉴定但未支付鉴定费用或者拒不提供相关材料，二审诉讼中申请鉴定，人民法院认为确有必要的，应当依照民事诉讼法第一百七十条第一款第三项的规定处理。

【最高院意见】

最高院的《理解与适用》对本条的释义为，本条是关于一审程序中，对于应该进行鉴定的事项，当事人未申请鉴定应当承担的法律后果，以及二审程序中当事人又申请鉴定时人民法院应如何处理的规定。

《理解与适用》在“要点提示”中指出，本条规定包含三个方面的含义：一是何种情形下人民法院需要向当事人释明；二是负有举证责任的当事人未完成举证应承担的法律后果；三是一审未完成举证、二审又申请鉴定时，人民法院如何处理。

《理解与适用》还在“条文理解”部分分别从“何种情形下人民法院需要向当事人进行释明”“人民法院释明后，当事人未完成举证应承担举证不能的法律后果”“一审程序中未完成举证，二审程序中又申请鉴定，人民法院如何处理”等三个方面进行了说明。

在“审判实务”部分，《理解与适用》表示在实践中适用本条规定时，需要注意“当事人对工程价款约定了固定价的情形下，是否绝对不能申请鉴定”及“一审、二审程序中都没有申请鉴定，审判监督程序中又提出申请的，能否准许”等两个问题。

【条文点读】

本条规定“虽申请鉴定但未支付鉴定费用或者拒不提供相关材料的，应当承担举证不能的法律后果”，在实践中有以下两个问题需要正确理解。

一、鉴定材料的提供

从本条司法解释的规定来看，表面上似乎“提供相关材料”的责任主体完全属于申请人一方。这里之所以容易令人产生如此误解，是因为将“拒不提供相关材料”与“未支付鉴定费用”两种情况相提并论，而支付鉴定费用应属申请人的义务，尽管这里是先行缴纳，具体由谁承担还要看案件审理的结果，但先由申请人缴纳鉴定费用就像先由原告缴纳案件诉讼费用一样，是众所周知的。而“提供相关资料”却与“支付鉴定费用”不同，在理解上应有所区别。

首先，《理解与适用》在本条“条文理解”中特别谈到：“提供材料应为双方当事人的义务，因施工材料有的在承包人处，有的在发包人处，无论是哪一方申请鉴定，另一方都有配合的义务。若不配合鉴定、拒不提供自己掌握的相关材料，致使对某一争议事实无法通过鉴定的，则拒不提供材料一方应承担不利后果。”[①] 即从起草人的本意来看，并不是谁申请鉴定就由谁负责提供相关材料。

---

① 最高人民法院民事审判第一庭编著：《最高人民法院建设工程施工合同司法解释（二）理解与适用》，人民法院出版社2019年版，第320页。

其次，司法实践中，《河北省高级人民法院建设工程施工合同案件审理指南》第27条规定："鉴定过程中，各方当事人均有提交鉴定资料的义务。当事人在鉴定过程中未按法院指定的期限提交鉴定资料，经过催告仍不提交，且不能做出合理解释的，视为拖延提交鉴定资料，应承担举证不能的法律后果。"

最后，根据《民事诉讼法司法解释》第112条规定："书证在对方当事人控制之下的，承担举证证明责任的当事人可以在举证期限届满前书面申请人民法院责令对方当事人提交。申请理由成立的，人民法院应当责令对方当事人提交，因提交书证所产生的费用，由申请人负担。对方当事人无正当理由拒不提交的，人民法院可以认定申请人所主张的书证内容为真实。"

可见，实践中有部分从事劳务分包的队伍或者是具体实施工程施工的个体实际施工人等往往本身没有相关材料，而且由于一些原因也没有保存好仅有的一些材料，在工程款纠纷中申请造价鉴定又无法提交满足鉴定要求的全部资料时，应当由另一方持有"相关材料"的当事人提供相关材料，以便于人民法院查清事实。更重要的是，应当确立在鉴定过程中"提交有关材料"是双方当事人共同的义务这样一条毋庸置疑的原则。

二、鉴定费用的交纳

这一点，目前的状况较为混乱，各地的情况不尽相同，有些鉴定费用高得惊人，令当事人无力承担；还有的司法鉴定费用可以协商，却没有明确的适用标准。笔者在此呼吁借鉴《诉讼费用交纳办法》制定全国统一的"司法鉴定费用交纳办法"。有一种观点认为，司法鉴定费用还是要根据各地的不同情况而制定相应的标准，经济较发达的地区各种成本可能相对于其他地区较高一些，因此收费很难做到统一。实则不然，实践中，争议标的及工程类型相近的建设工程造价司法鉴定费用，由于乱象丛生，可能其他地区的收费比经济较发达地区的收费还要高。制定统一的“司法鉴定费用交纳办法”，一方面有助于统一适用，另一方面也有助于进一步维护司法本身的尊严与权威。

【相关案例】

胡峰与德令哈市兰海房地产开发有限公司、青海省宏星建设工程有限公司、祁青春、滕亚洋建设工程施工合同纠纷案【（2018）最高法民申2830号】

一、裁判要点

法院经审理认为，关于胡峰主张增加的工程量及价款5670633.6元。胡峰提供的证据不能证明其增加工程量的具体内容，也未能提供兰海公司签字或认可的变更或增加工程量的签证单等证据，在一审法院释明后，其申请对增加部分的工程量价进行司法鉴定，但未能提供相应的鉴定资料，且以没有钱而拒不缴纳鉴定费，导致鉴定终止。因该项请求的确定需专业人员利用专业知识通过专门技术才能得出，故根据民事诉讼“谁主张、谁举证”的原则，在胡峰因自己的原因对其主张的且双方争议较大的案件事实不能通过专业鉴定程序予以确定的情况下，依据《最高人民法院关于民事诉讼证据的若干规定》第二十五条第二款的规定，一、二审法院判决均认定胡峰对其主张的增加的工程量及价款，应承担举证不能导致请求不能得到支持的不利法律后果，该认定依法有据。

二、裁判文书

中华人民共和国最高人民法院

民 事 裁 定 书

（2018）最高法民申2830号

再审申请人（一审被告、反诉原告，二审上诉人）：胡峰，男，1965年6月14日出生，汉族，住青海省德令哈市。

被申请人（一审原告、反诉被告，二审被上诉人）：德令哈市兰海房地产开发有限公司。住所地：青海省德令哈市长江路东（海西商业广场）。

法定代表人：朱鸿俊，该公司董事长。

一审被告、二审上诉人：青海省宏星建设工程有限公司。住所地：青海省海南州共和县恰卜恰镇环城东路＊＊＊号。

法定代表人：胡星旭，该公司总经理。

一审被告：祁青春，男，1980年5月4日出生，汉族，住青海省西宁市城东区。

一审被告：滕亚洋，男，1991年1月22日出生，汉族，住四川省南部县。

再审申请人胡峰因与被申请人德令哈市兰海房地产开发有限公司（以下简称兰海公司）及一审被告、二审上诉人青海省宏星建设工程有限公司（以下简称宏星公司）、一审被告祁青春、滕亚洋建设工程施工合同纠纷一案，不服青海省高级人民法院（2018）青民终7号民事判决，向本院申请再审。本院依法组成合议庭对本案进行了审查，现已审查终结。

胡峰申请再审称：请求撤销青海省高级人民法院（2018）青民终7号民事判决。事实与理由：1. 胡峰提供了新的证明材料二审没有接受采纳。2. 兰海公司用房屋、车辆抵顶的工程价款超出原施工协议约定的价款（原合同约定面积15300平方米，每平方米1100元以现金方式支付，每平方米220元用房屋抵顶，应为3366000元），而兰海公司抵顶28套房屋价款为6014515元，超出2648515元，现二审法院判由胡峰、祁青春以现金方式退还不合理。工程款变更增加后应为17300平方米×1320元=22836000元。3. 兰海公司先违约没有按时付工程款，付款凭证上的时间可以证明。4. 胡峰给兰海公司出具的税票16209459.5元，其中有10000000元的税票是兰海公司在2013—2014年为应付国家税务局来青海省海西州德令哈市抽查企业税收情况下让其开具的，兰海公司根本没有按税票数额付款。5. 兰海公司替其购买水泥 270000 元属实。6. 兰海公司购买的 180000 元石膏制品材料，系原设计为住宅后改为宾馆的隔墙材料，那么胡峰提到的增加的工程量，D 座由住宅改为宾馆的二次施工费 1742000 元应予认定，在一审时因其确实没有钱去做司法鉴定，但一审判决让其承担鉴定不能的责任不合理。7. 电费 53087.6 元认可。8. 用本田轿车顶工程款 190000 元认可。9. 张小俊是兰海公司请来做 D、E 座 1、2 层内部分包工程的，与胡峰没有任何关系，该笔 364344 元不应计算。10. 三方在一审法院对账的付款只有 13200000 元，二审法院认定的 17761245 元从何而来。11. 胡峰在一审反诉提出的兰海公司私自口头协议让其增加的工程量共计价款 580 万元，其没钱做司法鉴定，法院不派员看现场，不调查，不予支持不合理。本次申请再审与祁青春无关，2014 年 3 月 15 日祁青春已退出合作，该工程由其与腾云负责。12. 工程由住宅改成宾馆，私自增加两层，兰海公司只有设计施工图，无任何变更手续，资料不全且不配合施工方，致使工程至今无法交工，所以判令胡峰违约错误。综上，胡峰依据《中华人民共和国民事诉讼法》第二百条第二项规定向本院申请再审。

本院认为，关于申请人胡峰主张的二审判决认定的基本事实缺乏证据证明的问题。对其申请再审提出异议的事实逐项分析：1. 胡峰认为其在二审中提供了新的证据材料，二审没有接受和采纳，但其没有提供相应证据来支持自己的上述观点，本院不予采信。2. 胡峰认为兰海公司用房屋、车辆抵顶的工程价款超出原施工协议约定的抵顶比例和数额，合同约定：每平方米 1100 元为现金方式支付，每平方米 220 元抵顶房屋应为 3366000 元，而兰海公司抵顶 28 套房屋价款为 6014515 元，超出 2648515 元，现二审法院判由胡峰以现金方式退还不合理。本案中，以房抵顶工程款有当事人之间协议约定，有胡峰、祁青春、滕亚洋等人签字的房屋认购书佐证，还有申请人胡峰当庭认可的事实印证，综合以上事实可说明以 28 套房屋抵顶工程款是双方自愿真实的意思表示，是双方在合同履行中对支付方式的自愿选择，故在认定确实存在超付工程款的情况下，一、二审法院按照超付数额及兰海公司主张的数额判决胡峰、祁青春退还相应金额，不违反法律规定，故对胡峰的此项申请理由不予支持。3. 关于胡峰主张增加的工程量及价款5670633.6元。胡峰提供的证据不能证明其增加工程量的具体内容，也未能提供兰海公司签字或认可的变更或增加工程量的签证单等证据，在一审法院释明后，其申请对增加部分的工程量价进行司法鉴定，但未能提供相应的鉴定资料，且以没有钱而拒不缴纳鉴定费，导致鉴定终止。因该项请求的确定需专业人员利用专业知识通过专门技术才能得出，故根据民事诉讼“谁主张、谁举证”的原则，在胡峰因自己的原因对其主张的且双方争议较大的案件事实不能通过专业鉴定程序予以确定的情况下，依据《最高人民法院关于民事诉讼证据的若干规定》第二十五条第二款的规定，一、二审法院判决均认定胡峰对其主张的增加的工程量及价款，应承担举证不能导致请求不能得到支持的不利法律后果，该认定依法有据。4. 关于张小俊施工的364344元，胡峰在一审审理中予以认可，但在二审辩论中又反悔认为与其无关，不应计算在给其支付的工程款中，现申请再审亦不予认可，二审法院依据“禁反言”的原则，在胡峰没有证据佐证其该上诉理由成立的情况下，不予支持正确。5. 关于收款数额。胡峰只认可收到款项为13200000元，并非一、二审法院认定的17761245元。但该数额系一审法院在一审审理中根据双方提供的转账凭证、财务凭证及支票存根等证据及结合当事人陈述逐一进行核实并认定的。胡峰虽有异议但并未提供相应证据予以反驳，其此项再审申请理由亦不能成立，本院不予支持。6. 关于判决胡峰与祁青春向兰海公司赔偿损失3000000元的问题。根据双方合同约定的交房时间及胡峰书面承诺于2016年5月30日将案涉工程交付给兰海公司，而时至二审时胡峰、祁青春仍未将案涉工程及施工资料交付给兰海公司。胡峰、祁青春违背承诺，违反民事行为诚实信用的基本原则，造成工期拖延，客观上给兰海公司造成一定的损失，理应承担相应损失赔偿责任。且就迟延交付双方约定了具体的违约金计算方式，一、二审法院参考双方约定，根据案件实际，计算2016年6月1日至2017年4月1日期间（起诉时）的损失数额3000000元，并无不当。一、二审法院对以上主要事实的认定，符合法律规定，不存在缺乏证据证明的情形。

综上，胡峰的再审申请不符合《中华人民共和国民事诉讼法》第二百条第二项规定的情形。依照《中华人民共和国民事诉讼法》第二百零四条第一款、《最高人民法院关于适用〈中华人民共和国民事诉讼法〉的解释》第三百九十五条第二款的规定，裁定如下：

驳回胡峰的再审申请。

审　判　长　　汪国献
审　判　员　　王　涛
审　判　员　　丁广宇
二〇一八年八月二十八日
法官助理　　刘桂刚
书　记　员　　刘笑笑

【实务建议】

实务中，与司法鉴定有关的材料，比如图纸、合同、技术核定单、工作联系单、签证单等，施工方应当在整个合同履行过程中、工程建设过程中，随时收集整理，保存备查。这些工作往大了说涉及企业管理、工程项目管理，往小了说就是一个资料保管工作，由现场的资料员负责。但要切实做好这项工作也十分不容易，正如一句俗话所说："把平凡的事做好了就是不平凡。"

从上述与本条相关的案例中，我们已经看到，再审申请人由于没能提供相关鉴定资料且未支付鉴定费用，其所提出的增加工程量的请求因举证不能而未被支持。

因此，在深入理解本条规定的同时，结合司法实践，我们的建议就是在项目管理过程中，“勿以善小而不为，勿以恶小而为之”，切实做好资料收集整理、存档工作，以备不时之需。此外，诉讼中提出造价鉴定申请后，如果自己无法提供相应的鉴定资料，可依法向法院申请调查令，前往有关的城建档案管理部门进行调查，通常的资料一般都能够顺利调取。

此外，《人民法院对外委托司法鉴定管理规定》第 14 条规定：“接受委托的鉴定人认为需要补充鉴定材料时，如果由申请鉴定的当事人提供确有困难的，可以向有关人民法院司法鉴定机构提出请求，由人民法院决定依据职权采集鉴定材料。”即在特定情况下，鉴定人也有申请人民法院依职权采集鉴定材料的义务。

第十五条　法院确定鉴定相关事项的职责

【条文内容】

人民法院准许当事人的鉴定申请后，应当根据当事人申请及查明案件事实的需要，确定委托鉴定的事项、范围、鉴定期限等，并组织双方当事人对争议的鉴定材料进行质证。

【最高院意见】

根据最高院的《理解与适用》，本条的“条文主旨”是关于在委托鉴定过程中，应属于人民法院司法审判权范围的相关事项的规定。

在本条“要点提示”部分，《理解与适用》谈到了目前建设工程鉴定中出现的较多的不规范现象，进而指出在理解本条时应注意五个层次：一是当事人提出鉴定申请后，是否准许由人民法院决定；二是委托鉴定的范围、依据、期限等事项应由人民法院确定；三是人民法院在确定委托鉴定的事项时，应当根据当事人申请及查明案件事实的需要确定；四是有争议的鉴定材料应当经过双方当事人质证；五是鉴定材料质证程序应由人民法院组织进行。

随后，《理解与适用》在本条“条文理解”部分从应当注意“人民法院应从严把握工程鉴定的启动条件”“人民法院准许鉴定后，应当根据当事人申请及查明案件事实的需要，确定委托鉴定的事项、范围、鉴定期限等事项”“有争议的鉴定材料应当经过双方当事人质证”“鉴定材料的质证程序应由人民法院组织进行”等四个方面进行了说明，以便准确理解本条规定。

《理解与适用》在本条“审判实务”部分特别强调，须注意政府审计与工程造价鉴定有关的事宜。

【条文点读】

一、有关计量和计价的鉴定依据有争议时是否由法院确定

本条司法解释着重规定了“鉴定的事项、范围、鉴定期限等”由人民法院确定，没有明确“鉴定依据”是由鉴定单位确定还是由人民法院确定，在实践中难免会引发争议。

《理解与适用》提出当前建设工程司法鉴定中主要存在的问题之一就是“鉴定依据选择不当”①，但本条司法解释并没有明确解决这一问题，尽管《建设工程司法解释（一）》第16条规定：“当事人对建设工程的计价标准或者计价方法有约定的，按照约定结算工程价款。因设计变更导致建设工程的工程量或者质量标准发生变化，当事人对该部分工程价款不能协商一致的，可以参照签订建设工程施工合同时当地建设行政主管部门发布的计价方法或者计价标准结算工程价款。”因此有必要形成共识，切实解决实践中普遍存在的分歧。

从逻辑上说，造价鉴定的工程量计量依据及价款取费的计价依据有约定从约定，约定不明或双方有争议时理应由法院确定，然后交由鉴定单位进行具体计算，出具相应意见。比如对某项工程具体应该以A取费标准计价的，不能由鉴定单位自作主张采用B取费标准进行计价。

二、复印件是否可以作为鉴定材料

在司法鉴定过程中，有关结算依据还有一个突出的问题，那就是涉及工程量的一些签证单或者工作联系单仅有复印件时，该等复印件

---

① 最高人民法院民事审判第一庭编著：《最高人民法院建设工程施工合同司法解释（二）理解与适用》，人民法院出版社2019年版，第327页。

能否作为鉴定材料被采用。

客观地说，对于只有复印件的资料能否作为鉴定材料不能简单地一概而论，需要具体情况具体分析。比如，有的发包人在施工合同中约定凡是工程现场签证单需要经发包人先后四道手续才能生效，结果承包人每次交给现场管理人员签字后都只能复印一份留存，原件交由发包人内部流转。但因手续繁琐，几乎没有一份签证单最后能够全部流转完成，也就是承包人手里没有一份签证是原件。对于这种情况，笔者认为，复印件也是应当作为鉴定材料被采用的。理由如下：

首先，本条规定人民法院应“组织双方当事人对争议的鉴定材料进行质证”。也就是说，复印件能否作为鉴定材料主要看其是否具有证明力，其真实性是否能够被确认。民事诉讼的证明力判断在于高度盖然性。正如《民事诉讼法司法解释》第108条规定：“对负有举证证明责任的当事人提供的证据，人民法院经审查并结合相关事实，确信待证事实的存在具有高度可能性的，应当认定该事实存在。”

就上述笔者列举的情况，应该说，一系列的签证单复印件结合双方的合同约定及工程施工的实践，是完全可以从高度盖然性的角度判断其真实性的。

其次，根据《民事诉讼证据规则》第69条的规定，无法与原件核对的复印件只是“不能单独作为认定案件事实的依据”，如果结合其他证据可以判断事实的话，也是应该作为证据采信的。

《民事诉讼法司法解释》第111条规定：“民事诉讼法第七十条规定的提交书证原件确有困难，包括下列情形：（一）书证原件遗失、灭失或者毁损的；（二）原件在对方当事人控制之下，经合法通知提交而拒不提交的；（三）原件在他人控制之下，而其有权不提交的；（四）原件因篇幅或者体积过大而不便提交的；（五）承担举证证明责任的当事人通过申请人民法院调查收集或者其他方式无法获得书证原件的。前款规定情形，人民法院应当结合其他证据和案件具体情况，审查判断书证复制品等能否作为认定案件事实的根据。”

《民事诉讼法司法解释》第112条规定:“书证在对方当事人控制之下的,承担举证证明责任的当事人可以在举证期限届满前书面申请人民法院责令对方当事人提交。申请理由成立的,人民法院应当责令对方当事人提交,因提交书证所产生的费用,由申请人负担。对方当事人无正当理由拒不提交的,人民法院可以认定申请人所主张的书证内容为真实。”

实践中,包括河北高院在内的多家地方高院都有类似的规定。以河北高院为例,《河北省高级人民法院建设工程施工合同案件审理指南》规定:“当事人对对方提交的鉴定资料无法达成一致意见的,人民法院不能简单以当事人不予认可为由否认该鉴定资料的真实性,人民法院应依法对争议的资料进行审查并确定是否可以作为鉴定资料使用。”显然,这里的“人民法院不能简单以当事人不予认可为由否认该鉴定资料的真实性”,主要就是指一方提供的鉴定资料系复印件而另一方不予认可时的情况,人民法院不能简单因此否认该鉴定资料的真实性。

可见,复印件不一定不能作为鉴定材料采用,需要具体情况具体分析。

【相关案例】

邯郸钢铁集团有限责任公司与邯郸市长安建筑安装工程有限公司建设工程施工合同纠纷案【(2018)最高法民申2775号】

一、裁判要点

法院经审查认为,关于太行事务所出具的冀太会鉴字【2013】第1号鉴定报告能否作为认定案涉工程价款的依据问题。邯郸钢铁公司与长安建筑公司签订的《建设工程施工合同》约定按照“厂区线路轨道工程定额”审定价款,但是根据查明事实,该定额标准并不存在。就案涉工程计价标准问题,冶金工业建设工程定额总站于2012年2月27

日出具冶建定（2012）06 号内答复：建议参照《93 统一基价》（即《冶金建设工程预算定额统一基价（1993）》）第三册第二章“厂区及车间铁路工程”中的相关定额子目，进行换算后执行。太行事务所于 2012 年 6 月 22 日出具的冀太会鉴字【2012】32 号鉴定报告（征求意见稿），将上述答复意见作为鉴定依据之一。该鉴定过程中，邯郸钢铁公司提出实际未发生的定额内材料不应作为计取管理费、利润基数，鉴定机构充分考虑鉴定相关方的不同意见作出两种鉴定意见供法院裁定，即“实际未发生的定额内材料费不计取基础，金额为 3964943 元；全部定额内材料费作为计取基础，金额为 9253606 元”。太行事务所于 2013 年 9 月 17 日正式出具的冀太会鉴字【2013】第 1 号鉴定报告的鉴定结论是 11461831 元，该报告鉴定过程部分记载：邯郸钢铁公司认为实际未发生的定额内材料不应作为计取管理费、利润基数，太行事务所认为邯郸钢铁公司的意见有一定的道理，并就此问题再次请示冶金工业建设工程定额总站，冶金工业建设工程定额总站未给予答复，在长安建筑公司、邯郸钢铁公司未达成一致意见情况下，太行事务所按照目前所具备的政策、相关文件及相应的计算规则出具鉴定金额。

法院认为，根据太行事务所出具的冀太会鉴字【2012】32 号鉴定报告（征求意见稿）和冀太会鉴字【2013】第 1 号鉴定报告记载的鉴定过程，是否将定额内未实际发生的材料费作为取费基础对案涉工程价款有重大影响。案涉工程系场区内轨道维修及维护工程，仅能参照相关定额换算执行。太行事务所在冀太会鉴字【2013】第 1 号鉴定报告鉴定结论将实际未发生的材料费作为计取其他费用、利润的基数，邯郸钢铁公司并不认可该计价方式，鉴定机构并未证明采取该计价方式有充分依据。二审判决依据该鉴定报告认定案涉工程价款，依据不足。

二、裁判文书

中华人民共和国最高人民法院

民事裁定书

（2018）最高法民申2775号

再审申请人（一审原告、二审上诉人）：邯郸钢铁集团有限责任公司，住所地河北省邯郸市复兴路232号。

法定代表人：郭景瑞，该公司董事长。

被申请人（一审被告，二审上诉人）：邯郸市长安建筑安装工程有限公司，住所地河北省邯郸市复兴区先锋路18号。

法定代表人：张淑敏，该公司总经理。

再审申请人邯郸钢铁集团有限责任公司（以下简称邯郸钢铁公司）因与被申请人邯郸市长安建筑安装工程有限公司（以下简称长安建筑公司）建设工程施工合同纠纷一案，不服河北省高级人民法院（2017）冀民终604号民事判决（以下简称二审判决），向本院申请再审。本院依法组成合议庭进行了审查，本案现已审查终结。

邯郸钢铁公司申请再审称，依据《中华人民共和国民事诉讼法》第二百条第一项、第二项、第六项之规定申请再审。事实与理由：（一）邯郸钢铁公司与长安建筑公司签订的《建设工程施工合同》已就案涉工程的计价标准作出约定，河北太行会计师事务所（以下简称太行事务所）未按照双方约定标准作出的鉴定报告不具有合法性。《建设工程施工合同》约定，案涉工程的计价标准应为“厂区线路轨道工程定额”，即采用“钢铁建安工程预算补充定额”中“厂区及车间铁路工程子目”进行结算。同时，“钢铁建安工程预算补充定额”中明确规定该定额与“河北省九三定额”配套使用。（二）鉴定机构亦未按照冶金工业建设工程定额总站出具的冶建定（2012）06号答复意见进行计价。鉴定意见存在套用定额时未进行换算，未将定额子目中含有而实际未发生的材料费在取费前予以剔除等情形。邯郸钢铁公司多次提出异议，鉴定机构未给予合理解释，鉴定报告不能作为裁判依据。（三）二审判决关于工程量的认定与实际情况不符。1. 鉴定过程中，长安建筑公司并未提供增加工程量的材料作为鉴定依据。二审判决认定“后长安建筑公司又提供了新的工程量，冀太会鉴字【2013】第1号正式报告的结论11461831元，是在冀太会鉴字【2012】32号9253606元的基础上增加部分工程量后计算得出”，缺乏事实依据。2. 长安建筑公司二审提交的12份结算书与鉴定报告的鉴定结论并没有关系。3. 依据施工合同约定，结算书需经邯郸钢铁公司与市造价站进行最终审核，结算书的数额只是长安建筑公司单方申报，而非最终审定数额，不能作为双方结算依据。（四）二审判决认为“由于鉴定标准和工程量等基础情况发生变化，导致鉴定结论中工程造价的数额存在差异”，认定事实错误。鉴定过程中并不存在鉴定工程量变化。长安建筑公司的诉讼请求是根据鉴定结论确定的，而不是依据工程量确定的。（五）有新证据证明太行事务所出具的鉴定报告不具有合法性。内蒙古新世洋建设工程项目管理有限公司对“邯钢新原料场扩建——二烧结厂1－4#堆、取料机轨道更换整修工程”出具《结算报告》，报告显示该工程结算总价款为4436472元，与太行事务所出具的鉴定报告认定的工程造价11461831元相差7025359元。因此，二审判决以太行事务所出具的鉴定报告作为结算依据存在错误。

本院经审查认为，关于太行事务所出具的冀太会鉴字【2013】第1号鉴定报告能否作为认定案涉工程价款的依据问题。邯郸钢铁公司与长安建筑公司签订的《建设工程施工合同》约定按照“厂区线路轨道工程定额”审定价款，但是根据查明事实，该定额标准并不存在。就案涉工程计价标准问题，冶金工业建设工程定额总站于2012年2月27日出具冶建定【2012】06号内答复：建议参照《93统一基价》（即《冶金建设工程预算定额统一基价（1993）》）第三册第二章“厂区及车间铁路工程”中的相关定额子目，进行换算后执行。太行事务所于

2012年6月22日出具的冀太会鉴字【2012】32号鉴定报告（征求意见稿），将上述答复意见作为鉴定依据之一。该鉴定过程中，邯郸钢铁公司提出实际未发生的定额内材料不应作为计取管理费、利润基数，鉴定机构充分考虑鉴定相关方的不同意见作出两种鉴定意见供法院裁定，即“实际未发生的定额内材料费不计取基础，金额为3964943元；全部定额内材料费作为计取基础，金额为9253606元”。太行事务所于2013年9月17日正式出具的冀太会鉴字【2013】第1号鉴定报告的鉴定结论是11461831元，该报告鉴定过程部分记载：邯郸钢铁公司认为实际未发生的定额内材料不应作为计取管理费、利润基数，太行事务所认为邯郸钢铁公司的意见有一定的道理，并就此问题再次请示冶金工业建设工程定额总站，冶金工业建设工程定额总站未给予答复，在长安建筑公司、邯郸钢铁公司未达成一致意见情况下，太行事务所按照目前所具备的政策、相关文件及相应的计算规则出具鉴定金额。

本院认为，根据太行事务所出具的冀太会鉴字【2012】32号鉴定报告（征求意见稿）和冀太会鉴字（2013）第1号鉴定报告记载的鉴定过程，是否将定额内未实际发生的材料费作为取费基础对案涉工程价款有重大影响。案涉工程系场区内轨道维修及维护工程，仅能参照相关定额换算执行。太行事务所在冀太会鉴字【2013】第1号鉴定报告鉴定结论将实际未发生的材料费作为计取其他费用、利润的基数，邯郸钢铁公司并不认可该计价方式，鉴定机构并未证明采取该计价方式有充分依据。二审判决依据该鉴定报告认定案涉工程价款，依据不足。

此外，长安建筑公司在一审中称其按照邯郸钢铁公司审核的工程量提交了工程预结算书，涉案全部工程价款为3784951元，且该款经邯郸钢铁公司初步审核通过。长安建筑公司亦是以3784951元为基础，起诉请求邯郸钢铁公司支付欠付工程款3484951元及利息。二审判决认定长安建筑公司主张的3784951元仅是部分工程量的价款，而不是全部工程量价款，依据不足。

综上，邯郸钢铁公司的再审申请符合《中华人民共和国民事诉讼法》第二百条第二项规定的再审情形，依照《中华人民共和国民事诉讼法》第二百零四条、第二百零六条，《最高人民法院关于适用〈中华人民共和国民事诉讼法〉的解释》第三百九十五条第一款规定，裁定如下：

一、指令河北省高级人民法院再审本案；

二、再审期间，中止原判决的执行。

审　判　长　　谢爱梅
审　判　员　　王友祥
审　判　员　　肖　峰
二〇一八年七月二十七日
书　记　员　　乔禹博

【实务建议】

本条司法解释在实务操作中，主要是解决好以下两个问题。

第一，协助法院确定委托鉴定的事项、范围、鉴定期限等。

这个问题包括两个层面，第一个层面是法院委托司法鉴定单位时需要确定委托鉴定的事项、范围、鉴定期限等。如果作为申请人，理当首先考虑好自己申请鉴定的目的，从而确定申请鉴定的事项、范围，并通过法院予以确定，以达到申请鉴定的目的。而对于另一方当事人来说，如果一方当事人提出申请鉴定的事项、范围、依据等不正确，也应该积极予以反驳，避免法院确定的相关内容与事实不相符合。第二个层面是鉴定过程中，注意鉴定单位是否严格按照法院确定的事项、范围及依据进行鉴定。比如上述本条相关案例中，鉴定单位确定的计价方式没有足够的依据，最后被最高人民法院指令再审。又比如在（2018）黔 01 民终 2565 号案件中，贵州省贵阳市中级人民法院认为："鉴定意见并未对工程量及工程价款进行鉴定，而是认为双方的争议焦点为 85.97 吨的损耗是否应该计入结算的工程量中，从而认定损耗部分的工程造价为：85.97 吨 × 12,728 元/吨 = 1,094,226.16 元，该鉴定意见与委托事项存在理解上的误差，不应被采信，故一审判决依据该鉴定意见认定损耗量应计入工程总量进行计价，应属认定事实错误，本院对该部分的认定予以纠正。”即鉴定单位并没有按照法院委托的事项进行鉴定，因此被二审法院予以纠正。

第二，认真做好对争议的鉴定材料的质证工作。

既然有争议，就必然是各说各有理，因此自己一方的意见要最终被法院采信，需要有更专业的视角、周全的考虑以及对诸多细节的把握，甚至是质证意见的呈现方式也要有所不同，包括与鉴定单位的顺畅沟通等都是不可或缺的要素。

总之，一方当事人想在这个环节很好地维护自身合法权益，既需要对建设工程造价司法鉴定的相关流程及规则熟练掌握，也需要对诉讼案件本身的相关事实十分清楚。

第十六条　法院组织对鉴定意见进行质证的职责

【条文内容】

人民法院应当组织当事人对鉴定意见进行质证。鉴定人将当事人有争议且未经质证的材料作为鉴定依据的，人民法院应当组织当事人就该部分材料进行质证。经质证认为不能作为鉴定依据的，根据该材料作出的鉴定意见不得作为认定案件事实的依据。

【最高院意见】

最高院的《理解与适用》明确说明，本条“条文主旨”是关于鉴定意见的质证及采纳等相关事项的规定。

在本条“要点提示”部分，《理解与适用》主要谈到，鉴定意见作为证据类型之一，其被采纳之前应遵守的法定质证程序。

《理解与适用》在本条“条文理解”中从“人民法院应当组织当事人对鉴定意见进行质证”“人民法院应当按照法定程序，全面、客观地审核证据”“鉴定人根据未经质证的材料作出鉴定意见的，人民法院如何处理”等三个应当注意的方面进行了阐述。

在“审判实务”中，《理解与适用》重点关注了质量修复费用鉴定的有关事宜。

【条文点读】

本条司法解释明确规定“人民法院应当组织当事人对鉴定意见进行质证”，《理解与适用》重点阐述了鉴定意见作为一种独立的证据类型的“前世今生”，但没有明确告诉大家应该具体从哪些方面对鉴定意见展开质证。当然，笼统而言，凡是质证总是围绕质证对象的真实性、关联性、合法性及证明力来展开。对于鉴定意见这样一种较为特殊的证据类型，笔者结合自身的经验，从审查下列几个方面来具体谈一谈如何质证鉴定意见。

一、从鉴定机构及人员的主体资格方面进行质证

根据《人民法院司法鉴定人名册制度实施办法》的相关规定，目前司法鉴定机构大多从既有名册中选取而来。于是有观点认为，既然鉴定机构已经被列入司法鉴定人名册，就无须再审查其主体资格；已经列入鉴定人名册的鉴定机构即便在一些方面与有关部门规章的规定不符，也不影响其鉴定的合法资格。

笔者对此有不同的看法。首先，《民事诉讼证据规定》第 27 条规定，对于鉴定机构或者鉴定人员不具备相关的鉴定资格的，当事人可以对人民法院委托的鉴定部门作出的鉴定结论申请重新鉴定。也就是说，当事人可以审查鉴定机构及鉴定人员的鉴定资格。其次，在实践中，也确实存在只具备乙级资质的鉴定机构超越资质从事了只有具备甲级资质的鉴定机构才能从事的鉴定工作；另有资质范围仅为价格鉴定的鉴定机构从事了工程质量瑕疵修复方案的鉴定工作。类似不具备鉴定资格的鉴定机构出具的鉴定意见不能作为裁判依据。

审查鉴定机构及人员的主体资格主要从鉴定资质等级和资质范围两个角度提出质证意见。

二、从鉴定意见书的形式方面进行质证

如果鉴定机构出具的鉴定意见书没有相关鉴定人员的签字，那么该鉴定意见不能作为裁判依据。

三、从鉴定意见书的内容方面进行质证

比如在计量依据方面，根据单方出具的材料作出的鉴定，鉴定意

见不能作为裁判依据；又比如鉴定机构的计费方式和原则使用错误，其出具的鉴定意见不能作为裁判依据。此外，如果鉴定机构出具的意见与法院已经查明的事实明显相悖、严重不符，则该等鉴定意见亦不能作为裁判依据。

总之，对待鉴定意见的质证，既要把握其作为一般证据质证时应注意的事项，同时也要结合其自身特点与具体案件事实有针对性地提出中肯的意见。

【相关案例】

黄山市金太阳置业投资集团有限公司、黄山市安华联合建筑装饰工程有限公司与黄山市金太阳置业投资集团有限公司、黄山市安华联合建筑装饰工程有限公司建设工程施工合同纠纷【（2015）民申字第44号】

一、裁判要点

法院经审理认为，关于质量修复方案鉴定机构及鉴定人的资质、资格问题。根据《建设工程勘察设计管理条例》第八条“设计单位应当在其资质等级许可的范围内承揽建设工程勘察设计业务”之规定，建设工程存在质量问题，应当由法院依法委托具有鉴定资质的鉴定机构进行鉴定。本案一审中，针对金太阳公司对案涉工程提出的质量问题，黄山市价格认证中心接受一审法院的委托，根据安徽省建筑工程质量第二监督检测站鉴定出具的质量瑕疵鉴定意见，作出工程质量瑕疵修复方案和费用鉴定技术报告并据此出具鉴定结论，核定案涉工程质量瑕疵修复总价为202457.78元（其中地下室地面修复费用为172795.21元）。然而，经本院调卷审查发现，黄山市价格认定中心《价格鉴定机构资质证》上核准的资质范围仅为价格鉴定，鉴定人员凌新泽、汪峰的鉴定资格为价格鉴证师。由此说明，无论是该价格中心还是两鉴定人均不具有进行瑕疵修复的资质和资格，该中心的鉴定结论不能作为定案依据。原审法院在金太阳公司一、二审均对此明确提出异议并申请重新鉴定的情况下，本应另行委托鉴定，却以“质量问题的认定及修复方案交由有资质的安徽省建筑工程质量第二监督检测站作出，黄山市价格认证中心只是对瑕疵修复的费用进行了鉴定，该鉴定并未超出其资质范围，应为有效”为由，驳回金太阳公司要求重新鉴定的请求，并采信该中心的鉴定意见，认定案涉工程质量瑕疵修复总价为202457.78元，认定事实有误，程序存在严重瑕疵。

二、裁判文书

中华人民共和国最高人民法院
民事裁定书

（2015）民申字第44号

再审申请人（一审被告、反诉原告，二审上诉人）：黄山市金太阳置业投资集团有限公司，住所地安徽省黄山市屯溪区湖边。

法定代表人：陈富标，该公司董事长。

被申请人（一审原告、反诉被告，二审上诉人）：黄山市安华联合建筑装饰工程有限公司，住所地安徽省歙县徽州路新安小区1#商住楼15号。

法定代表人：王亚辉，该公司总经理。

再审申请人黄山市金太阳置业投资集团有限公司（以下简称金太阳公司）与被申请人黄山市安华联合建筑装饰工程有限公司（以下简称安华公司）建设工程施工合同纠纷一案，不服安徽省高级人民法院（2014）皖民四终字第00172号民事判决，向本院申请再审。本院依法组成合议庭对本案进行审查，现已审查终结。本院经调卷审查、组织当事人进行询问认为，本案原审判决存在如下问题：

（一）关于质量修复方案鉴定机构及鉴定人的资质、资格问题。根据《建设工程勘察设计管理条例》第八条“设计单位应当在其资质等级许可的范围内承揽建设工程勘察设计业务”之规定，建设工程存在质量问题，应当由法院依法委托具有鉴定资质的鉴定机构进行鉴定。本案一审中，针对金太阳公司对案涉工程提出的质量问题，黄山市价格认证中心接受一审法院的委托，根据安徽省建筑工程质量第二监督检测站鉴定出具的质量瑕疵鉴定意见，作出工程质量瑕疵修复方案和费用鉴定技术报告并据此出具鉴定结论，核定案涉工程质量瑕疵修复总价为202457.78元（其中地下室地面修复费用为172795.21元）。然而，经本院调卷审查发现，黄山市价格认定中心《价格鉴定机构资质证》上核准的资质范围仅为价格鉴定，鉴定人员凌新泽、汪峰的鉴定资格为价格鉴证师。由此说明，无论是该价格中心还是两鉴定人均不具有进行瑕疵修复的资质和资格，该中心的鉴定结论不能作为定案依据。原审法院在金太阳公司一、二审均对此明确提出异议并申请重新鉴定的情况下，本应另行委托鉴定，却以“质量问题的认定及修复方案交由有资质的安徽省建筑工程质量第二监督检测站作出，黄山市价格认证中心只是对瑕疵修复的费用进行了鉴定，该鉴定并未超出其资质范围，应为有效”为由，驳回金太阳公司要求重新鉴定的请求，并采信该中心的鉴定意见，认定案涉工程质量瑕疵修复总价为202457.78元，认定事实有误，程序存在严重瑕疵。

（二）关于工程价款的酌定问题。因涉案双方在案涉工程招投标前存在串通投标行为，故原审法院认定案涉工程招投标及双方所签的《建设工程施工合同》及《补充协议》无效正确。鉴于安华公司已经完成施工任务，所施工工程已经竣工验收并交付使用。根据最高人民法院《关于审理建设工程施工合同纠纷案件适用法律问题的解释》第二条“建设工程施工合同无效，但建设工程经竣工验收合格，承包人请求参照合同约定支付工程价款的，应予支持”的规定，原审法院在认定案涉双方实际履行的是《建设工程施工合同》及《补充协议》，且已就设计变更、工程签证部分委托中国建设银行安徽省分行建设工程咨询审价中心进行鉴定得出造价为311720.81元的结论后，本应按照双方所签《建设工程施工合同》“合同价款为3248万元”及《补充协议》

“工程价款按设计图纸中的一切工程量和所有费用及人工费用一次性总价包干3248万元（含税）为最后结算价，图纸变更增减的工程量另行计算，除此不再记取任何费用”的约定，确定案涉工程价款，即3248万元（总包干价）+311720.81元（设计变更）=32791270.81元。然而，原审法院却以“综合考虑施工人对涉案工程的实际承包范围、合同履行过程中市场材料及人工费价格的变化，以及当事人对无效合同的过错程度等因素，按照公平原则和诚实信用原则”为由，再另行酌定判决金太阳公司承担上述工程价款32791270.81元与按招标文件及中标通知书进行计算的工程造价37864170.86元之差价5072450.05元的20%，作为金太阳公司对安华公司的补偿，事实根据和法律依据不足，系自由裁量权的不当行使，应当予以纠正。

综上，本院认为，金太阳公司的再审申请符合《中华人民共和国民事诉讼法》第二百条规定的再审情形。鉴于第一个问题涉及重新鉴定事宜，为充分保障当事人依法行使程序权利，本院依照《中华人民共和国民事诉讼法》第二百零四条、第二百零六条之规定，裁定如下：

一、指令安徽省高级人民法院再审本案；

二、再审期间，中止原判决的执行。

审　判　长　　姚爱华

审　判　员　　贾劲松

代理审判员　　姜　强

二〇一五年六月三十日

书　记　员　　王慧娴

【实务建议】

本条是《建设工程司法解释（二）》关于司法鉴定的五个条款中的最后一个条款。应该说，《建设工程司法解释（二）》能够安排五个条款集中规定司法鉴定有关的事宜，足以说明其在处理建设工程施工合同纠纷中是相当重要的。这当中，又以工程造价鉴定最为集中，但关于建设工程质量鉴定和工期鉴定同样不容忽视。

无论是哪一类的司法鉴定，对鉴定意见的质证都是十分关键的。结合前面四个条款的“条文点读”及“实务建议”，笔者只想用最简洁的语言来描述对本条规定所提出的建议，那就是细节决定成败。

第十七条　建设工程价款优先受偿权的主体

【条文内容】

与发包人订立建设工程施工合同的承包人，根据合同法第二百八十六条规定请求其承建工程的价款就工程折价或者拍卖的价款优先受偿的，人民法院应予支持。

【最高院意见】

最高院的《理解与适用》明确，本条“条文主旨”是关于建设工程价款优先受偿权主体的规定。

《理解与适用》在本条“要点提示”中开宗明义，鲜明地指出依据本条司法解释，依法享有工程价款优先受偿权的人必须与发包人存在直接的施工合同关系，建设工程的勘察人、设计人、分包人、实际施工人、监理人以及与发包人无合同关系的装饰装修工程的施工人均不享有此项权利。

《理解与适用》在本条“条文理解”部分，分别从“建设工程价款优先受偿权的性质”“享有建设工程价款优先受偿权的主体”等两个方面详述了对本条的理解。

“审判实务”部分，《理解与适用》指出实践中在使用本条规定时应注意“关于建设工程价款优先受偿权与其他权利关系的问题”“关于建设工程价款债权转让后受让人是否享有优先受偿权及建设工程转让后承包人是否仍享有优先受偿权的问题”“关于承包人行使优先受偿权的程序”等三个问题。

【条文点读】

一、工程总承包人是否享有建设工程价款优先受偿权

本条系有关建设工程价款优先受偿权权利主体的规定。按本条规定，享有并行使建设工程价款优先受偿权的主体是与发包人签订建设工程施工合同的承包人。

《合同法》第286条规定，发包人未按照约定支付价款的，承包人可以催告发包人在合理期限内支付价款。发包人逾期不支付的，除按照建设工程的性质不宜折价、拍卖的以外，承包人可以与发包人协议将该工程折价，也可以申请人民法院将该工程依法拍卖。建设工程的价款就该工程折价或者拍卖的价款优先受偿。该条文系我国《合同法》关于承包人建设工程价款优先受偿权的基本规定。

关于《合同法》第286条“承包人”的范围，根据本条的规定，仅指与发包人直接签订施工合同的承包人，不包括PPP项目中的社会资本方、与总包单位签署分包合同的专业分包人、与总包单位或分包单位签署劳务分包合同的劳务分包人、实际施工人、监理人、勘察人、设计人等。

那么《合同法》第286条的“承包人”是否包括工程总承包人呢？

根据《建设项目工程总承包合同示范文本（试行）》（GF－2011－0216）的定义，工程总承包是指承包人受发包人委托，按照合同约定对工程建设项目的设计、采购、施工（含竣工试验）、试运行的等阶段实行全过程或若干阶段的工程承包。《建设项目工程总承包管理规范》（GB/T50358－2017），亦将工程总承包定义为“依据合同约定对建设项目的设计、采购、施工和试运行实行全过程或若干阶段的承包”。2017年12月26日，住房城乡建设部建筑市场监管司发布了《房屋建筑和市政基础设施项目工程总承包管理办法（征求意见稿）》，该征求意见稿将工程总承包分为“设计—采购—施工总承包方式”“设计—施

工总承包方式”以及其他方式。

严格来说，工程总承包合同并不是单纯的施工合同，其还可能包括设计、勘察、采购等内容，而且工程总承包单位还可以根据合同约定或经发包人同意，将施工业务全部或部分分包给其他施工单位，甚至在工程总承包单位仅具有设计资质的情形下，其必须将全部施工业务分包给具有资质的施工单位。但无论是何种方式，工程总承包合同都会包含施工的内容（即便允许总承包单位将施工业务全部分包给第三方)。并且，《合同法》第272条规定，发包人可以与总承包人订立建设工程合同，也可以分别与勘察人、设计人、施工人订立勘察、设计、施工承包合同。据此，工程总承包模式原本就在《合同法》体系中有所规定。故目前的司法实践基本上认可工程总承包享有建设工程价款优先受偿权。

二、勘察人、设计人为何不是建设工程价款优先受偿权的权利主体

《合同法》第296条规定，建设工程合同是承包人进行工程建设，发包人支付价款的合同。建设工程合同包括工程勘察、设计、施工合同。据此，《合同法》体系下的承包人包括工程总承包人、施工承包人、勘察承包人、设计承包人。一些人据以认为，《合同法》第286条中的“承包人”亦应包括勘察承包人、设计承包人。

由于《建设工程司法解释（二)》第17条采取的是肯定的陈述式表达方式，只说与发包人订立建设工程施工合同的承包人享有建设工程价款优先受偿权，并未言明勘察人、设计人不享有优先受偿权。故一些人在解读《建设工程司法解释（二)》第17条时认为，该条是有关施工承包人享有权利的规定，并不涉及勘察人和设计人，不能据此认为勘察人、设计人不享有优先受偿权。

笔者认为，上述意见值得商榷，理由如下。

首先，《合同法》第286条的建设工程价款优先受偿权制度的初衷

是保护建筑工人的权益。作为建筑业的基层支柱性群体以及人口占比相当大的群体，使其合法利益能得到可靠性法律制度的保护，无疑会增强社会的稳定性。设计人、勘察人所聘用的人员并非工程价款优先受偿权所保护的对象。

其次，《合同法》第286条所规定的是建设工程价款的优先受偿权，而设计人、勘察人所主张的是设计费、勘察费，并非工程价款。

最后，若仅仅按字面意思解读《建设工程司法解释（二）》第17条，认为该条只是陈述一下施工承包人享有建设工程价款优先受偿权，而没有读到其深层含义（只有与发包人直接签订施工合同的承包人才是建设工程价款优先受偿权的主体），则该条的意义将大打折扣，甚至让人产生一种莫名其妙的感觉。

三、与发包人签署施工合同的分包人亦享有建设工程价款优先受偿权

通常情况下，分包人与总包人签署分包工程的施工合同，因而其不属于建设工程价款优先受偿权的权利主体。但在实务中，还存在发包人直接与分包人签署分包合同的情况，或是发包人、总包人、分包人签署三方协议的情况。严格来讲，发包人就专项工程直接与分包人签署施工合同的情况，其实是发包人将总承包范围外的相关工程另行发包，是一种平行发包行为，不属于分包。一些三方协议所建立的承发包关系也是有关发包人和分包人之间的承发包关系，总包人仅具有相关的配合义务。在这些情况下，与发包人签署施工合同的分包人亦享有建设工程价款优先受偿权。

四、实际施工人不享有建设工程价款优先受偿权

实际施工人是指对建设工程实际施工，但与发包人之间不存在施工合同关系的施工方。实际施工人一般出现在违法转包、非法分包、借用资质（挂靠）情形，即承包人将其承包的工程进行违法转包、非

法分包时，对转包工程、分包工程进行施工的主体，以及在借用资质（挂靠）情况下对工程进行实际施工的主体是实际施工人。

一些学者认为，《建设工程司法解释（一）》第26条“不仅明确要求法院受理实际施工人以转包人、违法分包人为被告提起的诉讼，还突破合同的相对性原则，允许实际施工人以发包人为被告主张权利，并可以要求发包人在欠付工程价款范围内对实际施工人承担责任。据此，实际施工人可以越过转包人、违法分包人，直接要求发包人在其欠付工程价款范围内支付劳动报酬，此制度将直接有利于实际施工人（通常表现为施工队等不具备相关资质的临时性建筑工人团队）实现其劳动报酬，可以从保护社会弱势群体利益的角度谋求其正当性基础。实际施工人直接向发包人主张权利的范围以发包人欠付工程价款额为限，其本质上是实际施工人行使特殊意义上的代位权。与《合同法》第73条规定的普通代位权不同，实际施工人的代位权不以转包人、违法分包人怠于向发包人请求支付建设工程价款并据此对实际施工人造成损害为适用条件。既然实际施工人直接起诉发包人的法理基础在于代位诉讼理论，而优先受偿权旨在担保建设工程价款得以实现，理应允许实际施工人在直接诉讼中代替转包人、违法分包人行使优先受偿权”[1]。

上述观点具有一定的合理性，也是长期以来理论界、实务界主张实际施工人能够行使优先受偿权的主要观点。但是，建设工程价款优先受偿权是一项法定权利，其权利主体范围、行使方式等应具有较强的法定性。司法解释有关实际施工人有限突破合同相对性直接向发包人主张工程价款的规定，无法改变也不应改变《合同法》第286条建设工程价款优先受偿权的法定内容。因而，有关实际施工人可以行使优先受偿权的观点始终缺少相关法律依据。

在“王春霖与辽宁万泰房地产开发有限公司、盛京银行股份有限公司沈阳市泰山支行建设工程施工合同纠纷案”中，案涉工程的实际

---

① 黄忠顺：《承包人行使建设工程价款优先受偿权研究》，载《北京仲裁》2018年第3期。

施工人主张其应当享有建设工程价款优先受偿权。对此，最高人民法院认为，工程价款优先受偿权系法定优先权，因其具有优于普通债权和抵押权的权利属性，故对其权利的享有和行使必须具有明确的法律依据，实践中亦应加以严格限制。行使优先受偿权的主体应仅限于承包人，现行法律及司法解释并未赋予实际施工人享有建设工程价款优先受偿的权利。本案中，建设工程的承包人是市政第十工程处和东方市政公司，王春霖只是该工程的实际施工人，不符合法律及司法解释规定的可以享有优先受偿权的主体资格。[①]

【相关案例】

盘锦鑫诚实业集团有限责任公司、大连筑成建设集团有限公司纠纷【（2018）最高法民申1281号】

一、裁判要点

法院经审理认为，承包人大连筑成公司已将涉案综合商场、培训中心两栋建筑施工至工程主体完工，承包人对工程未竣工没有过错，法律并不排除承包人就上述在建工程享有建设工程价款优先受偿权。《中华人民共和国合同法》（以下简称《合同法》）第二百八十六条规定："发包人未按照约定支付价款的，承包人可以催告发包人在合理期限内支付价款。发包人逾期不支付的，除按照建设工程的性质不宜折价、拍卖的以外，承包人可以与发包人协议将该工程折价，也可以申请人民法院将该工程依法拍卖。建设工程的价款就该工程折价或者拍卖的价款优先受偿。"据此，承包人大连筑成公司对已验收合格的集团办公楼和已完成主体结构建设的综合商场、培训中心工程在欠付工程价款范围内享有优先受偿权。依据《合同法》第二百八十六条规定，承包人享有的工程价款优先受偿权为民事实体权利，是通过与发包人

---

① 详见最高人民法院（2015）民申字第2311号民事裁定书。

就承包人承建范围内的工程协议折价或者拍卖价款优先受偿方式实现的，并不限于人民法院在诉讼中依一方申请对诉争标的采取查封保全措施的范围，盘锦鑫诚公司关于大连筑成公司享有的工程价款优先受偿权仅限于被查封保全的综合商场二层，理据不足，不能成立。

在案涉建设工程权属变动前后，原发包人未向大连筑成公司支付工程欠款，大连筑成公司积极追索工程欠款并主张优先受偿权，原发包人转让案涉工程后亦未将所得价款提前向大连筑成公司清偿或者进行提存，即涉案主债权并未消灭，优先受偿权没有实现，大连筑成公司亦未放弃优先受偿权，且优先受偿权已经过查封登记的方式进行公示，故盘锦鑫诚公司受让案涉房产，大连筑成公司的优先受偿权仍应予保护。盘锦鑫诚公司声称向原发包人支付了对价，进而否认承包人的建设工程价款优先受偿权，于法无据。

二、裁判文书

中华人民共和国最高人民法院
民事裁定书

（2018）最高法民申1281号

再审申请人（一审原告、二审上诉人）：盘锦鑫诚实业集团有限责任公司，住所地：辽宁省盘锦市辽东湾新区一号路北盘锦辽滨鑫诚开发建设有限责任公司办公楼。

法定代表人：孙长江，该公司总经理。

被申请人（一审被告、二审被上诉人）：大连筑成建设集团有限公司，住所地：辽宁省大连市甘井子区南松路1号。

法定代表人：宋凯，该公司执行董事。

被申请人（一审被告、二审被上诉人）：盘锦赛格超级信息网格有限公司，住所地：辽宁省盘锦市辽滨沿海经济区鑫汇隆工业园A1号。

法定代表人：王虹剑，该公司董事长。

被申请人（一审被告、二审被上诉人）：辽宁赛格超级信息网格有限公司，住所地：辽宁省盘锦市辽滨沿海经济区鑫汇隆工业园A1号。

法定代表人：王宏坤，该公司董事长。

再审申请人盘锦鑫诚实业集团有限责任公司（以下简称盘锦鑫诚公司）因与被申请人大连筑成建设集团有限公司（以下简称大连筑成公司）、盘锦赛格超级信息网格有限公司（以下简称盘锦赛格公司）、辽宁赛格超级信息网格有限公司（以下简称辽宁赛格公司）案外人执行异议之诉一案，不服辽宁省高级人民法院（2017）辽民终710号民事判决，向本院申请再审。本院依法组成合议庭进行了审查，现已审查终结。

盘锦鑫诚公司申请再审请求：改判停止对盘锦鑫诚公司名下的案涉房产的执行，并解除查封。事实及理由：1. 原审法院认定盘锦鑫诚公司"明知"大连筑成公司享有建设工程优先权，缺乏证据支持。盘锦鑫诚公司与盘锦赛格公司、辽宁华顶和众传媒有限公司签订《资产转让协议》的时间是2012年5月5日，资产交割时间是2012年5月。在《资产转让协议》签订时，大连筑成公司与盘锦赛格公司建设工程施工合同纠纷案一、二审判决均未作出。盘锦鑫诚公司不是该案件的当事人，无从得知大连筑成公司是否享有优先权。2. 盘锦鑫诚公司对案涉房产的占有和取得所有权证的时间早于一审法院的查封裁定。盘锦鑫诚公司在接收案涉房产后将案涉房产交由江苏中信建设集团有限公司续建，至2015年7月21日完成工程竣工验收备案，2015年7月23日取得案涉房屋所有权证。案涉房产中除综合商场二层于2011年12月15日被盘锦市中级人民法院查封外，其余案涉房产均是在2016年6月27日被葫芦岛市中级人民法院查封的。因此案涉房产早已不属于盘锦赛格公司财产，而是属于盘锦鑫诚公司的财产。3. 原审判决适用法律错误。盘锦鑫诚公司自2012年5月起拥有对案涉房产的所有权，原审法院应当按照盘锦鑫诚公司提交的房屋所有权证判定盘锦鑫诚公司为案涉房屋的所有权人。虽然大连筑成公司对案涉房产中的综合商场二层采取了查封保全措施，但也仅限于该综合商场二层不能对抗大连筑成公司。二审判决将案涉三处房产均援引《最高人民法院关于人民法院民事执行中查封、扣押、冻结财产的规定》第二十六条规定属于适用法律错误。综上，依据《中华人民共和国民事诉讼法》第二百条第一项、第二项、第六项之规定申请再审。

本院经审查认为，盘锦鑫诚公司提出的诉讼请求不能成立，原判驳回盘锦鑫诚公司关于排除案涉房产强制执行的诉讼请求，并无不当。

一、大连筑成公司在其承包施工工程范围内享有建设工程价款优先受偿权

承包人大连筑成公司与原发包人盘锦赛格公司、辽宁赛格公司就集团办公楼、综合商场、培训中心等工程项目存在建设工程施工合同关系。根据辽宁省高级人民法院就大连筑成公司诉盘锦赛格公司、辽宁赛格公司建设工程施工合同纠纷一案（以下简称优先受偿权之诉）作出的（2013）辽民一终字第265号民事判决认定的事实以及本院询问时双方均无异议的事实，本院对以下事实予以认定：建设工程施工合同有效。2010年10月18日，涉案集团办公楼工程经验收评定为合格，并于同年11月9日交付。综合商场、培训中心截至2010年11月停工已施工至主体封顶。因原发包人未能按合同约定支付工程款，大连筑成公司起诉请求解除合同、追索工程欠款并在欠付工程款范围内就上述三栋房产主张优先受偿权。承包人大连筑成公司已将涉案综合商场、培训中心两栋建筑施工至工程主体完工，承包人对工程未竣工没有过错，法律并不排除承包人就上述在建工程享有建设工程价款优先受偿权。《中华人民共和国合同法》（以下简称《合同法》）第二百八十六条规定："发包人未按照约定支付价款的，承包人可以催告发包人在合理期限内支付价款。发包人逾期不支付的，除按照建设工程的性质不宜折价、拍卖的以外，承包人可以与发包人协议将该工程折价，也可以申请人民法院将该工程依法拍卖。建设工程的价款就该工程折价或者拍卖的价款优先受偿。"据此，承包人大连筑成公司对已验收合格的集团办公楼和已完成主体结构建设的综合商场、培训中心工程在

欠付工程价款范围内享有优先受偿权。依据《合同法》第二百八十六条规定，承包人享有的工程价款优先受偿权为民事实体权利，是通过与发包人就承包人承建范围内的工程协议折价或者拍卖价款优先受偿方式实现的，并不限于人民法院在诉讼中依一方申请对诉争标的采取查封保全措施的范围，盘锦鑫诚公司关于大连筑成公司享有的工程价款优先受偿权仅限于被查封保全的综合商场二层，理据不足，不能成立。

建设工程价款优先受偿权为法定优先权，原则上自符合合同有效、建设工程施工已竣工或因发包人原因停建，且不属于不宜折价、拍卖的范围等法定条件时起设立，而非依生效确权裁判确认后设立。最高人民法院［2007］执他字第11号复函指出，“建设工程款优先受偿权是一种法定优先权，无需当事人另外予以明示”。《最高人民法院关于适用的解释》第五百零八条第二款规定：“对人民法院查封、扣押、冻结的财产有优先权、担保物权的债权人，可以直接申请参与分配，主张优先受偿权。”根据上述规定，建设工程价款优先受偿权成立之后，无需另外明示，且可以依法直接行使。盘锦鑫诚公司申请再审主张大连筑成公司在优先受偿权之诉的诉讼过程中不享有建设工程价款优先受偿权，缺乏法律依据，本院不予支持。

二、盘锦鑫诚公司在受让涉案在建工程时知道或者应当知道大连筑成公司对诉争标的享有优先受偿权

盘锦鑫诚公司受让涉案工程时，集团办公楼工程经验收合格并交付使用，综合商场、培训中心已施工至主体封顶，其应当知道上述工程建设项目存在工程欠款，施工合同终止时承包人对已完工程即享有工程价款优先受偿权。工程价款优先受偿权为法定权利，自符合法定条件时起设立，并不以合同相对人或者利害关系人是否知道为权利设立、行使及权利存续的前提条件。

具体讲，大连筑成公司提起优先受偿权之诉之后，即申请对涉案部分建设工程查封保全。根据盘锦鑫诚公司向本院提交的葫芦岛市中级人民法院作出的（2016）辽14执异字30号执行裁定及盘锦市中级

人民法院作出的（2011）盘中民一初字第28号、（2014）盘中执字第00007号执行裁定、葫芦岛市中级人民法院作出的（2016）辽14执48号执行裁定，2011年12月15日，在大连筑成公司与盘锦赛格公司、辽宁赛格公司建设工程施工合同纠纷一案审理过程中，盘锦市中级人民法院对案涉房产中的综合商场二层进行了查封，并于2013年、2014年进行了续封，2016年对涉案三栋建设工程进行了查封。上述执行裁定载明："在审理大连筑成公司诉盘锦赛格公司、辽宁赛格公司建设工程施工合同一案中，原告大连筑成公司提出财产保全申请……查封期间不得转让、出租、抵押和作出其他财产处分，不得对被查封房屋设定权利负担。"上述查封裁定及相应的协助执行通知书分别依法送达了被执行人及相关登记管理部门（房产局、城建局）。根据《最高人民法院关于人民法院民事执行中查封、扣押、冻结财产的规定》第一条、第九条第二款、第二十六条第三款的规定，查封、扣押、冻结裁定书和协助执行通知书送达时发生法律效力，查封、扣押、冻结已登记的不动产、特定动产及其他财产权，应当通知有关登记机关办理登记手续，人民法院的查封、扣押、冻结没有公示的，其效力不得对抗善意第三人。查封法院已向当事人及有关登记机关送达执行裁定、协助执行通知书，执行裁定、协助执行通知书已发生法律效力。生效执行裁定及登记机关的查封登记，当然具有公示效力。至此，盘锦鑫诚公司应当知晓优先受偿权之诉的存在。盘锦鑫诚公司在接受本院询问时，能够清楚无误地说明配合协助执行的登记机关名称以及查封范围的变化情况。故第三人盘锦鑫诚公司受让包括被查封房产在内的在建工程，知道或者应当知道涉案在建工程上所附着的建设工程价款优先受偿权。

此外，调查受让涉案房产是否存在权利负担亦为盘锦鑫诚公司的合同义务。案涉《资产转让协议书》第六条第6.2.1项及第6.2.4项约定："盘锦鑫诚公司确认，已对本协议所述之转让标的及协议附件所列资产等一切相关事项进行了充分的调查、了解，同意按照受让标的的现状和现有资料予以受让。……盘锦鑫诚公司确认：受让本协议项下的资产后，今后发生的任何与资产有关的权利义务，与盘锦赛格公司无关。”盘锦鑫诚公司基于商业利益考量受让案涉房产，在《资产转让协议书》中明确约定了盘锦鑫诚公司对案涉房产的相关事项负有审慎调查的义务，亦是资产转让后权利义务承担主体。本院询问时，盘锦鑫诚公司陈述：“在案涉房产评估过程中，盘锦赛格公司没有向其隐瞒欠付工程款的事实，双方在谈价格的时候，将工程欠款的情况包含在价格之中。”

综合上述情况，原审法院认定盘锦鑫诚公司对大连筑成公司就案涉在建房产享有建设工程价款优先受偿权应属明知，并无不当。

三、大连筑成公司享有的建设工程价款优先受偿权应予保护

盘锦鑫诚公司向本院提交了案涉房产续建的建设工程施工许可证和案涉房产产权证等材料，主张案涉工程是由其重新续建的，完成竣工验收后于2015年办理了涉案房产的所有权证，其后以案涉房产所有权人名义提起本案执行异议之诉，主张可以排除强制执行。本院认为，2013年11月，优先受偿权之诉作出二审判决，并已发生法律效力，该生效判决确认大连筑成公司对诉争工程折价或拍卖的价款，在工程欠款范围内享有优先受偿权。上述判项并不涉及诉争工程的所有权归属，即承包人享有的建设工程价款优先受偿权的客体是诉争工程所产生的相关权益。盘锦赛格公司一审陈述，对于标的物的查封情况盘锦鑫诚公司是知道的，转让的事实大连筑成公司也是清楚的，盘锦赛格公司没有任何欺瞒。盘锦赛格公司作为原发包人和转让在建工程的一方，了解案件事实，其陈述具有一定的可信度。在案涉建设工程权属变动前后，原发包人未向大连筑成公司支付工程欠款，大连筑成公司积极追索工程欠款并主张优先受偿权，原发包人转让案涉工程后亦未将所得价款提前向大连筑成公司清偿或者进行提存，即涉案主债权并未消灭，优先受偿权没有实现，大连筑成公司亦未放弃优先受偿权，且优先受偿权已经过查封登记的方式进行公示，故盘锦鑫诚公司受让案涉房产，大连筑成公司的优先受偿权仍应予保护。盘锦鑫诚公司声称向原发包人支付了对价，进而否认承包人的建设工程价款优先受偿权，

于法无据。

本院询问时，盘锦鑫诚公司陈述，案涉房产的所有权证系由盘锦市住房和城乡建设委员会颁发，综合商场二层在查封状态下能够办理房屋产权证，是因有关部门工作对接协调问题导致。即涉案部分房产在查封状态下办理房屋产权证，其权利存在重大瑕疵。二审判决援引《最高人民法院民事执行中查封、扣押、冻结财产的规定》第二十六条“被执行人就已查封、扣押、冻结的财产所作的移转、设定负担或者其它有碍执行的行为，不得对抗申请执行人”的规定，认定综合商场第二层的转让行为不能对抗申请执行人大连筑成公司并无不当。

综上，盘锦鑫诚公司提交的上述材料，不符合《中华人民共和国民事诉讼法》第二百条第一项规定的情形，不足以推翻原判决。

此外，需要说明的是，执行依据的生效裁判虽然已对大连筑成公司的建设工程价款优先受偿权进行了确认，但案外人执行异议之诉应当对案外人就执行标的是否享有足以排除强制执行的民事权益进行审查，本案势必涉及对盘锦鑫诚公司享有的民事权益与大连筑成公司的建设工程价款优先受偿权进行比对和说明，在不违背优先权之诉生效判决主文的情况下，不违反一事不再理的原则。

综上，盘锦鑫诚公司的再审申请不符合《中华人民共和国民事诉讼法》第二百条规定的情形。依照《中华人民共和国民事诉讼法》第二百零四条第一款，《最高人民法院关于适用〈中华人民共和国民事诉讼法〉的解释》第三百九十五条第二款规定，裁定如下：

驳回盘锦鑫诚实业集团有限责任公司的再审申请。

审 判 长　万 挺
审 判 员　骆 电
审 判 员　张代恩
二〇一八年五月二十九日
法官助理　张 闻
书 记 员　曹美施

【实务建议】

实务中，建议承包人严格按照《合同法》第286条的规定行使建设工程价款优先受偿权。根据该条款，承包人行使建设工程价款优先受偿权前应先进行催告，催告后若发包人仍逾期不支付的，承包人可以与发包人协商将工程折价抵偿工程价款，或是将工程拍卖后就拍卖所得优先受偿。承包人行使催告权，应留存相应的证据，以便在诉讼中举证。

第十八条　装饰装修工程承包人可享有建设工程价款优先受偿权

【条文内容】

装饰装修工程的承包人，请求装饰装修工程价款就该装饰装修工程折价或者拍卖的价款优先受偿的，人民法院应予支持，但装饰装修工程的发包人不是该建筑物的所有权人的除外。

【最高院意见】

最高院的《理解与适用》在本条"条文主旨"中明确，本条是关于装饰装修工程的承包人行使工程价款优先受偿权的规定。

本条"要点提示"中，《理解与适用》指出，装饰装修工程的承包人享有工程价款优先权须同时具备两项条件。一是发包人为装饰装修工程所依附的建筑物的所有权人，二是承包人只能在装饰装修工程折价或拍卖的价款范围内享有优先受偿权。

《理解与适用》从"装饰装修工程属于建设工程范围，是施工工程的一种""装饰装修工程的发包人与承包人""对装饰装修工程价款优先受偿权的理解"等三个方面阐释了对本条的理解。

司法实践中，适用本条规定还应注意"关于如何判断装饰装修工程是否属于建设工程范围""关于家庭居室装饰装修的承包人是否享有工程价款优先受偿权的问题""关于《最高人民法院关于审理城镇房屋租赁合同纠纷案件具体应用法律若干问题的解释》（法释〔2009〕11 号）与本条解释的关系问题""关于装饰装修工程质量与工程价款优先受偿权的关系"等问题。《理解与适用》针对这些问题在本条"审判实务"部分进行了阐述。

【条文点读】

一、装饰装修工程的承包人享有建设工程价款优先受偿权的条件

本条可以视为对《建设工程司法解释（二）》第 17 条的补充。旨在说明，装饰装修工程的承包人可以成为建设工程价款优先受偿权的主体。

早在 2004 年 12 月，《最高人民法院关于装修装饰工程款是否享有合同法第二百八十六条规定的优先受偿权的函复》已对相关问题有所明确。该函复规定："装修装饰工程属于建设工程，可以适用《中华人民共和国合同法》第二百八十六条关于优先受偿权的规定，但装修装饰工程的发包人不是该建筑的所有权人或者承包人与该建筑物的所有权人之间没有合同关系的除外。享有优先权的承包人只能在建筑物因装修装饰而增加价值的范围内优先受偿。"

根据《建设工程司法解释（二）》第 17 条、第 18 条以及上述最高院函复，只有在满足以下条件时，装饰装修工程的承包人才能成为建设工程价款优先受偿权的主体，才能享有和行使优先受偿权。

1. 装饰装修工程的承包人必须是与发包人直接签署施工合同的承包人

实践中，装饰装修工程可以由发包人直接发包，承包人与发包人直接签署装修施工合同；但也存在装饰装修工程作为分包工程，相关施工合同由总承包人与装饰装修工程的分包人签订的情况。

根据《建设工程司法解释（二）》第 17 条，只有直接与发包人建立施工合同关系的承包人才能成为建设工程价款优先受偿权的主体。因此，装饰装修工程的承包人与发包人直接签署施工合同系装饰装修工程承包人享有建设工程价款优先受偿权的必要条件之一。

2. 装饰装修工程的发包人必须是建筑物的所有权人

一般情况下，发包人与建筑物的所有权人是统一的，但也存在装饰装修工程的发包人是建筑物的承租人等特别情况。按照《合同法》

第286条之规定，建设工程价款优先受偿权的实现方式包括协商折价和拍卖，而装饰装修工程具有依附于建筑物的特性，其通常不具有独立折价或拍卖的可能，因而一般只有在建筑物与装饰装修工程同时处置的情况下才能实现。因此，装饰装修工程的发包人必须是建筑物的所有权人。

那么发包人若只是建筑物的部分所有权人呢？于此情形，承包人是否仍然享有优先受偿权？相关问题在“舒洪英、沈俊男、黄海波与陈玉生、李吉海装饰装修合同纠纷案”中有所涉及，该案中发包人舒洪英、沈俊男、黄海波仅在涉案万兴宾馆的产权中占有40%的份额，对于该案装修装饰工程承包人主张的优先受偿权，法院认为其请求符合《最高人民法院关于装修装饰工程款是否享有合同法第二百八十六条规定的优先受偿权的函复》的规定，但承包人只能在案涉宾馆属发包人的产权部分因装饰装修而增加价值范围内享有优先受偿权。[①]

二、装饰装修工程价款优先受偿权的范围

设置建设工程价款优先受偿权的基础理由之一是承包人的劳动力、财力、物力已经物化入工程之中，因而《最高人民法院关于装修装饰工程款是否享有合同法第二百八十六条规定的优先受偿权的函复》规定“享有优先权的承包人只能在建筑物因装修装饰而增加价值的范围内优先受偿”。司法实践中，装饰装修工程与建筑物一同拍卖，所得价款由负责建筑物主体施工部分的承包人和装饰装修工程承包人在各自施工的工程价款范围内优先受偿。

① 详见四川省乐山市中级人民法院（2018）川11民终1283号判决书。

【相关案例】

延边国基建设有限公司与吉林省天鼎旅游产业发展有限公司建设工程施工合同纠纷【（2017）吉民终353号】

一、裁判要点

法院经审理认为，关于优先受偿权问题。《中华人民共和国合同法》第二百八十六条规定："发包人未按照约定支付价款的，承包人可以催告发包人在合理期限内支付价款。发包人逾期不支付的，除按照建设工程的性质不宜折价、拍卖的以外，承包人可以与发包人协议将该工程折价，也可以申请人民法院将该工程依法拍卖，建设工程的价款就该工程折价或者拍卖的价款优先受偿。"该法条所规定的优先受偿权并未限制承包人具体承包范围是土建工程，还是装饰装修工程，故对天鼎公司主张国基公司所施工的项目为装饰装修工程不应享有优先受偿权的抗辩意见不予采信。工程承包人行使优先受偿权的期限应当为工程竣工之日或约定竣工之日起六个月，案涉工程虽未竣工验收，但由于施工合同是在未履行完毕之前终止履行，可以不受工程竣工之日或约定竣工之日为条件的限制。因此，国基公司请求确认对案涉工程具有优先受偿权的主张，符合相关法律规定，应予支持。

二、裁判文书

吉林省高级人民法院

民事判决书

（2017）吉民终353号

上诉人（原审被告）：吉林省天鼎旅游产业发展有限责任公司，住所地吉林省安图县。

法定代表人：陈培文，该公司董事长。

被上诉人（原审原告）：延边国基建设有限公司，住所地吉林省延吉市。

法定代表人：王雪东，该公司总经理。

上诉人吉林省天鼎旅游产业发展有限责任公司（以下简称天鼎公司）因与被上诉人延边国基建设有限公司（以下简称国基公司）建设工程施工合同纠纷一案，不服吉林省延边朝鲜族自治州中级人民法院(2016)吉24民初451号民事判决，向本院提起上诉。本案现已审理终结。

天鼎公司上诉请求：一、撤销一审判决第一项，改判天鼎公司向国基公司支付工程款1783万元及利息（按银行同期同类贷款利率计付）；二、撤销一审判决第二、三、四项，驳回国基公司关于违约金150万元、律师费3万元，以及对长白山历史文化园项目享有优先受偿权的诉讼请求；三、由国基公司承担一、二审相应的诉讼费用。事实和理由：1. 一审法院认定《协议书》部分有效无事实根据，适用法律错误。一审法院已认定双方于2012年5月6日签订的《合同书》无效，而案涉工程并未完工，不存在竣工验收合格的事实。《合同书》无效，双方基于《合同书》签订的任何协议均不能发生有效施工合同所应产生的法律后果，特别是对工程量的确定，双方没有依据客观事实进行结算，只是综合确定为5000万元。国基公司以不撤场为条件，胁迫天鼎公司签订协议，协议中关于工程款5000万元的约定并非天鼎公司的真实意思表示。

2. 一审法院依据协议认定国基公司的工程价款为4300万元，无事实和法律依据。国基公司并未提供任何有效证据证明垫付工程款的事实及具体金额，在鉴定过程中，经三方确认的工程款仅为3006万元。即使鉴定意见确定的工程量与国基公司交付时的工程量不一致，也不能得出2015年时的工程状况所体现出的工程量低于2012年10月交付时的工程量。即使根据国基公司提交的材料表、费用表、结算表，工程造价也仅为4060万元。

3. 一审法院在判决天鼎公司按最高限额给付利息的同时，又判决天鼎公司支付违约金150万元，没有法律依据。拖欠工程款的利息应按中国人民银行发布的同期同类贷款利率计付。

4. 一审法院认定国基公司股东王雪东、韩成军收取的90万元不能视为天鼎公司支付的工程款错误。

5. 协议关于律师费的约定无效。

6. 一审判令国基公司对案涉工程享有优先受偿权属于认定事实不清，适用法律错误。

7. 国基公司于2012年5月进场施工，于2012年4月接收了天鼎公司的部分工具和材料，应当折抵工程款。

国基公司辩称：1. 双方于2013年12月17日签订的《协议书》有效，工程价款应为4300万元。《协议书》对债务抵充顺序没有约定，故应依法律规定的顺序抵充债务。

2. 一审判决关于违约金和欠付款项利息部分适用法律错误。

国基公司向一审法院起诉请求：一、天鼎公司立即支付拖欠工程款4300万元；二、天鼎公司支付违约金150万元；三、天鼎公司支付拖欠工程款从2013年5月30日至给付之日止的利息（2013年5月30日至9月30日按照月利率1%计付；2013年10月1日至给付之日止按照月利率3%计付）；四、天鼎公司承担律师费3万元；五、国基公司对案涉工程享有优先受偿权；六、天鼎公司承担一切诉讼费用。

一审法院认定事实：2012年5月6日，天鼎公司（甲方，下同）与国基公司（乙方，下同）签订《合同书》，约定天鼎公司将其开发建设的长白山历史文化园项目工程总发包给国基公司，国基公司先行垫付工程款进行施工，垫资期限为60日。

合同签订后，国基公司如约进驻施工现场开始垫资施工。至2013年8月12日，因天鼎公司未能按照约定支付工程款，双方签订《协议书》，约定："1. 甲乙双方确定长白山历史文化园已完施工工程款伍仟万元整，甲方无异议（2012年10月30日止）。并由甲方承担2013年5

月30日—2013年9月30日未支付工程款的利息及违约金（违约金一百五十万元整，工程款利息按月1%计息）。2. 陈培文同意在2013年8月30日前支付延边国基建设有限公司建筑施工款伍仟万元的20%，计壹仟万元整，2013年9月30日前支付全部施工工程款，计肆仟万元整。3. 乙方同意甲方施工，但开工前甲方支付乙方伍佰万元整作为甲方的违约金及利息（多退少补），如甲方不能支付此款，甲方不能施工。4. 甲方在2013年8月30日前不能支付乙方施工款一千万元整，甲方必须撤离施工现场，由安图县公安局经侦大队监督。5. 如甲方在2013年9月30日前对此协议的承诺不能兑现，此协议视为甲方欺诈行为，甲方无条件同意吉林省三宝旅游开发有限公司走破产程序，并偿还延边国基建设有限公司的施工工程款，并承担起一切法律责任和乙方的经济损失。”

2013年9月9日，双方又签订一份《协议书》，约定内容与8月12日的《协议书》的内容一致。

2013年12月17日，双方再次签订《协议书》，约定：“甲乙双方于2012年5月6日，签订了长白山历史文化园工程承包合同。在履行合同过程中甲方未按约定支付工程价款，虽经多次催告仍未履行相应义务，致使乙方损失惨重，无法继续施工。现甲乙双方就解除工程施工合同的相关事宜达成如下协议：一、甲乙双方一致同意解除长白山历史文化园工程承包合同。二、甲方确认乙方已完成工程的工程量并确认为质量合格工程，其工程价款为伍仟万元人民币（2012年10月30日止），由甲方向乙方支付。三、甲方承担逾期支付工程价款的违约责任，向乙方支付违约金壹佰伍拾万人民币。四、甲方向乙方支付工程款伍仟万元人民币的利息。2013年5月30日—2013年9月30日止，支付的利息按月1%利率计息。2013年10月1日—偿清工程款之日止，支付的利息按月3%利率计息。五、甲方保证于2013年12月24日之前偿还上述所列工程款、违约金、利息。如甲方未能按期偿还，还应承担乙方因实现债权所支付的律师费用、诉讼费用、执行费用等一切费用。六、甲乙双方约定乙方对长白山历史文化园工程拥有优先受偿权。七、本协议为甲乙双方确认的最终协议条款，本协议条款为唯一有效条款。八、本协议经甲乙双方签字盖章即发生法律效力。”

协议签订后，国基公司将案涉工程交付给了天鼎公司，天鼎公司在国基公司施工的基础上变更了部分施工内容，现案涉工程的概况与国基公司交付时的工程原貌发生了较大的变化。

2013 年 8 月 12 日双方签协议后，天鼎公司于 2013 年 9 月 30 日向国基公司支付工程款 10 万元；于 2014 年 2 月 28 日支付工程款 100 万元；于 2014 年 3 月 5 日支付 40 万元；于 2014 年 3 月 19 日支付 12 万元；于 2014 年 3 月 21 日支付 10 万元；于 2014 年 3 月 31 日支付 40 万元；于 2014 年 4 月 10 日支付 8 万元；于 2014 年 5 月 14 日支付 40 万元；于 2014 年 6 月 20 日支付 50 万元；于 2014 年 6 月 24 日支付 30 万元；于 2014 年 6 月 26 日支付 20 万元；于 2014 年 7 月 4 日支付 10 万元；于 2014 年 7 月 11 日支付 200 万元；于 2014 年 7 月 12 日支付 50 万元；于 2014 年 7 月 20 日支付 12 万元；于 2014 年 7 月 25 日支付 40 万元；于 2014 年 7 月 26 日支付 10 万元；于 2014 年 9 月 19 日支付 10 万元；于 2014 年 11 月 4 日支付 5 万元；于 2014 年 11 月 5 日支付 80 万元；于 2014 年 11 月 24 日支付 40 万元；于 2014 年 11 月 26 日支付 4 万元；于 2014 年 12 月 8 日支付 13 万元；于 2014 年 12 月 11 日支付 20 万元；于 2014 年 12 月 12 日支付 1 万元；于 2014 年 12 月 13 日支付 5 万元；于 2014 年 12 月 15 日支付 15 万元；于 2015 年 2 月 13 日支付 58 万元；于 2015 年 4 月 30 日支付 150 万元；于 2014 年 12 月 2 日支付 50 万元。共计 1133 万元，其中包括通过案外人刘玉军、陈金红向国基公司股东韩成军、王雪东转款后，二人转给国基公司的 56 万元（实际转款 146 万元，但韩成军、王雪东只将其中的 56 万元转给国基公司，国基公司亦不认可已收取了剩余的 90 万元），以及通过劳动监察大队转给农民工的工资 280 万元。

在本案诉讼过程中，天鼎公司以双方签订的《协议书》与国基公司实际施工完成的工程量存在巨大差距为由，申请对国基公司完成的工程量进行鉴定。一审法院考虑到如果存在工程量差距巨大的事实，将直接影响到协议内容的真实性，故准允天鼎公司的申请。鉴定部门根据国基公司提供的工程签证单和现场实际情况，确认工程造价为40,605,095元，但鉴定部门承认该鉴定意见无法与国基公司实际交付给天鼎公司时的工程量相一致。

国基公司为有限责任公司，注册资本金500万元，核准建设工程施工资质为房屋建筑施工总承包三级，可承担单项合同额不超过企业注册资本金5倍的工程。

国基公司为本次诉讼支付律师费30,000元。

诉讼中，吉林省天鼎旅游产业发展股份有限公司更名为吉林省天鼎旅游产业发展有限责任公司。

一审法院认为：1. 关于合同效力问题。《中华人民共和国建筑法》第二十六条规定："承包建筑工程的单位应当持有依法取得的资质证书，并在其资质等级许可的业务范围内承揽工程。禁止建筑施工企业超越本企业资质等级许可的业务范围或者以任何形式用其他建筑施工企业的名义承揽工程。禁止建筑施工企业以任何形式允许其他单位或者个人使用本企业的资质证书、营业执照，以本企业的名义承揽工程。"国基公司注册资本金为500万元，核准建设工程施工资质为房屋建筑施工总承包三级，可承担单项合同额不超过企业注册资本金5倍的工程。而案涉工程在尚未完成的前提下，工程价款已达到四千余万元。因此，国基公司超越资质与天鼎公司签订的建设工程施工合同，违反了国家法律、行政法规强制性规定，应为无效合同。国基公司主张建设工程施工合同有效无法律依据，不予支持。天鼎公司认为国基公司超越施工资质承包工程应属无效的主张符合法律规定，应予支持。

建设工程施工合同因违反相关法规而无效，但双方于2013年12月17日签订的关于终止履行建设工程施工合同及对已完工程进行结算的《协议书》，并不是建设工程施工合同，且系双方当事人真实意思表示，其中关于欠付工程价款利息的约定超出国家规定的法定上限，超出部分因违反国家法律、行政法规强制性规定而无效。《中华人民共和国合同法》第五十六条规定："无效的合同或者被撤销的合同自始没有法律约束力。合同部分无效，不影响其他部分效力的，其他部分仍然有效。"据此，《协议书》中约定利息标准未超出国家规定的法定上限的部分及其他内容应认定为有效，各方应当按照约定全面履行义务。

2. 关于工程价款问题。《最高人民法院关于审理建设工程施工合同纠纷案件适用法律问题的解释》第十六条规定："当事人对建设工程的计价标准或者计价方法有约定的，按照约定结算工程价款。"天鼎公司与国基公司于2013年8月12日及同年12月17日签订的关于终止履行施工合同的《协议书》中，明确约定天鼎公司应付国基公司的工程价款为5000万元，其中700万元已由国基公司在诉讼中承认系双方的其他往来款，不在本案中主张（已另案告诉），其余4300万元为工程价款。天鼎公司主张国基公司实际完成的工程价款仅为1200万元，并单方制作了相应的工程结算单据，申请对工程价款进行鉴定。一审法院已向天鼎公司释明，如《协议书》的内容存在显失公平或欺诈胁迫的情形，应属于合同撤销或变更的范围，即便鉴定意见与《协议书》约定价款不一致，也应当以《协议书》约定为准。但天鼎公司认为《协议书》约定的价款与实际价款存在巨大差异，欲以此证明《协议书》约定的价款非当事人真实意思表示，属无效约定，坚持申请鉴定。为此，一审法院依法委托延边明正工程造价咨询有限公司对工程价款进行了鉴定，鉴定意见为40,605,095元，该鉴定参照的基准物与国基公司交付时的原物并不完全一致，不能客观真实地反映国基公司移交给天鼎公司时的工程量，而且国基公司已按照协议约定将工程交付给了天鼎公司，同时天鼎公司也按照协议约定实际履行了部分给付义务，故应当按照双方约定的结算价款，确定天鼎公司应付工程价款为4300万元。天鼎公司主张按照鉴定意见确定工程价款缺乏事实和法律依据，不予支持。国基公司主张按约定确定工程价款的诉讼请求成立，予以支持。

3. 关于违约金和欠付工程价款利息问题。《最高人民法院关于审理建设工程施工合同纠纷案件适用法律问题的解释》第十七条规定:“当事人对欠付工程价款利息标准有约定的,按照约定处理;没有约定的,按照中国人民银行发布的同期同类贷款利率计息。”双方约定的利息标准为2013年5月30日至2013年9月30日期间的工程款利息按月利率1%计算,该部分利息标准低于同期银行贷款利率的四倍,不属于明显过高,予以支持;约定2013年10月1日以后的利息按月利率3%计算,该利息标准高于同期银行贷款利率的四倍,应予调整,一审法院酌情将此部分的利息标准调整至月利率2%。

双方在《协议书》中约定的150万元违约金系对违约责任的约定,既有补偿性的理念,也有惩罚性的意图。该150万元违约金与国基公司垫资施工的工程造价相比较,应当属于补偿性违约金,这是对合同一方当事人因他方违约可能遭受的财产损失的一种预先估计。逾期利息虽然亦具有惩罚性质,但其本质是欠付工程款产生的孳息,且一审法院亦对双方约定的利息给予了适当调整。故对天鼎公司主张不应同时支持150万元违约金和利息的抗辩意见不予支持。

4. 关于向王雪东、韩成军支付的146万元问题。《协议书》当事人的主体系天鼎公司与国基公司,天鼎公司在无任何证据证明王雪东、韩成军具有收取工程款代理权的情况下,向上述二人履行支付义务,且天鼎公司也未能提供足以证明上述二人的行为构成表见代理的相关证据,故其履行义务存在瑕疵,上述二人收取的90万元不能认定系向国基公司履行义务。天鼎公司要求将该90万元计入其已履行给付义务范围的主张证据不足,不予支持。

5. 关于律师费问题。双方在《协议书》中明确约定:“如甲方未能按期偿还,还应承担乙方因实现债权所交付的律师费用、诉讼费用、执行费用等一切费用。”据此,国基公司要求天鼎公司承担律师费的诉讼请求符合双方约定,应予支持。

6. 关于优先受偿权问题。《中华人民共和国合同法》第二百八十六条规定："发包人未按照约定支付价款的，承包人可以催告发包人在合理期限内支付价款。发包人逾期不支付的，除按照建设工程的性质不宜折价、拍卖的以外，承包人可以与发包人协议将该工程折价，也可以申请人民法院将该工程依法拍卖，建设工程的价款就该工程折价或者拍卖的价款优先受偿。"该法条所规定的优先受偿权并未限制承包人具体承包范围是土建工程，还是装饰装修工程，故对天鼎公司主张国基公司所施工的项目为装饰装修工程不应享有优先受权的抗辩意见不予采信。工程承包人行使优先受偿权的期限应当为工程竣工之日或约定竣工之日起六个月，案涉工程虽未竣工验收，但由于施工合同是在未履行完毕之前终止履行，可以不受工程竣工之日或约定竣工之日为条件的限制。因此，国基公司请求确认对案涉工程具有优先受偿权的主张，符合相关法律规定，应予支持。

7. 关于国基公司进场前接收材料问题。天鼎公司提供的"材料清单"并无国基公司的签字确认，亦未提供其他证据佐证该"材料清单"所涉及的材料、设备已交由国基公司使用、管理，故其主张在工程款中抵扣依据不足，不予支持。

综上，一审法院依照《中华人民共和国建筑法》第二十六条，《中华人民共和国合同法》第五十二条、第五十六条、第二百八十六条，《最高人民法院关于适用〈中华人民共和国合同法〉若干问题的解释（二）》第二十一条，《最高人民法院关于审理建设工程施工合同纠纷案件适用法律问题的解释》第一条第一项、第十六条、第十七条，《中华人民共和国民事诉讼法》第六十四条第一款、第一百四十条、第一百四十二条规定，判决：一、天鼎公司于本判决发生法律效力后，立即向国基公司支付工程价款3167万元及利息（利息计算详见附表）；二、天鼎公司于本判决发生法律效力后，立即向国基公司支付违约金150万元；三、天鼎公司于本判决发生法律效力后，立即向国基公司支付律师费30,000元；四、国基公司对天鼎公司开发建设的长白山历史文化园项目，在3167万元范围内享有优先受偿权；五、驳回国基公司的其他诉讼请求。案件受理费346,800元，保全费5000元，合计351,800元，由天鼎公司负担。

二审中，当事人没有提交新证据。

本院对一审法院认定事实予以确认。

本院认为：1. 关于合同效力问题。双方当事人于2013年12月17日签订的《协议书》并非建设工程施工合同，而是为结算、清理因履行建设工程施工合同而产生的权利义务关系签订的协议。双方当事人在签订该份《协议书》之前，分别于同年8月12日和9月9日签订了两份《协议书》，这两份协议关于工程款结算数额等主要内容与12月17日的《协议书》相同，其合同性质亦相同。在双方当事人均未提供相反证据的情况下，可认定这三份《协议书》均为当事人的真实意思表示，且不违反法律规定，故三份《协议书》均为有效合同。因此，天鼎公司应当依国基公司的要求，履行其签订的《协议书》。

天鼎公司主张国基公司以不撤场为由胁迫其签订协议，但天鼎公司并没有提供证据证明国基公司存在胁迫的故意，以及其所主张的"胁迫行为"具有违法性。在签订前两份《协议书》时，双方并没有明确《合同书》为无效的建设工程施工合同，也没有表述解除《合同书》，而是约定天鼎公司支付工程款、利息、违约金，国基公司交付案涉工程，并约定天鼎公司先支付500万元违约金和利息，后组织进行施工，再给付剩余款项。双方关于上述履行顺序的约定并不违反法律规定。因此，天鼎公司的该项主张不符合《最高人民法院关于贯彻执行〈中华人民共和国民法通则〉若干问题的意见（试行）》第69条关于"以给公民及其亲友的生命健康、荣誉、名誉、财产等造成损失或者以给法人的荣誉、名誉、财产等造成损害为要挟，迫使对方作出违背真实的意思表示的，可以认定为胁迫行为"的规定，不予支持。

2. 关于工程款问题。双方当事人先后三次签订《协议书》，确定案涉工程的工程价款是5000万元，由于国基公司自认5000万元中含有双方其他经济往来700万元，故工程价款应为4300万元，一审法院认定正确。天鼎公司主张工程价款应为3006万元，却没有提供证据予以证明。

如一审法院所述，一审法院之所以依天鼎公司申请委托工程造价鉴定，是因为天鼎公司在一审时依据其单方制作的工程结算单据，主张工程价款仅为1200万元，双方约定存在显失公平等情形。依据鉴定意见，案涉工程总造价为40,605,095元，故不能认定双方约定存在显失公平等情形。而且鉴定时案涉工程的状况已同双方交接时的状况不相同，鉴定意见已不能客观真实地反映国基公司施工的工程量。因此，一审法院不采信鉴定意见正确，天鼎公司的该项主张不能成立。

3. 关于利息问题。依据《最高人民法院关于审理建设工程施工合同纠纷案件适用法律问题的解释》第十七条规定，应依双方当事人的约定确定欠付工程价款的利息，而双方约定2013年5月30日至2013年9月30日的利息按月利率1%计付，2013年10月1日至偿清之日的利息按月利率3%计付。但双方关于月利率3%的约定过高，应予调整，一审法院酌情调整为月利率2%，符合案件情况和法律规定。天鼎公司关于按人民银行发布的同期同类贷款利率计付利息的主张，不符合合同约定，不予支持。

4. 关于违约金问题。双方当事人关于利息的约定是指2013年5月30日以后产生的欠付工程款的利息，但在国基公司施工过程中，天鼎公司并没有及时支付工程形象进度款，故国基公司会遭受相应的损失。双方约定的150万违约金能够在一定程度上弥补国基公司的此部分损失，故天鼎公司应依约赔偿150万元。

5. 关于90万元问题。王雪东、韩成军共计收到146万元，但王雪东、韩成军只承认转给国基公司56万元，并认为其余90万元系其同陈培文的经济往来款。考虑到上述款项并非由天鼎公司直接支付，而是通过案外人转付，而且天鼎公司没有提供证据证明在支付相关款项时已确定款项性质为工程款，或国基公司指定由王雪东、韩成军代收工程款，或构成表见代理，故对天鼎公司的该项主张不予支持。

6. 关于律师费问题。在12月17日的《协议书》中，双方明确约定，天鼎公司保证于2013年12月24日之前偿还工程款、违约金、利息，如未能按期偿还，则承担国基公司因实现债权所支付的律师费用、诉讼费用、执行费用等一切费用。因此，天鼎公司应当依约支付国基公司30,000元律师费。

7. 关于优先受偿权问题。依据双方当事人在《合同书》中的约定，国基公司的施工范围包括土建、装修、绿化等，国基公司系案涉工程的实际施工人，依据《中华人民共和国合同法》第二百八十六条规定，国基公司享有优先受偿权。

在12月17日的《协议书》中，天鼎公司承诺国基公司对案涉工程享有优先受偿权，说明国基公司已及时向天鼎公司主张了优先受偿权，天鼎公司已作出承诺。此外，在《合同书》中，双方只约定了工程开工日期，没有约定竣工日期，而且双方系在2013年8月商定终止履行《合同书》。因此，国基公司主张优先受偿权没有超过法定期限。

案涉工程包括寺院，泰安寺向法院出示了《宗教活动场所登记证》，该宗教活动场所名称为吉林省安图县泰安寺。宗教活动场所用于宗教活动，按性质属不宜折价、拍卖的建设工程，故国基公司对案涉工程中的宗教活动场所部分不享有优先受偿权。

8. 关于“材料清单”问题。天鼎公司主张国基公司曾接收、使用了其部分工具和材料，但其举证没有达到民事诉讼法规定的证明标准，故对其该项主张不予支持。

此外，国基公司在二审中主张应将天鼎公司支付的款项优先抵充利息、违约金，但因其没有提起上诉，故对其主张不予审理。

综上所述，天鼎公司的上诉请求不能成立，应予驳回；一审判决认定事实清楚，适用法律正确，应予维持。依照《中华人民共和国民事诉讼法》第一百七十条第一款第一项规定，判决如下：

驳回上诉，维持原判。

二审案件受理费 242,760 元，由吉林省天鼎旅游产业发展有限责任公司负担。

本判决为终审判决。

审　判　长　　虞大江
代理审判员　　宋雨洛
代理审判员　　刘　阳
二〇一七年六月十六日
书　记　员　　冯红红

【实务建议】

实践中，装饰装修工程合同与装修材料加工供应合同、搭建布置合同等容易混淆。根据《建筑装饰装修工程质量验收标准》（GB50210－2018）的定义，装修装饰工程是指为保护建筑物主体结构、完善建筑物的使用功能和美化建筑物，采用装饰装修材料或饰物，对建筑物的内外表面及空间进行的各种处理过程，包括抹灰工程、外墙防水工程、门窗工程、吊顶工程、轻质隔墙工程、饰面板工程、饰面砖工程、幕墙工程、涂饰工程、裱糊与软包工程、细部工程（橱柜制作与安装、窗帘盒和窗台板制作与安装、门窗套制作与安装、护栏和扶手制作与安装）等。与装修材料加工供应、搭建布置不同，装饰装修工程存在着对于建筑物的施工行为。装修材料加工供应只是货物买卖关系；搭建布置则并不是直接针对建筑物的，相关搭建、布置行为主要是特殊目的的空间营造，该类合同属于综合性服务合同，其中包括设计策划服务关系、承揽定做合同关系等。

前述案例是装饰装修工程的承包人主张优先受偿权予以支持的相关案例，符合本条前半部分的规定，而除了本条后半部分但书内容是不予支持的以外，实践中还有主张装饰装修工程优先受偿权不被支持的情况。

譬如，在某执行分配方案异议之诉再审审查与审判监督案中，再审申请人朱某某主张其系雄达公司厂房装修地砖工程的施工人，应当享有《合同法》第286条的建设工程价款优先受偿权。法院查明，朱某某与雄达公司之间存在买卖合同关系而非施工合同关系。(2015)丽缙壶商初字第343号案件系朱某某起诉要求雄达公司、宋某某（雄达公司法定代表人之夫）支付瓷砖材料款的案件，双方间系雄达公司向朱某某购买瓷砖，朱某某交付瓷砖并收取货款，构成买卖合同关系，而非建设工程施工合同关系。法院认为，《最高人民法院关于装修装饰工程款是否享有合同法第二百八十六条规定的优先受偿权的函复》规定，装修装饰工程属于建设工程，可以适用《合同法》第286条关于优先受偿权的规定，但享有建设工程价款优先权的主体应为建设工程合同关系中的承包人，本案再审申请人朱某某系买卖合同的出卖人，其主张建设工程价款优先受偿权不符合法律规定。①

笔者认为，该案也具有一定的典型意义，司法实践中，应注意通过合同内容严格把握和仔细辨别系争合同的性质，只有装饰装修工程合同才会涉及工程价款优先受偿权的问题。

① 详见浙江省高级人民法院（2018）浙民申1243号民事裁定书。

第十九条　承包人享有建设工程价款优先受偿权的条件

【条文内容】

建设工程质量合格，承包人请求其承建工程的价款就工程折价或者拍卖的价款优先受偿的，人民法院应予支持。

【最高院意见】

最高院的《理解与适用》在本条“条文主旨”中明确，本条是承包人对其承建的已完成工程价款行使优先受偿权的规定。

在本条“要点提示”中，《理解与适用》指出，由于实践中对于建设工程价款优先受偿权的行使是否应以工程施工合同有效为前提存在较大的争议，导致裁判不统一，因而本条意在统一裁判规则。

《理解与适用》还从“合同效力与工程价款”“建设工程质量的认定”“工程价款优先受偿权性质”“工程价款优先权的效力”“建设工程不宜折价、拍卖的情形”等五个方面阐述了“条文理解”。

《理解与适用》在“审判实务”部分着重谈到，实践中适用本条规定时应注意“合同无效，工程质量合格但并未达到当事人订立合同时对工程质量的特殊约定标准的，承包人是否享有工程价款优先受偿权”“合同无效的情况下，如何理解承包人建设工程价款优先受偿权之工程价款”等两个方面的问题。

【条文点读】

一、行使建设工程价款优先受偿权的条件

本条规定了承包人行使建设工程价款优先受偿权的条件为建设工

程质量合格。

结合《合同法》第286条、《建设工程司法解释（二)》第17条而言，行使建设工程价款优先受偿权的条件大致包括如下几点。

1. 主体条件，即《建设工程司法解释（二)》第17条规定的，享有和行使建设工程价款优先受偿权的主体应当是与发包人签署施工合同的承包人。

2. 客体条件，即《合同法》第286条规定的，相关建设工程的性质应当是可以折价、拍卖的建设工程。梁慧星教授认为，《合同法》第286条规定的“不宜折价、拍卖的”建设工程，应当解释为法律禁止流通物。包括：公有物，如国家机关办公的房屋建筑物及军事设施；公用物，如公共道路、桥梁、机场、港口及公共图书馆、公共博物馆等。[①]另有学者认为，“不宜折价、拍卖的”建设工程是指违章建筑，质量不合格且难以修复的建筑，学校、幼儿园、医院等以公益为目的的事业单位、社会团体的教育设施、医疗卫生设施和其他社会公益设施范围内的建设工程。[②]

3. 质量合格条件，即根据《建设工程司法解释（二)》第19条、第20条的规定，质量合格为承包人行使工程价款优先受偿权的必要条件之一。

4. 期限条件，即《建设工程司法解释（二)》第22条规定的，承包人行使建设工程价款优先受偿权的期限为六个月，自发包人应当给付建设工程价款之日起算。

二、合同无效时，承包人是否享有建设工程价款优先受偿权

（一）问题描述

不少人认为，《合同法》第286条规定的建设工程价款优先受偿权

---

① 梁慧星：《合同法第二百八十六条的权利性质及其适用》，载《山西大学学报》（哲学社会科学版）2001年6月第24卷第3期。

② 最高人民法院民事审判第一庭编著：《最高人民法院建设工程施工合同司法解释（二）理解与适用》，人民法院出版社2019年版，第403—406页。

须以施工合同有效为前提，即承包人行使建设工程价款优先受偿权的条件，除了以上四条之外，还须包括施工合同有效。比如，在本书解读第 17 条时所列举的“王春霖与辽宁万泰房地产开发有限公司、盛京银行股份有限公司沈阳市泰山支行建设工程施工合同纠纷案”中，相关案法院即持类似观点。再如，《广东省高级人民法院关于在审判工作中如何适用〈合同法〉第 286 条的指导意见》规定，在建设工程承包合同无效的情形下，承包人主张建设工程价款优先受偿权的，人民法院不予支持。

事实上，在司法实务中，关于这个问题的认识，处于逐步发展变化的状态，目前大家越来越趋向于认为承包人是否享有建设工程价款优先受偿权与合同效力没有必然关联。比如，2010 年江苏高院在《江苏省高级人民法院建设工程施工合同案件审理指南》中明确规定：“合同无效而取得合法的工程款优先受偿权不符合立法精神，《合同法》第二百八十六条的语境是合同有效为前提。”但 2018 年 6 月，该院在其发布的《江苏省高级人民法院关于审理建设工程施工合同纠纷案件若干问题的解答》中又提出了截然相反的意见：“建设工程价款优先受偿权不受建设工程施工合同效力的影响。建设工程施工合同无效，承包人仍然享有建设工程价款优先受偿权。”

（二）建设工程价款优先受偿权的性质

要辨明建设工程价款优先受偿权与施工合同效力之间的关系，必须先就建设工程价款优先受偿权的性质进行分析。

关于我国建设工程价款优先受偿权的性质，长期以来，理论界存在着以下几种学说。

1. 法定抵押权说

梁慧星教授在其发表的《合同法第二百八十六条的权利性质及其适用》一文中指出，《合同法》起草始于 1993 年，针对当时社会上严重存在的拖欠承包费问题，包括梁慧星教授在内的民法学者在“合同法立法方案”中建议：“为保护承包人利益，可规定承包人对建设工程有法定抵押权。”之后，该条建议被落实到了学者起草的《合同法建议草案》的第306条，即“建设工程完工后，发包人未按合同约定支付建设费用和报酬的，承包人对建设工程有法定抵押权”。而后由法工委在《合同法建议草案》的基础上提出的《合同法草案》亦在其第177条中规定“承建人对其所完成的建设工程享有抵押权”。然而，在后续的立法过程中，一些人认为，法定抵押权的内容、效力及如何实现仍有待解释，不如直接规定其内容、效力和实现方式。为此，《合同法征求意见稿》、各版审议稿直至后来的生效稿皆采取直接规定权利内容、效力及实现方式的做法。从这一立法过程可知，《合同法》第286条从设计、起草、讨论、修改、审议直至正式通过，始终是指法定抵押权。[①]

反对该学说的学者认为，法定抵押权理论与我国目前的抵押权法律体系并不协调，存在以下问题：

（1）我国法律上并没有法定抵押权这类物权，该学说不符合物权法定原则。

（2）抵押权的担保范围涵盖主债权、利息、违约金、损害赔偿金及实现债权的费用，但承包人的该项权利却仅担保实际发生的费用，从担保范围上看两者区别较大。

（3）抵押权实行“房随地走、地随房走”之原则，即如果在房屋上设定抵押，则土地势必也一并抵押，若承包人的优先受偿权属于法定抵押权，则建设工程所涉土地使用权也会成为该法定抵押权之客体，这与建设工程价款优先受偿权仅以工程为客体（尤其是装修装饰工程等仅以相关工程的增值部分为客体）的现实不符。设置建设工程价款优先受偿权的基础理由之一是承包人的劳动力、财力、物力已经物化入工程中，因此，其客体仅应针对工程，而不能涉及土地使用权。

（4）抵押权不存在行使期限，但承包人的该项权利却存在六个月的行使期限。

---

① 梁慧星：《合同法第二百八十六条的权利性质及其适用》，载《山西大学学报》（哲学社会科学版）2001年6月第24卷第3期。

（5）从德国及我国台湾地区的规定看，法定抵押权以登记为生效要件。但我国的建设工程价款优先受偿权却无需登记。①

（6）建设工程价款优先受偿权劣后于已交付大部分购房款的消费者的债权，若该项权力属抵押权，那么其应当可以对抗未办理过户的房屋买受人。②

2. 不动产留置权说

该学说认为："合同法实际上扩大了可留置财产的范围，如果发包人不按约定支付工程价款，承包人即可留置该工程，并以此优先受偿……《合同法》第286条规定的承包人实行权利的条件以'发包人迟延—承包人催告—发包人再迟延'为必要，与留置权的实行条件相当类似……大陆法系的一些国家的民法中并不乏不动产也可成为留置权对象的立法例，如日本。"③

此外，"建设工程承包合同在很大程度上与承揽合同相似，实际上是一种特殊的承揽合同。依据《合同法》第264条关于承揽合同的规定，定作人未向承揽人支付报酬或材料费等价款的，承揽人对完成的工作有留置权。虽然担保法规定的留置权只是限于动产，但不能以此否定建设工程承包合同中承包人的有限受偿权与留置权在本质上的共通性"④。

反对该学说的学者认为，"不动产留置权说"同样存在违反物权法定原则的问题，而且，留置权的产生和维持以"占有"为必要条件，但承包人的建设工程价款优先受偿权却并不以承包人实际"占有"房屋或相关工程为要件。

3. 优先权说

"优先权是指特种债权人直接基于法律规定而对债务人的全部财产或特定财产享有的优先受偿其债权的权利。优先权制度渊源于罗马。

① 潘军锋：《建设工程施工合同案件审判疑难问题研究》，载《法律适用》2014年第7期。
② 潘军锋：《建设工程施工合同案件审判疑难问题研究》，载《法律适用》2014年第7期。
③ 李志泉：《论建设工程价款优先受偿权》，中国人民大学2005年硕士学位论文。
④ 陆利平：《建设工程优先权制度比较研究》，华东政法大学2008年硕士学位论文。

罗马法上创设优先权制度的立法目的，或为维护公平正义，或为应事实之需要。”“法国和日本民法大体效仿罗马法，将优先权分为一般优先权和特别优先权。一般优先权是指存在于债务人全部财产上的优先权，主要包括司法费用优先权、税捐优先权、工资和劳动报酬优先权……特别优先权则是存在于债务人特定财产上的优先权，依其客体的不同，又可分为动产优先权和不动产优先权。动产优先权主要包括不动产出租人对承租人置于其不动产上的动产之优先权、旅店主人对顾客携带的物品之优先权……不动产优先权主要包括不动产保存人优先权、不动产修建人优先权……”①

在我国，《海商法》规定的船舶优先权、《民用航空法》规定的民用航空器优先权应属于上述特别优先权。

关于优先权究竟属于担保物权还是债权，学理上同样存在较大争议。部分学者认为：“一般优先权在担保物权的物上代位性和追及性方面的功能很不充分甚至没有，其根源在于一般优先权欠缺担保物权的特定性。而特别优先权却较为完全地具备了担保物权的物权性、价值性、担保性等法律属性。”因此，一般优先权具有债权性质，而特别优先权具有担保物权的性质。②笔者较为认同该观点，并且笔者进一步认为，鉴于特别优先权的法定性，故特别优先权其实具有法定担保物权的性质。

一些学者基于下述理由认为我国建设工程价款优先受偿权属于优先权：

（1）与船舶优先权、民用航空器优先权相似，建设工程价款优先受偿权同样具有优先于抵押权的特性。

（2）从制度目的而言，“优先权制度是针对社会生活中实际存在的

---

① 王全弟、丁洁：《物权法应确立优先权制度——围绕合同法第286条之争议》，载《法学》2001年第4期。

② 孙晋仁、薛路：《是债权还是物权？——优先权权利属性之争》，载江苏省苏州市吴江区人民法院网，http://wjsfy.chinacourt.org/article/detail/2014/01/id/1208070.shtml，最后访问时间2019年2月2日。

利益冲突而作出的一种价值取舍，它通过社会公共利益的考量，认为某些现存的利益冲突只有以赋予某一方以优先权的方式才能加以解决"[①]，而我国建设工程价款优先受偿权制度就是为了解决承包人、农民工与开发商之间的利益冲突问题，就该角度而言，我国建设工程价款优先受偿权的制度目的符合优先权的特征。

（3）与船舶优先权、民用航空器优先权一样，我国建设工程价款优先受偿权同样有行使期限的规定。

4. 小结

笔者认为，关于建设工程价款优先受偿权的性质问题，目前的争议其实存在于两个层面，一个是立法模式层面，一个是法律适用层面。

就立法模式而言，在各法域有关建设工程价款优先受偿权的立法中，存在让与担保权模式（如德国）、法定抵押权模式（如瑞士和我国台湾地区）、优先权模式（如法国和阿尔及利亚）、先取特权模式（如日本）等多种模式。[②]面对诸等模式，我们着实难以在对错好坏方面给予评价，唯适合该国法律体系、社会经济发展需要即可。我国究竟采取法定抵押权模式、优先权模式抑或其他模式，同样需要考虑相关立法模式是否符合现有法律体系，是否有利于社会经济生活的发展。

如果说立法模式是学者在"应然"层面争论的问题，则从理解和适用的角度讨论建设工程价款优先受偿权的属性就是一个"实然"问题，需着眼于具体的法律制度体系。

《物权法》第5条规定："物权的种类和内容，由法律规定。"该条系我国法律有关物权法定原则的体现。自2017年10月1日施行的《民法总则》第116条重申了该项物权法律制度的基本原则。面对物权法定原则，上述"法定抵押权说""不动产留置权说"值得商榷。

梁慧星教授从立法过程的角度认为建设工程价款优先受偿权是

---

① 马荣：《论建设工程价款优先受偿权的权利属性及其在司法实践中的适用》，转引自李志泉：《论建设工程价款优先受偿权》，中国人民大学2005年硕士学位论文。

② 陆利平：《建设工程优先权制度比较研究》，华东政法大学2008年硕士学位论文。

“法定抵押权”，采用的是法解释学上的“立法解释”方法。不能否认该方法在探究立法意图方面具有尊重客观历史的合理性。不过，从“现实主义法律观”的角度而言，“立法解释”方法存在一定的局限性。“现实主义法律观”认为法律“只是一组事实而不是一种规则体系，亦即是一种活的制度，而不是一套规范。……法官、律师、警察、监狱官员实际上在法律事务中的所作所为，实质上就是法律本身”[①]。基于该学说，法律一旦被制定出来，就基本脱离了立法者的控制，这是条文较之于现实生活的抽象性、滞后性所决定的，也是规则的“不自明性”所必然导致的现象。笔者认为，相对于“立法解释”，“现实主义法律观”可能更注重法律在运行过程中的变化，这一变化是法律条文不断与现实生活交流的结果，通过这一变化，法律条文的含义、精神被不断赋予新的内容，并在人们日常的司法、执法、守法过程中体现。或许，追寻《合同法》第286条的立法史，梁慧星教授在2001年时提出“法定抵押权说”并没有问题，但放在当下，该学说却因现有规则体系的变化而存在一定的局限性。

笔者认为，虽然关于建设工程价款优先受偿权定性的问题存在立法及适用两个层面，但这两个层面并非完全割裂，它们是相互影响的。若在适用层面将建设工程价款优先受偿权定性为“法定抵押权”“不动产留置权”，则确实会发生诸多与现有制度的不调和问题（上文已阐述)，导致现有制度在立法层面需要做系统性的修改。因此，相较于“法定抵押权说”“不动产留置权说”，从制度的系统协调性的角度而言，“优先权说”具有一定的优势。

（三）“法定担保物权”属性决定了建设工程价款优先受偿权不以合同有效为前提

之所以要讨论我国建设工程价款优先受偿权的性质，是因为对于该权利的定性关系到建设工程价款优先受偿权与施工合同效力之间的

---

① ［美］E. 博登海默：《法理学：法律哲学与法律方法》，邓正来译，中国政法大学出版社2004年版，第163页。

关系。部分学者认为，如果建设工程优先受偿权属于担保物权，在建设工程合同即主合同无效的情况下，作为具有从属性质的担保物权亦会被认定为无效。2010 年江苏高院在《江苏省高级人民法院建设工程施工合同案件审理指南》中即持这样的观点。[①]

笔者认为类似观点在理论上还有待探讨，理由如下。

1. 工程价款优先受偿权具有“法定担保物权”的属性，与“约定担保物权”产生于作为从合同的担保合同不同，“法定担保物权”基于法律而产生，因而，适用于“约定担保物权”的“主合同无效（主权利无效）→从合同无效（从权利无效）”的逻辑架构不能适用于工程价款优先受偿权，因为“法定担保物权”中并不存在主从合同关系。

我国《物权法》第 172 条第 1 款规定：“设立担保物权，应当依照本法和其他法律的规定订立担保合同。担保合同是主债权债务合同的从合同。主债权债务合同无效，担保合同无效，但法律另有规定的除外。”根据该条，担保合同相对于主债权债务合同而言具有从属性。显而易见，该规则的适用范围是“约定担保物权”。也就是说，针对抵押权、质权而言，抵押合同、质押合同是从合同，主合同无效，作为抵押合同、质押合同的从合同亦无效（除非法律有特别规定），从而担保合同项下的担保物权也无效。

“约定担保物权”的从属性是相对于主合同而言的，因为约定担保物权产生于作为从合同的担保合同，一旦主合同无效从合同亦无效。但是，“法定担保物权”却不同，“法定担保物权”的从属性不是相对于某个合同而言，因为不存在主从合同关系。工程价款优先受偿权具有“法定担保物权”的属性，因而《物权法》第 172 条规定的“主合同无效（主权利无效）→从合同无效（从权利无效）”的逻辑架构并不能适用于工程价款优先受偿权。

---

① 前文已言明，关于建设工程价款优先受偿权与合同效力之间的关系，江苏高院在其 2018 年 6 月发布的《江苏省高级人民法院关于审理建设工程施工合同纠纷案件若干问题的解答》中已更新了相关意见。

2. “法定担保物权”的从属性是相对于主债权而言的，这个主债权可以是合同之债，也可以是不当得利之债、无因管理之债、侵权之债等债权。作为一种“法定担保物权”，工程价款优先受偿权的主债权是承包人的工程价款请求权，在工程质量合格的情况下，该主债权不因施工合同无效而消失。因而，施工合同无效并不影响工程价款优先受偿权。

前文论及，与“约定担保物权”从属于主合同债权不同，“法定担保物权”的从属性不是相对于某个合同而言的。那么作为从权利的“法定担保物权”的主债权究竟是什么？通过观察部分法定担保物权，如留置权、船舶优先权、民用航空器优先权，我们或许能找到答案。

（1）《物权法》颁布后，留置权的主债权已不限于合同之债

基于《担保法》（1995 年 10 月施行）第 84 条第 1 款的规定，长期以来，我国留置权的产生受限于保管、运输、加工承揽等合同关系。《物权法》颁布后，留置权的适用已不受债权范围的限制，该法第 230 条第 1 款规定，“债务人不履行到期债务，债权人可以留置已经合法占有的债务人的动产，并有权就该动产优先受偿”，即留置权的适用可以基于合同之债，也可以基于非合同之债，如不当得利、无因管理、侵权等。

（2）船舶优先权的主债权包括劳动报酬及社保请求权、合同之债、无因管理之债、侵权之债

《海商法》第 22 条第 1 款规定：“下列各项海事请求具有船舶优先权：（一）船长、船员和在船上工作的其他在编人员根据劳动法律、行政法规或者劳动合同所产生的工资、其他劳动报酬、船员遣返费用和社会保险费用的给付请求；（二）在船舶营运中发生的人身伤亡的赔偿请求；（三）船舶吨税、引航费、港务费和其他港口规费的缴付请求；（四）海难救助的救助款项的给付请求；（五）船舶在营运中因侵权行为产生的财产赔偿请求。”据此，船舶优先权的主债权包括劳动报酬及社保请求权、合同之债、无因管理之债、侵权之债。

（3）民用航空器优先权的主债权包括合同之债、无因管理之债

《民用航空法》第 19 条第 1 款规定："下列各项债权具有民用航空器优先权：（一）援救该民用航空器的报酬；（二）保管维护该民用航空器的必需费用。"据此，民用航空器优先权的主债权包括合同之债、无因管理之债。

通过对留置权、船舶优先权、民用航空器优先权的观察，不难发现，"法定担保物权"的主债权并不局限于合同之债，它的主债权可以是合同之债，也可以是无因管理之债、侵权之债等债权。

在讨论题述问题时，有观点认为：承包人基于有效合同享有债权，若合同无效，发包人应支付工程款的约定也无效，尽管《建设工程司法解释（一）》第 2 条规定合同无效时发包人仍应向承包人支付价款，但此时承包人享有的不是合同债权而是因合同无效而获得的不当得利债权。因此，当合同本身无效时，作为原债权担保的优先权也不存在。[①]

笔者认为，基于"法定担保物权"的主债权可以是合同债权以外的债权的理论，上述观点值得商榷。作为具有法定担保物权性质的特别优先权，建设工程价款优先受偿权的从属性是相对于建设工程价款支付请求权这一主债权而言的。鉴于《建设工程司法解释（一）》第 2 条的相关规定，在质量合格的情况下，即便施工合同无效，承包人仍然具有要求发包人参照合同约定支付工程价款的主债权，因而，建设工程价款优先受偿权不会因为合同无效而变成无本之木。

3. 相关观点未顾及建设工程价款优先受偿权作为"法定担保物权"的上述两项特性

《江苏省高级人民法院建设工程施工合同案件审理指南》认为建设工程价款优先受偿权属于法定抵押权。法定抵押权也是一种"法定担保物权"。就此而言，这一观点其实是没有顾及"法定担保物权"相较于"约定担保物权"在从属性方面的区别，将"主合同无效（主权利

---

① 北京市中伦律师事务所编：《中伦律师实务丛书·建设工程业务》，法律出版社 2013 年版，第 161—162 页。

无效）→从合同无效（从权利无效）”这一关于约定担保物权的规则适用在了“法定担保物权”上。同时，也没有意识到“法定担保物权”的主债权可以是合同债权以外的债权。故而，这一述论述是值得商榷的。

4. 小结

综合上述论述，笔者认为，在合同无效情形下，应认可承包人享有建设工程价款的优先受偿权，理由如下：

（1）我国建设工程价款优先受偿权属于“法定担保物权”，因此，如前所述，有关“主权利无效从权利也无效”的观点并不成立。

（2）根据《建设工程司法解释（一）》第2条的规定，即便建设工程施工合同无效，只要经竣工验收合格，承包人仍然有权要求发包人参照合同约定支付工程价款。“设置建设工程价款优先受偿权主要考虑到承包人的劳动已经物化到建筑物中……建设工程优先受偿权的基础权利源于工程款债权，在工程款仍应支付、工程款债权仍需清偿的情况下，建设工程价款优先受偿权亦应支持。这既符合建设工程价款优先受偿权制度设计的目的，也考虑到承包人的人力、物力、财力已经物化于建筑工程的实际情况，应尽可能保护该种权利。”[①]

（3）我国建设工程的优先受偿权制度设计的初衷是保护农民工的合法权益，作为建筑业的基层支柱性群体以及人口占比相当大的群体，使其合法利益能得到可靠法律制度的保护，无疑会增强社会的稳定性。现阶段，建设工程施工合同被判无效的现象仍然层出不穷，若合同无效即导致承包人丧失优先受偿权，将会使该制度的效果大打折扣。尽可能维护承包人的优先受偿权，本质上符合所谓“司法实用主义”的要求，即“依据司法判决可能产生的效果作决定，而不是依据法条或判例的语言，或依据更一般的先前存在的规则”[②]。这种实用主义“是

① 李后龙、潘军锋：《建设工程价款优先受偿权审判疑难问题研究》，载《法律适用》2016年第10期。

② ［美］理查德·波斯纳：《法官如何思考》，苏力译，北京大学出版社2009年版，第37页。

一种确定方向的态度。'这个态度'不是去看最先的事物、原则、范畴和假定是必须的东西；而是去看最后的事物、收获、效果和事实"①。在某些场景下，"司法实用主义"相对于机械适用法律的"法条主义"更有利于衡平各方利益、维护经济秩序。

【相关案例】

中扶建设有限责任公司、德化金龙置业有限公司建设工程施工合同纠纷案【（2017）最高法民终766号】

一、裁判要点

法院经审理认为，关于中扶公司应否享有建设工程价款优先受偿权问题。建设工程价款优先受偿权是法律规定的建设工程承包人的一项法定权利，目的是保障承包人能够优先获得工程款。中扶公司作为案涉工程承包人，主张在金龙公司欠付工程款范围内对已完工程享有建设工程价款优先受偿权，于法有据。金龙公司以中扶公司在案涉工程施工过程中存在违法分包情形为由，主张中扶公司不应享有建设工程价款优先受偿权，于法无据。

二、裁判文书

中华人民共和国最高人民法院

民事判决书

（节选）

（2017）最高法民终766号

上诉人（原审原告、反诉被告）：中扶建设有限责任公司，住所地北京市海淀区西三环北路72号世纪经贸大厦B座21层。

---

① 何勤华：《西方法律思想史》，复旦大学出版社2007年版，第285页。

法定代表人：庄清良，该公司董事长。

上诉人（原审被告、反诉原告）：德化金龙置业有限公司，住所地福建省德化县龙浔镇世纪城8号楼3层301室。

法定代表人：蔡金山，该公司董事长。

……

一审法院认定事实：双方当事人经协商确定中扶公司承包金龙公司开发的德化县金龙中心城项目工程。根据金龙公司与德化县国土资源局签订的《国有建设用地使用权出让合同》约定，该项目土地利用要求为按德化县住建局关于出具G2011－06－01号国有建设用地使用权规划意见的复函及补充说明的函（德建［2011］函15、25号）执行。其中德建［2011］函15号载明，项目用地性质为商服、住宅用地，要求宗地竞得者应在相应楼盘开盘前优先提供总建筑面积71793.34m^2安置房。中扶公司于2012年12月进场开始垫资施工。2013年8月19日，金龙公司制作项目一标段二次招标《施工招标文件》《投标邀请书》。2013年9月6日，中扶公司向金龙公司发出《投标函》。2013年9月27日，金龙公司向中扶公司发出一标段《中标通知书》。2013年10月7日，双方签订一标段建设工程施工合同。2014年1月19日，双方签订《关于"德化金龙·中心城工程"施工合同的会议纪要》，约定：1. 承包方式：工程总承包。2. 标段划分：分成二个标段，一标段为1#、2#、3#、13#楼及相应地下室、裙楼工程，二标段为4#－12#楼、14#楼及相应地下室、裙楼工程。3. 工程结算方式：一、二标段均为按实结算，取费类别均按工程实际类别计算，劳保均按丙类取费；一标段下浮9%，二标段下浮8%，材料市场价取泉州市工程造价信息德化县信息价的施工期间加权平均价。4. 商品混凝土补价差600万元，地下室排水、降水项目补100万元。5. 一标段已交的1000万元工程保证金在一标段±0.00完成后三天内退还500万元，剩余500万元在一标段混凝土结构封顶后三天内退还。6. 会议纪要为本工程施工合同不可分割的组成部分。2014年3月17日，金龙公司制作二标段《施工招标文件》，2014 年 3 月 12 日发出《投标邀请书》。2014 年 4 月 3 日，中扶公司向金龙公司发出《投标函》。2014 年 3 月 31 日，双方签订二标段建设工程施工合同，2014 年 4 月 14 日，金龙公司向中扶公司发出二标段《中标通知书》。2014 年 4 月 6 日，中扶公司、金龙公司签订两份《协议书》，分别约定双方于 2013 年 10 月 7 日及 2014 年 3 月 31 日签订两份《建设工程施工合同》，金龙公司以该合同向德化县住建局备案，申领建筑工程施工许可证，经双方协商一致，该两份合同作废；双方确定于 2014 年 4 月 10 日前重新签订一标段的《建设工程施工合同》，于 2014 年 4 月 21 日前重新签订二标段的《建设工程施工合同》；若双方未就该两标段工程重新签订施工合同，金龙公司应当按照中扶公司完成的实际工程量按实结算，结算方式为按照实际完成工程量套用施工期间福建省实行的相关定额及有关文件规定按实结算，取费类别按工程实际类别计算，劳保取费采用乙类标准计算，材料价格按施工期间泉州工程造价信息加权平均取价；金龙公司应按照中扶公司每月已完成的工程量，按日 1.5‰计算支付给中扶公司垫资施工利息；中扶公司交给金龙公司的 1000 万元保证金，自中扶公司支付给金龙公司之日起，按日 1.5‰计付利息，直至保证金退回中扶公司之日止；同时，金龙公司应按中扶公司在施工现场的实际投入进行结算。2014 年 5 月 8 日，双方签订一份《协议书》，约定该工程实际使用的是商品混凝土，双方确认本工程混凝土均按商品混凝土进行计价，价格采用施工期间泉州工程造价信息的加权平均价。同日，双方还签订了另一份《协议书》，约定该工程在施工过程中，采用了井点降水和地下室施工期间的排水，由于金龙公司、监理没有给予现场签证，经双方确认，降、排水包干费为 150 万元，金龙公司应向中扶公司支付该 150 万元。2014 年 5 月 10 日，双方又签订一份《协议书》，主要内容为：中扶公司、金龙公司一致同意中扶公司于 2013 年 1 月 15 日提前进场施工，截至 2014 年 1 月 1 日，中扶公司已完成了第一标段 ±0.00 地下室顶板混凝土浇筑，达到拨款节点，第一标段实际完成工程量 9300 万元，第二标段完成工程量3600多万元，由于该工程为中扶公司垫资施工，中扶公司为该工程增加支出了资金成本682万元，为更好地完成金龙公司的工程进度要求，中扶公司决定更换现有施工队伍，该增加的资金成本由金龙公司承担，金龙公司应于2014年5月15日前向中扶公司支付682万元；经双方协商确定，中扶公司应于2015年1月31日前完成除6#、8#楼外的其余各栋高层结构封顶；中扶公司于2013年1月15日向金龙公司交纳的保证金1000万元，金龙公司应于2014年5月15日退回给中扶公司；金龙公司直接发包的消防、人防工程，其应向中扶公司支付分包工程的配合费和总包管理费，具体费率双方另行协商。同日，双方还签订了另一份《协议书》，约定：为加快施工进度，确保中扶公司于2015年1月31日前完成除6#、8#楼外的其余各栋高层结构封顶，中扶公司泉州分公司退出该工程的管理，加快中扶公司新班组入场，做好新旧班组的交接手续，使工程能顺利圆满交接，中扶公司应于2014年6月10日前交接完毕正常施工，金龙公司愿意补偿中扶公司150万元，并于2014年6月15日前支付给中扶公司。2015年5月19日，金龙公司以中扶公司屡屡推迟各工期节点的完成时间为由，向中扶公司发出《责令中扶建设有限责任公司清退场函》，该函载明金龙公司“实际拨付总额19100万元，包括16738万元、1832万元（退未开收据的1000万元保证金，未开发票的682万元资金成本，未开发票的150万元清场费)、多拨付530万元”等内容。中扶公司2015年5月22日回函认为金龙公司无权解除合同。2015年6月29日，金龙公司向中扶公司发出《解除建设工程施工合同通知书》。中扶公司于2015年7月2日回函重申金龙公司无权解除合同。

一审法院认为：(一) 关于双方当事人签订的建设工程施工合同是否有效。根据金龙公司与德化县国土资源局签订的《国有建设用地使用权出让合同》、德化县住建局德建［2011］函15号及德化县金龙中心城项目《建设用地规划许可证》，案涉项目应提供总建筑面积71793.34m^2的安置房，工程施工造价超过2亿元，属于关系社会公共利益、公众安全的大型公用事业项目。根据《中华人民共和国招标投标法》第三条及《工程建设项目招标范围和规模标准规定》第三条、第七条规定，该工程必须进行招标。双方当事人确认案涉工程没有依法履行招标投标程序，中扶公司在招标投标之前已进场施工，后续所进行的招标投标只是形式意义上的招标投标，目的是为了办理相关手续。根据《最高人民法院关于审理建设工程施工合同纠纷案件适用法律问题的解释》第一条第三项规定，双方当事人就案涉工程签订的建设工程施工合同及补充协议应属无效。中扶公司确认双方进行形式意义上的招标投标的目的是为了办理施工许可证，说明办理案涉工程施工许可证需要向行政管理机关提交招标投标的材料。因此，中扶公司关于行政机关以行为表示认可金龙公司未经招标投标程序选择中扶公司作为承包人的理由不能成立。其关于案涉建设工程施工合同有效并请求继续履行合同的诉讼请求依法不应支持。鉴于中扶公司在本案中提出的诉讼请求是基于合同有效，要求继续履行合同，一审法院依法对其进行释明，告知其可在三天内变更诉讼请求，但中扶公司并未申请变更诉讼请求。由于中扶公司起诉请求的工程进度款为已完工程价款减去已付工程款，故在性质上与工程结算款并无不同，且金龙公司反诉请求确认合同无效并要求中扶公司移交工程及施工内业资料，属请求按合同无效处理。为减少双方讼累，一审法院依法在案涉合同无效的前提下继续审理双方当事人的诉讼请求。（二）关于已完工程造价。1. 关于工程结算的合同依据问题。《中华人民共和国招标投标法》第四十六条第一款规定："招标人和中标人应当自中标通知书发出之日起三十日内，按照招标文件和中标人的投标文件订立书面合同。招标人和中标人不得再行订立背离合同实质性内容的其他协议。"上述规定是针对依法进行的招标投标程序。本案双方当事人确认案涉项目（包括一、二标段）并未依法进行招标投标，因此，不适用上述规定，招标投标文件并不具有优先效力。金龙公司以2014年4月6日《协议书》改变了招标投标文件及该《协议书》签订于二标段《中标通知书》发出之前为由，主张不能以该《协议书》作为结算依据，理由不能成立。从该《协议书》内容表述来看，双方约定若双方未就该两标段工程重新订立施工合同，金龙公司应当按照中扶公司完成的实际工程量按实结算。该约定没有区分系哪一方原因导致未重新订立施工合同的情况，并不体现为违约责任（或惩罚性）的约定，而是对双方未重新订立施工合同情况下结算方式的约定。因此，金龙公司主张该《协议书》存在惩罚性条款而非双方真实意思表示的理由不能成立。金龙公司亦没有提供证据证明其他协议系受欺诈或胁迫签订。因此，双方在施工过程中签订的协议（包括会议纪要），除2013年10月7日及2014年3月31日签订的备案合同双方已明确废止外，均为双方真实意思表示。上述协议虽因违反《中华人民共和国招标投标法》的强制性规定而无效，但根据《最高人民法院关于审理建设工程施工合同纠纷案件适用法律问题的解释》第二条关于建设工程施工合同无效，但建设工程经竣工验收合格，承包人请求参照合同约定支付工程价款的，应予支持的规定，上述协议中关于工程价款结算条款可以作为结算依据。协议中就相同结算事项约定不一致的，应认定签订时间在后的协议变更签订在前的协议约定，以时间在后的协议约定为准。……（九）关于中扶公司是否享有建设工程价款优先受偿权。法律规定承包人对工程价款享有优先受偿权，其目的是保障承包人获得其物化于建筑工程中的劳务及材料等对价的权利。无论建设工程施工合同是否有效，只要工程质量合格，发包人均有义务支付全部工程价款。《中华人民共和国合同法》第二百八十六条及《最高人民法院关于建设工程价款优先受偿权问题的批复》规定承包人享有建设工程价款优先受偿权，亦未对建设工程施工合同不同效力情形进行区分，故可以认定承包人就无效建设工程施工合同中的工程价款仍依法享有建设工程价款优先受偿权。中扶公司要求在金龙公司欠付工程款范围内对已完工程享有建设工程价款优先受偿权的请求应予支持。中扶公司对工程款之外的款项主张享有建设工程价款优先受偿权缺乏法律依据，不予支持。金龙公司关于中扶公司因建设工程施工合同无效而不享有建设工程价款优先受偿权的抗辩理由不能成立。综上，一审法院依照《中华人民共和国合同法》第五十二条第五项、第五十八条、第二百八十六条，《最高人民法院关于审理建设工程施工合同纠纷案件适用法律问题的解释》第一条第三项、第二条、第六条、第十八条第三项规定，判决：一、确认金龙公司与中扶公司于2013年10月7日签订的德化县金龙中心城1#、2#、3#、13#楼及相应地下室工程《建设工程施工合同》、2014年3月31日签订的德化县金龙中心城4－12#楼、14#楼及相应地下室工程《建设工程施工合同》及施工过程中双方就该项目达成的协议书、会议纪要等合同文件无效。二、金龙公司应于判决生效之日起十日内向中扶公司支付尚欠工程款46904630元及利息（以46904630元为基数，按中国人民银行发布的同期同类贷款基准利率自2015年7月13日起计至付清该款项之日止）。……六、中扶公司在46904630元工程款范围内对德化县金龙中心城项目已完工程价款享有建设工程价款优先受偿权。……九、驳回中扶公司的其他诉讼请求。十、驳回金龙公司的其他反诉请求。……

……

本院二审查明的事实与一审法院认定的事实一致。

本院认为，本案二审双方当事人争议的焦点问题为：1. 案涉建设工程施工合同是否有效。2. 案涉工程价款应为多少。3. 金龙公司应否支付中扶公司工程款；如应支付，应付多少。4. 金龙公司应否支付中扶公司工程款利息；如应支付，应付多少。5. 金龙公司应否支付中扶公司垫资利息；如应支付，应付多少。6. 金龙公司应否支付中扶公司保证金利息；如应支付，应付多少。7. 金龙公司应否支付中扶公司班组更换补偿费用。8. 金龙公司应否赔偿中扶公司停工损失；如应赔偿，应赔偿多少。9. 中扶公司对案涉工程主张建设工程价款优先受偿权应否得到支持。10. 中扶公司应否向金龙公司移交施工内业资料。

（一）关于案涉建设工程施工合同效力问题。《中华人民共和国招标投标法》第三条规定，在中华人民共和国境内的大型基础设施、公用事业等关系社会公共利益、公众安全的项目施工，必须进行招标。《工程建设项目招标范围和规模标准规定》第七条进一步明确了施工单项合同估算价200万元以上或者施工单项合同估算价虽低于200万元，但项目总投资额在3000万元以上关系社会公共利益、公众安全的公用事业项目进行施工，必须进行招标。德化县金龙中心城项目包括总建筑面积71793.34m^2的安置房，工程总造价超过2亿元，属于关系社会公共利益、公众安全的重大项目，依据上述法律规定，必须进行招标。但金龙公司在未履行公开招标程序的情况下，即确定由中扶公司进场开始垫资施工。后金龙公司虽补办了招标手续，中扶公司中标，但双方均确认该招标投标程序仅是为办理相关证件而进行的形式意义上的招投标。因此，一审法院依据《最高人民法院关于审理建设工程施工合同纠纷案件适用法律问题的解释》第一条关于建设工程必须进行招标而未招标或者中标无效的，建设工程施工合同应认定无效的规定，认定双方当事人就案涉工程签订的建设工程施工合同及补充协议均无效，并无不当。中扶公司关于案涉工程招投标程序合法，双方签订的建设工程施工合同及补充协议有效的上诉主张，于法无据。

（二）关于案涉工程价款认定问题。《最高人民法院关于审理建设工程施工合同纠纷案件适用法律问题的解释》第二条规定，建设工程施工合同无效，但建设工程经竣工验收合格，承包人请求参照合同约定支付工程价款的，应予支持。案涉施工合同虽无效，但中扶公司请求参照合同约定支付工程价款，故一审法院按照双方在合同中关于工程价款的约定认定工程价款，并无不妥。金龙公司与中扶公司在2014年4月6日签订的两份《协议书》中约定，2013年10月7日、2014年3月31日签订的两份建设工程施工合同作废，双方将重新签订建设工程施工合同；若双方未能签订新的建设工程施工合同，案涉工程应按照中扶公司完成的实际工程量按实结算。双方当事人对该协议的真实性均无异议，金龙公司亦未能提供证据证明上述协议并非其真实意思表示，故双方应按该两份协议约定进行结算。双方虽在2014年1月19日会议纪要中约定一标段工程款下浮9%，二标段工程款下浮8%，但一方面，该会议纪要明确载明其系案涉建设工程施工合同不可分割的组成部分，而案涉建设工程施工合同已被双方2014年4月6日签订的协议予以废止；另一方面，从2014年4月6日协议中双方关于若未能签订新的建设工程施工合同将按实结算的约定来看，双方也废止了会议纪要中关于工程款下浮的约定。因此，一审法院对金龙公司关于案涉工程价款应依据上述会议纪要予以下浮的主张未予支持，并无不当。金龙公司的该项上诉理由，不能成立。金龙公司主张双方当事人于2014年5月8日、5月10日签订的协议及2014年4月14日金龙公司向中扶公司发出的二标段《中标通知书》可视为双方重新签订了施工合同，2014年4月6日协议约定的按实结算条件尚未成就。然而，从2014年5月8日、5月10日协议及2014年4月14日金龙公司向中扶公司发出的二标段《中标通知书》的形式和内容分析，均非2014年4月6日协议所指的建设工程施工合同，且双方在两份协议及《中标通知书》中也未约定工程价款的结算方式，未作出新的约定取代2014年4月6日协议中关于按实结算的约定。故一审法院参照2014年4月6日协议约定，认定案涉工程价款应按照中扶公司实际完成的工程量按实结算，并无不妥。金龙公司此点上诉理由，亦不成立。

为确定中扶公司已完工程造价，一审法院根据金龙公司申请，依法委托鉴定机构对已完工程造价进行鉴定，鉴定机构出具了鉴定意见及3份修正意见。金龙公司上诉提出案涉工程价款结算采用乙类标准计取劳保费用错误，应按照中扶公司劳保核定卡的类别丁类计取劳保费用。经查，双方在2014年4月6日协议中明确约定案涉工程结算，劳保费用采用乙类标准计算。2014年4月6日协议虽无效，但该约定系双方当事人真实意思表示，且不违反法律规定，一审法院参照适用，并无不当。金龙公司的此项主张，不应支持。由此，一审法院结合鉴定意见及全案证据情况，认定案涉工程造价为272633968元，并无不妥。金龙公司关于一审法院对案涉工程价款认定错误的上诉理由，缺乏事实和法律依据。

（三）关于金龙公司欠付工程款及相应利息问题。因金龙公司、中扶公司确认案涉招投标系为了履行相关手续而进行的形式意义上的招投标，案涉建设工程施工合同无效，双方在2014年4月6日协议中约定备案的建设工程施工合同包括招投标文件作废，故金龙公司关于依据建设工程施工合同及招投标文件应预留5%工程款作为质量保修金的主张，缺乏依据。且金龙公司在一审期间也未提出该主张，其该项上诉主张不应支持。如案涉工程在质保期间出现质量维修问题，金龙公司可依法另行主张权利。金龙公司二审期间虽然新提交了5份银行转账凭证和1份《还款承诺书》，以证明其代中扶公司支付景远公司材料款1200万元，请求在应付工程款中扣除该部分款项，但中扶公司不予认可，且上述证据材料也不足以证明金龙公司代中扶公司支付了案涉工程材料款1200万元。即便该款已支付，因该款项依据金龙公司主张系为承担担保责任而支付，与本案工程款不是基于同一法律关系产生，可不予计入金龙公司已付工程款。金龙公司可依法另行主张。综上所述，一审判决认定金龙公司应付工程款为46904630元，并无不妥。

关于欠付工程款利息，因双方对此并无约定，故一审法院按照中国人民银行发布的同期同类贷款利率计息，并无不当。中扶公司上诉主张欠付工程款利息应按照日1.5‰的标准计付，缺乏依据，不应支持。《最高人民法院关于审理建设工程施工合同纠纷案件适用法律问题的解释》第十八条第三项规定，建设工程未交付，工程价款也未结算的，从当事人起诉之日计付工程款利息。案涉工程未完工，双方也未结算，故一审判决认定案涉工程款利息自中扶公司起诉之日即2014年7月13日起计付，亦无不当。因双方未约定工程进度款及其支付方式，且中扶公司也未提供证据证明其曾要求金龙公司支付工程进度款，故一审法院对中扶公司关于金龙公司支付工程进度款利息的主张未予支持，并无不妥。由此，中扶公司关于工程款利息的上诉理由，不能成立。

关于一审法院判令金龙公司支付中扶公司工程款及利息是否超出中扶公司诉讼请求范围问题。中扶公司一审起诉时的第二项诉讼请求为判令金龙公司支付工程进度款及相应利息，后一审法院根据本案事实认定案涉建设工程施工合同无效，并进行了释明，告知中扶公司可变更诉讼请求，中扶公司未变更。因中扶公司请求的工程进度款实为已完工程价款扣除已支付的工程款后的款项，在数额上与工程结算款并无不同，且金龙公司反诉请求确认合同无效并要求中扶公司移交工程及施工内业资料，实际也是请求按合同无效对双方的纠纷进行处理，故一审法院综合考虑本案情形，为了减少当事人诉累，对金龙公司应支付中扶公司的工程款作出相应判决，并无不妥。金龙公司关于一审判决超出中扶公司诉讼请求范围的上诉理由，不能成立。

（四）关于垫资利息问题。金龙公司上诉提出因案涉建设工程施工合同及相关协议无效，故其中关于垫资利息的约定也无效，一审法院判令金龙公司支付9198755.56元垫资利息，无事实和法律依据；即便垫资利息的约定有效，因中扶公司泉州分公司未按约及时退出工程管理，新施工班组未引入，金龙公司有权拒绝支付中扶公司垫资资金成本682万元。《最高人民法院关于审理建设工程施工合同纠纷案件适用法律问题的解释》第六条规定："当事人对垫资和垫资利息有约定，承包人请求按照约定返还垫资及其利息的，应予支持，但是约定的利息计算标准高于中国人民银行发布的同期同类贷款利率的部分除外。当事人对垫资没有约定的，按照工程欠款处理。当事人对垫资利息没有约定，承包人请求支付利息的，不予支持。"中扶公司与金龙公司于2014年5月10日签订《协议书》，确认2014年1月1日前中扶公司垫资12900万元增加的资金成本为682万元，该资金成本实际为中扶公司垫资的利息。金龙公司未提供证据证明该682万元利息超过按中国人民银行发布的同期同类贷款利率计算的利息，也未提供证据证明2014年5月10日协议并非其真实意思表示，故一审法院判令金龙公司支付该部分垫资利息682万元，并无不当。关于2014年1月1日后的垫资利息，双方在2014年4月6日协议中约定垫资利息按照日1.5‰计算，因约定的利息计算标准高于中国人民银行发布的同期同类贷款利率，对超过部分依法不应支持。一审法院依据上述法律规定，将2014年1月1日后的垫资利息计付标准调整为中国人民银行发布的同期同类贷款利率，并根据金龙公司付款情况逐笔计算，并无不妥。金龙公司提出的双方对2014年1月1日后的垫资利息无约定的主张，与事实不符。金龙公司关于建设工程施工合同及相关协议无效，其中关于垫资利息的约定也无效，其不需支付垫资利息的理由，于法无据。因双方并未约定682万元垫资利息的支付以中扶公司泉州分公司退出工程管理并引入新施工班组为条件，故金龙公司提出的因中扶公司泉州分公司未及时退出工程管理，新施工班组未引入，其有权拒绝支付垫资利息682万元的上诉理由缺乏依据。由此，一审法院认定金龙公司应支付中扶公司垫资利息9198755.56元，并无不当。金龙公司关于一审法院判令其支付9198755.56元垫资利息错误的理由，不能成立。

（五）关于保证金利息问题。《中华人民共和国合同法》第五十八条规定，合同无效或者被撤销后，因该合同取得的财产，应当予以返还。因案涉建设工程施工合同无效，一审法院判令金龙公司将1000万元保证金及占用该款项期间的法定孳息，即自2013年1月15日起按中国人民银行发布的同期同类贷款利率计算的利息，返还给中扶公司，并无不当。金龙公司提出的因双方对案涉建设工程施工合同无效均有过错，故即便计付资金占用期间利息，也应根据双方过错，由双方进行分担的主张，于法无据，不应支持。金龙公司还提出应根据2014年5月10日协议中关于金龙公司应于2014年5月15日将1000万元保证金退还中扶公司的约定，认定保证金利息起算点为2014年5月15日。经查，该协议仅约定了保证金返还时间，并未约定保证金利息的起算时间，故对金龙公司关于以该协议约定确定保证金利息起算点的主张，亦不应支持。

（六）关于班组更换补偿款及停工损失问题。金龙公司2015年5月19日出具给中扶公司的《责令中扶建设有限责任公司清退场函》中载明其所支付的已付款中包含未开发票的150万元班组更换补偿款，证明金龙公司在合同履行过程中对支付该款项已予以认可。且金龙公司提供的2014年10月9日《德化县人力资源和社会保障局“110”社会联动接警记录》中有施工班组更换的记载。故金龙公司提出的新施工班组未及时引入的主张，与事实不符。其关于一审法院判令其支付班组更换补偿款150万元错误的上诉理由，不能成立。中扶公司主张因金龙公司擅自终止履行合同，并强制进行清场，故其应赔偿中扶公司停工损失。因中扶公司未能提供证据证明其主张的停工损失系因金龙公司过错造成，其也未提供证据证明实际损失的具体数额，故一审法院对中扶公司要求金龙公司赔偿停工损失的主张，未予支持，并无不当。

（七）关于中扶公司应否享有建设工程价款优先受偿权问题。建设工程价款优先受偿权是法律规定的建设工程承包人的一项法定权利，目的是保障承包人能够优先获得工程款。中扶公司作为案涉工程承包人，主张在金龙公司欠付工程款范围内对已完工程享有建设工程价款优先受偿权，于法有据。金龙公司以中扶公司在案涉工程施工过程中存在违法分包情形为由，主张中扶公司不应享有建设工程价款优先受偿权，于法无据。《最高人民法院关于建设工程价款优先受偿权问题的批复》第四条规定，建设工程承包人行使优先权的期限为六个月，自建设工程竣工之日或者建设工程合同约定的竣工之日起算。案涉工程系未完工程，故无法依据竣工日期确定中扶公司行使建设工程价款优先受偿权的期限。金龙公司虽于2015年6月29日发出通知解除案涉建设工程施工合同，但中扶公司于同年7月2日回函表示金龙公司无权解除合同。中扶公司起诉时，仍请求判令金龙公司继续履行合同。故一审法院综合本案实际情况，认定中扶公司行使建设工程价款优先受偿权符合法律规定的期限，并无不当。金龙公司提出的自其发出解除合同通知至中扶公司起诉主张建设工程价款优先受偿权已超过六个月，中扶公司不应享有该项权利的上诉理由，不能成立。

……

综上，中扶公司、金龙公司的上诉请求均不能成立，应予驳回；一审判决认定事实清楚，适用法律正确，应予维持。依照《中华人民共和国民事诉讼法》第一百七十条第一款第一项规定，判决如下：

驳回上诉，维持原判。

二审案件受理费1376906.5元，由中扶建设有限责任公司负担960239.6元，德化金龙置业有限公司负担416666.9元。

本判决为终审判决。

审 判 长　汪 军
审 判 员　马东旭
审 判 员　张爱珍
二〇一八年一月八日
助理法官　魏佳钦
书 记 员　费斯嘉

【实务建议】

实务中，可以预见的是，本条有关“工程质量合格”的表述，可能会产生争议。此处的质量合格，是指符合法定最低质量标准还是指必须符合约定的质量标准？在许多情况下，当事人之间有关质量的约定，往往高于法定标准，有些房地产企业所制定的企业标准，相较于法定标准而言更为细致、合理、高标准。若该等标准被约定于施工合同中，会出现施工质量符合国家标准却不符合约定标准。于此情形，是否算质量合格？承包人是否能够主张和行使优先受偿权。

笔者同意《理解与适用》的意见，从《合同法》第286条的立法主旨，以及司法解释有关条款的价值取向来看，为保障建筑工人的权益，本条“质量合格”宜从有利于承包人的角度解释更为合适，也就是只要符合国家标准即可。况且，工程只要符合法定质量标准，就可以折价、拍卖，不存在相关障碍。当然，施工企业低于约定标准施工属于违约，亦应承担相关违约责任和损失赔偿责任。

第二十条　未竣工工程承包人享有工程价款优先受偿权的条件

【条文内容】

未竣工的建设工程质量合格，承包人请求其承建工程的价款就其承建工程部分折价或者拍卖的价款优先受偿的，人民法院应予支持。

【最高院意见】

最高院的《理解与适用》在本条“条文主旨”中明确，本条是承包人对其承建的未竣工工程部分价款行使优先受偿权的规定。

本条“要点提示”中，《理解与适用》谈到，工程质量为建设工程的生命，处理施工合同纠纷须坚持工程质量优先于合同效力，无论合同是否有效或者是否解除，只要未竣工的建设工程质量合格，承包人即可对其承建的部分工程享有优先受偿权。

《理解与适用》还从“建设工程施工合同的解除后果”“未竣工工程承包人工程价款优先权”“未竣工工程的质量的认定”“未竣工工程价款优先受偿的范围”等四个方面叙述了对本条的理解。

在本条“审判实务”部分，《理解与适用》着重阐述了因承包人的原因导致工程未竣工时，只要工程质量合格，并不影响承包人享有的工程价款优先受偿权的问题。

【条文点读】

一、本条文法律依据

本条可以视为对《建设工程司法解释（二）》第19条的补充。旨在说明，即便未竣工，只要已建工程质量合格，承包人即有权行使建设工程价款优先受偿权。

长期以来，对于未竣工工程承包人亦能享有和行使建设工程价款优先受偿权的观点争议较小，认识方面较为统一。

首先，《合同法》第286条规定："发包人未按照约定支付价款的，承包人可以催告发包人在合理期限内支付价款。发包人逾期不支付的，除按照建设工程的性质不宜折价、拍卖的以外，承包人可以与发包人协议将该工程折价，也可以申请人民法院将该工程依法拍卖。建设工程的价款就该工程折价或者拍卖的价款优先受偿。"该条款并未将承包人主张权利的时间限定于竣工后，亦未将"工程"限定为已竣工工程。

其次，依据《物权法》第180条之规定，在建工程能够成为抵押权的客体。建设工程价款优先受偿权属于法定担保物权，在建工程成为该担保物权的客体不存在理论障碍。

最后，早在2002年，《最高人民法院关于建设工程价款优先受偿权问题的批复》即规定："建设工程承包人行使优先权的期限为六个月，自建设工程竣工之日或者建设工程合同约定的竣工之日起计算。"2008年，《江苏省高级人民法院关于审理建设工程施工合同纠纷案件若干问题的意见》亦规定，工程已竣工的，优先受偿权的行使期限自竣工之日起6个月；未竣工的，优先受偿权的行使期限自合同约定的竣工之日起6个月。2012年，《广东省高级人民法院全省民事审判工作会议纪要》指出：非因承包人的原因，建设工程未能在约定期限内竣工，承包人依据《合同法》第286条规定享有的优先受偿权不受影响。承包人请求行使优先受偿权的期限，自建设工程实际竣工之日起计算；如果建设工程合同由于发包人的原因解除或终止履行，承包人行使建设工程价款优先受偿权的期限自合同解除或终止履行之日起计算。可见，最高人民法院的司法解释以及地方高院的司法文件对相关问题的认识较为统一，即工程未竣工不影响承包人享有和行使建设工程价款优先受偿权。

二、如何理解未竣工的建设工程质量合格

（一）对“未竣工的建设工程”的理解

最高人民法院民事审判第一庭编著的《理解与适用》一书，将“竣工”定义为“工程完工且通过国家有关单位根据国家验收标准对施工结束后的建筑进行的具有法律效果的验收，并且出具有关法律文书”，并认为“未竣工工程则是指工程未能通过国家有关单位根据国家验收标准对施工结束后的建筑进行的具有法律效果的验收的工程”[①]。

事实上，现实中“竣工”一词往往与“完工”“竣工验收”等词混用，这就造成这个词在不同语境下具有不同的意义。

《合同法》第279条规定：“建设工程竣工后，发包人应当根据施工图纸及说明书、国家颁发的施工验收规范和质量检验标准及时进行验收。验收合格的，发包人应当按照约定支付价款，并接收该建设工程。建设工程竣工经验收合格后，方可交付使用；未经验收或者验收不合格的，不得交付使用。”由此可见，《合同法》中的“竣工”一词基本与“完工”同义，并不具有建筑工程已经通过验收的含义。

《建筑法》第61条规定：“交付竣工验收的建筑工程，必须符合规定的建筑工程质量标准，有完整的工程技术经济资料和经签署的工程保修书，并具备国家规定的其他竣工条件。建筑工程竣工经验收合格后，方可交付使用；未经验收或者验收不合格的，不得交付使用。”据此，《建筑法》中的“竣工”一词其实与《合同法》相同，亦不包含已经通过验收的含义。

《建设工程质量管理条例》第16条规定：“建设单位收到建设工程竣工报告后，应当组织设计、施工、工程监理等有关单位进行竣工验收。建设工程竣工验收应当具备下列条件：（一）完成建设工程设计和合同约定的各项内容；（二）有完整的技术档案和施工管理资料；

---

① 最高人民法院民事审判第一庭编著：《最高人民法院建设工程施工合同司法解释（二）理解与适用》，人民法院出版社2019年版，第418页。

(三)有工程使用的主要建筑材料、建筑构配件和设备的进场试验报告;(四)有勘察、设计、施工、工程监理等单位分别签署的质量合格文件;(五)有施工单位签署的工程保修书。建设工程经验收合格的,方可交付使用。”笔者认为,根据《建设工程质量管理条例》的上述规定,“竣工”其实也可以被理解为一个状态或过程,是指在建设工程达到了竣工验收条件的情况下,承包人向发包人提交竣工报告,发包人组织竣工验收的整个状态或过程。

《建设工程司法解释(一)》第14条规定:“当事人对建设工程实际竣工日期有争议的,按照以下情形分别处理:(一)建设工程经竣工验收合格的,以竣工验收合格之日为竣工日期;(二)承包人已经提交竣工验收报告,发包人拖延验收的,以承包人提交验收报告之日为竣工日期;(三)建设工程未经竣工验收,发包人擅自使用的,以转移占有建设工程之日为竣工日期。”该条款中,“竣工日期”中的“竣工”一词具有“竣工验收合格”之意,因为建设工程的竣工日期肯定是指完成全部工程且通过了验收的日期;但其中的“竣工验收”中的“竣工”一词则并不具有验收合格的含义。

综上所述,鉴于法条和实务中对于“竣工”一词的使用并不是十分的清晰明确,因而“竣工”一词的含义应当联系具体的语境进行解读。

笔者认为,本条所谓的“未竣工的建设工程”,可以结合《建设工程质量管理条例》第16条来理解,可能包括尚未达到竣工条件、未进入竣工状态或未经过竣工验收程序,大致分为以下几种情形:

(1)建设工程尚在施工过程中,没有达到《建设工程质量管理条例》第16条规定的以及合同约定的可以进行竣工验收的条件,承包人尚未提交竣工报告;

(2)建设工程虽然已经达到了《建设工程质量管理条例》第16条以及合同约定的可以进行竣工验收的条件,但承包人出于种种原因尚未提交竣工报告;

（3）已达到竣工验收的条件且承包人已提交竣工报告，但建设工程出于种种原因未进行竣工验收。

虽然本条“未竣工的建设工程”可能会存在以上列举的几种情形，但究其实质，就是指尚未经过竣工验收的工程。

（二）对“未竣工的建设工程质量合格”的理解

与本条“未竣工的建设工程”相对应，“已竣工的建设工程”是指已经通过竣工验收的工程。建设工程已通过竣工验收，通常意味着验收质量合格。于此情形，承包人可依法享有并行使建设工程价款优先受偿权，此即《建设工程司法解释（二）》第19条之规定。

对于“未竣工的建设工程”而言，由于其尚未历经竣工验收，故而质量合格与否处于不确定的状态。倘若承发包双方对于工程质量存在争议，则承包人必须通过举证方式证明其所承建的工程的质量是合格的。

如前文所述，“未竣工的建设工程”大致可分为：（1）尚在施工过程中的工程；（2）已达到竣工验收的条件但承包人未提交竣工报告的工程；（3）已达到竣工验收的条件且承包人已提交竣工报告但建设工程未进行竣工验收的情况。

在上述三种情形中，第（1）种情形可能涉及施工合同解除和第三方续建事宜，而第（2）、（3）种情形则不涉及第三方续建。未竣工的建设工程的质量是否合格属于承包人须举证证明的事项。若出现第（2）、（3）种情形，承包人的施工范围及其质量情况比较容易认定；若出现第（1）种情形，现实情况往往可能变得十分复杂。如果施工现场仍处于承包人的控制之下，则对于承包人的已施工范围和内容较易确定，其对应的工程质量情况也可通过双方确认、司法鉴定等方法确认。但倘若承包人已退场，工程处于第三方续建的状态，则就要看承发包双方在承包人退场前是否对于承包人已施工部分进行过确认。在理想状态下，承发包双方会在承包人退场前对已施工部分进行工程量和工程质量方面的确认，相关问题皆易解决。然而现实情况往往截然相反，纠纷状态下承发包双方多已无法正常沟通、配合，更不会轻易地为对方确认事实、固定证据提供方便。于此情形，承包人只能通过现有施工材料（施工记录、会议纪要、签证单、验收记录、工作联系单、照片等文件）证明己方已施工范围。而对于已施工部分的质量情况，双方也只能通过举证质证程序确认有关事实。

【相关案例】

十堰市瑞昌房地产开发有限公司、江苏扬州建工建设集团有限公司建设工程施工合同纠纷【（2017）最高法民申 3773 号**】**

一、裁判要点

法院经审理认为，关于扬州建工公司对案涉工程价款是否享有优先受偿权的问题。瑞昌公司主张，因案涉工程至今未竣工验收，且存在质量问题未修复，扬州建工公司的优先受偿权请求于法无据。建设工程价款优先受偿权源于工程款债权，系对承包人建设工程投入的保护，在扬州建工公司施工部分均已验收合格，案涉工程未完工部分已由瑞昌公司另行发包，瑞昌公司应支付工程价款的情形下，扬州建工公司建设工程价款优先受偿权请求有事实及法律依据，原判决支持扬州建工公司在欠付工程款范围内享有建设工程价款优先受偿权并无不当。

二、裁判文书

中华人民共和国最高人民法院

民 事 裁 定 书

（节选）

（2017）最高法民申 3773 号

再审申请人（一审被告、二审上诉人）：十堰市瑞昌房地产开发有限公司。住所地：湖北省十堰市张湾区朝阳北路＊＊号。

法定代表人：王瑞华，该公司执行董事。

被申请人（一审原告、二审上诉人）：江苏扬州建工建设集团有限公司。住所地：江苏省扬州市江都区浦江路＊＊号。

法定代表人：吴国平，该公司董事长。

二审被上诉人（一审被告）：十堰东风神龙宾馆有限公司。住所地：湖北省十堰市张湾区公园路＊＊号。

法定代表人：吕红，该公司董事长。

再审申请人十堰市瑞昌房地产开发有限公司（以下简称瑞昌公司）因与被申请人江苏扬州建工建设集团有限公司（以下简称扬州建工公司）、二审被上诉人（一审被告）十堰东风神龙宾馆有限公司（以下简称神龙宾馆）建设工程施工合同纠纷一案，不服湖北省高级人民法院（2017）鄂民终298号民事判决，向本院申请再审，本院依法组成合议庭进行了审查，现已审查终结。

瑞昌公司申请再审称，（一）有新的证据足以推翻原二审判决认定的涉案工程量和造价鉴定，证明原二审判决金额错误。……（二）原二审判决认定的部分案件基本事实缺乏证据证明，导致部分判决明显错误。……（三）原二审判决适用法律错误，判决明显不公。……3. 原二审法院认为扬州建工公司享有优先受偿权于法无据。根据最高人民法院《关于审理建设工程施工合同纠纷案件适用法律问题的解释》第三条，无效建设工程合同工程款请求“优先受偿权”的适用条件为：（1）建设工程承包人必须依照合同约定履行全部义务。建设工程必须按期完工，并经验收合格。建设工程只有在竣工验收合格的情况下，合同债权的数额才能确定，发包人方能按照约定支付工程价款。验收不合格，发包人不仅有权拒绝支付工程价款，而且有权要求承包人承担违约责任。如果建设工程承包人一方存在其他违约行为，发包方因此行使抗辩权，未按约定支付价款的，承包人不得行使优先受偿权。（2）建设工程承包人行使先行催告权。（3）必须在六个月的期限内行使，自建设工程竣工之日或者建设工程合同约定的竣工之日起计算。

本案中，涉案合同为无效合同，扬州建工公司债权（工程款）的确定和请求权的行使受到一定限制，必须依法行使。由于“瑞昌东风广场1#商住楼”至今未完工，且扬州建工公司至今未修复擅自改变设计的抵债房屋，导致工程无法竣工验收。故扬州建工公司请求优先受偿权的前提条件不存在，工程款优先受偿权请求不能成立，对原判决应当予以纠正。综上，根据《中华人民共和国民事诉讼法》第二百条第一项、第二项、第六项之规定，申请再审，请求：1. 撤销湖北省高级人民法院（2017）鄂民终298号民事判决，依法改判再审申请人在“瑞昌东风广场1#商住楼”工程竣工验收后支付给再审被申请人工程补偿款26000000元；2. 依法改判再审申请人仅返回被申请人的800万元资金；3. 被申请人承担本案全部诉讼费和鉴定费。

扬州建工公司提交书面意见称，……（五）关于优先受偿权，答辩人作为承建方依法享有的建设工程优先受偿权不因合同无效而丧失，根据《合同法》第三百三十六条及《最高人民法院关于建设工程价款优先受偿权问题的批复》，申请人否定答辩人优先受偿权没有法律依据。综上，申请人的再审事由没有事实和法律依据，应依法予以驳回。

本院经审查认为，本案争议焦点为：（一）案涉工程款的支付问题，包括支付条件是否成就，应付工程款及利息的数额；（二）案涉合同民间借贷部分的效力及借款应否支付利息；（三）420万元工程质量保证金的认定；（四）停工损失的责任分担；（五）扬州建工公司对案涉工程是否享有优先受偿权。

……

（五）关于扬州建工公司对案涉工程价款是否享有优先受偿权的问题。瑞昌公司主张，因案涉工程至今未竣工验收，且存在质量问题未修复，扬州建工公司的优先受偿权请求于法无据。建设工程价款优先受偿权源于工程款债权，系对承包人建设工程投入的保护，在扬州建工公司施工部分均已验收合格，案涉工程未完工部分已由瑞昌公司另行发包，瑞昌公司应支付工程价款的情形下，扬州建工公司建设工程价款优先受偿权请求有事实及法律依据，原判决支持扬州建工公司在欠付工程款范围内享有建设工程价款优先受偿权并无不当。

综上，瑞昌公司的再审申请不符合《中华人民共和国民事诉讼法》第二百条第一项、第二项、第六项规定的情形。依照《中华人民共和国民事诉讼法》第二百零四条第一款，《最高人民法院关于适用〈中华人民共和国民事诉讼法〉的解释》第三百九十五条第二款规定，裁定如下：

驳回十堰市瑞昌房地产开发有限公司的再审申请。

审　判　长　　刘京川
审　判　员　　杨立初
审　判　员　　刘慧卓
二〇一八年三月二十九日
法官助理　　王　戈
书　记　员　　杨　柳

【实务建议】

承包人就未竣工工程主张建设工程价款优先受偿权，往往意味着承发包双方之间的建设工程施工合同面临解除或已经解除，施工处于停滞状态。此类案件中，常见的难点是双方对于已施工部分范围和工作内容的确认。倘若施工单位尚未退场，有关问题相对容易；但倘若出现施工单位已退场而相关工程由第三方续建的情况，则问题就十分复杂了。

理想情况下，建议承发包双方在退场交割前做好相关确认工作，包括施工界面的确定，已完合格工程量的确定，工程质量的大致摸查工作等。倘若双方无法合作、配合，只能依靠自身通过公证等方式及时保全相关证据。

第二十一条　建设工程价款优先受偿的范围

【条文内容】

承包人建设工程价款优先受偿的范围依照国务院有关行政主管部门关于建设工程价款范围的规定确定。

承包人就逾期支付建设工程价款的利息、违约金、损害赔偿金等主张优先受偿的，人民法院不予支持。

【最高院意见】

最高院的《理解与适用》在本条“条文主旨”中明确，本条是关于建设工程价款优先受偿的范围的规定。

“要点提示”中，《理解与适用》认为本条关于建设工程价款的范围，目前应当依照《建筑安装工程费用项目组成》第1条第1款及《建设工程施工发包与承包价格管理暂行办法》第5条的规定予以确定。

《理解与适用》在本条“条文理解”部分，从“建设工程价款优先受偿的范围包括全部工程价款”“逾期支付工程价款的利息、违约金、损害赔偿金等不属于建设工程价款优先受偿的范围”等两个角度进行了阐释。

《理解与适用》还在本条“审判实务”中着重指出实践中需要注意“发包人从建设工程价款中预扣的工程质量保证金，可就建设工程折价或者拍卖的价款优先受偿”“实现建设工程价款优先受偿权的费用不能就建设工程折价或者拍卖的价款优先受偿”等两个问题。

【条文点读】

一、国务院有关行政主管部门关于建设工程价款范围的规定

国务院有关行政主管部门关于建设工程价款范围的规定主要是《建筑安装工程费用项目组成》以及《建设工程施工发包与承包价格管理暂行规定》。

（一）《建筑安装工程费用项目组成》的相关规定

《建筑安装工程费用项目组成》将建设工程价款按费用构成要素划分为人工费、材料（包含工程设备）费、施工机具使用费、企业管理费、利润、规费和税金。

人工费，是指按工资总额构成规定，支付给从事建筑安装工程施工的生产工人和附属生产单位工人的各项费用，包括工资、奖金、津贴补贴、加班加点工资等。

材料费，是指施工过程中耗费的原材料、辅助材料、构配件、零件、半成品或成品、工程设备的费用。其中，工程设备是指将构成永久工程一部分的机电设备、金属结构设备、仪器装置等各类设备和装置。材料费具体包括材料原价（指材料、工程设备的出厂价格或商家供应价格）、运杂费（指材料、工程设备自来源地运至工地仓库或指定堆放地点所发生的全部费用）、运输损耗费（指材料在运输装卸过程中不可避免的损耗）、采购及保管费（指为组织采购、供应和保管材料、工程设备的过程中所需要的各项费用）。

施工机具使用费，是指施工机械、仪器仪表使用费或其租赁费。包括：施工机械使用费（如折旧费、修理费、安拆费及场外运费、人工费、燃料动力费、税费）、仪器仪表使用费（指工程施工所需使用的仪器仪表的摊销及维修费用）。

企业管理费，是指建筑安装企业组织施工生产和经营管理所需的费用，包括管理人员工资、办公费、差旅交通费、固定资产使用费、

工具用具使用费、劳动保险和职工福利费、劳动保护费、检验试验费、工会经费、职工教育经费、财产保险费、财务费、税金等内容。

利润，是指施工企业完成所承包工程获得的盈利。

规费，是指按国家法律、法规规定，由省级政府和省级有关权力部门规定必须缴纳或计取的费用，包括社会保险费、住房公积金、工程排污费等。

税金，是指国家税法规定的应计入建筑安装工程造价内的各项税金。

（二）《建设工程施工发包与承包价格管理暂行规定》的相关规定

《建设工程施工发包与承包价格管理暂行规定》认为建设工程价格由成本（直接成本、间接成本）、利润（酬金）和税金构成。

在《企业会计准则第 15 号——建造合同》“第四章　合同成本”中，直接费用（即上述直接成本）主要指耗用的材料费用、耗用的人工费用、耗用的机械使用费等；间接费用（即上述间接成本）主要指为组织和管理施工生产活动所发生的费用。

二、建设工程价款优先受偿的范围不包括利息、违约金和赔偿金

根据《合同法》第 286 条，能够获得优先受偿的是“建设工程的价款”。逾期付款产生的利息、违约金、损害赔偿金等显然不属于工程价款的范畴，因而逾期支付建设工程价款的利息、违约金、损害赔偿金等不属于建设工程价款优先受偿的范围。

作为一项法定优先权，建设工程价款优先受偿的范围亦应当具有严格的法定性。这是因为建设工程价款优先受偿权不仅仅关系到承包人、建筑工人的利益，还涉及抵押权人、购房人等其他债权人的权益。

【相关案例】

重庆伟太建筑工程集团有限公司、四川浩元恒达实业集团有限公司建设工程施工合同纠纷【（2018）最高法民终432号】

一、裁判要点

法院经审理认为，关于伟太公司在本案中享有的优先受偿权应否包括工程款利息的问题。伟太公司在二审庭审中补充上诉理由，主张应付工程款利息应当纳入其享有的优先受偿权范围。依据《最高人民法院关于建设工程价款优先受偿权问题的批复》第三条，建筑工程价款包括承包人为建设工程应当支付的工作人员报酬、材料款等实际支出的费用，不包括承包人因发包人违约所造成的损失。欠付工程款的利息属于孳息损失的范围，伟太公司的此项上诉理由缺乏法律依据，法院不予支持。

二、裁判文书

中华人民共和国最高人民法院
民 事 判 决 书

（2018）最高法民终432号

上诉人（一审原告）：重庆伟太建筑工程集团有限公司，住所地重庆市巴南区土桥正街4号楼。

法定代表人：刘富学，总经理。

被上诉人（一审被告）：四川浩元恒达实业集团有限公司，住所地成都市武侯区武兴五路433号西部智谷A2区2栋7楼。

法定代表人：张浩元，董事长。

被上诉人（一审被告）：四川通泽置业有限公司，住所地四川省江油市金轮干道4号楼3楼1号。

法定代表人：鲁寿昌，执行董事。

上诉人重庆伟太建筑工程集团有限公司（以下简称伟太公司）因与被上诉人四川浩元恒达实业集团有限公司（以下简称浩元公司）、四川通泽置业有限公司（以下简称通泽公司）建设工程施工合同纠纷一案，不服四川省高级人民法院（以下简称一审法院）（2016）川民初42号民事判决，向本院提起上诉。本院于2018年5月7日立案后，依法组成合议庭，开庭进行了审理。本案现已审理终结。

伟太公司上诉请求：1. 撤销原判，改判支持伟太公司一审全部诉讼请求；2. 本案一审、二审诉讼费用由浩元公司、通泽公司承担。事实与理由：一、一审法院关于“通泽公司、浩元公司不是共同发包人，通泽公司与浩元公司不应当承担连带付款责任”的事实认定错误。1. 案涉项目系通泽公司、浩元公司联合开发的事实已经人民法院生效判决确认。2. 通泽公司客观上实际参与了案涉项目的开发、建设。3. 通泽公司、浩元公司为关联企业、人格混同，通泽公司应当对浩元公司的债务承担连带清偿责任。二、一审法院关于“伟太公司应与四川伟鼎房地产开发有限公司（以下简称伟鼎公司）办理5#、12#楼的结算”的事实认定错误，应予以纠正。三、一审法院以“损失情况报告上无浩元公司签章、伟太公司无充分证据证明其损失真实存在”为由，对伟太公司要求浩元公司、通泽公司对损失情况报告中载明的损失承担连带赔偿责任的主张不予支持，属事实认定错误，应予以纠正。四、一审法院关于《终止协议》的多处内容认定错误，并认为上诉人按年利率24%计息缺乏法律依据，属于事实认定错误。综上所述，一审法院对本案基本事实认定错误，应当依法撤销并予以改判。二审庭审中，伟太公司补充上诉理由，认为工程款利息应当纳入优先受偿权范围。

浩元公司辩称，请求人民法院依法维持判决，驳回上诉。一、浩元公司与通泽公司之间不存在联合开发项目的事实。1. 浩元公司与通泽公司不是关联企业，股东和公司不存在人格混同的关系。2. 案涉项目的开发者是浩元公司，不是通泽公司，伟太公司实际履行的也是其与浩元公司签订的建设工程施工合同，没有履行伟太公司和通泽公司签订的备案合同。3. 浩元公司因资金断链，无法履行与通泽公司的股权收购协议，未实现对通泽公司的收购。浩元公司在案涉项目的开发中，其法定代表人张浩元私刻了通泽公司的印章，故通泽公司和浩元公司并非联合开发。二、关于5号楼和12号楼，是由伟太公司与伟鼎公司实际履行，因伟太公司在一审中撤回了对伟鼎公司的诉讼请求，故该事实不在本案的审理范围之内。三、关于损失的问题，伟太公司在一审中没有举示证据证明损失具体有多少，其主张的九千多万是其单方统计出来的，没有浩元公司及第三方的认定。四、关于利息，一审的认定是正确的。综上所述，浩元公司认为一审法院的认定是清楚的。

通泽公司辩称，一、伟太公司引用所谓生效判决的内容来证明通泽公司与浩元公司系案涉项目的联合开发人、共同发包人，明显背离事实。浩元公司通过收购通泽公司股权的方式独立开发案涉项目，通泽公司仅是项目的土地使用权人。但因浩元公司没有按约履行股权收购协议的支付义务，通泽公司并未将公章移交给浩元公司，也不可能配合浩元公司进行房地产开发，故不存在联合开发之说。二、通泽公司从未参与案涉项目的开发、建设。1. 案涉项目所有法律手续上加盖的通泽公司的印章均是浩元公司私刻，没有法律效力。2. 伟太公司在施工过程中向浩元公司发送的相关文件上加盖的通泽公司的印章，也是浩元公司私刻，没有法律效力。3. 通泽公司现任法定代表人鲁寿昌在2015年12月1日的《终止协议》上签字，其真实意思仅是作为见证，仅是应政府要求配合政府部门解决农民工闹事的维稳问题。三、通泽公司与浩元公司之间不存在人格混同。四、关于5号楼和12号楼的结算问题，由于伟太公司是要求浩元公司办理结算并支付相应的款项，与通泽公司无关，通泽公司不作答辩。五、关于施工损失，伟太公司无任何证据证明准确的损失金额，且损失报告上通泽公司的印章是浩元公司私刻，无证据证明损失与通泽公司有关，通泽公司不应承担法律责任。六、关于利息，系浩元公司与伟太公司之间的法律关系，通泽公司不承担任何责任。

伟太公司向一审法院起诉请求：1. 判令浩元公司、通泽公司连带支付伟太公司建筑工程款 42787917 元（未包含未结算的临时设施 2642039 元、降水工程 1330878.94 元、1 号楼工程款 1377733 元，另案起诉）、退还伟太公司的履约保证金 2500 万元、退还伟太公司代为垫付的办理施工相关手续费用 78 万元（具体见诉讼请求明细第一、第四项）；2. 判令浩元公司、通泽公司连带支付建筑工程施工合同终止前的各项损失 23587256.8 元，及建筑工程施工合同终止后至起诉日的各项损失 7844826.34 元，并从起诉日继续按照年 24% 的标准计算已结算工程款和保证金的资金占用损失至支付完毕止（具体见诉讼请求明细第二、第三项）；3. 依法确认伟太公司对已完成案涉工程的工程折价款或拍卖的价款享有建设工程优先受偿权；4. 判令本案诉讼费、保全费、评估费、担保费等费用由浩元公司、通泽公司承担。

浩元公司一审辩称，一、关于工程款的支付问题，在本案中浩元公司、通泽公司不存在连带支付责任，伟太公司主张浩元公司、通泽公司承担连带责任没有法律依据，工程款应由浩元公司承担支付责任。浩元公司应当支付伟太公司的工程款，具体以浩元公司认可的为准。二、浩元公司认可应退还履约保证金。三、伟太公司代为垫付的办公费用等 78 万元，浩元公司应当退还。四、关于损失问题，浩元公司与通泽公司不应当承担连带支付责任。浩元公司没有看到合同终止前后损失的证据，损失的计算方式没有约定。资金占用利息不应当按照中国人民银行同期同类贷款利率的四倍计算，本案不是民间借贷纠纷，应当按照中国人民银行同期同类贷款利率计算。五、关于建设工程优先受偿权的问题，案涉工程没有经过验收，建设工程优先受偿权的前提条件是案涉工程综合验收之后的六个月内可以主张，现在不具备该条件。六、关于诉讼费、保全费、评估费、担保费的问题，浩元公司不应当承担。

通泽公司一审辩称，一、关于通泽公司与浩元公司的关系问题，浩元公司收购了通泽公司51%的股权，因浩元公司没有支付完股权转让款，因此公章还没有移交，后浩元公司私刻公章。伟太公司与浩元公司履行的是2014年7月10日签订的合同，备案合同上加盖的所谓通泽公司的印章是假章，通泽公司与伟太公司没有签订合同的真实意思表示。二、伟太公司将工程分包给没有资质的施工单位，应当是无效合同。

一审法院经审理查明：2014年7月10日，浩元公司（发包人）与伟太公司（承包人）签订《建设工程施工合同》，合同约定"工程名称：紫檀国际社区工程，具体开工时间：2014年7月26日，签约合同价为：约叁亿元……"合同专用条款3.7.1约定"（1）在本协议签订之前的合同及补充协议签订时，承包方向发包方交纳履约保证金人民币2500万元整"。

2015年1月19日，通泽公司（发包人）与伟太公司（承包人）签订《建设工程施工合同》，该份合同对开竣工日期、合同价款等内容的约定与2014年7月10日浩元公司与伟太公司签订的施工合同不同，专用条款中也未对履约保证金进行约定。该份合同系案涉工程的备案合同。案涉工程的《建设工程规划许可证》《建设工程施工许可证》均是以通泽公司的名义办理。庭审中，浩元公司与通泽公司均认可该份合同仅作备案所用，双方并未实际履行，案涉工程实际履行的是浩元公司与伟太公司签订的合同。伟太公司在庭审中称案涉工程实际上是浩元公司在做，但所有的法律手续是通泽公司的。

2015年1月29日，浩元公司与伟太公司签订《补充协议书》，该协议书第一条约定"因甲方原因，导致该工程不能按原合同约定的2014年7月26日正式开工，双方为了尽快推进项目，就原合同第三部分'专用合同条款'中的第16条关于'违约'的约定，本补充协议为：基于甲方原因致乙方不能按时进场施工，甲方就收取乙方工程履约保证金2500万元按照每日1%（一审法院笔误，应为1‰）的标准向乙方支付资金利息（时间从2014年7月26日起至乙方正式接到开工通知书止)，乙方不再追究甲方因违约造成的其它损失；若因甲方原因导致该工程项目在2015年3月10日还未能接到正式开工的‘书面开工通知书’，则乙方可以单方解除原合同及本补充协议，双方按照原合同的关于‘违约责任’条款承担责任”。

2015年5月16日，浩元公司作为甲方，伟鼎公司作为乙方，伟太公司作为丙方，三方签订《补充协议书》，协议约定“一、补充协议背景：根据四川省遂宁市中级人民法院民事调解书［（2015）遂中民初字第84号］，甲方已将位于绵阳市江油紫檀国际项目5号楼、12号楼开发权转让给乙方，而甲方在此前已经将此项目的建设权通过招投标方式承包给丙方，且丙方已经根据合同约定将2500万元工程保证金打入甲方账号，并根据国家相关的法律法规办完了全部手续，已进场施工，此实际情况，甲、乙、丙三方通过友好协商，达成以下补充协议。1. 甲方将5号楼、12号楼所有权、收益权、建设权转移给乙方，由乙方行使对5号楼、12号楼相应权利义务，建设过程中所产生的全部工程款由乙方支付给丙方。2. 丙方向甲方支付的工程款2500万元保证金中相应部分（2500×13%）325万元由甲方转为乙方。3. 在此合同签订之前，甲方与丙方所签订合同所产生的违约责任、停工损失、资金占用费等全部费用由甲方承担，与乙方无关。……二、保证金退还及工程支付方式：1. 保证金的退还：待5号楼6楼完工退还保证金325万的50%，主体封顶完工退还余款50%”。伟太公司、浩元公司在该份合同上签字盖章，伟鼎公司在合同上签字，未盖章，伟鼎公司对该份合同予以认可。协议约定的由浩元公司转给伟鼎公司的325万元保证金，浩元公司未转给伟鼎公司。

2015年12月1日，浩元公司、通泽公司作为甲方，伟太公司作为乙方签订《终止协议》，协议约定“一、双方一致同意终止该施工合同及相关补充协议，互不追究对方违约责任，但甲方前期确认的损失赔偿及资金利息在本次结算中进行结算。……三、经双方协商一致，乙方实际施工的工程经江油市建设局质监站、监理公司、甲方签章确认质量合格后双方办理结算事宜。……四、乙方剩余工程款、双方已经确认的保证金及利息、乙方垫资款及利息等，甲方保证在终止协议签订后1年内分批次付清（另达成补充协议）。甲方同意乙方监督甲方销售账户，同意乙方将销售账户内百分之二十的售房款优先支付乙方”。伟太公司、浩元公司在该份合同上签字盖章，通泽公司法定代表人鲁寿昌作为见证人在合同上签字，通泽公司未在合同上盖章。

2016年10月13日，浩元公司与伟太公司就江油浩元·紫檀国际一期工程二标段（2#、3#、4#、10#、11#）楼土建、水电预埋进行结算，形成两份《江油浩元·紫檀国际项目竣工结算审计审批表》，两份审批表分别载明实际应付款金额为12351641元、12829300元。2016年11月2日，浩元公司与伟太公司就江油浩元·紫檀国际一期工程二标段（1#、2#、3#、4#、5#、10#、11#、12#）楼消防工程进行结算，形成《江油浩元·紫檀国际项目竣工结算审计审批表》，该审批表载明实际应付款金额272586元。对以上三份审批表结算的工程款，浩元公司在质证和庭审过程中表示认可。2016年11月28日，浩元公司与伟太公司就江油浩元·紫檀国际一期工程二标段（5#、12#）楼土建、水电安装进行结算，形成《江油浩元·紫檀国际项目竣工结算审计审批表》，该表载明实际应付款金额为17334390元。在该审批表上有浩元公司、伟太公司的签字盖章，但浩元公司认为5#、12#楼的相关权利义务已转给伟鼎公司，伟太公司不应再与浩元公司结算。

一审法院另查明：伟太公司分别于2013年12月9日、2013年12月27日、2013年12月27日、2013年12月30日、2014年7月11日、2014年7月11日、2014年7月11日、2017年7月11日分八次向浩元公司支付履约保证金500万元、400万元、450万元、150万元、400万元、100万元、300万元、200万元，共计2500万元。2013年伟太公司向通泽公司支付办理施工相关手续费用78万元。浩元公司当庭表示愿意退还伟太公司履约保证金2500万元及78万元办证相关费用。

2014年12月15日，伟太公司向浩元公司发出《关于江油浩元·

紫檀国际项目损失情况的报告》，向浩元公司索赔5608900元。2015年3月31日，伟太公司向浩元公司发出《关于浩元·紫檀国际项目（1—3月份）损失情况的报告》，向浩元公司索赔3985190元，浩元公司未在上述两份报告上签章确认，虽然该报告上有通泽公司的印章，但通泽公司对印章并不认可。2015年5月15日，伟太公司向通泽公司发出《报告》一份，向通泽公司索赔39910元，该《报告》上有通泽公司的盖章，通泽公司对印章不认可。

浩元公司占通泽公司51%的股权，浩元公司法定代表人张浩元曾担任通泽公司的法定代表人，2015年10月12日，通泽公司免去张浩元法定代表人身份。

通泽公司认为案涉工程存在伟太公司层层分包、转包的情况，申请调查董军、高理明等向伟太公司及其工作人员支付保证金及其他费用的情况。

2016年7月15日，伟太公司向一审法院提交《工程造价鉴定申请书》，申请对案涉已完工程进行司法鉴定，其中对5#、12#楼单独作出工程造价鉴定。后在庭审中，伟太公司撤回鉴定申请。

诉讼过程中，伟太公司向一审法院提交书面撤销部分被告申请书，撤销对伟鼎公司的起诉，一审法院予以准许。

案涉工程系伟太公司分阶段垫资修建，双方因浩元公司无力支付工程款而终止合同，至今浩元公司仍未支付工程款，且案涉工程未竣工验收，没有已完工程质量合格的相关证据。

一审法院认为，浩元公司与伟太公司签订的《建设工程施工合同》系双方当事人真实意思表示，内容不违反法律、行政法规的强制性规定，合法有效。根据当事人的诉求及答辩，本案的争议焦点为：一、浩元公司、通泽公司是否应当支付伟太公司工程款，具体金额为多少；二、浩元公司、通泽公司是否应退还伟太公司履约保证金2500万元及垫付的办理施工手续费78万元；三、浩元公司、通泽公司是否应赔偿伟太公司终止施工前后的各项损失及具体数额；四、伟太公司对已完成工程价款是否享有优先受偿权。针对上述焦点问题，一审法院分述如下：

一、关于浩元公司、通泽公司是否应当支付伟太公司工程款，具体金额为多少的问题

关于通泽公司是否应支付工程款的问题。虽然通泽公司与伟太公司签订了《建设工程施工合同》，并进行了备案，案涉工程亦是以通泽公司的名义办理施工许可证、规划许可证，但结合双方合同的履行情况及庭审中的陈述分析，伟太公司系按照与浩元公司签订的合同交纳的履约保证金2500万元，施工过程中是与浩元公司签订的《补充协议书》，将案涉5#、12#楼相关权利义务转让时，亦是浩元公司与伟太公司、伟鼎公司签订协议，终止合同时同样是与浩元公司签订的《终止协议》，通泽公司的法定代表人鲁寿昌仅作为见证人签字。在对案涉工程进行结算时，结算审批表上仅有浩元公司与伟太公司的签章，通泽公司并未参与结算。庭审中，浩元公司、通泽公司认可双方履行的系浩元公司与伟太公司签订的合同，伟太公司认可案涉工程系浩元公司在做，仅以通泽公司的名义办理手续。综上，通泽公司与伟太公司签订的《建设工程施工合同》仅用于备案以办理建设工程施工手续，当事人真实的意思表示是浩元公司与伟太公司签订的《建设工程施工合同》，发包人应是浩元公司，案涉工程价款应由浩元公司承担，伟太公司以浩元公司与通泽公司系共同发包人为由主张通泽公司与浩元公司连带承担付款责任，缺乏事实依据，一审法院不予支持。

案涉工程属伟太公司垫资修建，未竣工验收，也无已完工程质量合格的相关证据，但浩元公司庭审中未提出已完工程不合格的抗辩，且双方在诉讼过程中已进行了部分结算，浩元公司明确表示愿意支付三份《江油浩元·紫檀国际项目竣工结算审计审批表》中载明的应付款项25453527元（12351641元＋12829300元＋272586元），对该部分工程款一审法院予以支持。对5#、12#楼的工程款问题，根据浩元公司、伟太公司与伟鼎公司三方签订的《补充协议书》，浩元公司已将

5#、12#楼的相关权利义务转让给伟鼎公司，应由伟太公司与伟鼎公司进行结算，浩元公司不能代替伟鼎公司与伟太公司进行结算，故伟太公司所主张的其与浩元公司对5#、12#楼土建、水电结算款17334390元，一审法院不予支持。

二、关于浩元公司、通泽公司是否应退还伟太公司履约保证金2500万元及垫付的办理施工手续费78万元的问题

根据浩元公司与伟太公司于2015年12月1日签订的《终止协议》，浩元公司应于《终止协议》签订后1年内分批次付清2500万元履约保证金，浩元公司未按协议约定支付，其在庭审中表示愿意退还2500万元保证金。对于伟太公司所支付的78万元办理施工手续费用，浩元公司当庭亦表示愿意退还。故对伟太公司要求浩元公司退还履约保证金2500万元及办理施工手续费78万元的诉求，一审法院予以支持，但对伟太公司要求通泽公司一并退还上述费用的诉求缺乏依据，一审法院不予支持。

三、关于浩元公司、通泽公司是否应赔偿伟太公司终止施工前后的各项损失及具体数额的问题

伟太公司所主张终止施工前后的损失包括其向浩元公司、通泽公司所提交的损失情况报告、2500万元保证金利息及应付工程款的利息。关于损失情况报告的认定问题，因损失情况报告上均无浩元公司的签章，伟太公司无充分证据证明其损失真实存在，故对该部分损失一审法院不予支持。对履约保证金及应付工程款的利息问题，根据双方于2015年12月1日《终止协议》的约定，浩元公司应于《终止协议》签订后1年内分批次付清剩余工程款及保证金的利息，现浩元公司并未按合同约定完成付款义务，其应从2015年12月2日起支付履约保证金及应付工程款的利息，双方对利息的支付标准没有约定，依据《最高人民法院关于审理建设工程施工合同纠纷案件适用法律问题的解释》第十七条“当事人对欠付工程价款利息计付标准有约定的，按照约定处理；没有约定的，按照中国人民银行发布的同期同类贷款利率计息”

的规定，履约保证金及应付工程款的利息按照中国人民银行发布的同期同类贷款利率计算。伟太公司主张按年利率24%计息缺乏法律依据，一审法院不予支持。

四、关于伟太公司对已完成工程价款是否享有优先受偿权的问题

《中华人民共和国合同法》第二百八十六条规定“发包人未按照约定支付价款的，承包人可以催告发包人在合理期限内支付价款。发包人逾期不支付的，除按照建设工程的性质不宜折价、拍卖的以外，承包人可以与发包人协议将该工程折价，也可以申请人民法院将该工程依法拍卖。建设工程的价款就该工程折价或者拍卖的价款优先受偿。”《最高人民法院关于建设工程价款优先受偿权问题的批复》第四条规定“建设工程承包人行使优先权的期限为六个月，自建设工程竣工之日或者建设工程合同约定的竣工之日起计算”。根据合同法及最高人民法院的批复，通常情况下，只有工程实际竣工验收合格，才能进行工程决算，最终确定工程造价，承包人行使优先受偿权的实质条件才能具备，但是在发包人已明确无力支付工程资金，甚至已经陷入某种资不抵债的状态，如果仍要求承包人等到合同约定的竣工日期才能主张工程款优先受偿权，这对前期已经投入了大量人力物力从事工程建设的承包人明显不公，也与合同法第二百八十六条规定的立法初衷相违背。在此情况下，应赋予承包人行使工程价款优先受偿权，既符合建筑行业的交易习惯，也有利于保护承包人的合法权益。结合本案，案涉工程系伟太公司垫资修建，至今发包人浩元公司未支付工程款，导致未完工程无法正常竣工验收，因此，本案应赋予承包人伟太公司对工程价款行使优先受偿权，伟太公司在签订《终止协议》后六个月内向浩元公司主张建设工程优先受偿权，一审法院予以支持。浩元公司以案涉工程未竣工验收为由否定伟太公司享有优先受偿权不当，一审法院不予支持。

另外，通泽公司向一审法院申请调查董军、高理明等人向伟太公司及其工作人员支付保证金及其他费用的情况。因本案仅涉及发包人

浩元公司与承包人伟太公司之间的诉讼，无必要调查董军、高理明等人向伟太公司支付保证金及其他费用的情况，对通泽公司的该项申请，一审法院不予准许。

综上所述，一审法院依照《中华人民共和国合同法》第六十条第一款、第二百六十九条、第二百八十六条、《最高人民法院关于审理建设工程施工合同纠纷案件适用法律问题的解释》第十七条、第二十六条、《中华人民共和国民事诉讼法》第一百四十二条、第一百四十八条、第二百五十三条之规定，判决：一、四川浩元恒达实业集团有限公司于本判决生效之日起十五日内向重庆伟太建筑工程集团有限公司支付工程款25453527元，退还履约保证金2500万元，退还办理施工手续费用78万元；二、四川浩元恒达实业集团有限公司于本判决生效之日起十五日内向重庆伟太建筑工程集团有限公司支付工程款及履约保证金利息损失，从2015年12月2日起以50453527元为基数，按照中国人民银行发布的同期同类贷款利率计息至付清为止；三、重庆伟太建筑工程集团有限公司对25453527元工程价款享有优先受偿权；四、驳回重庆伟太建筑工程集团有限公司其他诉讼请求。如果未按本判决指定的期间履行给付金钱义务，应当依照《中华人民共和国民事诉讼法》第二百五十三条规定，加倍支付迟延履行期间的债务利息。案件受理费541800元，由重庆伟太建筑工程集团有限公司负担216720元，四川浩元恒达实业集团有限公司负担325080元。

本案二审中，伟太公司向本院提交以下证据：

第一组：1.《工作联系函》（2015.5.11）；2. 通泽公司《关于项目申请停工，返退保证金解决民工工薪事宜的意见》复印件；3.《关于同意紫檀国际项目停工申请的批复》复印件；4.《监理例会会议记录》9份；5.《浩元紫檀国际项目降水台班记录》10张；6.《工程项目管理人员更换审查备案表》；7.《工程开工报审表》、《单位工程开工报告》；8.（2017）川07民终256号民事判决书。以上证据拟证明伟太公司与通泽公司签订的《建设工程施工合同》得到部分履行，一审判决关于伟太公司与通泽公司签订的施工合同未实际履行的事实认定错误；通泽公司实际参与了施工，通泽公司与浩元公司系案涉工程的共同发包人。

第二组：9. 大英县公安局《协助查封通知书》（大公（经）封通字［2015］018 号）；10. 成都市公安局温江区分局《协助查封通知书》（成公温（经）封通字［2015］107 号）；11. 成都市公安局锦江区分局《协助查封通知书》（成公锦［中］封通字［2015］189 号）；12. 南充市公安局顺庆区分局《协助查封通知书》（南顺公（北湖）封通字［2015］4 号）；13. 巴中市公安局巴州区分局《协助查封通知书》（巴州公（经）封字［2015］041 号）；14. 南充市公安局顺庆区分局《协助查封通知书》（南顺公（北湖）封通字［2015］213 号）；15. 《建设工程施工合同书》、《补充协议》复印件；16. （2016）川 0923 民初 727 号民事判决书。以上证据拟证明公安机关在侦办浩元公司以及张浩元的刑事案件中，查封了通泽公司的财产，说明通泽公司与浩元公司以及张浩元之间存在财产混同的情形；浩元公司和通泽公司存在人员混同情形，通泽公司应当与浩元公司对案涉债务承担连带清偿责任。

第三组：17. 《监理工地例会纪要》3 份，拟证明结合四川省遂宁市中级人民法院（2015）遂中民初字第 84 号民事调解书的内容，伟鼎公司在调解书领取后六个月内未进场开发，则 5#、12#楼的开发权仍属通泽公司享有；结合一审已查明的 2500 万元保证金均未返还的事实，也可以证明《补充协议》未实际履行，伟太公司有权按照共同发包人之一的浩元公司办理的结算金额，要求浩元公司、通泽公司支付 5#、12#楼的工程款。

第四组：18. 成都市成华区人民法院（2016）川 0108 民初 632 号民事判决书，拟证明因浩元公司、通泽公司未按《终止协议》的约定支付工程款，导致伟太公司涉诉并按照年利率 24% 的标准承担了逾期付款利息，浩元公司、通泽公司也应按年 24% 的标准向伟太公司承担逾期付款的违约责任。

第五组：19. 最高人民法院（2012）民再申字第16号民事裁定书，拟证明应付工程款的逾期付款利息属于建设工程价款优先权的受偿范围。

针对伟太公司提交的上述证据，浩元公司质证意见如下：1. 证据1，真实性、合法性予以认可，关联性不认可，证明不了伟太公司的上诉理由。2. 证据4，没有监理单位签章，真实性有异议，不具备合法性、关联性。3. 证据5中2015年8月和9月的班台记录不是原件，其他的是原件，对真实性、合法性认可，不认可关联性，不是工程款结算依据，达不到伟太公司的证明目的。4. 证据6，只能证明在施工过程中，更换工作人员的情况，与本案欠付工程款金额没有关系。5. 证据8的真实性、合法性认可，不具备关联性；蒋志军是挂靠伟太公司的实际施工人，浩元公司只是在尚欠工程款范围内承担连带责任，而不是基于联合开发；不能证明欠付工程款金额具体是多少。6. 证据9、10、11、12、13、14，真实性、合法性无异议；因浩元公司非法吸收公众存款，公安机关为了保护受害人利益对通泽公司的土地使用权进行了查封，与本案不具备关联性。7. 证据16，不具备关联性，真实性、合法件认可，只能证明浩元公司与伟太公司有合同关系，不能证明浩元公司和通泽公司有合作开发的关系。8. 证据17，没有加盖公章，真实性、合法性、关联性不认可。9. 证据18，认可真实性和合法性，与本案之间不具备关联性；浩元公司是基于提供连带担保才承担责任，不是基于合作开发承担连带责任；工程款利息的支付对本案不具参考性。10. 证据19，认可真实性和合法性，不具备关联性，不具参考性。11. 证据2、3、7、15没有原件，如有原件，对真实性和合法性认可，对关联性还需要质证；只能证明施工过程，不能证明工程量的多少。

针对伟太公司提交的上述证据，通泽公司质证意见如下：1. 证据1，合法性、真实性和关联性不认可，证据上通泽公司的印章是张浩元私刻的，覃希育不是通泽公司的员工。2. 证据2和证据3，真实性认可，不能达到证明目的。3. 证据4，合法性、真实性和关联性不认可，签到栏里的人员全部不是通泽公司的人员。4. 证据5，合法性、真实性和关联性不认可，案涉工程与通泽公司无关，通泽公司对降水台班记录的形成一概不知情。5. 证据6，真实性不认可，不是通泽公司的合法印章，覃希育不是通泽公司的工作人员。6. 证据7、8，合法性、真实性和关联性不认可，通泽公司只是土地使用权的权利人。7. 证据9至证据14，真实性认可，不能达到其证明目的。8. 证据15，合法性、真实性和关联性不认可，通泽公司不知其存在，是浩元公司与伟太公司自行签订的，即便有原件，也无法确认。9. 证据16、17、18，合法性、真实性和关联性不认可。10. 证据19，不能作为证据使用。

通泽公司向本院提交以下证据：1. 2015年6月3日的声明，拟证明案涉项目的开发主体是浩元公司，备案合同中通泽公司的印章是张浩元私刻。2. 2015年10月9日交接单，拟证明在通泽公司原股东发出声明后，张浩元指派员工将其私刻的印章移交给通泽公司。3. 印章准刻证、申请、真假印章比对单，拟证明通泽公司与伟太公司签订的备案合同及相关结算文件中加盖的印章均是张浩元私刻，对通泽公司不产生法律效力。4. 2015年10月12日备忘录，拟证明张浩元及浩元公司承认前期对工程发包系在通泽公司及原股东不知情的情况下违法进行的。

伟太公司对通泽公司提交的上述证据，质证意见如下：1. 证据1的合法性、真实性和关联性不认可；该证据是通泽公司的内部文件，伟太公司无从知晓，即使张浩元私刻公章，也是通泽公司内部管理的问题；伟太公司已经在经济活动中尽到了审慎义务；签订备案合同的时候，张浩元是通泽公司的法定代表人，签约行为可以代表通泽公司。2. 证据2的合法性、真实性和关联性不认可，存在事后补做和添加的情况，达不到通泽公司的证明目的。3. 证据3的真实性、合法性认可，关联性和证明目的不认可；印章准刻证上申请刻制的是财务章而非公章；比对单系通泽公司自行制作；比对单上的两枚印章就肉眼看完全一致，不能以公章没有备案，就否认其真实性。4. 证据4的合法性、真实性和关联性不认可，系通泽公司内部文件，达不到证明目的。

浩元公司对通泽公司提交的上述证据，质证意见如下：1. 张浩元在其任通泽公司法定代表人期间雕刻公章是履行职责的表现，不存在私刻的问题。2. 认可证据2的合法性、真实性和关联性。3. 证据3中印章准刻证上申请刻制的是财务章，而本案争议的是行政章。4. 认可证据4的合法性、真实性和关联性。

结合浩元公司、通泽公司的质证意见，本院对伟太公司二审提交的证据认证如下：1. 证据8、16、18、19系人民法院在另案中作出的裁判文书，与本案争议事实不具关联性，本院不予采信。2. 证据4、5、15、17，因双方当事人对证据的真实性、关联性存在争议，伟太公司亦无其他证据予以补强，本院不予采信。3. 证据9至证据14系公安机关在刑事案件侦查中作出的通知、决定等，与本案争议事实不具关联性，本院不予采信。4. 证据1、6，伟太公司举示了证据原件，通泽公司仅以证据上通泽公司印章系张浩元私刻为由否认其真实性，理由不充分，本院对该证据的真实性予以确认，对该证据予以采信。5. 证据2、3虽系复印件，浩元公司对真实性不予认可，但通泽公司作为证据2的出具方、证据3的接收方，对证据的真实性予以认可，故本院对该证据的真实性予以认可，对该证据予以采信。6. 证据7虽然只是复印件，但其记载的内容与《建设工程规划许可证》《建设工程施工许可证》的内容一致，证据之间可以相互印证，故本院对该证据的真实性予以确认，对该证据予以采信。

结合伟太公司和浩元公司的质证意见，本院认为，通泽公司二审提交的证据均系公司内部股东之间或者公司与其股东之间形成，其欲证明的事实属公司内部股东之间的关系，证据上亦未反映出伟太公司对相关事实知晓或有参与，故达不到通泽公司的证明目的，本院不予采信。

本院二审审理查明：案涉项目于2014年12月12日取得《建设工程规划许可证》（建字第2014053号），建设单位为通泽公司。2015年4月，案涉工程取得《建设工程施工许可证》，建设单位为通泽公司，施工单位为伟太公司，建设期限自2015年4月30日起。案涉工程《工程开工报审表》《单位工程开工报告》记载开工时间为2015年4月30日。

通泽公司于2015年1月16日向伟太公司发出《中标通知书》，张浩元以通泽公司法定代表人的身份在该通知书上签名。

2015年12月17日，通泽公司向江油市住建局发出《关于项目申请停工，返退保证金解决民工工薪事宜的意见》。江油市住建局于同日作出《关于同意紫檀国际项目停工申请的批复》。

二审庭审中，通泽公司认可案涉项目的土地使用权登记在通泽公司名下。

另查明：伟太公司分别于2014年12月15日、2015年3月31日和2015年5月15日向浩元公司发出的三份损失情况报告中，前两份在加盖通泽公司印章处，均手写注明"双方还须复核商议，按相关合同办理"，署名"陈大钢"。

本院二审查明的其他事实与一审法院查明的事实一致。

本院认为，根据双方当事人的诉辩情况，本案二审争议焦点为：一、通泽公司是否为伟太公司的合同相对人；二、案涉工程的5号楼和12号楼的工程款支付主体；三、损失和利息的计算；四、伟太公司在本案中享有的优先受偿权应否包括工程款的利息。针对上述争议焦点，本院逐一评述如下：

一、关于通泽公司是否为伟太公司的合同相对人问题

根据已经查明的事实，案涉项目的《建设工程规划许可证》《建设工程施工许可证》记载的建设单位系通泽公司，《中标通知书》系由通泽公司向伟太公司发放，备案的施工合同由通泽公司与伟太公司签订，案涉项目的土地使用权亦登记在通泽公司名下，应当认定通泽公司亦为案涉项目的开发主体。虽然通泽公司辩称项目报批、开发、建设中使用的通泽公司印章系张浩元个人私刻并使用，不具法律效力。但是，首先，就私刻印章的事实，通泽公司提交的证据均系该公司内部股东之间形成，该事实既未得到伟太公司的认可，亦无证据证明伟太公司对此知情。其次，张浩元在2015年10月12日之前担任通泽公司的法

定代表人，而案涉工程的报批、《中标通知书》的发送、备案施工合同的签订等行为均发生在张浩元担任通泽公司法定代表人期间。即便确有张浩元私刻印章并予使用之事实，张浩元的上述行为对伟太公司而言亦可被认定为法定代表人的职务行为，由此产生的责任仍应由通泽公司承担。最后，案涉项目的土地使用权在通泽公司名下，通泽公司对案涉项目的开发成果客观上享有法律上的利益，由其承担相应的责任符合民商事法律中权利义务对等原则。因此，本院认定通泽公司和浩元公司系案涉工程的共同发包人，应共同承担向伟太公司支付工程款等合同义务。一审判决认定本案工程发包人仅为浩元公司，属于认定事实错误，本院予以纠正。

二、关于案涉工程的5号楼和12号楼的工程款支付主体问题

浩元公司、通泽公司依据2015年5月16日浩元公司、伟鼎公司及伟太公司签订的《补充协议书》主张案涉工程5号楼和12号楼的工程款支付主体应为伟鼎公司。根据该《补充协议书》的记载，该协议系以四川省遂宁市中级人民法院（2015）遂中民初字第84号民事调解书的内容为基础而签订。《补充协议书》明确载明，浩元公司将位于绵阳市江油紫檀国际项目5号楼、12号楼的所有权、收益权、建设权转让给伟鼎公司，建设过程中所产生的全部工程款由伟鼎公司支付给伟太公司，而现有证据中记载的开发主体为通泽公司。基于前述约定及本案所能查明的事实，对5号楼、12号楼的相关权利主体及义务主体事实的认定均涉及伟鼎公司，而伟太公司在一审中撤回了对伟鼎公司的起诉，在伟鼎公司未参加本案诉讼的情况下，一审法院认为关于5号楼和12号楼工程款支付等事项的认定不宜在本案中处理，伟太公司可以另行诉讼解决，并无不当。

三、关于损失和利息的计算问题

伟太公司一审诉请的合同终止前后的损失包括2500万元履约保证金利息、损失情况报告中计算的损失及应付工程款利息。

1. 关于合同终止前的履约保证金利息损失，浩元公司与伟太公司

在2015年1月29日的《补充协议书》中约定，“基于甲方（浩元公司）原因致乙方（伟太公司）不能按时进场施工，甲方就收取乙方工程履约保证金2500万元按照每日1‰的标准向乙方支付资金利息（时间从2014年7月26日起至乙方正式接到开工通知书止），乙方不再追究甲方因违约造成的其它损失”，即双方对逾期开工造成的履约保证金利息损失进行了明确的约定。之后，双方在2015年12月1日的《终止协议》中约定“双方一致同意终止该施工合同及相关补充协议，互不追究对方违约责任，但甲方（浩元公司）前期确认的损失赔偿及资金利息在本次结算中进行结算”，即双方在《终止协议》中对“前期确认的损失赔偿及资金利息”予以认可，故对双方当事人确认的合同终止前的履约保证金利息损失，应予支持。一审判决未支持合同终止前的履约保证金利息损失，应予纠正。

履约保证金利息损失的具体计算方式，首先，关于计算标准，2015年1月29日的《补充协议书》中约定按照每日1‰的标准计算，该约定的标准过高，应当酌情按照年利率24%予以调整。其次，关于计算期间，双方当事人在2015年1月29日的《补充协议书》中约定自2014年7月26日起至伟太公司接到开工通知书之日止。因双方当事人在诉讼中均未提交开工通知书，结合案涉工程《建设工程施工许可证》记载建设期限自2015年4月30日起以及《工程开工报审表》《单位工程开工报告》记载开工时间为2015年4月30日之事实，应当认定履约保证金利息损失计算应自双方约定的2014年7月26日起至2015年4月30日止。

2. 关于损失情况报告，伟太公司分别于2014年12月15日、2015年3月31日和2015年5月15日向浩元公司发出的三份损失情况报告中，前两份在加盖通泽公司印章处，均手写注明“双方还须复核商议，按相关合同办理”，署名“陈大钢”。该手写备注的内容，表明通泽公司虽收到损失情况报告，但对报告中载明的损失金额并不认可，故仅凭该证据，伟太公司诉请损失的依据尚不充分。另一份2015年5月15

日的报告，金额为39910元。因浩元公司与伟太公司在2015年1月29日的《补充协议书》中约定，“基于甲方（浩元公司）原因致乙方（伟太公司）不能按时进场施工，甲方就收取乙方工程履约保证金2500万元按照每日1‰的标准向乙方支付资金利息（时间从2014年7月26日起至乙方正式接到开工通知书止），乙方不再追究甲方因违约造成的其它损失”，结合本院对伟太公司合同终止前的履约保证金利息损失的主张已经予以支持，足以弥补伟太公司的损失，故对其主张的损失情况报告中的损失，不予支持。

3. 关于应付工程款利息及合同终止后的履约保证金利息，因双方当事人对计算标准并无约定，伟太公司主张按年利率24%计算缺乏法律依据，一审法院按照中国人民银行发布的同期同类贷款利率计算，并无不当。

四、关于伟太公司在本案中享有的优先受偿权应否包括工程款利息的问题

伟太公司在二审庭审中补充上诉理由，主张应付工程款利息应当纳入其享有的优先受偿权范围。依据《最高人民法院关于建设工程价款优先受偿权问题的批复》第三条，建筑工程价款包括承包人为建设工程应当支付的工作人员报酬、材料款等实际支出的费用，不包括承包人因发包人违约所造成的损失。欠付工程款的利息属于孳息损失的范围，伟太公司的此项上诉理由缺乏法律依据，本院不予支持。

二审审理中，伟太公司以需查明5号楼、12号楼的开发权是否转移至伟鼎公司，以及通泽公司系发包人的相关事实为由，向本院提交调查取证申请，申请本院向四川省江油市城乡建设和住房保障局调取案涉项目办理《建设工程规划许可证》《建设工程施工许可证》时支付办证手续费的记录，向四川省江油市城乡建设和住房保障局调取通泽公司向该局发出的《关于项目申请停工，返退保证金解决民工工薪事宜的意见》及该局作出的《关于同意紫檀国际项目停工申请的批复》，向四川省江油市公安局调取其处理伟太公司与浩元公司、通泽公司在

案涉项目工程施工期间发生的民工工资纠纷的档案材料。因本院已经认定通泽公司和浩元公司系案涉工程的共同发包人，应共同承担向伟太公司支付工程款等合同义务，涉及5号楼、12号楼的相关事实认定及权利义务的确定可以另行诉讼解决。对伟太公司的调查取证申请本院不予准许。

综上，伟太公司的上诉请求部分成立；原判认定事实部分有误，本院予以纠正。本院依照《中华人民共和国民事诉讼法》第一百七十条第一款第二项规定，判决如下：

一、维持四川省高级人民法院（2016）川民初42号民事判决第三项；

二、撤销四川省高级人民法院（2016）川民初42号民事判决第一、二、四项；

三、四川浩元恒达实业集团有限公司和四川通泽置业有限公司于本判决生效之日起十五日内共同向重庆伟太建筑工程集团有限公司支付工程款25453527元，退还履约保证金2500万元，退还办理施工手续费用78万元；

四、四川浩元恒达实业集团有限公司和四川通泽置业有限公司于本判决生效之日起十五日内共同向重庆伟太建筑工程集团有限公司支付履约保证金利息损失，该损失计算以2500万元为基数，自2014年7月26日起至2015年4月30日止，按照年利率24%计算；

五、四川浩元恒达实业集团有限公司和四川通泽置业有限公司于本判决生效之日起十五日内共同向重庆伟太建筑工程集团有限公司支付工程款及履约保证金利息损失，从2015年12月2日起以50453527元为基数，按照中国人民银行发布的同期同类贷款利率计息至付清为止；

六、驳回重庆伟太建筑工程集团有限公司的其他诉讼请求。

如果未按本判决指定的期间履行给付金钱义务，应当依照《中华人民共和国民事诉讼法》第二百五十三条之规定，加倍支付迟延履行期间的债务利息。

一审案件受理费541800元，由重庆伟太建筑工程集团有限公司承担192339元，由四川浩元恒达实业集团有限公司和四川通泽置业有限公司承担349461元；二审案件受理费285632元，由重庆伟太建筑工程集团有限公司承担246799元，由四川浩元恒达实业集团有限公司和四川通泽置业有限公司承担38833元。

本判决为终审判决。

审 判 长　郭载宇
审 判 员　李延忱
审 判 员　王　丹
二〇一八年七月十六日
法官助理　万　怡
书 记 员　伍齐敏

【实务建议】

实务中，有关承包人的利润是否可以纳入建设工程价款优先受偿权，一直存在争议。《合同法》第286条的初衷是保护建筑工人的权益。在本条之前，有关建设工程价款优先受偿范围的规定，主要体现在《关于建设工程价款优先受偿权的批复》，该文件第3条规定，建筑工程价款包括承包人为建设工程应当支付的工作人员报酬、材料款等实际支出的费用，不包括承包人因发包人违约所造成的损失。其恰恰未提及利润。

《合同法》第286条使用的措辞是“建设工程的价款”，若按字面意思来看，建设工程的价款应该包括成本、利润及税费的。利润是工程价款的组成部分，这一点应是毫无疑问的。《关于建设工程价款优先受偿权的批复》第3条中有关“不包括承包人因发包人违约所造成的损失”的规定是符合《合同法》第286条的规定的，但其仅提及成本而未提及利润，给司法实务带来了不少困惑和争议。现本条的出台无疑起到了定争止分的作用。

第二十二条　建设工程价款优先受偿权的行使期限

【条文内容】

承包人行使建设工程价款优先受偿权的期限为六个月，自发包人应当给付建设工程价款之日起算。

【最高院意见】

最高院的《理解与适用》在本条“条文主旨”中明确，本条是关于建设工程价款优先受偿权的行使期限及起算时间的规定。

在“要点提示”中，《理解与适用》谈到，从逻辑上说建设工程价款优先受偿权应当是在发包人应当给付工程款而未给付之时，因此本条司法解释规定承包人行使建设工程优先受偿权的期限为发包人应当给付建设工程价款之日起算6个月。

在“条文理解”部分，《理解与适用》从“建设工程优先受偿权的行使期限”“建设工程优先受偿权行使期限的计算”等两个方面详述了如何理解本条。

《理解与适用》在本条“审判实务”着重提出实践中需要以工程最终竣工结算后所确定的工程价款的应付款时间作为优先受偿权行使期限的起算时间，且该应付款时间不能完全由发包人与承包人协商延长，注意避免损害银行等第三人利益。

【条文点读】

一、建设工程价款优先受偿权行使期间的性质

一谈到建设工程价款优先受偿权行使期间的性质问题，不少学者

就开始讨论它究竟是属于诉讼时效还是除斥期间。“有观点认为该期限的性质为特殊诉讼时效，应准予中止、中断和延长。如重庆市第五中级人民法院作出的（2011）渝五中法民初字第248号民事判决，将施工方就优先受偿权提出的申请表述为没有超过法律规定的诉讼时效。这种观点的理论依据是，优先受偿权在性质上属于一种法定抵押权。《物权法》第202条规定：‘抵押权人应当在主债权诉讼期间行使抵押权；未行使的，人民法院不予保护。’从规定可知，行使抵押权的期限为主债权的诉讼时效期间。因此，优先受偿权应沿用有关诉讼时效的规定。还有观点则认为，建设工程优先权属于他物权范畴，可以参照担保物权或其他优先权期限的法律性质来理解这一问题，该期限的性质为除斥期间，该期限一旦经过权利即为消灭。”[①]但法律有关权利期间的规定，目前已有越来越多的理论对诉讼时效与除斥期间的二元论提出了质疑。事实上，民法上的确存在一些极具争议的权利期间，人们无法简单地将他们归入时效或除斥期间，比如《担保法》第25条、第26条规定的保证期间，《物权法》第202条规定的抵押权行使期间，《合同法》第157条、第158条规定的买受人质量异议期间。

为此，有些学者提出了独立于时效和除斥期间之外的第三类期间或制度，如“或有期间制度”“权利失效制度”等。在《民法总则》制定过程中，《中华人民共和国民法典·民法总则专家建议稿》就曾开创性地设置了“或有期间制度”，其第208条明确定义“或有期间”乃是“决定当事人能否取得或者能否行使相应请求权的期间”。当事人在“或有期间”内未依照法律的规定或者当事人之间的约定提出主张的，“或有期间”届满，当事人不能取得或者不能行使相应请求权。之后，在《中华人民共和国民法典·民法总则专家建议稿（提交稿）》第八章——时效和期间中，延续了建议稿的规定，于第五节规定“或有期间”，并在第199条修改建议稿“或有期间”的定义为“决定当事人能

---

① 最高人民法院民事审判第一庭编著：《最高人民法院建设工程施工合同司法解释（二）理解与适用》，人民法院出版社2019年版，第446页。

否取得或者能否行使相应权利的期间”，并进一步明确买卖合同中的异议期间、保证责任期间等属于或有期间。[①]然而，《民法总则》最终未采纳该制度。

另有学者主张，大陆法系存在“权利失效制度”，“指权利人在相当期间内不行使其权利，依特别情事足以使义务人正当信任债权人不欲使其履行义务时，则基于诚信原则不得再为主张”，并认为“我国《物权法》第202条、我国《合同法》第157条与第158条、我国《担保法》第25条和第26条，实质上应属于权利失效规则”[②]。

笔者认为，鉴于大陆法系各国对时效和期间制度采取不一致的立法例，有关时效、除斥期间等概念在不同立法例下的含义并不完全一致，而我国民法典又处于制定过程中，相关制度设计一方面要考虑立法、司法、理论及实务认识的传统，另一方面又要广泛借鉴其他立法例的做法，在此背景下，相关学术探讨和争论将会长期存在。

有关时效和期间的制度，本身就存在历史沿革，并且还在不断发展。大陆法系起初并未细分时效和期间，“早期时效的概念是在非常广泛的意义上使用的，它包括了各种时间对权利的影响，即不仅包括权利消灭或权利障碍的影响情形，也包括权利产生的影响情形”。后来，学者发现除时效之外，还存在“法定期间”。“法定期间”是“除斥期间”一开始的通常称谓，在这一历史时期，“法定期间”“是作为与时效相独立的权利自身存在的期间来理解的”。但是，学者们很快发现“法定期间”还可以再做区分，因为一些权利的“法定期间”仅仅是其存在的期限，与权利人是否行使权利毫无关联，而另一些权利的“法定期间”却与权利人权利行使行为密切关联。对前者来说，立法者并不关心权利人会做什么，它只是设定一个终止期限；对后者而言，立法者同时关心时间因素与权利行使因素。于是，学者将前者定义为“狭义的法定期间”，后者定义为“除斥期间”。从“除斥期间”的产

---

① 夏沁：《或有期间三论》，载《北方法学》2017年第1期。

② 蒋言：《论权利失效的立法》，载《政治与法律》2018年第2期。

生和发展来看，“除斥期间同时具有权利的时间存在性与权利行使性的双重特征。这是除斥期间的基本规定性”[①]。

若按上述有关除斥期间的基本规定性的论述，建设工程价款优先受偿权行使期间似可归入“除斥期间”的范畴。但是，主流理论认为，与“诉讼时效”的客体是“请求权”相对应，“除斥期间”的客体是“形成权”，即仅靠单方行为就能产生、变更或消灭民事法律关系的权利。比如，《合同法》第 54 条、第 55 条的合同撤销权，第 74 条、第 75 条的债权人的撤销权，第 104 条的提存物的受领权，《民法总则》第 147 条的重大误解撤销权，第 148 条和第 149 条的对于被欺诈民事行为的撤销权，第 150 条的对于被胁迫的民事行为的撤销权，第 151 条的显失公平撤销权，以及实务中常见的法定或约定的合同解除权等。而承包人的建设工程价款优先受偿权显然不属于形成权。

对此，最高人民法院民事审判第一庭在其编著的《理解与适用》一书中指出：相对于诉讼时效只能针对请求权而言，“法律对承包人优先受偿权的规定，则是基于权利人在行使了债权请求权后，因其不能实现自己的权利，对债务人财产直接行使变价求偿权的权利。该权利具有排除债务人及他人干涉，无需借助他人的行为，直接支配权利客体的特点，含有支配权的因素，而非请求权的性质”[②]。虽然，上述论述没有正面回应为何建设工程价款优先受偿权行使期间被认为是“除斥期间”，但其客体建设工程价款优先受偿权却不是“形成权”的问题。但若进一步解读，不难发现，最高院的言外之意是，其认为“除斥期间”的客体不一定局限于“形成权”，具有支配属性的权利亦可成为除斥期间的客体。

确实，从上述有关“除斥期间”的历史沿革来看，学者只是强调其应当具有时间存在性与权利行使性的双重特征，并没有要求其客体

① 耿林：《论除斥期间》，载《中外法学》2016 年第 3 期。

② 最高人民法院民事审判第一庭编著：《最高人民法院建设工程施工合同司法解释（二）理解与适用》，人民法院出版社 2019 年版，第 446—447 页。

必须是"形成权"。对此，还有一个活生生的实例：我国台湾地区学者即将其"民法"中规定的抵押权期间认定为除斥期间。王泽鉴先生在其《民法物权》一书中认为："抵押权担保之债权，其请求权已因时效而消灭，抵押权人仍得就抵押物求偿（第一四五条）。抵押权人，于消灭时效完成后，五年间不实行其抵押权者，其抵押权消灭（第八八〇条）。本条系就物权创设得因除斥期间经过而消灭的例外规定……"[①]

无论建设工程价款优先受偿权行使期间最终被人们认定为"除斥期间"抑或是其他法定期间（如"或有期间""失权期间"[②] 等），其并非诉讼时效且不适用于时效中止、中断和延长规则的观点应当是争议较小的。毕竟建设工程价款优先受偿权并不具有请求权的特征。

二、建设工程价款优先受偿权行使期间的起算日

《建设工程司法解释（二）》第22条规定，建设工程价款优先受偿权行使期间的起算日为"发包人应当给付建设工程价款之日"。如何理解"发包人应当给付建设工程价款之日"？

实务中，发包人支付的工程款可能包括预付款、进度款、完工款、竣工结算款、质量保证金等。发包人应当给付工程价款之日是仅仅指完工后发包人需要支付的剩余款项的支付日期，还是说也包括预付款、进度款等阶段性款项的支付日期呢？

答案如果是前者，则处理起来相对简单，因为完工后的结算工作以及结算后的剩余工程款（质保金以外）的支付时间，通常会在施工合同中约定，即便未作约定或约定不明，也可以参照《建设工程司法解释（一）》第18条的规则来确定，即在当事人对付款时间没有约定或者约定不明的，下列时间视为应付款时间：（1）建设工程已实际交付的，为交付之日；（2）建设工程没有交付的，为提交竣工结算文件

---

① 王泽鉴：《民法物权》，兴丰综合印刷有限公司2017年3月增订二版，第488页。

② 《民法总则》制定过程中，专家建议稿征求意见时曾有"失权期间"一节，按其规定，"失权期间"是指"在依照诚实信用原则确定的合理期限内，权利人不行使权利，让义务人信赖其不会再行使的，该权利消灭"。

之日；（3）建设工程未交付，工程价款也未结算的，为当事人起诉之日。

答案倘若是后者，那优先权的行使期间岂不是要分段计算？即对于合同约定的每一笔工程款，都会有不同的应付时间，相对的也会有不同的优先权行使期间？但仔细分析，该问题可能是一个“伪问题”。承包人主张和行使优先权的情况大致可分为两类情形：第一类，工程已完工，不涉及施工合同解除的问题，当事人双方可能就结算问题产生争议或问题，也可能已完成结算但发包人未依约付款；第二类，工程尚处于施工阶段，涉及合同解除或提前终止履行，当事人双方可能已经完成已施工部分的结算，也可能对已施工部分未进行结算。

如果相关纠纷属于上述第一类情形，则承包人主张的是完工后剩余工程款的支付，即便发包人前期存在逾期支付进度款的情形，此阶段双方争议的工程款也已经只是完工后剩余工程款的结算和支付问题。于此情形，实务中并不会将工程款再区分为前期未付进度款、未付工程尾款，因而发包人的应付款日期是确定的。

如果相关纠纷属于上述第二类情形，则承包人主张的是解除合同并支付其已施工部分的全部工程款。于此情形，亦不会涉及前期逾期支付预付款或进度款的问题。

也就是说，实务中不存在仅针对某笔预付款、进度款的优先权，建设工程价款优先受偿权一定是针对整体工程价款而言的。承包人若因发包人拖欠预付款或进度款而在施工过程中即主张建设工程价款优先受偿权，就意味着其一定提起了解除施工合同，对已施工部分的全部工程款进行结算并支付的诉请，因为行使优先受偿权意味着工程折价或被拍卖，施工合同是无法继续履行的。因而，从逻辑上来说，针对各笔工程款单独认定付款期限及其优先受偿权起算日是毫无道理的，工程价款优先受偿权不可能存在分批、分期主张或行使的情况，只有行使一次的机会。

【相关案例】

普定县鑫臻酒店有限公司与普定县鑫臻房地产开发有限责任公司与黑龙江省建工集团有限责任公司建设工程合同纠纷【（2016）最高法民终106号**】**①

一、裁判要点

法院经审理认为，案涉工程竣工验收之日虽为2014年3月11日，但根据《纠纷处理协议》的约定，鑫臻房开公司应在普定县住建局收到工程结算报告之日起20天内据实向黑龙江建工集团付完工程余款，在项目工程未进行竣工验收和结算审计的情况下，不得以任何理由向鑫臻房开公司索要工程款。作为工程结算报告的《修正结算报告》于2014年11月20日作出，并于2014年11月25日送达普定县住建局，在此之前，黑龙江建工集团不得向鑫臻房开公司主张支付剩余工程款。法院认为，《中华人民共和国合同法》第二百八十六条规定承包人就未付工程款对所承建工程享有优先受偿权，系为保护承包人对工程价款的实际受偿，在认定该优先受偿权的行使期限时，应当遵循案件的客观事实，尊重当事人之间关于支付工程价款期限的约定，优先受偿权行使期限的起算点，不应早于当事人之间约定的工程价款支付期限，以保证实现该优先权权能。故法院认为，一审判决认定黑龙江建工集团于2014年12月22日提起本案诉讼，未超出优先受偿权行使期限正确，鑫臻房开公司以案涉工程于2014年3月11日竣工验收，并应从此时开始计算优先受偿权行使期限的上诉理由不能成立，对其该上诉请求，法院不予支持。

---

① 本案再审情况详见最高人民法院（2016）民申3328号民事裁定书。

二、裁判文书

中华人民共和国最高人民法院

民事判决书

（2016）最高法民终106号

上诉人（原审被告、反诉原告）：普定县鑫臻房地产开发有限责任公司，住所地贵州省安顺市普定县城关镇文明路83号附6号。

法定代表人：叶胜权，该公司董事长。

被上诉人（原审原告、反诉被告）：黑龙江省建工集团有限责任公司，住所地黑龙江省哈尔滨市动力区大庆路28号。

法定代表人：于彩峰，该公司总经理。

原审被告：普定县鑫臻酒店有限公司，住所地贵州省安顺市普定县城关镇文明路。

法定代表人：叶胜权，该公司董事长。

上诉人普定县鑫臻房地产开发有限责任公司（以下简称鑫臻房开公司）与被上诉人黑龙江省建工集团有限责任公司（以下简称黑龙江建工集团）及原审被告普定县鑫臻酒店有限公司（以下简称鑫臻酒店）建设工程合同纠纷一案，贵州省高级人民法院于2015年10月14日作出（2015）黔高民初字第1号民事判决。鑫臻房开公司不服，向本院提起上诉。本院依法组成合议庭，于2016年5月4日开庭进行了审理。本案现已审理终结。

一审法院经审理查明：2011年10月20日鑫臻房开公司与黑龙江建工集团签订《"鑫臻酒店·鑫臻苑工程"建筑工程承包合同》，约定由黑龙江建工集团承建鑫臻房开公司开发的"鑫臻酒店·鑫臻苑"项目，项目由一栋四星级酒店、一栋酒店副楼、三栋住宅楼组成，总建筑面积为69748.84平方米，工程造价为1.1亿元。土建工程套用《贵州省建筑工程计价定额（2004版）》进行计算后下浮3%计价，工程量结算方式为按实结算。

2012年2月25日，鑫臻房开公司与黑龙江建工集团签订《“鑫臻苑”工程建筑工程承包合同》，约定由黑龙江建工集团承建鑫臻房开公司开发的“鑫臻苑”项目，项目开工日期为2012年2月29日，竣工日期为2012年10月7日，合同价款为4385万元，采用单价承包的方式支付合同价款。2012年5月28日普定县发展和改革局同意对鑫臻苑小区开发项目重新进行备案。黑龙江建工集团按合同约定进场施工，至2013年9月1日鑫臻房开公司就“鑫臻苑”项目已支付工程进度款38520535元。

2013年12月24日，普定县县委常委、副县长胡永国组织召开专题会议，就鑫臻房开公司与黑龙江建工集团之间因鑫臻苑住宅及酒店项目施工纠纷进行协调再处理，经双方一致同意后，形成会议纪要如下：一、关于“鑫臻苑”住宅项目施工纠纷的协调处理结果，(一)由甲方（鑫臻房开公司）一次性支付住宅项目的工程进度款600万元给乙方（黑龙江建工集团），支付时限须确保2013年12月31日前（7天内）全额打入普定县住房和城乡建设局（以下简称普定县住建局）指定账户。乙方在收到甲方款项之日起3日内组织复工，确保20天内将所剩工程施工完毕达到竣工验收标准（由甲方原因及不可抗力造成的施工阻碍除外），……。(四)针对甲、乙方存在分歧的工程造价问题，由普定县住建局牵头，请县审计部门寻找至少3家有相应资质的单位，采取以抽签的方式确定1家作为审计单位后，立即组织对“鑫臻苑”住宅项目的工程造价进行审计，审计结果作为工程结算的法定依据。(五)“鑫臻苑”住宅项目竣工验收后，乙方须将甲方已销售的119套住房钥匙先交付甲方，其余房屋钥匙待审计结算完毕，且甲方在县住建局收到该工程结算报告之日起的20天内据实向乙方付完工程余款后(除保修金外)，乙方即向甲方交付所有房屋的钥匙。……（六）因施工纠纷给甲乙双方都造成了损失，经协商，由甲方出资200万元补助给乙方，该款项须确保2013年12月31日前（7天内）与600万元的工程进度款一并打入普定县住建局指定账户……。三、以上协商结果已经甲、乙双方会上同意，甲、乙双方现承诺若任何一方违反调解约定，违约方须向守约方承担该项目住宅及酒店工程总价款百分之二十的违约金。

2013年12月24日，鑫臻房开公司作为甲方与作为乙方的黑龙江建工集团签订《鑫臻苑住宅及酒店项目施工纠纷协调处理协议》（以下简称《纠纷处理协议》）：一、由甲方一次性支付住宅项目的工程进度款600万元给乙方，支付时限须确保2013年12月31日前（7天内）全额打入普定县住建局指定账户。乙方在收到甲方款项之日起3日内组织复工，确保20天内将所剩工程施工完毕达到竣工验收标准（由甲方原因及不可抗力造成的施工阻碍除外），若工程存在需要整改的问题，乙方须无条件在普定县住建部门规定的期限内整改完成，乙方整改时间不视为超时违约。乙方在住宅项目工程未进行竣工验收和结算审计的情况下，不得以任何理由向甲方索要工程款。三、乙方在启动复工的同时，要同步完善并提供有关工程资料以备验收和审计。四、针对甲、乙双方存在分歧的工程造价问题，由普定县住建局牵头，请县审计部门寻找至少3家有相应资质的单位，采取以抽签的方式确定1家作为审计单位后，立即组织对“鑫臻苑”住宅项目的工程造价进行审计，审计结果作为工程结算的法定依据。五、“鑫臻苑”住宅项目竣工验收后，乙方须将甲方已销售的119套住房钥匙先交付甲方，其余房屋钥匙待审计结算完毕，且甲方在县住建局收到该工程结算报告之日起的20天内据实向乙方付完工程余款后（除保修金）外，乙方即向甲方交付所有房屋的钥匙。……七、因施工纠纷给甲乙双方都造成了损失，经协商，由甲方出资200万元补助给乙方，该款项须确保2013年12月31日前（7天内）与600万元的工程款一并打入普定县住建局指定账户，资金使用须在普定县住建、劳动等部门的监督下全部用于支付本工程所欠工人工资。八、以上协议已经甲、乙双方同意，甲、乙双方承诺若任何一方违反调解约定，违约方须向守约方承担该项目住宅及酒店工程总价款百分之二十的违约金。该协议上有鑫臻房开公司、鑫臻酒店、黑龙江建工集团、普定县人民政府、普定县住建局五方签字盖章。

2013 年 12 月 30 日，鑫臻房开公司按协议的约定支付黑龙江建工集团工程款及停工损失 800 万元。至此鑫臻房开公司就“鑫臻苑”项目已支付黑龙江建工集团工程款及停工损失 46520535 元。

2014 年 1 月 23 日，鑫臻房开公司与黑龙江建工集团“鑫臻酒店·鑫臻苑”项目部作为甲方，共同委托贵州三力工程招标造价咨询有限公司（以下简称三力公司）对“鑫臻酒店·鑫臻苑”项目的工程量和工程造价进行审计。

2014 年 3 月 23 日由于审计资料不完善，审计单位出具“普定县鑫臻苑 1.2 号楼欠完善资料清单”，要求提供竣工图等 10 项审计资料。鑫臻房开公司法定代表人叶胜权、监理方代表以及政府方面的代表均签字认可。

2014 年 8 月 29 日，三力公司向鑫臻房开公司、黑龙江建工集团“鑫臻酒店·鑫臻苑”项目部出具关于普定县“鑫臻酒店·鑫臻苑”建设工程结算评估报告的函，告知双方：已完成对酒店工程主楼及副楼、住宅 1#、2#楼工程量的计算，并在 2014 年 7 月 22 日已提交初步结果，经委托方鑫臻房开公司、黑龙江建工集团“鑫臻酒店·鑫臻苑”项目部双方一个月的复核，同意建设单位及施工单位对初步结果提出的回复意见，已按意见进行调整。根据 2014 年 8 月 28 日会议精神，如建设单位及施工单位对工程结算有需补充说明的，请于 2014 年 9 月 5 日前给予回复，如无异议，将出具结算评估报告。鑫臻房开公司认可收到该告知函。

2014 年 10 月 28 日鑫臻房开公司向普定县住建局提交报告，认可收到结算资料的电子版，认可鑫臻苑小区于 2014 年 3 月 11 日竣工验收。但认为三力公司不适合本项目的结算编制及审核工作，应取消对三力公司的委托，调整结算程序。普定县住建局针对鑫臻房开公司的报告回复称：“结算评估问题，三力公司是由你方和施工单位通过‘十家选一家’以抽签方式选出并共同委托的结算单位，结算方式和程序也是通过会议讨论形成一致的确认意见。你单位对2014年9月18日结算评估结果提出异议，10月24日会议中已作出明确解释和决定，三力公司拟同意尊重各方意见和建议，根据甲、乙双方的补充意见和相关依据对结算评估结果再次进行公正客观的检查，校核并出具修正报告。如你方认为必须取消委托，属委托方与被委托方的合同关系问题及更改约定的结算程序问题，非我局施用行政手段范畴。”

2014年11月20日，三力公司出具贵州省普定县“鑫臻酒店·鑫臻苑”项目的《修正结算报告》，“鑫臻酒店·鑫臻苑”项目工程造价结算总金额为76723698.08元。其中鑫臻苑工程造价为60149488.17元（未含普府专议〔2013〕260号会议纪要约定的补偿款200万元和扣留施工单位外墙砖款18万元）；鑫臻酒店工程造价为14754209.9元。

2015年1月28日，普定县住建局出具《关于普定县鑫臻房开项目结算情况说明》，证明：在三力公司初步结算成果出来后，在政府的主持下，召开三方核对初步结算结果，会上黑龙江建工集团明确认可结算的初步结果，鑫臻房开公司对结算初步结果提出了近百条异议，在已核对的十余项内容中，结算初步结果确实存在明显错误。之后黑龙江建工集团明确表示不再参与核对，同意审计作出的最终结果，故核对工作未能继续。

2015年6月11日，一审法院通知三力公司出庭对《修正结算报告》予以说明，并向鑫臻房开公司释明，可针对结算报告提出修正意见，但鑫臻房开公司明确表示不认可《修正结算报告》，并拒绝对结算报告进行补充修正。

黑龙江建工集团起诉称，黑龙江建工集团与鑫臻房开公司、鑫臻酒店全程参与案涉工程价款的评估工作，结算评估报告出具以后，黑龙江建工集团多次致函、致信、登门催收要求鑫臻房开公司、鑫臻酒店按约付款，但自委托评估开始至今，鑫臻房开公司、鑫臻酒店未支付任何工程款项。在此期间，鑫臻房开公司还违反协议约定，将本应于工程款给付完毕后才由黑龙江建工集团交付钥匙的部分房屋额外侵占并交予购房业主使用。鑫臻房开公司、鑫臻酒店的行为构成严重违约，严重损害了黑龙江建工集团作为工程承包方的合同权益。故起诉请求判令：1. 黑龙江建工集团在鑫臻苑项目的工程款对该工程享有优先受偿权；2. 鑫臻房开公司向黑龙江建工集团支付鑫臻苑项目工程款14423293.49元及利息30万元（利息从2014年12月15日开始计算，算至实际付清之日止，按中国人民银行同期贷款利率计算，暂计至起诉之日），鑫臻酒店对上述工程款承担连带责任；3. 鑫臻房开公司、鑫臻酒店向黑龙江建工集团承担违约金12029897.6元；以上金额合计26753190元；4. 本案诉讼费、财产保全费由鑫臻房开公司、鑫臻酒店承担。

鑫臻房开公司、鑫臻酒店答辩称，黑龙江建工集团对鑫臻苑项目不享有优先受偿权。本项目未竣工，也没有通过竣工验收，不符合优先受偿的条件，工程验收不合格黑龙江建工集团不仅不能享有优先受偿权，反而应该支付违约金。黑龙江建工集团要求付款的条件不成就，双方签订的《纠纷处理协议》第5条明确约定对工程款的支付条件是项目验收后及鑫臻房开公司收到验收报告后才付款。按照合同约定，在没有完成工程竣工验收和审计的情况下，黑龙江建工集团要求支付工程款，不符合合同约定。黑龙江建工集团未按协议约定完成竣工验收，没有提供验收相关资料已构成违约。鑫臻酒店和鑫臻房开公司是两个独立的法人，不应承担连带责任。请求法院驳回黑龙江建工集团的诉讼请求。

鑫臻房开公司反诉称，因黑龙江建工集团管理不善及所组织的施工队伍不到位等，案涉工程工期一再延误，原定2012年10月完工的工程项目，直至2014年也一直未完工且部分施工内容存在瑕疵，未达工程验收标准。《纠纷处理协议》签订后，鑫臻房开公司如约履行了支付600万元工程款义务，但黑龙江建工集团未切实履行其担负的义务，已构成违约并严重损害了鑫臻房开公司的合法权益。故反诉请求判令：

1. 黑龙江建工集团提交所有建工资料（详见清单）；2. 黑龙江建工集团承担违约金1000万元；3. 黑龙江建工集团赔偿因修复工程瑕疵部分所需费用120万元（以造价评估报告为准）。

黑龙江建工集团对反诉答辩称，建工资料的移交与竣工验收是两个不同的概念，两者性质不同。竣工验收是属于工程质量是否合格的问题，资料移交是关于房屋交付的范畴。本案中，无论是依据法律规定，还是合同约定，鑫臻房开公司均无权要求在工程款未付清前就交付建工资料，也不构成拒绝支付工程款的抗辩理由。鑫臻房开公司要求黑龙江建工集团承担1000万元违约金无依据。请求法院驳回全部反诉请求。

一审法院经审理认为，鑫臻房开公司与黑龙江建工集团签订的《“鑫臻苑”工程建筑工程承包合同》和《纠纷处理协议》系双方真实意思表示，不违反法律规定，是有效合同，双方都应当遵守合同和协议约定承担相应义务。通过庭审及双方当事人诉辩，归纳本案争议焦点为：1.《修正结算报告》能否作为涉案工程结算的依据；2. 双方是否存在违约行为及违约责任如何承担；3. 鑫臻酒店是否应当对鑫臻房开公司的欠款承担连带偿还责任；4. 黑龙江建工集团对“鑫臻苑”项目是否具有优先受偿权。

（一）关于《修正结算报告》能否作为涉案工程结算的依据

双方在履行建筑工程合同中对涉案工程的造价产生争议，为此，在普定县住建局的主持下，通过“十家选一家”的抽签方式，选出具有工程造价咨询企业甲级资质的三力公司作为涉案工程的鉴定机构。同时鑫臻房开公司和黑龙江建工集团作为业主方与三力公司签订协议，双方共同委托三力公司对涉案工程进行评估。三力公司根据双方的委托和提供的相关结算资料，于2014年9月18日出具《普定县鑫臻苑建设项目工程结算评估报告》，并于2014年10月24日参加了普定县住建局的协调会议，听取了委托方的勘误意见，鑫臻房开公司声称有近百条异议，但并未提出任何具体的异议。虽然黑龙江建工集团已认可该鉴定报告，表示不再参与核对工作，但黑龙江建工集团不参与核对工作并不能否决鑫臻房开公司对结算报告仍具有核对修正的权利。且在一审法院审理中，为了使鉴定结论更科学合理，法院特别通知三力公司到庭进行说明，并向鑫臻房开公司释明，可针对结算结论提出修正意见，便于三力公司进行补充修正，但鑫臻房开公司明确表示不再提交修正意见。一审法院认为，《修正结算报告》系在普定县住建局主持下由双方共同选择、共同委托的具有工程造价资质的机构作出的评估结论，双方选定评估机构的程序符合当事人的约定、符合法律的规定，评估机构进行评估的程序也未违反法律规定，因此《修正结算报告》应当作为双方结算的依据。鑫臻房开公司关于《修正结算报告》存在错误，不应当采信的辩论意见该院不予采纳。

（二）关于双方是否存在违约行为以及违约责任如何承担的问题

首先，鑫臻房开公司是否存在违约行为。根据鑫臻房开公司与黑龙江建工集团签订的《纠纷处理协议》第四条“针对甲、乙双方存在分歧的工程造价问题，由普定县住建局牵头，请县审计部门寻找至少3家有相应资质的单位，采取以抽签的方式确定1家作为审计单位后，立即组织对鑫臻苑住宅项目的工程造价进行审计，审计结果作为工程结算的法定依据”和第五条“鑫臻苑住宅项目竣工验收后，乙方须将甲方已销售的119套住房钥匙先交付甲方，其余房屋钥匙待审计结算完毕，且甲方在县住建局收到该工程结算报告之日起的20天内据实向乙方付完工程余款后（除保修金）外，乙方即向甲方交付所有房屋的钥匙”的约定，审计结算完毕后，鑫臻房开公司的义务是在20天内向黑龙江建工集团支付除保修金外的工程款，根据结算报告，鑫臻苑工程造价为60149488.17元，加上协议约定的损失补偿200万元，减去施工单位外墙砖款18万元，鑫臻房开公司应当支付黑龙江建工集团工程款61969488.17元，减去已经支付的46520535元（含损失补偿200万元），减去质保金1804484.65元（60149488.17元×3%），鑫臻房开公司尚欠黑龙江建工集团工程款为13644468.52元，鑫臻房开公司未按协议约定在收到结算报告的20天内支付工程款构成违约。根据《纠纷处理协议》第八条“以上协议已经甲、乙双方同意，甲、乙双方承诺若任何一方违反调解约定，违约方须向守约方承担该项目住宅及酒店工程总价款百分之二十的违约金”的约定，鑫臻房开公司应当向黑龙江建工集团支付违约金60149488.17元×20%＝12029897.6元。本案中，黑龙江建工集团既主张违约金又主张利息（损失赔偿）。一审法院认为，违约金与损失赔偿在补偿性上，都能使违约相对方得到全面的补偿，如果违约金或损失赔偿单独适用，违约相对方的利益都能得到全面、充分的保护，那么违约金与损失赔偿不能同时适用。本案中，违约金的单独适用，能够使黑龙江建工集团的利益得到全面充分的保护，故对黑龙江建工集团“违约金与利息能同时主张”的诉讼理由不予采信。

其次，黑龙江建工集团是否存在违约行为。根据《纠纷处理协议》的约定，黑龙江建工集团的义务为“在收到鑫臻房开公司款项之日起3日内组织复工，确保20天内将所剩工程施工完毕达到竣工验收标准”。黑龙江建工集团于2013年12月30日收到鑫臻房开公司支付的800万元款项后，于2014年1月19日将涉案工程提请验收，该提交时间未超过协议约定的时间。且2014年3月11日《鑫臻苑工程竣工验收会议纪要》认定该工程评定为合格，鑫臻房开公司在该会议纪要上签章。故黑龙江建工集团没有违反协议的约定，没有违约行为，鑫臻房开公司主张黑龙江建工集团应当支付1000万元违约金的诉请不能成立。

（三）关于鑫臻酒店是否应当对鑫臻房开公司的欠款承担连带偿还责任的问题。因鑫臻酒店与鑫臻房开公司分属于不同的主体，鑫臻酒店不应当对鑫臻房开公司的欠款承担偿还责任。

（四）关于黑龙江建工集团对“鑫臻苑”项目是否具有优先受偿权问题

首先，根据《最高人民法院关于建设工程价款优先受偿权问题的批复》第一条的规定，人民法院在审理房地产纠纷案件和办理执行案件中，应当依照《中华人民共和国合同法》第二百八十六条的规定，认定建筑工程的承包人的优先受偿权优于抵押权和其他债权，黑龙江建工集团作为建筑工程承包人，对案涉工程具有优先受偿权。

其次，黑龙江建工集团享有的优先受偿权是否在法律规定的行使期限内。根据《中华人民共和国合同法》第二百八十六条的规定，发包人未按照约定支付价款的，承包人可以催告发包人在合理期限内支付价款。发包人逾期不支付的，除按照建设工程的性质不宜折价、拍卖的以外，承包人可以与发包人协议将该工程折价，也可以申请人民法院将该工程依法拍卖。建设工程的价款就该工程折价或者拍卖的价款优先受偿。同时根据《最高人民法院关于建设工程价款优先受偿权问题的批复》第四条的规定，建设工程承包人行使优先权的期限为六个月，自建设工程竣工之日或者建设工程合同约定的竣工之日起计算。结合以上两条规定可知，发包人支付工程价款的期限，首先要依约定，没有约定或约定不明时，方可依法定。本案中双方约定案涉工程以第三方的评估结果作为结算依据，在评估结果未出来之前，不具备付款条件，也不具备主张优先受偿权的条件。本案中涉案工程竣工验收的时间为2014年3月11日。双方协议约定的付款时间为鑫臻房开公司收到结算报告的20日内，结算报告形成于2014年11月20日，而黑龙江建工集团于2014年12月22日提起诉讼，故本案未过优先权6个月的行使期限。

再次，黑龙江建工集团享有优先受偿权的范围，根据《最高人民法院关于建设工程价款优先受偿权问题的批复》第三条规定，建筑工程价款包括承包人为建设工程应当支付的工作人员报酬、材料款等实际支出的费用，不包括承包人因发包人违约所造成的损失，故黑龙江建工集团对鑫臻房开公司欠付工程款13674468.6元范围内享有优先受偿权。

关于鑫臻房开公司请求判令黑龙江建工集团赔偿因修复工程瑕疵部分所需费用120万元，因其未举证证明瑕疵修复需120万元，且根据双方合同的约定已扣留工程总价款3%的质保金作为修复费用，扣留的修复费用已超过瑕疵修复需要的120万元，故鑫臻房开公司的该项反诉请求不能成立。

关于黑龙江建工集团是否应当交付工程资料的问题，因交付建设工程资料是施工单位的法定义务，故黑龙江建工集团应当将相应的施工资料交付给鑫臻房开公司。

一审法院依照《中华人民共和国合同法》第二百八十六条、《最高人民法院关于建设工程价款优先受偿权问题的批复》第一条、第三条、第四条的规定，作出（2015）黔高民初字第1号民事判决：一、鑫臻房开公司在判决生效之日起十日内支付黑龙江建工集团工程款13644468.52元；二、黑龙江建工集团对13644468.52元工程款享有优先受偿权；三、鑫臻房开公司在判决生效之日起十日内支付黑龙江建工集团违约金12029897.6元；四、黑龙江建工集团在判决生效之日起十日内向鑫臻房开公司依法交付全部施工资料；五、驳回黑龙江建工集团其余诉讼请求；六、驳回鑫臻房开公司的其余反诉请求。如果未按判决指定的期间履行上述债务，应当依照《中华人民共和国民事诉讼法》第二百五十三条之规定，加倍支付迟延履行期间的债务利息。本诉案件受理费225920.31元、保全费5000元由鑫臻房开公司负担205920.31元，由黑龙江建工集团负担25000元，反诉案件受理费44500元由鑫臻房开公司负担。

鑫臻房开公司不服一审判决，向本院提起上诉。

鑫臻房开公司上诉称，一、一审判决认定鑫臻房开公司与黑龙江建工集团签订的《“鑫臻苑”工程建筑工程承包合同》和《纠纷处理协议》合法有效错误。鑫臻苑项目未经招投标程序，根据《中华人民共和国招标投标法》及相关法律规定，该项目性质为住宅，属于依法必须进行招投标的项目，根据《最高人民法院关于审理建设工程施工合同纠纷案件适用法律问题的解释》第一条第三项的规定，未经招投标程序而签订的工程合同无效。案涉工程为无资质人员挂靠黑龙江建工集团实际施工，根据上述司法解释第一条第二项的规定，也应认定为无效合同。《纠纷处理协议》是上述合同的补充协议，在该工程合同无效的情况下，亦应认定为无效，因而对鑫臻房开公司没有法律约束力。2011年10月20日，鑫臻房开公司与黑龙江建工集团签订的《“鑫臻酒店·鑫臻苑工程”建筑工程承包合同》为“阴合同”，2012年2月25日两公司签订的《“鑫臻苑”工程建筑工程承包合同》为备案的“阳合同”，根据《最高人民法院关于审理建设工程施工合同纠纷案件适用法律问题的解释》第二十一条的规定，应当以《“鑫臻苑”工程建筑工程承包合同》作为案涉工程价款的结算依据。由于案涉住宅已经实际使用，鑫臻房开公司同意在合同约定的4385万元范围内结算。二、一审判决认定《修正结算报告》应当作为双方结算的依据错误。《修正结算报告》中评估依据部分第三项内容不是鑫臻房开公司提交，亦未经鑫臻房开公司确认，三力公司依据未经鑫臻房开公司确认的资料对工程量进行评估，违反《工程结算编制协议书》所规定的项目结算需双方认定之要求。三力公司未履行《工程结算编制协议书》第二项约定，没有对鑫臻房开公司委托的相关事项予以确认审核，鑫臻房开公司已经解除了与三力公司的委托咨询合同关系。三力公司简单套用2004版《贵州省建筑工程计价定额》和未经鑫臻房开公司确认的主材价格及增减工程价款，计算得出的工程价款与鑫臻房开公司和黑龙江建工集团之间的约定不符。《工程结算编制协议书》约定结算编制与审核均由三力公司完成，不符合中国建设工程造价管理协会标准的规定。《修正结算报告》上没有编制人、复核人的签字，且经查询注册信息，其中一名造价工程师王程的信息无法查询到，其不具备出具报告的主体资格。因此，《修正结算报告》不具有法律效力，不能作为认定本案事实的依据。三、一审判决认定鑫臻房开公司未按约定支付工程款构成违约，以及黑龙江建工集团没有违约行为错误。黑龙江建工集团未按照双方合同约定的时间以及《纠纷处理协议》约定期限，将工程施工完毕达到竣工验收标准，案涉工程延期交付的责任在黑龙江建工集团。2014年3月11日的《鑫臻苑工程竣工验收会议纪要》违反

《中华人民共和国建筑法》第六十一条和《中华人民共和国建设工程质量管理条例》第十六条的规定，黑龙江建工集团提交的工程不具备竣工验收条件，鑫臻房开公司的违约金主张理据充足，应当予以支持。根据《最高人民法院关于审理建设工程施工合同纠纷案件适用法律问题的解释》第三条第二项的规定，对黑龙江建工集团的工程款主张不应予以支持。黑龙江建工集团主张违约金缺乏有效合同依据，且即便合同有效，其主张的违约金数额明显过高。四、一审判决认定黑龙江建工集团享有优先受偿权错误。即使可以认定双方签署《鑫臻苑工程竣工验收会议纪要》的日期为工程竣工日期，自2014年3月11日起应当计算优先受偿权行使期限，黑龙江建工集团于2014年12月22日提起本案诉讼，已经超出了优先受偿权行使期限。故上诉请求：撤销一审判决第一、二、三、六项，改判驳回黑龙江建工集团的诉讼请求，黑龙江建工集团支付鑫臻房开公司违约金1000万元。

黑龙江建工集团答辩称，一、本案项目不属于依法必须进行招投标的范围，因没有进行公开招投标，也就不存在《最高人民法院关于审理建设工程施工合同纠纷案件适用法律问题的解释》第二十一条规定的“阴阳合同”的问题。即使认为本案施工合同无效，《纠纷处理协议》作为清算协议，具有单独的法律效力，该协议应当作为处理双方争议的依据。二、本案的特定背景是双方因工程施工问题发生矛盾纠纷，难以共同对评估资料进行质证确认，故在普定县人民政府和普定县住建局主持下达成协议，约定评估资料由各方向普定县住建局提交，再由普定县住建局转交评估机构。《修正结算报告》的编制，符合《纠纷处理协议》约定的评估程序，并无不当。2014年6月27日的专题会议纪要也载明，同意三力公司暂以施工单位提交的资料为依据出具结算报告。评估过程中，各方均向三力公司提出意见，经六次现场勘查和综合各方勘误意见后，最终形成《修正结算报告》。鑫臻房开公司对评估的主材价格从未提出过异议，且该价格本就是双方书面确认的，并非黑龙江建工集团单方提供。一审过程中，法院已经明确告知鑫臻房开公司可以申请补充鉴定、提出修正意见，但鑫臻房开公司明确表示不申请。三、《纠纷处理协议》作为一揽子的退场结算协议，并未确认黑龙江建工集团存在工期超期行为构成违约。根据该协议约定，黑龙江建工集团已经按时完成工程施工，并经五方主体联合验收合格，且验收涵盖了实体工程和资料部分。对存在的部分整改问题，不影响竣工验收合格的结论，根据上述协议约定，亦不视为黑龙江建工集团违约。目前该项目住宅已经实际交付使用，鑫臻房开公司以未经验收为由拒绝支付工程款的理由不能成立。鑫臻房开公司未按约定按时支付工程款，擅自强占房屋构成严重违约，应当按照上述协议约定支付违约金。一审过程中，鑫臻房开公司未提出调减违约金数额的请求，且该违约金数额的约定，具有一定惩罚性，就是为了防止各方再出现违约行为。鑫臻房开公司提出违约金过高的主张，应当承担相应的举证责任。四、双方在上述《纠纷处理协议》中明确约定了工程款的支付期限，在此之前，优先受偿权不具备行使条件，故不应起算优先受偿权的行使期限。在《修正结算报告》出具前后，黑龙江建工集团一直催告鑫臻房开公司支付工程款，不存在怠于行使权利的情况。故请求驳回鑫臻房开公司的上诉请求。

鑫臻酒店陈述称，同意鑫臻房开公司的上诉请求。

本院二审经审理查明：2014 年 1 月 19 日，黑龙江建工集团提交工程竣工初验报验申请表，申请对鑫臻苑 1#楼、2#楼（1、2 单元）进行竣工初验验收。2014 年 1 月 23 日，监理工程师签字确认：经审查，施工工作已完成，同意竣工验收。2014 年 3 月 11 日，鑫臻房开公司及鑫臻苑工程质监单位普定县建设工程质量监督站（以下简称普定县质监站）、监理单位、设计单位、勘察单位与黑龙江建工集团共同对该项目进行了竣工验收，并形成《鑫臻苑工程竣工验收会议纪要》，该纪要载明：验收分为实体组和资料组，分别对鑫臻苑项目进行验收，总体验收结论为，该工程评定为合格，检查验收过程中出现的一般性问题由施工单位限期整改完善，报监理单位、建设单位复查通过后签署竣工文件。以上各方均在该会议纪要上签章。

2014年3月23日，黑龙江建工集团向鑫臻房开公司交付了已售119套房屋的钥匙。在该交付钥匙确认单上载明：黑龙江建工集团已经按时按约完成鑫臻苑项目工程实体收尾、整改、竣工验收合格，履约行为符合普定县人民政府专题会议纪要及《纠纷处理协议》中所有约定条款。该确认单上有黑龙江建工集团、鑫臻房开公司及监理单位签字盖章。

2014年6月27日普定县住建局作出《“鑫臻酒店·鑫臻苑”项目纠纷问题协调处理专题会议纪要》，主要内容为：2014年6月26日下午，普定县政府副县长胡永国主持召开专题会议，研究“鑫臻酒店·鑫臻苑”项目纠纷问题协调处理相关事宜，决定以下事项：……一、对2014年6月24日列出的住宅部分前10项立即整改问题，施工单位应在10天内基本维修完成，由质监站负责监督执行并作出最终定论，后续再提出任何工程质量问题均列入保修规定处理；……三、审计单位（三力公司）暂以施工单位提交的资料（含电子版文件）为依据，于2014年7月16日前出具酒店和住宅的结算报告，如建设单位和施工单位对结算报告存在异议可另行协商一致处理；……五、建设单位在施工单位已交付的119套房之外已占用了14套住房，这种情况与会议纪要精神不符，此类事件以后决不允许再次发生，建设单位必须遵守；……七、关于鑫臻苑住宅的竣工验收资料，2014年3月11日的竣工验收会议中，各参加单位发言结论均评定为合格工程，住建局已经宣布认可验收程序，如无其他原因，各责任单位尽快配合完善所有验收资料的相关签章手续，因签章不齐带来的后果由无理由拖签单位承担。以上内容经各方讨论达成一致，务必遵照执行，与2013年12月24日签署的会议纪要、协议具同等约束效力。

2014年11月10日，鑫臻房开公司向三力公司致函，以三力公司明确表示没有且不能进行案涉工程结算审核工作为由，要求取消对三力公司的委托审核，解除双方的委托合同关系。该函经普定县住建局于2014年11月13日向三力公司送达，三力公司提出因已经完成结算编制，对此函有异议，故拒签。三力公司于2014年11月25日将《修正结算报告》送达普定县住建局。

2015年1月28日，普定县住建局出具的《关于普定县鑫臻房开项目结算情况说明》中还载明：三力公司系双方当事人抽签选定的结算编制机构；2014年9月18日结算初步成果出来后，于2014年10月24日在普定县住建局由县政府和住建局主持三方进行了核对，会议明确了双方对工程结算项目逐项核对完成后，再由三力公司在此基础上出具报告。

二审中，鑫臻房开公司向本院提交“鑫臻苑评估审计结算资料”一册，载明该材料系“鑫臻酒店·鑫臻苑”项目部提交的据以结算的资料。该册资料中的工程材料计划表、工程主材材料价格认证表、材料及单价确认表等材料定价资料上，均有鑫臻房开公司盖章或其代表签字。

二审中，黑龙江建工集团向本院提交：1. 贵州省住房和城乡建设厅政务服务中心出具的《关于注册造价工程师王程的情况说明》，主要内容为：造价工程师王程于2011年10月9日申请注册在三力公司，注册证号建【造】11520000881，注册有效期为2015年12月31日，并于2015年10月申请变更至四川省，现注册企业为四川钰源建设工程有限公司，注册证号建【造】11510006847，注册有效期为2019年12月31日；2. 三力公司向普定县住建局出具的《关于〈贵州省普定县“鑫臻酒店、鑫臻苑”项目修正结算报告〉的情况说明》，主要内容为：《修正结算报告》的编制审核人员周开顺、王程，均系持有国家颁发的注册造价工程师资格证书的专业鉴定人员；受业主及施工方共同委托并由普定县住建局全程参与，各方对评估人员资质完全认可，评估遵循各方商定的特定鉴定程序，而并非按照法院司法鉴定程序执行，对《修正结算报告》依据该公司及中国建设工程造价管理协会《建设项目工程结算编审规程》（【2010】023号）第1.0.3条规定，仅加盖该公司及鉴定人员执业注册编号专用章。鑫臻房开公司向本院提交书面意见，对上述两份情况说明的真实性予以认可，但对三力公司出具情况说明的内容不予认可。

二审中，鑫臻房开公司提交对《修正结算报告》的专家证人审核意见书、《工程结算审核情况说明书》，对《修正结算报告》在名称、依据资料、签章、计量计价范围等方面提出意见。针对上述专家证人意见，黑龙江建工集团提交专家解答意见书，对鑫臻房开公司的专家意见予以回应和解答。

二审中，鑫臻房开公司、鑫臻酒店提交调查收集证据申请书，申请本院向黑龙江省哈尔滨市社会保险基金管理中心调取刘中义、刘忠礼等人的社会保险缴纳证明，责令黑龙江建工集团提交刘中义、刘忠礼等人的劳动合同、职工花名册、工资支付凭证及社会保险缴纳凭证，旨在证明刘中义等人挂靠黑龙江建工集团承揽案涉工程所签订的合同无效。

本院二审查明的其他案件事实与一审法院查明的案件事实一致。

本院认为，根据当事人上诉、答辩意见，并经其确认，本案二审争议焦点为：一、《"鑫臻酒店·鑫臻苑工程"建筑工程承包合同》《"鑫臻苑"工程建筑工程承包合同》《纠纷处理协议》的法律效力；二、《修正结算报告》是否可以作为认定案涉工程结算价款的依据；三、双方当事人应否以及如何承担违约责任；四、黑龙江建工集团对案涉工程款是否享有优先受偿权。

一、关于《"鑫臻酒店·鑫臻苑工程"建筑工程承包合同》《"鑫臻苑"工程建筑工程承包合同》《纠纷处理协议》的法律效力问题

《中华人民共和国招标投标法》第三条第一款规定：在中华人民共和国境内进行下列工程建设项目包括项目的勘察、设计、施工、监理以及与工程建设有关的重要设备、材料等的采购，必须进行招标：(一)大型基础设施、公用事业等关系社会公共利益、公众安全的项目；……。前款所列项目的具体范围和规模标准，由国务院发展计划

部门会同国务院有关部门制订，报国务院批准。《工程建设项目招标范围和规模标准规定》第三条第五项规定：关系社会公共利益、公众安全的公用事业项目的范围包括商品住宅，包括经济适用住房；第七条规定：本规定第二条至第六条规定范围内的各类工程建设项目，包括项目的勘察、设计、施工、监理以及与工程建设有关的重要设备、材料等的采购，达到下列标准之一的，必须进行招标：（一）施工单项合同估算价在200万元以上的；……。根据以上法律规定，案涉工程项目属于必须进行招标的项目，双方当事人未履行法律规定的招标投标程序，违反了法律的强制性规定。《最高人民法院关于审理建设工程施工合同纠纷案件适用法律问题的解释》第一条规定：建设工程施工合同具有下列情形之一的，应当根据合同法第五十二条第（五）项的规定，认定无效：……（三）建设工程必须进行招标而未招标或者中标无效的。根据前述法律及司法解释规定，《"鑫臻酒店·鑫臻苑工程"建筑工程承包合同》《"鑫臻苑"工程建筑工程承包合同》为无效合同。一审判决认定《"鑫臻苑"工程建筑工程承包合同》有效，属于适用法律错误，本院对此予以纠正。鉴于依据上述法律规定，可以认定《"鑫臻酒店·鑫臻苑工程"建筑工程承包合同》《"鑫臻苑"工程建筑工程承包合同》为无效合同，故鑫臻房开公司、鑫臻酒店申请本院对刘中义等人是否属于黑龙江建工集团员工身份进行调查取证，从而证明刘中义等人挂靠黑龙江建工集团实际施工而应当认定上述合同无效，已无调查收集证据之必要，根据《最高人民法院关于适用〈中华人民共和国民事诉讼法〉的解释》第九十五条之规定，对鑫臻房开公司、鑫臻酒店上述调查收集证据申请，本院不予准许。

本院认为，《纠纷处理协议》是在本案双方当事人因项目施工发生纠纷，普定县人民政府组织进行协调并达成一致意见的情况下，双方就纠纷处理方案签订的协议。该协议在性质上属于鑫臻房开公司、鑫臻酒店和黑龙江建工集团对双方之间既存债权债务关系的结算和清理，因而具有独立性。《纠纷处理协议》作为清算协议，具有单独的法律效力，应当作为处理双方争议的依据。案涉工程交付、工程款结算及违约责任的确定等，应当根据《纠纷处理协议》的内容确定。

二、关于《修正结算报告》是否可以作为认定案涉工程结算价款依据的问题

首先，关于鑫臻房开公司是否已经解除其与三力公司之间委托合同关系的问题。《纠纷处理协议》约定，针对双方存在分歧的工程造价问题，由普定县住建局牵头，由县审计部门寻找至少3家有相应资质的单位，采取以抽签的方式确定1家作为审计单位后，立即组织对“鑫臻苑”住宅项目的工程造价进行审计，审计结果作为工程结算的法定依据。2014年1月23日，鑫臻房开公司与黑龙江建工集团“鑫臻酒店·鑫臻苑”项目部作为甲方，共同委托三力公司对“鑫臻酒店·鑫臻苑”项目的工程量和工程造价进行审计。本院认为，选定三力公司作为案涉工程造价结算审核机构，符合《纠纷处理协议》的约定。鑫臻房开公司虽主张其于2014年11月10日向三力公司致函，以三力公司明确表示没有且不能进行案涉工程结算审核工作为由，要求取消对三力公司的委托审核，解除了双方的委托合同关系。本院认为，在与三力公司的委托合同关系中，鑫臻房开公司系与黑龙江建工集团“鑫臻酒店·鑫臻苑”项目部共同作为委托方，故解除该委托合同关系，应由委托方共同作出解除之意思表示。且该委托合同系根据《纠纷处理协议》约定，经双方按照协议约定程序，共同选定受托机构后签订的，系双方对《纠纷处理协议》的实际履行行为。鑫臻房开公司主张解除该委托合同，系对《纠纷处理协议》约定的违反。且根据普定县住建局2015年1月28日出具的《关于普定县鑫臻房开项目结算情况说明》，在鑫臻房开公司主张解除委托合同之前，2014年10月24日召开的各方协调会议上，已经明确了对工程结算项目逐项核对完成后，再由三力公司在此基础上出具报告，后虽黑龙江建工集团明确表示不再参与核对，但同意审计作出的最终结果。因此，鑫臻房开公司在其单方作出的解除委托合同的函中所称“三力公司明确表示没有且不能进

行案涉工程结算审核工作"，亦与事实不符。故对鑫臻房开公司所持其已经单方解除了与三力公司之间委托合同关系的主张，因缺乏事实和法律依据，本院不予采信。

其次，关于《修正结算报告》依据资料是否不符合双方约定或法律规定的问题。2014年6月27日普定县住建局作出的《"鑫臻酒店·鑫臻苑"项目纠纷问题协调处理专题会议纪要》载明，各方同意三力公司暂以施工单位提交的资料（含电子版文件）为依据，于2014年7月16日前出具酒店和住宅的结算报告，如建设单位和施工单位对结算报告存在异议可另行协商一致处理。本院认为，根据该会议纪要的内容，三力公司主要依据黑龙江建工集团提交的施工资料进行结算编制，系经各方共同协商决定的结果，鑫臻房开公司现以评估依据不是其提交、未经其确认为由，主张《修正结算报告》违反约定程序，本院不予采信。二审中，鑫臻房开公司向本院提交"鑫臻苑评估审计结算资料"一册，载明该材料系"鑫臻酒店·鑫臻苑"项目部提交的据以结算的资料。该册资料中的工程材料计划表、工程主材材料价格认证表、材料及单价确认表等材料定价资料上，均有鑫臻房开公司盖章或其代表签字。鑫臻房开公司上诉所持三力公司依据未经其确认的主材价格及增减工程价款计算得出工程价款的主张，与其自行提交的证据所显示的内容不符。故对鑫臻房开公司的该项主张，本院亦不予采信。

再次，关于《修正结算报告》是否存在形式瑕疵因而不能作为结算依据的问题。就鑫臻房开公司主张的《工程结算编制协议书》约定结算编制与审核均由三力公司完成，不符合中国建设工程造价管理协会标准规定的问题。本院认为，中国建设工程造价管理协会制定的《建设项目工程结算编审规程》，不属于强制性法律规范，是否违反该规程，不能作为认定案涉《修正结算报告》是否可以作为结算依据的法律依据。而且根据该规程第1.0.5条的规定，"工程造价咨询单位和专业人员不得接受同一项目工程结算编制与结算审查的委托"，系为了确保工程结算编制与结算审查的相对独立性。本案不存在三力公司进行案涉工程结算编制的同时或嗣后又进行该工程结算审查的情形，三力公司系受双方当事人共同委托，就案涉工程结算价款出具《修正结算报告》，以作为双方结算依据，不属于上述编审规程所禁止的情形。

就鑫臻房开公司主张造价工程师王程不具备出具《修正结算报告》主体资格的问题。黑龙江建工集团向本院提交了贵州省住房和城乡建设厅政务服务中心出具的《关于注册造价工程师王程的情况说明》，载明造价工程师王程于2011年10月9日至2015年10月期间在三力公司注册为造价工程师，鑫臻房开公司对该说明的真实性亦予以认可，故对鑫臻房开公司所持上述主张，本院不予采信。就鑫臻房开公司主张《修正结算报告》上没有编制人、复核人签字的问题。本院认为，根据《工程造价咨询企业管理办法》第二十二条的规定，工程造价咨询企业从事工程造价咨询业务，应当按照有关规定的要求出具工程造价成果文件。工程造价成果文件应当由工程造价咨询企业加盖有企业名称、资质等级及证书编号的执业印章，并由执行咨询业务的注册造价工程师签字、加盖执业印章。就此问题，三力公司在向普定县住建局作出的情况说明中称，由于本案并非司法鉴定，其系按照中国建设工程造价管理协会制定的《建设项目工程结算编审规程》的规定要求用章。本院认为，《修正结算报告》在签章上确实存在一定瑕疵，但并不能因此直接得出否定其作为证据证明力的结论。按照《最高人民法院关于民事诉讼证据的若干规定》第二十七条、第二十八条的规定，对于一方当事人自行委托或人民法院委托的鉴定，只有在鉴定结论存在严重缺陷或者鉴定程序严重违法、鉴定人员或机构不具备相关资格等情况，致使鉴定结论不能作为认定案件事实依据的情形，对当事人申请重新鉴定的，方应准许。仅因上述签字盖章瑕疵，不足以推翻《修正结算报告》结论，不能因此全面否定该报告的内容。

综上，本院认为，双方当事人抽签选定三力公司对案涉工程进行结算编制，符合《纠纷处理协议》的约定。虽然在结算初步成果作出后，鑫臻房开公司提出的异议未经全部核对，但在本案一审过程中，一审法院通知三力公司到庭，并向鑫臻房开公司释明，可以将其针对《修正结算报告》的异议提出，由三力公司接受质询并进行补充修正，但鑫臻房开公司明确表示不认可该报告、不愿意逐项核对、拒绝对该结算报告进行补充修正。在此情况下，一审法院将《修正结算报告》认定为双方结算依据并无不当。本案一审、二审期间，鑫臻房开公司既未申请就双方争议工程造价进行鉴定，亦未就《修正结算报告》申请补充鉴定、重新质证或者补充质证等予以修正。鑫臻房开公司于二审中提出的专家证人意见及相关证据，不足以推翻《修正结算报告》，故对鑫臻房开公司基于上述上诉理由，提出《修正结算报告》不应作为认定案涉工程结算价款依据的主张，本院不予采信。

三、关于双方当事人应否以及如何承担违约责任的问题

首先，关于黑龙江建工集团是否构成违约的问题。鑫臻房开公司主张黑龙江建工集团存在违约的事实主要是延迟交付案涉工程，以及交付工程不具备竣工验收条件。就黑龙江建工集团是否存在延迟交付案涉工程构成违约的问题。本院认为，在本案《“鑫臻酒店·鑫臻苑工程”建筑工程承包合同》《“鑫臻苑”工程建筑工程承包合同》因违反法律的强制性规定而被认定为无效的情况下，应当依据《纠纷处理协议》认定案涉工程交付、工程款结算及违约责任等。根据《纠纷处理协议》的约定，黑龙江建工集团应在收到鑫臻房开公司支付的工程款600万元之日起3日内组织复工，确保20天内将所剩工程施工完毕达到竣工验收标准，若工程存在需要整改的问题，黑龙江建工集团须无条件在普定县住建部门规定的期限内整改完成，整改时间不视为超时违约。2013年12月30日，鑫臻房开公司按照协议约定支付黑龙江建工集团工程款及停工损失800万元；2014年1月19日，黑龙江建工集团提交工程竣工初验报验申请表；2014年1月23日，监理工程师签字确认：经审查，施工工作已完成，同意竣工验收；2014年3月11日，鑫臻房开公司及普定县质监站、监理单位、设计单位、勘察单位与黑龙江建工集团共同对案涉项目进行了竣工验收，总体验收结论为合格；

2014年3月23日，黑龙江建工集团向鑫臻房开公司交付已售119套房屋钥匙，交付钥匙确认单上载明：黑龙江建工集团已经按时按约完成鑫臻苑项目工程实体收尾、整改、竣工验收合格，履约行为符合普定县政府专题会议纪要及《纠纷处理协议》中所有约定条款。综合上述事实，本院认为，黑龙江建工集团依约于收到约定工程款后实现复工，并在20天内将所剩工程施工完毕，监理单位同意进行竣工验收，即使认为工程存在需要整改的问题，但根据《纠纷处理协议》的约定，黑龙江建工集团仅负无条件整改义务，整改时间不视为超时违约。现鑫臻房开公司主张黑龙江建工集团违反《纠纷处理协议》约定，延迟交付案涉工程构成违约，但未提供充分证据证明。一审判决认定黑龙江建工集团未构成延迟交付违约，并无不当。就黑龙江建工集团是否存在交付工程不具备竣工验收条件构成违约的问题。本院认为，案涉项目已于2014年3月11日经竣工验收合格，鑫臻房开公司于2014年3月23日接收了黑龙江建工集团交付的部分房屋钥匙。现鑫臻房开公司主张黑龙江建工集团交付工程不具备竣工验收条件构成违约，但其提供的证据不足以推翻包括鑫臻房开公司在内各方联合竣工验收会议纪要等证据证明的事实，对鑫臻房开公司的该项上诉理由，本院亦不予采信。鑫臻房开公司以黑龙江建工集团延迟交付房屋以及交付房屋不具备竣工验收条件构成违约为由，要求黑龙江建工集团向其支付违约金1000万元的主张，缺乏相应事实和法律依据，本院不予支持。

其次，关于鑫臻房开公司是否构成违约的问题。《纠纷处理协议》约定，案涉住宅项目竣工验收后，鑫臻房开公司在普定县住建局收到该工程结算报告之日起20天内据实向黑龙江建工集团付完工程余款；双方承诺若任何一方违反约定，违约方须向守约方承担该项目住宅及酒店工程总价款百分之二十的违约金。三力公司于2014年11月25日将《修正结算报告》送达普定县住建局，按照上述协议约定，鑫臻房开公司至迟应在2014年12月15日前向黑龙江建工集团支付剩余工程款。根据《修正结算报告》，案涉工程造价为60149488.17元，减去施工单位外墙砖款18万元，并扣除质保金1804484.65元（60149488.17元×3%），鑫臻房开公司应向黑龙江建工集团支付工程款数额为58165003.52元，鑫臻房开公司实际已支付工程款数额为44520535元，尚欠工程款13644468.52元至今未付，违反了《纠纷处理协议》关于剩余工程款支付时限的约定，构成违约。黑龙江建工集团要求鑫臻房开公司承担违约责任的请求，具有事实和法律依据，应予支持。

再次，关于鑫臻房开公司应当支付违约金数额的问题。根据《纠纷处理协议》的约定，鑫臻房开公司应当就其违约行为向黑龙江建工集团支付工程总价款百分之二十的违约金。该协议中违约金数额的约定，是在双方当事人就案涉工程施工已经发生较大矛盾并造成停工的情况下，在当地政府主持下达成，高额违约金的约定，其主要目的在于预防双方再次出现违约行为，激化双方矛盾。该违约金的约定适用条件，对双方当事人公平一致，即任何一方违约均应适用。且在签订《纠纷处理协议》时，双方当事人对于工程总造价应当具有合理预期，任何一方违约承担的支付违约金的数额，并未超出双方当事人签订该协议时应当预见的范围。现鑫臻房开公司上诉主张违约金数额明显过高，一方面并未就其该主张提供证据证明约定的违约金数额明显高于黑龙江建工集团实际遭受的损失，另一方面该违约金调减请求，与双方当事人签订上述协议时约定高额违约金的目的明显不符，故一审判决判令鑫臻房开公司支付黑龙江建工集团违约金12029897.6元（60149488.17元×20%），符合双方协议约定，对鑫臻房开公司的该项上诉请求，本院不予支持。

四、关于黑龙江建工集团对案涉工程款是否享有优先受偿权的问题

本院认为，案涉工程竣工验收之日虽为2014年3月11日，但根据《纠纷处理协议》的约定，鑫臻房开公司应在普定县住建局收到工程结算报告之日起20天内据实向黑龙江建工集团付完工程余款，在项目工程未进行竣工验收和结算审计的情况下，不得以任何理由向鑫臻房开公司索要工程款。作为工程结算报告的《修正结算报告》于2014年11

月20日作出，并于2014年11月25日送达普定县住建局，在此之前，黑龙江建工集团不得向鑫臻房开公司主张支付剩余工程款。本院认为，《中华人民共和国合同法》第二百八十六条规定承包人就未付工程款对所承建工程享有优先受偿权，系为保护承包人对工程价款的实际受偿，在认定该优先受偿权的行使期限时，应当遵循案件的客观事实，尊重当事人之间关于支付工程价款期限的约定，优先受偿权行使期限的起算点，不应早于当事人之间约定的工程价款支付期限，以保证实现该优先权权能。故本院认为，一审判决认定黑龙江建工集团于2014年12月22日提起本案诉讼，未超出优先受偿权行使期限正确，鑫臻房开公司以案涉工程于2014年3月11日竣工验收，并应从此时开始计算优先受偿权行使期限的上诉理由不能成立，对其该上诉请求，本院不予支持。

综上所述，一审判决认定事实清楚，适用法律虽有瑕疵但判决结果正确。鑫臻房开公司的上诉请求，缺乏事实和法律依据。本院依照《中华人民共和国民事诉讼法》第一百七十条第一款第一项之规定，判决如下：

驳回上诉，维持原判。

二审案件受理费270420.31元，由普定县鑫臻房地产开发有限责任公司负担（普定县鑫臻房地产开发有限责任公司已预交314920.31元，多收取44500元，予以退还）。

本判决为终审判决。

审　判　长　　韩　玫
代理审判员　　司　伟
代理审判员　　沈丹丹
二〇一六年六月二十五日
书　记　员　　韦　大

【实务建议】

实务中，建议承包人注意在法定期限内依法行使优先受偿权。按照《合同法》第 286 条的规定，建设工程价款优先受偿权的行使方式仅包括两种：（1）与发包人协议将该工程折价；（2）申请人民法院将该工程依法拍卖。所以，承包人必须在《建设工程司法解释（二）》第 22 条规定的期间内按照上述两种方式行使建设工程价款优先受偿权。若承包人采取第二种方式，则不存在留证的问题，但倘若其采取第一种协商折价方式，必须要保留相关证据，以证明自己在法定期间内行使过优先受偿权的事实。此外，在承包人采取第二种方式的情况下，若发包人拒绝折价，或双方就折价问题无法达成一致意见，则承包人须在诉讼时效内向法院提起有关诉讼。

第二十三条 约定放弃或者限制建设工程价款优先受偿权的效力

【条文内容】

发包人与承包人约定放弃或者限制建设工程价款优先受偿权，损害建筑工人利益，发包人根据该约定主张承包人不享有建设工程价款优先受偿权的，人民法院不予支持。

【最高院意见】

最高院的《理解与适用》在“条文主旨”中明确，本条是关于发包人能否与承包人约定放弃或者限制建设工程价款优先受偿权的规定。

“要点提示”中，《理解与适用》谈到，依民法法理，原则上承包人有权自由处分建设工程价款优先受偿权，但如果因此导致损害建筑工人的利益，则人民法院不能认可此类处分行为的效力。

在“条文理解”部分，《理解与适用》从“承包人与发包人有权约定放弃或者限制建设工程价款优先受偿权”“发包人与承包人约定放弃或者限制建设工程价款优先受偿权，不得损害建筑工人利益”等两个方面详述了对本条的理解。

《理解与适用》还在“审判实务”部分着重提出实践中适用本条应注意“要注意区分承包人与发包人是约定放弃还是约定限制建设工程价款优先受偿权”“承包人允诺放弃或限制建设工程价款优先受偿权后对建设工程价款债权的效力”“承包人恶意拖欠工资、滥用本条解释的行为，不予支持”等问题。

【条文点读】

一、承包人是否可以放弃或限制建设工程价款优先受偿权

民事主体原则上具有放弃或缩限其权利的自由。但是，民事主体放弃或缩限其权利的行为同样亦属于民事法律行为的范畴，与其他民事法律行为一样，其效力受制于民事法律规范。

根据《民法总则》第143条的规定，行为人的民事行为能力适当，意思表示真实且不违反法律、行政法规的强制性规定，不违背公序良俗的民事法律行为有效。该法第154条规定，行为人与相对人恶意串通，损害他人合法权益的民事法律行为无效。据此，倘若民事主体放弃或缩限其权利的民事法律行为（包括合同行为或单方承诺）具有法定无效情形，如意思表示不真实、违反法律或行政法规的强制性规定、违背公序良俗、恶意串通损害他人合法权益等，则该等权利放弃或限制行为无效。

如何理解合同或承诺中有关权利放弃或限制条款的意思表示不真实？通常而言，承包人在缔约阶段处于弱势地位，不得不接受发包人有关要求其承诺放弃建设工程价款优先受偿权的要求，但这种地位不平等不能被视为当然导致承包人意思表示不真实，只要相关条款的签订不存在虚假表示、重大误解、被欺诈、被胁迫、基于危困等特殊状态的显失公平情形，就应认定意思表示的真实性。现实生活中，签约双方地位绝对平等的情况极其鲜见，若仅因存在缔约地位或能力的不平等而否认意思表示的真实性，将对整个经济社会的交易安全产生重大负面影响。此外，交易对价和具体的交易条件都是双方基于各自的状况和对方协商的结果，其间的趋利避害、权衡取舍、权谋思量过程是丰富而具体的，必然存在着有关部分权益的割舍和放弃的抉择，这些割舍和放弃在现实生活中属于广义的利益交换，恰恰是对权利的自由处分，是当事人意思自治的具体表现。总而言之，意思表示真实与

否是一个事实判断问题，不能简单地以缔约地位不平等进行推断，还是要通过双方举证、质证程序查明。

笔者认为，发包人与承包人约定放弃或者限制建设工程价款优先受偿权，损害建筑工人利益的情形，可以被理解成符合《民法总则》第154条的规定，属于恶意串通损害他人合法权益的民事法律行为。“恶意”包括积极追求某个损害他人权益的结果的情形，也包括对于他人权益的放任不顾的“非善意”状态。若承包人与发包人在签署相关条款时仅考虑各自的权益，完全不顾建筑工人基于《合同法》第286条所能间接获得的保护和利益，即属恶意。此外，《建设工程司法解释(二)》第23条中的“约定”一词亦应做扩大解释，即包括承发包人双方在施工合同或其他补充协议中签署有关承包人放弃或限制优先权的条款的情形，亦包括承包人作出放弃或限制优先权的单方承诺，该承诺被发包人所接受的情形。

对于承包人是否能够放弃或限制其建设工程价款优先受偿权的问题，历来存在肯定说与反对说。与肯定说强调权利人拥有依法放弃和缩限自身权利之自由不同，反对说的理由大致有两点：首先，《合同法》第286条项下的建设工程价款优先受偿权系一项法定权利，其宗旨是保护建筑工人的合法权益，该权利并不仅仅是承包人的权利，其关涉第三方权益；其次，在建设工程施工合同订立阶段，承包人往往处于弱势，若允许承发包双方约定排除建设工程价款优先受偿权，会出现大量的承包人放弃优先权的情况，《合同法》第286条的制度目的将大打折扣。

对于反对说的上述理由，笔者认为，虽然《合同法》第286条的立法本意是保护建筑工人的权益，但法律一经制定即脱离立法者控制，施工合同的相对性导致建设工程价款优先受偿权就是承包人的权利，在此基础上，应当尊重民事主体拥有的处分权利的自由，何况法律已为该等自由划定了边界，对损害第三方权益的权利处分行为将会给予效力方面的负面评价。此外，当事人放弃或限制法定权利并不存在障碍。比如，《物权法》第 177 条明确规定了债权人放弃担保物权的自由；而《担保法司法解释》第 107 条亦允许当事人通过约定方式排除留置权这一法定担保物权的适用。

二、如何理解“损害建筑工人利益”的情况

《建设工程司法解释（二）》第 23 条中的“损害建筑工人利益”，是指在承包人通过合同或单方承诺方式放弃建筑工程价款优先受偿权的情况下，发包人未依约支付工程价款，致使承包人现金流等财务状况恶化，并进而导致建筑工人无法获得其应当得到的工资、奖金和福利待遇的情况。

承包人放弃或限制建设工程价款优先受偿权并不必然导致建筑工人的利益受损，若该等放弃或限制权利的行为未造成其无法发放工资福利待遇，则其放弃或限制权利的行为不会产生“损害建筑工人利益”的后果。在理解和适用本条时，需要考虑以下两点。

1. 是否确实存在承包人没有能力支付建筑工人工资、奖金和福利待遇的客观情况。

本条的适用要求承包人拖欠建筑工人工资、奖金和福利待遇是因为承包人确实缺乏客观履约能力，而并非其明明具有客观履约能力但在主观方面不愿意履行工资支付义务。实务中，倘若出现承包人放弃或限制优先权后，故意拖欠工人工资，并以此为由要求法院认定之前的放弃或限制优先权的行为无效的案件，人民法院应对承包人主张不予支持，因为承包人的相关行为和主张明显与诚实信用原则相背。

对于承包人客观履约能力的考察，应当从承包人的资产负债情况、现金流状况等客观财务情况进行评判。

2. 承包人不具有支付工人工资、奖金和福利待遇的客观履约能力与其放弃或限制优先权存在一定的关联性。

在具体适用本条是，法院须考察承包人客观履约能力的丧失是否与其放弃、限制优先权存在一定的关联性？是否存在特殊或突发的其

他因素？倘若承包人放弃或限制优先权并正常经营的情况下根本不会导致其丧失正常支付工人工资的能力，而造成承包人履约能力恶化的主要原因是其他因素，比如系承包人主要管理人员或负责人员职务侵占、挪用等违法犯罪行为造成，或是突发性非正常经营风险导致，则不能认为承包人无法发放工资的情况是其放弃或限制优先权所造成的，进而不能认定相关放弃或限制权利的行为损害了建筑工人的利益。于此情形，法院应在认定放弃或限制行为无效时持慎重态度。

【相关案例】

大连安泰建设有限公司与大连中裕嘉合房地产开发有限公司建设工程施工合同纠纷【（2016）最高法民终532号】

一、裁判要点

本案中，承包人曾出具一份《承诺书》，该《承诺书》载明承包人自愿放弃案涉工程的建设工程价款优先受偿权。本案承包人上诉称该《承诺书》是为发包人取得贷款而作出的，不是承包人的真实意思表示。对此，法院认为：《承诺书》是承包人的真实意思表示，不违反法律、行政法规的强制性规定，合法有效。承包人作为专业建筑企业，应当知道出具《承诺书》的法律后果，而且，承包人也没有证据证明在出具《承诺书》时存在欺诈、胁迫、乘人之危等违背真实意愿的情形，应当为出具《承诺书》的行为负责。

承包人上诉时还主张该《承诺书》是其针对贷款银行出具的，并不是针对发包人出具的，该《承诺书》对发包人不产生效力。对此，法院认为：《承诺书》明确载明承诺对象包含建设单位，《承诺书》一经作出，即对建设单位产生效力。在承包人明确放弃优先受偿权之后，再次提起诉讼主张涉案工程优先受偿权，违反了《承诺书》的约定，也违背了诚实信用原则，依法不应支持。

承包人在上诉时认为，优先受偿权属于法定权利，不能通过约定放弃。对此，法院认为：承包人放弃优先受偿权不违反法律规定。当事人有权在法律规定的范围内处分自己的民事权利和诉讼权利。建设工程优先受偿权是法律赋予建设工程施工人的法定权利，属于具有担保性质的民事财产权利。作为民事财产权利，权利人当然可以自由选择是否行使，当然也应当允许其通过约定放弃。而且，放弃优先受偿权并不必然侵害建设工程承包人或建筑工人的合法权益，承包人或建筑工人的合法权益还可通过其他途径的保障予以实现。因此，安泰公司关于优先受偿权属于法定权利，不能通过约定放弃的上诉理由，于法无据，不应支持。

二、裁判文书

中华人民共和国最高人民法院

民 事 判 决 书

（2016）最高法民终532号

上诉人（原审原告）：大连安泰建设有限公司。

法定代表人：庄德勇，该公司总经理。

被上诉人（原审被告）：大连中裕嘉合房地产开发有限公司。

法定代表人：张森，该公司董事长。

原审第三人：河南省恒源热力股份有限公司。

法定代表人：王家驹，该公司总经理。

上诉人大连安泰建设有限公司（以下简称安泰公司）因与被上诉人大连中裕嘉合房地产开发有限公司（以下简称嘉合公司）、原审第三人河南省恒源热力股份有限公司（以下简称恒源公司）建设工程施工合同纠纷一案，不服辽宁省高级人民法院（2015）辽民一初字第00009号民事判决（以下简称原审判决），向本院提起上诉。本院受理后，依法由最高人民法院第二巡回法庭主审法官张能宝担任审判长，与主审法官汪国献、张志弘组成合议庭，法官助理刘耀国协助办案，书记员刘美月担任法庭记录，并于2016年9月13日公开开庭审理了本案。本案现已审理终结。

安泰公司一审诉称：安泰公司与嘉合公司于2012年7月8日签订《建设工程施工合同》，约定安泰公司自筹资金为嘉合公司开发的位于大连市甘井子区金家街1号宗地改造项目工程进行施工建设，合同价款为9810.1857万元，开工日期为2012年7月10日，竣工日期为2013年11月30日。补偿条款约定发生增减量工程引起工程造价增减的，按补偿条款约定进行核定，工程质量保修金为合同价款的3%。嘉合公司每月3日支付上月完成工程价款的80%，工程竣工验收合格后一周内支付合同价款的90%，余款竣工结算完成后一个月内付至工程结算价款的97%，3%为保修费，保修期满无质量问题15个工作日一次性付清。如嘉合公司未按约定支付工程竣工结算款，按安泰公司向银行贷款利率支付拖欠工程款利息，并承担工程总造价1%的违约金。

合同签订后，安泰公司依约组织人员进行施工，后因嘉合公司资金严重困难，无法按约定支付工程进度款，故安泰公司、嘉合公司经协商于2012年10月6日达成《协议书》，约定安泰公司向社会借款3000万元，嘉合公司按月息不超过3%承担利息，工程竣工后按照2008年辽宁省工程预算定额和政府有关部门的规定，据实进行工程结算，由嘉合公司为安泰公司的部分建筑材料采购和部分分包工程结算进行代付，其余仍按双方签订的建设工程施工合同执行。2014年4月28日，涉案工程竣工，并取得工程竣工报告。2014年6月20日，经安泰公司、嘉合公司双方结算签证变更部分工程价款为759.773892万元。2014年9月28日，安泰公司、嘉合公司签订了《工程结算确认书》，确认安泰公司施工部分总价款为15601.140477万元，嘉合公司直接支付工程价款3446.9万元，代安泰公司支付材料款1974.58368万元，代安泰公司支付分包工程款961.7306万元，其余款项均未支付。安泰公司要求嘉合公司按约定支付工程款，经多次协商嘉合公司均表示无力支付。2014年10月9日，安泰公司提起诉讼，请求法院判令：1. 确认安泰公司对涉案工程享有优先受偿权；2. 判令嘉合公司立即向安泰公司支付工程款人民币9977.700089万元；3. 判令嘉合公司立即向安泰公司支付利息（暂计算至2014年12月7日）1918.0618万元；4. 判令嘉合公司向安泰公司支付违约金156.0114万元，以上合计12051.773289万元。

嘉合公司一审辩称：同意安泰公司关于优先受偿权的请求，关于工程造价、已付款、尚欠工程款的数额，与安泰公司主张一致。关于利息和违约金，由人民法院依法判决。

恒源公司一审辩称：本案诉讼是安泰公司与嘉合公司合谋提起的虚假诉讼，目的是利用安泰公司可能享有的建设工程价款优先受偿权对抗恒源公司对嘉合公司涉案房产的强制执行。（一）安泰公司对涉案工程不享有优先受偿权。1. 恒源公司提供的《关于金家街1号宗地改造项目竣工规划核实验收的请示》、《大连市规划局1－3、5－10号楼规划核实证明》，原审法院执行局在涉案工程物业公司调取的《入住人员登记表》、《电脑登记页面》、《询问笔录》等证据，充分证明了涉案工程2014年1月前已全面竣工，并实际交付嘉合公司占有和使用。因此，安泰公司优先受偿权的行使期限应从2014年1月1日起计算，至2014年6月30日，已超过优先受偿权行使的法定期限。2. 安泰公司承诺无论借款人嘉合公司现在及以后是否欠付安泰公司上述项目在建工程工程款，安泰公司自愿放弃上述《抵押合同》中约定的在建工程优先受偿权。该《承诺书》是安泰公司的真实意思表示，承诺放弃的对象不仅仅是吉林银行股份有限公司大连分行（以下简称吉林银行大连分行），还有嘉合公司。优先受偿权属于私权，安泰公司对优先受偿权的放弃是其对自身权利的自由处分，符合意思自治原则，故安泰公司已经放弃了涉案工程的优先受偿权，现再行主张违背诚实信用原则。3. 恒源公司提供的证据足以证明嘉合公司已付工程款达15000万余元。截至2013年2月2日，嘉合公司已给付安泰公司工程款4067.25万元，嘉合公司给付第三方工程款1370.842414万元。自2013年2月至2013

年6月9日又支付工程款1954.91万元，上述付款均有付款明细、嘉合公司内部的请款审批凭证、转账支票、存款、转账票据等证据予以佐证。同时，嘉合公司还提供了安泰公司、嘉合公司与第三方签订的供货合同和工程分包合同，合同均约定如果逾期付款，均由嘉合公司承担付款责任，安泰公司对该合同不承担责任。安泰公司、嘉合公司至今未出示由安泰公司依据三方合同向供货方或承包方付款的证据，上述分包合同总价款达2300余万元，再加上由嘉合公司已付工程款及从吉林银行大连分行贷款后直接支付给安泰公司的5956万元，已付工程款达到15000万余元。安泰公司、嘉合公司2014年6月20日决算的涉案工程总价款为10537.629355万元，嘉合公司已经支付安泰公司全部工程款。因此，安泰公司又将已收到的5956万元贷款返还给了嘉合公司。安泰公司对涉案工程不享有优先受偿权，应当依法驳回安泰公司的该项诉讼请求。

（二）安泰公司在向原审法院执行局主张优先受偿权时，提供了2014年6月20日安泰公司、嘉合公司盖章认可的《工程结算书》，总造价为10537.629355万元，包括所有的变更、签证工程造价727.443655万元。安泰公司2014年9月28日编造的《工程决算确认书》，施工项目及工程量没有任何变化，签证部分工程价款数额没有变化，凭空多出6000余万元工程款。恒源公司通过对安泰公司提供的工程结算书核查发现，安泰公司、嘉合公司决算建筑面积比竣工验收面积多出1632.04平方米，决算中钢筋、砼超出正常含量总金额达520万余元，决算人工差价即使按照安泰公司提供的虚假的协议书来核算，超出差额达1308万余元，重复计算已经外包给其他施工单位的分包工程达2000余万元。恒源公司多次向原审法院提出要求安泰公司、嘉合公司提供《投标预算书》、《工程施工竣工图纸》。然而，经原审法院多次催要，安泰公司、嘉合公司均拒绝提供。安泰公司、嘉合公司重新编造2012年10月6日的《协议书》、2014年9月28日的《工程决算确认书》，虚增了工程欠款数额，利用安泰公司享有的优先受偿权来阻止恒源公司对涉案工程的强制执行。因此，本案诉讼是安泰公司、嘉合公司合谋提起的虚假诉讼。

原审法院查明：2012年6月27日，涉案工程经招投标由安泰公司中标，中标平均价每平方米1410元，总价款9810.1857万元，安泰公司于2012年7月8日与嘉合公司签订了《建设工程施工合同》，合同约定工程承包范围为建筑、装饰、采暖、给排水、电气（消防、通风、弱电等专业预埋）施工，开工日期2012年7月10日，竣工日期2013年11月30日，合同工期508天，合同价款的方式为固定价格合同，与中标通知书的合同价款一致。合同双方确认本合同及组成合同文件中的各项约定都是通过法定招标过程形成的合法成果，不存在与招标文件和中标人投标文件实质性内容不一致的条款，如果存在任何此类不一致的条款，也不是合同双方真实意思的表示，对合同双方不构成任何合同和法律的约束力。合同专用条款第九项下约定发包人在工程竣工结算完成后一个月内付至工程结算总价款的97%，其余3%为保修费。第十三项约定发包人不按时支付工程进度款应承担违约责任，承担工期顺延责任，并每天按工程总造价1‰违约金承担停工、窝工等直接损失费，并按实计算。发包人不按时支付工程竣工结算款应承担违约责任，按承包人同期向银行贷款利率支付拖欠工程款利息，并承担工程总造价1%的违约金。第十八项对工程增减量如何计算作了约定。2012年8月20日，上述合同连同中标文件在监管部门大连市建设工程招标投标办备案。

2012年10月6日，安泰公司、嘉合公司签订《协议书》约定：（一）安泰公司经嘉合公司同意后，可以向社会借款或赊欠3000万元，利息由嘉合公司承担，但借款利息不得超过月息3%。（二）考虑到嘉合公司的资金问题和设计变更较大，嘉合公司同意工程竣工后按照2008年辽宁省工程预算定额和政府有关部门的相关规定，按实进行工程结算。（三）为缓解双方资金压力，嘉合公司承诺为安泰公司的部分建筑材料采购和部分分包工程结算提供财务支付担保，并视自身能力提供部分价款代付。(四) 安泰公司保证工程在2014年5月底前交工,否则,嘉合公司的上述三项承诺作废,并且安泰公司要按拖延时间,每天承担工程总造价千分之一的违约金。其他事项,按照双方所签《建设工程施工合同》执行。恒源公司对该《协议书》不予认可。

2013年12月26日,嘉合公司提交给大连市甘井子区兴华街道《金家街1号宗地改造项目回迁安置操作方案》载明,涉案工程已经具备回迁安置条件,回迁安置时间2013年12月28日至2014年1月2日上午8:30-11:30,下午13:00-17:00。2013年12月28日,大连甘井子区兴华街道下发兴街发(2013)10号《关于同意金家街1号宗地改造项目回迁安置操作方案的通知》,该通知同意嘉合公司提交的回迁安置操作方案。2013年11月21日,嘉合公司委托大连渤海检测有限公司对涉案工程进行节能验收,2014年1月24日,该公司出具(节能)2013-XT-0015《检测报告》,结论为保温系统和吸水量满足GB504042007《硬泡聚氨脂保温防水工程技术规范》中的相关要求。2014年1月9日,嘉合公司在向大连市规划局呈报的《关于金家街1号宗地改造项目竣工规划核实验收的请示》中称该项目现已全面竣工,经大连市勘测设计研究院有限公司核实测量,出具了《竣工验收核实测量报告》,鉴于该项目建设不存在超层、超高建筑物,严格按照规划要求建设,符合规划要求,特申请办理竣工规划核实验收相关手续为盼。2014年3月14日,大连市规划局向嘉合公司下发了大规分核字[2014]010号《关于甘井子区金家街1号宗地改造项目1-3、5-10号楼规划核实证明》载明金家街1号宗地改造项目1-3、5-10号楼经规划核实,规划核实部分用地位置、使用性质、开发强度等符合规划条件。2014年4月4日、2014年4月10日,大连市公安消防局对涉案工程分别下发[2014]第116号、118号、120号《建设工程竣工验收消防备案凭证》。2014年4月28日,涉案工程经建设单位、监理单位、设计单位、施工单位联合验收,出具了《工程竣工报告》和《单位工程验收证明》等。安泰公司还提供《(竣工验收)隐蔽前安全许可评估合格意见书》，用以证明涉案工程于2014年4月28日竣工。还提供《电力工程施工合同》、交费收据，以证明住户入住时，工程尚未竣工。还提供大连广宁供热有限公司出具的《供热配套工程接收意见的函》，以证明住户入住时不具备供暖条件。2014年9月15日，涉案工程在大连市甘井子区建筑安全监督站备案。

原审法院执行局于2014年10月9日在涉案工程物业公司调取的《交房登记表》、《交房验收（问题）台账》中记载自2014年1月2日，嘉合公司陆续向业主交付房屋，至2014年3月末，有131户业主入住涉案房屋，其中4号楼业主约40余户，其余分别入住1－3号楼和5－7号楼。2014年9月，安泰公司在向该院执行局主张优先受偿权听证期间提供了安泰公司、嘉合公司于2014年6月20日制作的《甘井子区金家街1号宗地项目改造工程结算书》。该结算书由六部分组成：1. 中标总价9810.1857万元；2. 建筑、装饰工程签证412.523073万元；3. 建筑、装饰工程变更240.374196万元；4. 水暖工程签证13.845514万元；5. 电气工程签证14.591028万元；6. 室外工程46.109844万元。总计工程造价10537.629355万元，该结算书签证部分总价为727.443655万元。在本案庭审期间，安泰公司又提供了一份由双方共同出具的时间仍为2014年6月20日的《工程（结）算书》，签证部分的总价款为759.773892万元。2014年9月28日，安泰公司、嘉合公司又出具了一份《工程结算确认书》，该《工程结算确认书》是依据双方2012年10月6日签订的《协议书》而制作，将原《建设工程施工合同》约定的固定价格合同变更为可变价格合同，工程造价由固定价格9810.1857万元增加至15601.140477万元。恒源公司对该《工程结算确认书》不予认可。一审庭审中，安泰公司、嘉合公司共同确认工程造价为起诉状中的15601.140477万元加上工程增量部分759.773892万元，合计16360.914369万元。安泰公司、嘉合公司共同确认已支付工程款为6383.21428万元，嘉合公司尚欠安泰公司工程款9977.700089万元。在本案审理期间恒源公司以查清涉案工程总造价为由曾多次要求安泰公司、嘉合公司提供涉案工程《投标预算书》、《工程施工竣工图纸》，一审法院也释明安泰公司、嘉合公司应予提供，安泰公司、嘉合公司均拒绝提供。该院庭审中，安泰公司提出其向嘉合公司主张的利息数额为1917.7505万元，该利息分别为工程增量款、工程款利息（按年利率5.6%计算），借款利息（按年利率6.15%计算），安泰公司向嘉合公司主张的违约金系依建设工程施工合同约定，按合同内造价15601.1404万元乘上1%计算。

2013年10月2日，恒源公司与嘉合公司合资合作开发房地产纠纷一案，由原审法院调解结案，嘉合公司给付恒源公司债权1.6亿余元。因嘉合公司未按调解协议履行义务，恒源公司于2014年4月申请强制执行，安泰公司于2014年9月21日以施工人的身份向该院执行局提出书面申请主张优先受偿权，并提供了《甘井子区金家街1号宗地改造项目工程结算书》等证据。2014年10月15日，该院对安泰公司与恒源公司进行了询问，恒源公司认为安泰公司此时提出行使优先受偿已过了法定除斥期间，而且恒源公司所提供的大量证据充分证明嘉合公司已不欠其工程款。安泰公司与嘉合公司提起本案诉讼，目的是利用安泰公司的优先受偿权阻止法院对涉案工程强制执行，侵害恒源公司的合法债权。

2013年11月，嘉合公司作为借款人与委托人北京天地方中资产管理有限公司、受托行吉林银行大连分行三方签订《委托贷款合同》一份，主要内容为：由委托人北京天地方中资产管理有限公司提供贷款资金，委托行按照指定的贷款对象、用途、金额、期限、利率等发放给借款人，并协助收回贷款。贷款的用途为装饰、装修支付工程款及费用。委托贷款金额为人民币2亿元（以实际金额为准）。2013年11月18日，嘉合公司作为委托人与受托人吉林银行大连分行签订了《吉林银行流动资金贷款支付委托书》，融资用途为装饰、装修支付工程款及费用，支付对象为安泰公司，同时安泰公司向吉林银行大连分行、北京天地方中资产管理有限公司、嘉合公司出具的书面《承诺函》载明：（一）无论借款人现在及以后是否欠付我公司上述项目在建工程的工程款，我公司自愿放弃上述《抵押合同》中约定的在建工程的优先受偿权。（二）承诺期限自本承诺书签订之日起至借款人履行完毕《贷款合同》项下贷款期限和展期期限内的全部义务之日止。（三）承诺书一经签发不可撤销。2013 年 11 月 18 日、12 月 18 日，吉林银行大连分行以向安泰公司支付工程款的名义分别汇入该公司账户 3778 万元、2178 万元，合计 5956 万元。安泰公司于 2013 年 11 月 21 日向大连高新园区邦信小额贷款有限公司转账支付 1573 万元，向大连和平广场帝源珠宝销售中心转账支付 2000 万元，返回嘉合公司 205 万元，上述三笔合计 3778 万元。2013 年 12 月 18 日，安泰公司向大连和平广场帝源珠宝销售中心转账支付 2000 万元，返回嘉合公司 178 万元，合计 2178 万元。2013 年 11 月 18 日，2 月 1 日，嘉合公司向安泰公司出具了两份《承诺函》，表明上述借款与安泰公司无关。2014 年 12 月 6 日，嘉合公司出具的《情况说明》也表明此借款与安泰公司无关。

一审法院认为：（一）关于安泰公司请求嘉合公司给付工程款问题。一审庭审中，安泰公司主张工程款数额为 9977.700089 万元，嘉合公司未持异议，也没有作出不予给付的抗辩，故安泰公司的该项请求应予支持。

（二）关于安泰公司请求嘉合公司给付工程款利息 1917.7505 万元、违约金 156.0114 万元的问题。嘉合公司对安泰公司主张的数额没有提出异议，对应否给付问题，书面答辩称由人民法院依法判决。一审庭审中曾表示不同意给付，庭审辩论阶段又称坚持答辩意见，对该项请求是否违反了法律规定嘉合公司亦未提出具体的理由。据此安泰公司的该项请求应予支持。

（三）关于安泰公司主张对涉案工程享有优先受偿权问题。嘉合公司对此虽不持异议，但不能对抗第三人对嘉合公司享有的债权。其一，最高人民法院《关于建设工程价款优先受偿权问题的批复》（法释［2002］16 号）第四条规定，建设工程承包人行使优先受偿权的期限为六个月，自建设工程竣工之日或者建设工程约定的竣工之日起计算。最高人民法院《关于审理建设工程施工合同纠纷案件适用法律问题的解释》（法释［2014］14号）第十四条规定，当事人对建设工程实际竣工日期有争议的，按照以下情形分别处理：（一）建设工程经竣工验收合格的，以竣工验收合格之日为竣工日期；（二）承包人已提交竣工验收报告，发包人拖延验收的，以承包人提交验收报告之日为竣工日期；（三）建设工程未经竣工验收，发包人擅自使用的，以转移占有建设工程之日为竣工之日。依据一审法院执行局在涉案工程物业公司调取的《交房登记明细表》、《房屋验收（问题）台账》，涉案工程自2014年1月2日起已陆续向业主交付，不仅包括安置回迁户的4号楼，也包括其他楼号。根据上述规定，自2014年1月2日起算至安泰公司向该院提出优先受偿权申请的2014年9月21日，已超过六个月。安泰公司主张涉案工程于2014年4月28日竣工，并以此为起算日主张对涉案工程享有优先受偿权，与上述规定不符。其二，依据安泰公司出具给嘉合公司等的《承诺书》，安泰公司放弃了涉案《抵押合同》中约定在建工程优先受偿权，该承诺有自本承诺书签订之日起至借款人履行完毕《贷款合同》项下贷款期限和展期期限内的全部义务之日止的限制，但安泰公司、嘉合公司均未提供证据证明《贷款合同》项下义务履行完毕。其三，安泰公司向该院执行局和在该院审理本案中就涉案工程造价提供的结算资料不一致，恒源公司对安泰公司提供的2012年6月12日《协议书》、2014年9月28日《工程结算确认书》均不予认可。为准确确认涉案工程造价，恒源公司请求安泰公司、嘉合公司提供涉案工程《投标预算书》、《施工竣工图纸》，一审法院也释明安泰公司、嘉合公司应予提供，但安泰公司、嘉合公司均拒绝提供。由于安泰公司主张涉案工程优先受偿权涉及第三人利益，在安泰公司、嘉合公司无正当理由拒绝提供应提供的证据情况下，安泰公司、嘉合公司之间确认的工程造价、拖欠的工程款及利息对第三人没有约束力。于此情形，安泰公司主张对涉案工程享有优先受偿权，若得到支持，势必损害第三人利益。综上，依照《中华人民共和国合同法》第六十条第一款、第一百零七条、第二百八十六条、《中华人民共和国民事诉讼法》第十三条第二款、最高人民法院《关于建设工程价款优先受偿权问题的批复》第四条、最高人民法院《关于审理建设工程施工合同纠纷案件适用法律问题的解释》第十四条之规定，判决：（一）嘉合公司于本判决生效后十五日内给付安泰公司工程欠款 9977.700089 万元；（二）嘉合公司于本判决生效后十五日内给付安泰公司工程款利息 1917.7505 万元；（三）嘉合公司于本判决生效后十五日内给付安泰公司违约金 156.0114 万元；（四）安泰公司主张的对涉案工程优先受偿权不能对抗恒源公司对嘉合公司享有的债权；（五）驳回安泰公司的其他诉讼请求。如未按本判决指定的期间履行金钱给付义务，依照《中华人民共和国民事诉讼法》第二百五十三条之规定，加倍支付迟延履行期间的债务利息。本案一审受理费 64.4389 万元，由嘉合公司负担。

安泰公司不服原审判决，向本院提起上诉，请求撤销原审判决，发回重审或依法改判安泰公司对涉案工程享有优先受偿权。具体理由如下：（一）原审判决认定事实错误。1. 最高人民法院《关于审理建设工程施工合同纠纷案件适用法律问题的解释》第十四条规定，建设工程经竣工验收合格的，以竣工验收合格之日为竣工日期，建设工程未经竣工验收，发包人擅自使用的，以转移占有建设工程之日为竣工日期。2014 年 4 月 28 日，涉案工程的建设单位、施工单位、设计单位、监理单位联合验收并出具了《工程竣工报告》、《单位工程竣工证明》。安泰公司与嘉合公司对工程竣工时间没有争议，应以涉案工程竣工验收合格之日为竣工日期。另外，2014 年 1 月 2 日，嘉合公司迫于回迁户的上访压力提前安置部分回迁户，并非嘉合公司擅自使用涉案工程，当时该工程不具备竣工验收条件，原审判决认定涉案工程竣工日期为 2014 年 1 月 2 日，而不是 2014 年 4 月 28 日错误。2. 尽管安泰公司出具的《承诺书》载明，无论嘉合公司现在及以后是否欠付上述项目在建工程的工程款，安泰公司自愿放弃上述《抵押合同》中约定的在建工程优先受偿权。但安泰公司放弃涉案工程优先受偿权是为嘉合公司取得贷款而作出的，不是真实意思表示。安泰公司仅对吉林银行大连分行放弃优先受偿权，并未针对嘉合公司、恒源公司放弃优先受偿权。而且安泰公司放弃优先受偿权的范围仅限于嘉合公司向吉林银行大连分行贷款提供的抵押财产范围，不影响安泰公司放弃范围之外的优先受偿权。另外，建设工程优先受偿权是法定权利，不能通过约定放弃，安泰公司放弃优先受偿权的《承诺书》无效。原审判决依据安泰公司出具的《承诺书》认定安泰公司放弃涉案工程优先受偿权错误。

（二）原审判决适用法律错误。最高人民法院《关于建设工程价款优先受偿权问题的批复》第一条规定，人民法院在审理房地产纠纷案件和办理执行案件中，应当依照《中华人民共和国合同法》第二百八十六条的规定，认定建筑工程的承包人的优先受偿权优于抵押权和其他债权。恒源公司对嘉合公司享有的是普通债权，原审判决认定安泰公司对涉案工程享有优先受偿权，但认定该优先受偿权不能对抗恒源公司的债权属于适用法律错误。

被上诉人嘉合公司辩称：嘉合公司认可欠安泰公司工程款，但安泰公司关于工程款利息及滞纳金的诉讼请求不应支持，安泰公司对涉案工程享有优先受偿权。

原审第三人恒源公司辩称：嘉合公司于2014年1月9日出具的《关于金家街1号宗地改造项目竣工规划核实验收的请示》、大连市规划局2014年3月14日出具的《关于甘井子区金家街1号宗地改造项目1-3、5-10号楼规划核实证明》，原审法院在涉案工程物业公司调取的《入住人员登记表》、《询问笔录》等，充分证明涉案工程在2014年1月已经全面竣工并交付嘉合公司使用，原审判决认定涉案工程竣工日期为2014年1月2日正确。截至2013年2月2日，嘉合公司支付安泰公司工程款4067.25万元，嘉合公司支付第三方工程款1370.842414万元，自2013年2月至2013年6月9日，嘉合公司又支付安泰公司工程款 1954.91 万元，分包合同的总价款达到 2300 万元，再加上嘉合公司贷款支付给安泰公司的工程款 5956 万元，合计已支付工程款 15000 万余元。安泰公司、嘉合公司 2014 年 6 月 20 日结算的工程款为 10537.629355 万元，嘉合公司根本不欠安泰公司工程款。因此，安泰公司对涉案工程不享有优先受偿权。安泰公司出具的《承诺书》明确载明，无论嘉合公司现在及以后是否欠付在建工程的工程款，其自愿放弃上述《抵押合同》中约定的在建工程优先受偿权。该《承诺书》是安泰公司的真实意思表示，安泰公司对优先受偿权的放弃是其对自己权利的处分，合法有效。承诺放弃不仅仅是针对吉林银行大连分行，还包括嘉合公司。现安泰公司重新主张优先受偿权违背了诚实信用原则。

（二）安泰公司在原审法院执行局主张涉案工程优先受偿权时，提交了 2014 年 6 月 20 日双方盖章的《工程结算书》，涉案工程总造价为 15000 万余元，后安泰公司与嘉合公司编造 2014 年 9 月 28 日的《工程结算确认书》，工程价款变更为 16360.914369 万元。恒源公司经核查发现安泰公司与嘉合公司后来的决算面积比竣工验收面积多出 1632.04 平方米，决算中钢筋等超出正常含量金额达 520 万元，人工差价超出决算金额 1308 万余元，重复计算已经分包给其他施工单位的工程款 2000 多万元。安泰公司与嘉合公司编造《工程结算确认书》，加大欠付工程款数额，利用安泰公司的建设工程优先受偿权提起本案诉讼，目的是为了阻止恒源公司对涉案工程的执行，本案是安泰公司与嘉合公司恶意串通进行的虚假诉讼。综上，原审判决认定事实清楚，适用法律正确，请求驳回安泰公司的上诉，维持原判，并对安泰公司、嘉合公司的虚假诉讼行为依法处理。

除原审查明的事实外，本院另查明：关于嘉合公司涉案工程价款的问题。2014 年 9 月，安泰公司向原审法院执行局提交了其与嘉合公司于 2014 年 6 月 20 日出具的《甘井子区金家街 1 号宗地项目改造工程结算书》，载明涉案工程总造价为 10537.629355 万元，签证部分工程造价为 727.443655 万元。一审庭审期间，安泰公司又提供一份双方共同出具的时间仍为2014年6月20日的《工程结算书》，签证部分工程价款变更为759.773892万元。2014年9月28日，安泰公司、嘉合公司又出具了一份《工程结算确认书》，确认涉案工程造价为16360.914369万元。恒源公司对该《工程结算确认书》提出异议，申请法院要求安泰公司、嘉合公司提供《工程投标预算书》、《工程施工竣工图纸》，原审法院要求提供，安泰公司、嘉合公司均拒绝提供。

本院认为，根据各方当事人的诉辩意见及本案事实情况，本案争议焦点问题如下：第一，安泰公司对涉案工程是否享有优先受偿权；第二，安泰公司行使涉案工程优先受偿权是否超过法定期间；第三，安泰公司是否已经放弃涉案工程的优先受偿权。具体分析如下：

一、安泰公司依法对涉案工程享有优先受偿权

第一，安泰公司在嘉合公司欠付工程款的范围内对涉案工程享有优先受偿权。《中华人民共和国合同法》第二百八十六条规定，发包人未按照约定支付价款的，承包人可以催告发包人在合理期限内支付价款。发包人逾期不支付的，除按照建设工程的性质不宜折价、拍卖的以外，承包人可以与发包人协议将该工程折价，也可以申请人民法院将该工程依法拍卖。建设工程的价款就该工程折价或者拍卖的价款优先受偿。本案中，涉案工程的发包人是嘉合公司，承包人是安泰公司，该工程已经竣工验收合格。现安泰公司提起诉讼要求嘉合公司支付工程款9977.700089万元及利息、违约金等合计12051.773289万元，而嘉合公司对欠付安泰公司工程款数额予以认可。在此情况下，安泰公司在嘉合公司欠付工程款9977.700089万元范围内依法对涉案工程享有优先受偿权。

第二，恒源公司关于嘉合公司不欠付安泰公司工程款的抗辩理由，证据不足。恒源公司辩称涉案工程价款10537.629355万元，嘉合公司已支付安泰公司15000万余元，嘉合公司不欠付安泰公司工程款，安泰公司对涉案工程不享有优先受偿权。恒源公司为支持其主张，提供了嘉合公司出具的《情况说明》、《付款情况表》、《付款凭证》、安泰公

司、嘉合公司与第三方签订的《承包合同》、嘉合公司与吉林银行大连分行签订的《委托贷款合同》等证据。在没有证据证明安泰公司与嘉合公司2014年9月28日出具的《工程结算确认书》不实的情况下，上述证据既不足以证明涉案工程价款为10537.629355万元，也不足以证明嘉合公司已支付安泰公司工程款15000万余元，无法证明嘉合公司已经支付安泰公司全部工程价款，从而不能否定安泰公司对涉案工程享有的优先受偿权。恒源公司该项抗辩理由，证据不足，不予支持。

二、安泰公司行使涉案工程优先受偿权未超过法定期间

第一，涉案工程竣工日期应认定为2014年4月28日。最高人民法院《关于审理建设工程施工合同纠纷案件适用法律问题的解释》第十四条规定，当事人对建设工程实际竣工日期有争议的，按照以下情形分别处理：(一) 建设工程经竣工验收合格的，以竣工验收合格之日为竣工日期；(二) 承包人已经提交竣工验收报告，发包人拖延验收的，以承包人提交验收报告之日为竣工日期；(三) 建设工程未经竣工验收，发包人擅自使用的，以转移占有建设工程之日为竣工日期。由此可知，在建设工程已经竣工验收合格的情况下，应当以竣工验收合格之日为竣工日期，在建设工程未经竣工验收，发包人擅自使用的情况下，才应当以转移占有建设工程之日为竣工日期。涉案工程虽然从2014年1月2日开始进行了部分实际使用，但在2014年4月28日才竣工验收合格，并由建设单位、施工单位、设计单位、监理单位共同出具了《工程竣工报告》、《单位工程验收证明》，依法应当以工程竣工验收合格之日即2014年4月28日为竣工日期。原审判决在该工程已经竣工验收合格的情况下，以工程转移占有之日为竣工日期的认定错误，依法应当予以纠正。

第二，安泰公司行使优先受偿权未超过法定期限。最高人民法院《关于建设工程价款优先受偿权问题的批复》第四条规定，建设工程承包人行使优先权的期限为六个月，自建设工程竣工之日或者建设工程合同约定的竣工之日起计算。本案中，涉案工程于2014年4月28日竣工，安泰公司于2014年9月21日向原审法院执行局提出申请主张涉案工程优

先受偿权，没有超过六个月的行使期限。原审判决认定安泰公司主张涉案工程优先受偿权超过六个月的行使期限不当，本院予以纠正。

三、安泰公司已经放弃涉案工程的优先受偿权

第一，安泰公司已放弃了涉案工程优先受偿权。本案中，安泰公司出具的《承诺书》明确载明，无论嘉合公司现在及以后是否欠付安泰公司在建工程的工程款，其自愿放弃上述《抵押合同》中约定的在建工程的优先受偿权。本承诺书一经签发不可撤销。该《承诺书》是安泰公司的真实意思表示，不违反法律、行政法规的强制性规定，合法有效。安泰公司上诉称该《承诺书》是为了嘉合公司取得贷款作出的，不是其真实意思表示。但其作为专业建筑企业，应当知道出具《承诺书》的法律后果，而且，其也没有证据证明在出具《承诺书》时存在欺诈、胁迫、乘人之危等违背真实意愿的情形，应当为出具《承诺书》的行为负责。因此，安泰公司该项上诉请求，证据不足，不应支持。安泰公司上诉主张该《承诺书》是其针对吉林银行大连分行出具的，并不是针对嘉合公司、恒源公司出具的，该《承诺书》对嘉合公司、恒源公司不产生效力。但嘉合公司是涉案工程的建设单位，该《承诺书》也明确载明承诺对象包含嘉合公司，《承诺书》一经作出，即对嘉合公司产生效力。在安泰公司明确放弃优先受偿权之后，再次提起诉讼主张涉案工程优先受偿权，违反了《承诺书》的约定，也违背了诚实信用原则，依法不应支持。

第二，安泰公司放弃优先受偿权不违反法律规定。《中华人民共和国民事诉讼法》第十三条规定，当事人有权在法律规定的范围内处分自己的民事权利和诉讼权利。建设工程优先受偿权是法律赋予建设工程施工人的法定权利，属于具有担保性质的民事财产权利。作为民事财产权利，权利人当然可以自由选择是否行使，当然也应当允许其通过约定放弃。而且，放弃优先受偿权并不必然侵害建设工程承包人或建筑工人的合法权益，承包人或建筑工人的合法权益还可通过其他途径的保障予以实现。因此，安泰公司关于优先受偿权属于法定权利，

不能通过约定放弃的上诉理由，于法无据，不应支持。

需要强调的是，本案安泰公司已经明确放弃了涉案工程的优先受偿权，其优先受偿权已不复存在，也就不存在是否能够对抗恒源公司债权的问题。嘉合公司答辩时虽对原审判决的工程款利息及违约金提出异议，但其并未对此提起上诉，该问题不属于二审审理范围，本院依法不予审理。

综上，原审判决关于嘉合公司欠付安泰公司工程款的问题认定事实清楚，关于安泰公司对涉案工程享有的优先受偿权不能对抗恒源公司债权的认定不当。但是鉴于本案是安泰公司提起的上诉，嘉合公司、恒源公司并未提起上诉，本院对此不再予以调整。依照《中华人民共和国民事诉讼法》第一百七十条第一款第（一）项、第一百七十五条之规定，判决如下：

驳回上诉，维持原判。

本案二审受理费64.4389万元，由上诉人大连安泰建设有限公司承担。

本判决为终审判决。

审　判　长　　张能宝
审　判　员　　汪国献
审　判　员　　张志弘
二〇一六年十月三十一日
法 官 助 理　　刘耀国
书　记　员　　刘美月

【实务建议】

一、承包人应慎重对待其作出放弃或限制优先权的承诺

实务中，经常发生承包人在缔约和履约过程中，被发包人要求出具或签署有关放弃建设工程价款优先受偿权的文件。发包人常以贷款银行要求为由，并暗示或明示若承包人拒绝作出相关承诺，将会导致

发包人无法取得贷款，并进而可能影响工程款的正常支付。

于此情形，承包人往往会同意发包人的要求，并签署相关文件。承包人签署该等文件，有些是基于面对甲方时内心产生的弱势消极心态，有些是迫于对甲方拖欠工程款的担忧，有些则是自身法律观念和契约意识较淡，对该等事件持放任态度或鸵鸟政策。

但诚如上文论述，作为具有完全民事行为能力及相应资质的市场主体，上述心理活动或现实原因，并不会在法院认定意思表示真实性时对法官的判断产生影响。上文所举案例亦能说明这点。所以，承包人在决定作出相关承诺时，理应充分预估该等承诺的法律后果，并对自己的相关承诺行为足够慎重。

二、发包人在要求承包人放弃或限制建设工程价款优先受偿权时应注意保障建筑工人的利益，以尽可能确保承包人的承诺合法有效

《建设工程司法解释（二）》第23条要求承包人有关放弃或限制其建设工程价款优先受偿权的行为不能损害建筑工人的合法权益，否则有关放弃或限制权利的行为无效。

对此，发包人须特别注意，在要求承包人作出放弃或限制优先权承诺的同时，应通过各种手段和措施，保障建筑工人的权益，尽可能确保承包人的承诺合法有效。比如，发包人可以在合同中、工程管理中设置相应的方案，保障其支付的工程款能够被承包人优先用于发放工资及福利待遇；或是要求承包人就其不拖欠建筑工人工资，保障工人权益事宜做出相应的承诺，提供相关担保。

承包人的建设工程价款优先受偿权对于持有抵押权的贷款人的权益关系重大。实务中，往往是该等持有抵押权的债权人更需要承包人做出放弃建设工程价款优先受偿权的有效承诺。《建设工程司法解释（二）》颁布后，该等债权人的风控措施需要相应调整和进一步细化。可能在获得承包人的一纸承诺的同时，还需要权衡建筑工人的利益是否得到了足够的保障。

第二十四条　实际施工人直接起诉发包人的处理

【条文内容】

实际施工人以发包人为被告主张权利的，人民法院应当追加转包人或者违法分包人为本案第三人，在查明发包人欠付转包人或者违法分包人建设工程价款的数额后，判决发包人在欠付建设工程价款范围内对实际施工人承担责任。

【最高院意见】

《理解与适用》在本条“条文主旨”中明确，本条是关于发包人向实际施工人承担责任的规定。

在本条“要点提示”中，《理解与适用》谈到，本条规定基于保护处于弱势地位的建筑工人权益的目的，突破债的相对性原则，规定实际施工人以发包人为被告主张权利，同时规定发包人只在欠付建设工程价款范围内对实际施工人承担责任。

在“条文理解”部分，《理解与适用》还从“准确把握本条的适用主体”“实际施工人向发包人主张权利的条件”“多层转包或者分包中的实际施工人权利保护”“转包或者违法分包人的民事责任”等四个方面详述了本条。

在本条“审判实务”部分，《理解与适用》着重从“实际施工人只起诉请求发包人承担责任的，应当追加转包人或者违法分包人为第三人”“人民法院应当查明发包人欠付转包人或者违法分包人建设工程价款的数额的基础上，判决发包人是否应在欠付建设工程价款范围内对实际施工人承担责任”“转包人或者违法分包人被追加为第三人后提出请求发包人给付建设工程价款的诉讼请求的，人民法院可以合并审理”“人民法院依据本条规定作出生效判决后的法律效果”“对实际施工人的工程价款债权的保护应以建设工程质量合格为前提”“本条页适用于合法的劳务分包合同的承包人”等六个方面阐述了实践中需要注意的问题。

【条文点读】

相较于物权的绝对性（对世性），债权具有相对性（对人性）。《民法总则》第118条第2款规定，债权是因合同、侵权行为、无因管理、不当得利以及法律的其他规定，权利人请求特定义务人为或者不为一定行为的权利。“在债之关系中，特定权利人（债权人）只能向特定义务人（债务人）主张权利，即债权人只能请求特定的债务人为一定行为或不为一定行为。”①

不过，现代民法学说及相关立法皆认可对于债权相对性的合理、有限的突破。关于债权相对性的突破，大致可分为“债权物权化”和“债务人责任财产的保全”，前者较为典型的例子即《合同法》第229条规定的“买卖不破租赁”，以及《物权法》第20条规定的“经预告登记的买卖合同对抗第三人的效力”；后者则主要指《合同法》第73条规定的债权人的代位权制度、第74条规定的债权人的撤销权制度。

《建设工程司法解释（一）》第26条第2款规定：“实际施工人以发包人为被告主张权利的，人民法院可以追加转包人或者违法分包人为本案当事人。发包人只在欠付工程价款范围内对实际施工人承担责任。”该条亦属债权相对性的突破。鉴于该条规定允许实际施工人起诉与其不存在合同关系的发包人，且这一债权突破规则的法律基础有所欠缺，理论和实务争议较大，《最高人民法院关于印发〈全国民事审判

---

① 陈华彬：《债法总论》，中国法制出版社Kindle版本，Kindle位置334—336。

工作会议纪要〉的通知》明确指出，对实际施工人向与其没有合同关系的转包人、分包人、总承包人、发包人提起的诉讼，要严格依照法律、司法解释的规定进行审查；不能随意扩大《关于审理建设工程施工合同纠纷案件适用法律问题的解释》第二十六条第二款的适用范围，并且要严格根据相关司法解释规定明确发包人只在欠付工程价款范围内对实际施工人承担责任。

《建设工程司法解释（一）》第26条第2款的上述规定，其价值取向依然是保护建筑工人的权益，也是最高院对于现实的一种无奈选择。依据《合同法解释（一）》第11条之规定，债权人提起代位权诉讼的条件需要符合以下四点：（1）债权人对于债务人的债权合法；（2）债务人怠于行使其到期债权，对债权人造成损害；（3）债务人的债权已到期；（4）债务人的债权不是专属于债务人自身的债权。鉴于该等适用条件较为复杂严格，在实践中起不到更好地保护实际施工人的建筑工人的权益，《建设工程司法解释（一）》第26条第2款基于这样的背景而产生。然而在司法实践中，《建设工程司法解释（一）》第26条第2款的适用存在一定的问题，“有的法院并未查明发包人欠付工程款情况，导致发包人向实际施工人承担责任的范围无法确定，判决不能执行”[①]。

为此，本条对《建设工程司法解释（一）》第26条第2款做了较大的修改，将“可以追加转包人或者违法分包人为本案当事人”变更为“应当追加转包人或者违法分包人为本案第三人”，并明确要求法院“查明发包人欠付转包人或者违法分包人建设工程价款的数额”。

---

① 最高人民法院民事审判第一庭编著：《最高人民法院建设工程施工合同司法解释（二）理解与适用》，人民法院出版社2019年版，第479—480页。

【相关案例】

龙岩双永高速公路有限责任公司、黄国盛建设工程施工合同纠纷【（2018）最高法民申2927号】

一、裁判要点

法院经审理认为，根据《建设工程司法解释（一）》第1条第2项之规定，黄国盛与顺吉公司签订的工程联营合同为无效分包合同。根据该解释第2条，施工合同虽然无效，但建设工程经竣工验收合格，承包人请求参照合同约定支付工程价款的，应予支持。另据该解释第26条第2款，“实际施工人以发包人为被告主张权利的，人民法院可以追加转包人或违法分包人为本案当事人，发包人在欠付工程款范围内向实际施工人承担责任”。

法院认为，根据上述司法解释第26条第2款“实际施工人以发包人为被告主张权利的，人民法院可以追加转包人或违法分包人为本案当事人，发包人在欠付工程款范围内向实际施工人承担责任”的规定，黄国盛等人作为实际施工人，请求发包人双永公司在其欠付工程款范围内承担支付工程款的责任，有相应的事实和法律依据。双永公司二审中提交其与顺吉公司共同签字盖章确认的对账确认书中已明确“经双方核对，双永公司已经向顺吉公司拨付工程款合计410277693.73元，剩余款项为10678694.04元”，二审判决据此判令双永公司在欠付顺吉公司工程款的范围内向黄国盛等人承担付款责任，并无不当。双永公司关于二审判决错误适用法律扩大发包人责任、以及其从未确认尚欠顺吉公司工程款的事实及具体数额的申请理由，并无相应的事实和法律依据，法院不予采信。

二、裁判文书

中华人民共和国最高人民法院

民事裁定书

（2018）最高法民申2927号

再审申请人（一审被告、二审被上诉人）：龙岩双永高速公路有限责任公司。住所地：福建省龙岩市新罗区南城双泉九一南路（兴业银行龙岩分行兴业大厦＊楼）。

法定代表人：陈善棠，该公司董事长。

被申请人（一审原告、二审上诉人）：黄国盛，男，1962年11月28日生，汉族，住福建省平潭县。

被申请人（一审原告、二审上诉人）：黄国太，男，1964年11月8日生，汉族，住福建省平潭县。

被申请人（一审原告、二审上诉人）：林心勇，男，1966年12月13日生，汉族，住福建省平潭县。

一审被告（二审上诉人）：顺吉集团有限公司。住所地：浙江省永嘉县瓯北镇塔下路＊＊＊幢＊＊＊号。

法定代表人：罗棋，该公司董事兼总经理。

一审第三人：福建凯灏劳务工程有限公司。住所地：福建省平潭县916北路东侧华厦庄园D区＊＊幢107。

法定代表人：黄飞彪，该公司总经理。

再审申请人龙岩双永高速公路有限责任公司（以下简称双永公司）因与被申请人黄国盛、黄国太、林心勇、一审被告顺吉集团有限公司（以下简称顺吉公司）、一审第三人福建凯灏劳务工程有限公司（以下简称凯灏公司）建设工程施工合同纠纷一案，不服福建省高级人民法院（2016）闽民终1453号民事判决，向本院申请再审。本院受理后依法组成合议庭进行了审查，现已审查终结。

双永公司申请再审称：一、二审判决认定的基本事实缺乏证据证明。1. 二审判决关于“双永公司确认目前尚欠顺吉公司工程款数额为10678649.04元”的认定，没有事实依据。双永公司从未认可尚欠顺吉公司工程款的事实以及具体数额，二审也查明双永公司与顺吉公司未对案涉工程项目进行最终结算。根据《福建省永春至永定（闽粤界）高速公路龙岩段路基土建工程施工招标项目专用本（上册）》第60.4条以及双永公司与顺吉公司共同签字盖章的《双永高速公路龙岩段路基土建工程施工A9合同段对账确认书》中对保留金的约定，剩余10678649.04元为工程保留金，尚未达到返还条件，双永公司无需支付顺吉公司任何工程款。2. 二审判决关于“二审审理中，双永公司认可目前尚欠顺吉公司工程款数额为10678649.04元，虽双永公司与顺吉公司未经最终结算，但双永公司尚欠顺吉公司部分工程款这一事实能够得到确认”的认定前后矛盾，未厘清双永公司是否结欠顺吉公司工程款以及若有结欠尚欠工程价款的数额。该判决前段认定了双永公司目前尚欠顺吉公司具体的工程款数额，后段又认定双永公司与顺吉公司未经最终结算，此时双永公司尚欠顺吉公司的工程款数额不能确定，前后矛盾。即使二审判决认定的事实能够成立，其主文第四项内容也是不明确的，无法执行。目前，该案执行过程中黄国盛等人与双永公司已发生争议，就此双永公司已向执行法院（福建省龙岩市中级人民法院）强制执行双永公司财产的行为（扣划双永公司账户钱款）提出了执行异议。二、二审判决适用法律错误。1. 二审判决突破了合同相对性原则，扩大了发包人责任范围，适用《最高人民法院关于审理建设工程施工合同纠纷案件适用法律问题的解释》第二十六条第二款规定错误。司法实践中对该条款的适用有严格的限定条件，只有在转包人和分包人没有向实际施工人支付工程款，也没有能力支付，而发包人尚存在拖欠转包人和分包人工程款没有支付的情况下才可适用，发包人在未支付工程款的范围内，向实际施工人承担支付工程款的责任。2015年12月24日《最高人民法院关于当前民事审判工作中的若干具体问题》也要求严守合同相对性原则，只有在欠付劳务分包工程款导致无法支付劳务分包关系中农民工工资时，才可以要求发包人在欠付工程价款范围内对实际施工人承担责任。二审判决未考虑黄国盛等实际施工人主张的案涉工程款性质（并非劳务分包工程款），在确定民事责任时明显违背了当事人约定和法律规定，突破了合同相对性原则，并随意扩大了发包人责任范围，从而判定双永公司在欠付顺吉公司工程价款范围内承担责任，适用法律错误。2. 二审关于“本案工程已经实际交付使用，故本案工程款的支付条件已经成就”的认定未区别案涉工程是特殊的“公路工程”，适用《最高人民法院关于审理建设工程施工合同纠纷案件适用法律问题的解释》第十八条规定错误。根据《中华人民共和国公路法》的相关规定，案涉工程属“公路工程”，其建设应当按照国家规定的基本建设程序和有关规定进行，公路建设须符合公路工程技术标准，项目竣工后，应当按照国家有关规定进行验收等。交通部令〔2004〕第3号《公路工程竣（交）工验收办法》对公路工程交工、竣工验收进行了明确规定，公路工程验收分为交工验收和竣工验收两个阶段，其中竣工验收应具备的条件包括“交工验收提出的工程质量缺陷等遗留问题已处理完毕，并经项目法人验收合格”以及“工程决算已按交通部规定的办法编制完成，竣工决算已经审计，并经交通主管部门或授权单位认定”等。《福建省永春至永定（闽粤界）高速公路龙岩段路基土建工程施工招标项目专用本（上册）》第60.4条对退还保留金等进行了明确约定，而且顺吉公司与黄国盛签订的《联营合同》第4－1条也明确约定“工程的总造价以工程竣工后顺吉公司与业主决算总价为准”，目前案涉工程尚未竣工验收和最后决算，顺吉公司或实际施工人要求支付案涉剩余工程款或返还工程保留金既不符合法律的规定，也不符合合同的约定。二审判决未厘清案涉工程是公路工程的特殊性以及公路工程交工验收与竣工验收的区别和适用条件，突破合同当事人约定的结算条款和合同相对性，认定本案工程款支付条件已经成就，适用法律错误。综上，依据《中华人民共和国民事诉讼法》第二百条第二项、第六项的规定，请求依法再审本案。

黄国盛、黄国太、林心勇共同提交意见称：一、二审判决认定事实清楚。1. 二审期间，双永公司与顺吉公司出具的《双永高速公路龙岩段路基土建施工 A9 合同段对账确认书》中确认双永公司未支付工程款为 10678694.04 元。2. 江苏富华工程造价咨询有限公司出具的《关于福建省永春至永定（闽粤界）高速公路龙岩段工程结算的审核报告》证明双永公司与吉顺公司已结算，A9 标段路基土建工程总造价为 423999703 元，中兴华会计师事务所《龙岩双永高速专项报告》证明双永公司 2016 年 4 月 30 日已付顺吉公司工程款 324324932 元，据此仍欠 99674771 元，超出双永公司自认金额。二、二审判决适用法律正确，案涉工程已经实际交付使用，双永公司支付工程款的条件已成就。1. 黄国盛、黄国太、林心勇所承揽的合同是劳务分包合同，三人属于农民工，符合相关司法解释的适用条件。2.《福建省交通厅关于双永高速公路开征通行费的批复》证明案涉工程 2012 年 9 月 28 日正式通车并交付使用，而双永公司的缺陷责任期为两年，因此至 2014 年 9 月 28 日已经符合质保金的支付条件。《中华人民共和国公路法》并不应当约束双永公司与黄国盛等人的法律关系。综上，请求驳回双永公司的再审申请。

本院经审查认为，2009 年 10 月，双永公司作为发包方、顺吉公司作为承包方签订双永高速公路龙岩段路基土建工程施工 A9 合同段《合同协议书》，约定由顺吉公司承建双永高速公路 A9 标段路基工程。2009 年 11 月，黄国盛以福建凯灏劳务工程有限公司的名义与顺吉公司签订工程联营合同，约定顺吉公司将双永公司龙岩段第 A9 合同段土建工程公王山隧道进口段工程分包给黄国盛施工，未加盖凯灏公司印章。由于黄国盛为无建设工程施工资质的自然人，根据《最高人民法院关于审理建设工程施工合同纠纷案件适用法律问题的解释》第一条第二项关于没有资质的实际施工人借用有资质的建筑施工企业名义签订的建设工程施工合同无效之规定，黄国盛与顺吉公司签订的工程联营合同为无效分包合同。《最高人民法院关于审理建设工程施工合同纠纷案件适用法律问题的解释》第二条规定:“建设工程施工合同无效,但建设工程经竣工验收合格,承包人请求参照合同约定支付工程价款的,应予支持。”第二十六条第二款规定:“实际施工人以发包人为被告主张权利的,人民法院可以追加转包人或违法分包人为本案当事人。发包人在欠付工程款范围内向实际施工人承担责任。”根据上述规定,黄国盛等人作为实际施工人,请求发包人双永公司在其欠付工程款范围内承担支付工程款的责任,有相应的事实和法律依据。双永公司二审中提交其与顺吉公司共同签字盖章确认的《双永高速公路龙岩段路基土建工程施工 A9 合同段对账确认书》中已明确“经双方核对,双永公司已经向顺吉公司拨付工程款合计 410277693.73 元,剩余款项为 10678694.04 元”,二审判决据此判令双永公司在欠付顺吉公司工程款的范围内向黄国盛等人承担付款责任,并无不当。双永公司关于二审判决错误适用法律扩大发包人责任以及其从未确认尚欠顺吉公司工程款的事实及具体数额的申请理由,并无相应的事实和法律依据,本院不予采信。

关于案涉工程款的付款条件是否已经成就的问题。根据《福建省永春至永定(闽粤界)高速公路龙岩段路基土建工程施工招标项目专用本(上册)》第 49.1 条“缺陷责任期:2 年”、第 60.4 条“若本合同段交工验收达到质量目标的,给以退还保留金的 50%;……若本项目竣工验收达到质量目标的,给以退还保留金的 50%”之约定,在案涉工程已于 2012 年 9 月交工验收并于 2012 年 9 月 28 日实际使用、2014 年 9 月 28 日满足两年缺陷责任期的情况下,原审判决关于 6938227.06 元工程款自 2012 年 9 月 28 日开始计息,剩余 50% 的质保金 2369751 元自 2014 年 9 月 28 日开始计息的认定,符合合同约定。此外,根据《公路工程竣(交)工验收办法》(交通部令 2014 第 3 号)第四条、第十四条、第十六条、第二十七之规定,公路工程分为交工、竣工两阶段,交工验收并通车试运营 2 年后项目法人应及时向交通主管部门申请竣工验收,试运营期不得超过 3 年,试运营 3 年仍不组织竣工验收的，应承担相应的法律责任。本案中，包括案涉工程在内的双永高速公路全境路段已于2012年9月进行交工验收，并于2012年9月28日正式通车。案涉工程于2014年9月28日已满足竣工验收申请条件，现该路段交付使用至今，已超出3年最长试运营期限，双永公司在实际使用案涉工程的情况下，以案涉工程尚未竣工验收和最后决算为由主张付款条件尚未成就的申请理由，事实和法律依据不足，本院不予支持。

综上，双永公司的再审申请，不符合《中华人民共和国民事诉讼法》第二百条第二项、第六项规定的情形。依照《中华人民共和国民事诉讼法》第二百零四条第一款、《最高人民法院关于适用〈中华人民共和国民事诉讼法〉的解释》第三百九十五条第二款之规定，裁定如下：

驳回龙岩双永高速公路有限责任公司的再审申请。

审 判 长　　周伦军
审 判 员　　贾清林
审 判 员　　马东旭
二〇一八年九月五日
法官助理　　李　洁
书 记 员　　王薇佳

【实务建议】

根据《建设工程司法解释（一）》第26条第2款或《建设工程司法解释（二）》第24条中的“追加转包人或者违法分包人为本案第三人”这一措辞，似乎这两个条款都只是涉及转包人和违法分包人的实际施工人起诉发包人的情形。借用资质的实际施工人是否也能适用？实务中存在分歧。但在上文列举的案例中，最高人民法院亦认可借用资质的实际施工人适用《建设工程司法解释（一）》第26条第2款起诉发包人。除此之外，最高人民法院还认为，《建设工程司法解释（二）》

第 24 条同样适用于合法的劳务分包合同的承包人。[①]

据此，我们一方面建议发包人和承包人在理解本条时准确把握最高人民法院制定该条款时所秉持的维护建筑工人权益的价值取向，另一方面也建议最高人民法院为确保实务中的适用法律的统一性，在相关会议或司法政策类文件中，就《建设工程司法解释（二）》第 24 条的适用范围进行进一步的释明。

① 最高人民法院民事审判第一庭编著：《最高人民法院建设工程施工合同司法解释（二）理解与适用》，人民法院出版社 2019 年版，第 509 页。

第二十五条　实际施工人的代位权诉讼

【条文内容】

实际施工人根据合同法第七十三条规定，以转包人或者违法分包人怠于向发包人行使到期债权，对其造成损害为由，提起代位权诉讼的，人民法院应予支持。

【最高院意见】

最高院的《理解与适用》在本条“条文主旨”中明确，本条是关于实际施工人有权对发包人提起代位权诉讼的规定。

在“要点提示”中，《理解与适用》谈到，本条与《建设工程司法解释（二）》第 24 条有相通之处：本条规定是将实际施工人对发包人的请求权引入到代位权诉讼的法律框架内，而第 24 条是关于实际施工人权利保护的特殊规定。

在“条文理解”部分，《理解与适用》还从“实际施工人提起代位权诉讼的条件”“实际施工人行使代位权的法律效果”等两个方面对本条进行了阐释。

在“审判实务”部分，《理解与适用》着重从“实际施工人对发包人提起代位权诉讼的管辖法院”“人民法院可以追加转包人或者违法分包人为第三人”“实际施工人对发包人提起的代位权诉讼与相关诉讼的关系”等三个方面叙述了实践中适用本条需要注意的问题。

【条文点读】

《合同法》第 73 条规定，因债务人怠于行使其到期债权，对债权人造成损害的，债权人可以向人民法院请求以自己的名义代位行使债务人的债权，但该债权专属于债务人自身的除外。代位权的行使范围以债权人的债权为限。债权人行使代位权的必要费用，由债务人负担。根据《合同法解释（一）》第 11 条的规定，行使代位权诉讼的条件有四点：（1）债权人对债务人的债权合法；（2）债务人怠于行使其到期债权，对债权人造成损害；（3）债务人的债权已到期；（4）债务人的债权不是专属于债务人自身的债权。

建设施工合同纠纷实务中，实际施工人大多包括三种类型：第一类，违法转包的实际施工人；第二类，非法分包的实际施工人；第三类，借用资质（挂靠）的实际施工人。这些实际施工人要提起《合同法》第 73 条的代位权诉讼，首先面临的问题就是，他们的债权合法吗？

在违法转包、非法分包的情形下，实际施工人与转包人、分包人之间的合同因违法而无效；而在借用资质的情况下，实际施工人与发包人之间的合同，以及其与出借资质方之间的合同皆违法无效。于此情形，这些实际施工人提起代位权诉讼是否符合《合同法解释（一）》第 11 条第 1 项的规定，即“债权人对债务人的债权合法”的条件呢？

《建设工程司法解释（二）》第 25 条回答了这些质疑。实际施工人有权提起代位权诉讼。其中深层次的逻辑是：虽然实际施工人与违法转包人、非法分包人、违法转包人之间的合同无效，但不影响其基于合同法及有关司法解释的规定主张工程价款；实际施工人依法主张工程价款的债权系合法债权。

【相关案例】

江苏南通二建集团有限公司、上海杰思工程实业有限公司建设工程施工合同纠纷【（2017）最高法民申4163号】

一、裁判要点

法院经审理认为，关于一审、二审法院适用法律是否错误的问题。杰思公司与南通二建公司之间签订的《分包合同》主体适格，意思表示真实，不违反法律、行政法规的强制性规定，应认定合法有效。杰思公司已按合同约定履行了施工义务，案涉工程已投入使用，南通二建公司应积极履行付款义务。双方均认可案涉工程于2011年投入使用，2011年6月15日杰思公司已向南通二建公司提交了结算报告，南通二建公司与大庆石管局至今仍未完成结算，结算迟延已成事实。且南通二建公司于2016年6月才起诉大庆石管局确属怠于行使权利，其主张已向大庆石管局积极主张债权无事实依据。一审、二审依据严格履行和诚实信用原则，支持杰思公司的代位权，判决南通二建公司支付尚欠工程款、质保金及利息，大庆石管局在南通二建公司不能向杰思公司履行给付义务范围内承担直接给付义务，适用法律并无不当。

二、裁判文书

中华人民共和国最高人民法院

民 事 裁 定 书

（2017）最高法民申4163号

再审申请人（一审被告、二审上诉人）：江苏南通二建集团有限公司。

法定代表人：杨晓东，该公司董事长。

被申请人（一审原告、二审被上诉人）：上海杰思工程实业有限公司。

法定代表人：刘海韵，该公司总经理。

一审被告：大庆石油管理局。

法定代表人：孙龙德，该局局长。

再审申请人江苏南通二建集团有限公司（以下简称南通二建公司）因与被申请人上海杰思工程实业有限公司（以下简称杰思公司）、一审被告大庆石油管理局（以下简称大庆石管局）建设工程施工合同纠纷一案，不服黑龙江省高级人民法院（2017）黑民终119号民事判决，向本院申请再审。本院依法组成合议庭对本案进行了审查，现已审查终结。

南通二建公司申请再审称，1. 双方当事人对于剩余20%工程款和5%质保金的支付，约定了明确的付款条件。因大庆石管局未与其结算完毕，故按照《建设工程施工专业分包合同》（以下简称分包合同）约定，向杰思公司支付剩余工程款条件未成就。《建设工程施工合同》明确约定合同解释顺序是“专用条款”优先于“通用条款”，一审、二审法院依据《建设工程施工合同》中的“通用条款”认定总包已竣工结算错误。2. 南通二建公司每次支付分包工程进度款时，按照约定的13.98%费率予以即时扣收，杰思公司并无异议，故应从剩余工程款中扣除。杰思公司应支付的“总包服务费等管理费和工程成本分摊”不存在代缴的问题，二审法院未予扣除是错误的。3. 一审、二审法院对分包工程结算是否迟延未予认定错误。南通二建公司向大庆石管局积极主张债权并提起诉讼，一审、二审法院依据严格履行和诚实信用原则及债权人的代位权进行判决适用法律错误。南通二建公司依据《中华人民共和国民事诉讼法》第二百条第二项、第六项的规定申请再审。

本院经审查认为，本案争议的焦点问题是：南通二建公司剩余分包工程款的付款条件是否成就；是否应当从工程款中扣除各项相关税费；一审、二审法院适用法律是否错误。

关于南通二建公司剩余分包工程款的付款条件是否成就的问题。南通二建公司主张因大庆石管局未与其结算完毕，不应向杰思公司支付剩余工程款不符合合同相对性原则。根据南通二建公司与大庆石管局签订的《建设工程施工合同》约定，工程竣工验收报告经发包人认可后28天内，承包人向发包人提交竣工结算报告及完整的结算资料，双方进行工程竣工结算。发包人收到竣工结算报告及结算资料后50天内无正当理由不支付工程竣工结算价款，从第51天起支付拖欠工程款的利息。一审查明，案涉工程于2010年9月30日竣工，庭审中各方均认可2011年案涉工程已投入使用。《中华人民共和国合同法》第四十五条规定："当事人为自己的利益不正当地阻止条件成就的，视为条件已成就。不正当地促成条件成就的，视为条件未成就。"本案中，南通二建公司拖延结算致使《分包合同》付款无法实现，不正当地阻止条件成就，视为付款条件已成就。一审法院综合考虑合同约定和履行情况，酌情认定南通二建公司于2011年10月1日向杰思公司支付剩余工程款7530400元，于2013年1月1日向杰思公司支付质保金1713500元，并未损害其利益。且南通二建公司二审上诉时并未主张案涉工程尚未竣工结算，不符合支付剩余工程款和质保金的条件，申请再审中才提出，本院不予支持。

关于是否应当从工程款中扣除各项相关税费的问题。虽然按照《分包合同》的约定，南通二建公司代杰思公司上缴相关税费，并从应付工程款中扣除。南通二建公司至今并未向杰思公司支付尚欠的工程款及向税务部门交纳尚欠工程款所对应的税款。故南通二建公司主张先行扣除尚未实际发生的税款无事实与法律依据。一审、二审法院也已向南通二建公司释明该部分费用今后如实际发生可再另行告诉，其合法权益亦有救济渠道。关于南通二建公司主张杰思公司应支付的"总包服务费等管理费和工程成本分摊"等不存在代缴的问题，其在一审、二审中均未提出，本院对该主张不予审查。

关于一审、二审法院适用法律是否错误的问题。杰思公司与南通二建公司之间签订的《分包合同》主体适格，意思表示真实，不违反法律、行政法规的强制性规定，应认定合法有效。杰思公司已按合同约定履行了施工义务，案涉工程已投入使用，南通二建公司应积极履行付款义务。双方均认可案涉工程于2011年投入使用，2011年6月15

日杰思公司已向南通二建公司提交了结算报告，南通二建公司与大庆石管局至今仍未完成结算，结算迟延已成事实。且南通二建公司于2016年6月才起诉大庆石管局确属怠于行使权利，其主张已向大庆石管局积极主张债权无事实依据。一审、二审依据严格履行和诚实信用原则，支持杰思公司的代位权，判决南通二建公司支付尚欠工程款、质保金及利息，大庆石管局在南通二建公司不能向杰思公司履行给付义务范围内承担直接给付义务，适用法律并无不当。

综上，南通二建公司的再审申请不符合《中华人民共和国民事诉讼法》第二百条第二项、第六项规定的情形。依照《中华人民共和国民事诉讼法》第二百零四条第一款，《最高人民法院关于适用〈中华人民共和国民事诉讼法〉的解释》第三百九十五条第二款之规定，裁定如下：

驳回江苏南通二建集团有限公司的再审申请。

审　判　长　　武建华
审　判　员　　骆　电
审　判　员　　李桂顺
二〇一七年十月三十日
法 官 助 理　　马赫宁
书　记　员　　隋　欣

【实务建议】

实务中需要注意，实际施工人基于《合同法》第73条之规定，提起代位权诉讼的，其所指向的发包人（作为债务人）的债务不局限于实际施工人所施工的工程项目。本条所指向的发包人的债务范围，包括实际施工人有证据证明的，一切符合代位权诉讼条件的合法债权。

相较于《建设工程司法解释（二）》第24条而言，本条所指向的发包人的债务范围极大。但在实务中，承包人要掌握相关证据，尤其是与己方无关的工程项目的资料和信息，以及发包人欠付工程款的情况是较为困难的。因而，本条的实务效果如何，我们只能拭目以待。

附录：相关规定①

最高人民法院关于审理建设工程施工合同纠纷案件适用法律问题的解释（二）

（2018 年 10 月 29 日最高人民法院审判委员会第 1751 次会议通过　2018 年 12 月 29 日最高人民法院公告公布　自 2019 年 2 月 1 日起施行　法释〔2018〕20 号）

为正确审理建设工程施工合同纠纷案件，依法保护当事人合法权益，维护建筑市场秩序，促进建筑市场健康发展，根据《中华人民共和国民法总则》《中华人民共和国合同法》《中华人民共和国建筑法》《中华人民共和国招标投标法》《中华人民共和国民事诉讼法》等法律规定，结合审判实践，制定本解释。

第一条　招标人和中标人另行签订的建设工程施工合同约定的工程范围、建设工期、工程质量、工程价款等实质性内容，与中标合同不一致，一方当事人请求按照中标合同确定权利义务的，人民法院应予支持。

招标人和中标人在中标合同之外就明显高于市场价格购买承建房产、无偿建设住房配套设施、让利、向建设单位捐赠财物等另行签订合同，变相降低工程价款，一方当事人以该合同背离中标合同实质性内容为由请求确认无效的，人民法院应予支持。

第二条　当事人以发包人未取得建设工程规划许可证等规划审批手续为由，请求确认建设工程施工合同无效的，人民法院应予支持，但发包人在起诉前取得建设工程规划许可证等规划审批手续的除外。

发包人能够办理审批手续而未办理，并以未办理审批手续为由请求确认

---

① 除《建设工程司法解释（一）》及《建设工程司法解释（二）》以外，《理解与适用》收录的相关规定本书均不再收录。另，本书亦将住建部于 2019 年 1 月 3 日印发的《建筑工程施工发包与承包违法行为认定查处管理办法》收录在内，以供参考。

建设工程施工合同无效的，人民法院不予支持。

第三条 建设工程施工合同无效，一方当事人请求对方赔偿损失的，应当就对方过错、损失大小、过错与损失之间的因果关系承担举证责任。

损失大小无法确定，一方当事人请求参照合同约定的质量标准、建设工期、工程价款支付时间等内容确定损失大小的，人民法院可以结合双方过错程度、过错与损失之间的因果关系等因素作出裁判。

第四条 缺乏资质的单位或者个人借用有资质的建筑施工企业名义签订建设工程施工合同，发包人请求出借方与借用方对建设工程质量不合格等因出借资质造成的损失承担连带赔偿责任的，人民法院应予支持。

第五条 当事人对建设工程开工日期有争议的，人民法院应当分别按照以下情形予以认定：

（一）开工日期为发包人或者监理人发出的开工通知载明的开工日期；开工通知发出后，尚不具备开工条件的，以开工条件具备的时间为开工日期；因承包人原因导致开工时间推迟的，以开工通知载明的时间为开工日期。

（二）承包人经发包人同意已经实际进场施工的，以实际进场施工时间为开工日期。

（三）发包人或者监理人未发出开工通知，亦无相关证据证明实际开工日期的，应当综合考虑开工报告、合同、施工许可证、竣工验收报告或者竣工验收备案表等载明的时间，并结合是否具备开工条件的事实，认定开工日期。

第六条 当事人约定顺延工期应当经发包人或者监理人签证等方式确认，承包人虽未取得工期顺延的确认，但能够证明在合同约定的期限内向发包人或者监理人申请过工期顺延且顺延事由符合合同约定，承包人以此为由主张工期顺延的，人民法院应予支持。

当事人约定承包人未在约定期限内提出工期顺延申请视为工期不顺延的，按照约定处理，但发包人在约定期限后同意工期顺延或者承包人提出合理抗辩的除外。

第七条 发包人在承包人提起的建设工程施工合同纠纷案件中，以建设工程质量不符合合同约定或者法律规定为由，就承包人支付违约金或者赔偿修理、返工、改建的合理费用等损失提出反诉的，人民法院可以合并审理。

第八条 有下列情形之一，承包人请求发包人返还工程质量保证金的，人民法院应予支持：

（一）当事人约定的工程质量保证金返还期限届满。

（二）当事人未约定工程质量保证金返还期限的，自建设工程通过竣工验收之日起满二年。

（三）因发包人原因建设工程未按约定期限进行竣工验收的，自承包人提交工程竣工验收报告九十日后起当事人约定的工程质量保证金返还期限届满；当事人未约定工程质量保证金返还期限的，自承包人提交工程竣工验收报告九十日后起满二年。

发包人返还工程质量保证金后，不影响承包人根据合同约定或者法律规定履行工程保修义务。

第九条 发包人将依法不属于必须招标的建设工程进行招标后，与承包人另行订立的建设工程施工合同背离中标合同的实质性内容，当事人请求以中标合同作为结算建设工程价款依据的，人民法院应予支持，但发包人与承包人因客观情况发生了在招标投标时难以预见的变化而另行订立建设工程施工合同的除外。

第十条 当事人签订的建设工程施工合同与招标文件、投标文件、中标通知书载明的工程范围、建设工期、工程质量、工程价款不一致，一方当事人请求将招标文件、投标文件、中标通知书作为结算工程价款的依据的，人民法院应予支持。

第十一条 当事人就同一建设工程订立的数份建设工程施工合同均无效，但建设工程质量合格，一方当事人请求参照实际履行的合同结算建设工程价款的，人民法院应予支持。

实际履行的合同难以确定，当事人请求参照最后签订的合同结算建设工程价款的，人民法院应予支持。

第十二条 当事人在诉讼前已经对建设工程价款结算达成协议，诉讼中一方当事人申请对工程造价进行鉴定的，人民法院不予准许。

第十三条 当事人在诉讼前共同委托有关机构、人员对建设工程造价出具咨询意见，诉讼中一方当事人不认可该咨询意见申请鉴定的，人民法院应予准许，但双方当事人明确表示受该咨询意见约束的除外。

第十四条 当事人对工程造价、质量、修复费用等专门性问题有争议，人民法院认为需要鉴定的，应当向负有举证责任的当事人释明。当事人经释明未申请鉴定，虽申请鉴定但未支付鉴定费用或者拒不提供相关材料的，应当承担举证不能的法律后果。

一审诉讼中负有举证责任的当事人未申请鉴定，虽申请鉴定但未支付鉴定费用或者拒不提供相关材料，二审诉讼中申请鉴定，人民法院认为确有必要的，应当依照民事诉讼法第一百七十条第一款第三项的规定处理。

第十五条 人民法院准许当事人的鉴定申请后，应当根据当事人申请及查明案件事实的需要，确定委托鉴定的事项、范围、鉴定期限等，并组织双方当事人对争议的鉴定材料进行质证。

第十六条 人民法院应当组织当事人对鉴定意见进行质证。鉴定人将当事人有争议且未经质证的材料作为鉴定依据的，人民法院应当组织当事人就该部分材料进行质证。经质证认为不能作为鉴定依据的，根据该材料作出的鉴定意见不得作为认定案件事实的依据。

第十七条 与发包人订立建设工程施工合同的承包人，根据合同法第二百八十六条规定请求其承建工程的价款就工程折价或者拍卖的价款优先受偿的，人民法院应予支持。

第十八条 装饰装修工程的承包人，请求装饰装修工程价款就该装饰装修工程折价或者拍卖的价款优先受偿的，人民法院应予支持，但装饰装修工程的发包人不是该建筑物的所有权人的除外。

第十九条 建设工程质量合格，承包人请求其承建工程的价款就工程折价或者拍卖的价款优先受偿的，人民法院应予支持。

第二十条 未竣工的建设工程质量合格，承包人请求其承建工程的价款就其承建工程部分折价或者拍卖的价款优先受偿的，人民法院应予支持。

第二十一条 承包人建设工程价款优先受偿的范围依照国务院有关行政主管部门关于建设工程价款范围的规定确定。

承包人就逾期支付建设工程价款的利息、违约金、损害赔偿金等主张优先受偿的，人民法院不予支持。

第二十二条 承包人行使建设工程价款优先受偿权的期限为六个月，自发包人应当给付建设工程价款之日起算。

第二十三条 发包人与承包人约定放弃或者限制建设工程价款优先受偿权，损害建筑工人利益，发包人根据该约定主张承包人不享有建设工程价款优先受偿权的，人民法院不予支持。

第二十四条 实际施工人以发包人为被告主张权利的，人民法院应当追加转包人或者违法分包人为本案第三人，在查明发包人欠付转包人或者违法分包人建设工程价款的数额后，判决发包人在欠付建设工程价款范围内对实际施工人承担责任。

第二十五条 实际施工人根据合同法第七十三条规定，以转包人或者违法分包人怠于向发包人行使到期债权，对其造成损害为由，提起代位权诉讼的，人民法院应予支持。

第二十六条 本解释自2019年2月1日起施行。

本解释施行后尚未审结的一审、二审案件，适用本解释。

本解释施行前已经终审、施行后当事人申请再审或者按照审判监督程序决定再审的案件，不适用本解释。

最高人民法院以前发布的司法解释与本解释不一致的，不再适用。

最高人民法院关于审理建设工程施工合同纠纷案件适用法律问题的解释

（2004年9月29日最高人民法院审判委员会第1327次会议通过　2004年10月25日最高人民法院公告公布　自2005年1月1日起施行　法释〔2004〕14号）

根据《中华人民共和国民法通则》、《中华人民共和国合同法》、《中华人民共和国招标投标法》、《中华人民共和国民事诉讼法》等法律规定，结合民事审判实际，就审理建设工程施工合同纠纷案件适用法律的问题，制定本解释。

第一条 建设工程施工合同具有下列情形之一的，应当根据合同法第五十二条第（五）项的规定，认定无效：

（一）承包人未取得建筑施工企业资质或者超越资质等级的；

（二）没有资质的实际施工人借用有资质的建筑施工企业名义的；

（三）建设工程必须进行招标而未招标或者中标无效的。

第二条 建设工程施工合同无效，但建设工程经竣工验收合格，承包人请求参照合同约定支付工程价款的，应予支持。

第三条 建设工程施工合同无效，且建设工程经竣工验收不合格的，按照以下情形分别处理：

（一）修复后的建设工程经竣工验收合格，发包人请求承包人承担修复费用的，应予支持；

（二）修复后的建设工程经竣工验收不合格，承包人请求支付工程价款的，不予支持。

因建设工程不合格造成的损失，发包人有过错的，也应承担相应的民事责任。

第四条 承包人非法转包、违法分包建设工程或者没有资质的实际施工人借用有资质的建筑施工企业名义与他人签订建设工程施工合同的行为无效。人民法院可以根据民法通则第一百三十四条规定，收缴当事人已经取得的非法所得。

第五条 承包人超越资质等级许可的业务范围签订建设工程施工合同，在建设工程竣工前取得相应资质等级，当事人请求按照无效合同处理的，不予支持。

第六条 当事人对垫资和垫资利息有约定，承包人请求按照约定返还垫资及其利息的，应予支持，但是约定的利息计算标准高于中国人民银行发布的同期同类贷款利率的部分除外。

当事人对垫资没有约定的，按照工程欠款处理。

当事人对垫资利息没有约定，承包人请求支付利息的，不予支持。

第七条 具有劳务作业法定资质的承包人与总承包人、分包人签订的劳务分包合同，当事人以转包建设工程违反法律规定为由请求确认无效的，不予支持。

第八条 承包人具有下列情形之一，发包人请求解除建设工程施工合同的，应予支持：

（一）明确表示或者以行为表明不履行合同主要义务的；

（二）合同约定的期限内没有完工，且在发包人催告的合理期限内仍未完工的；

（三）已经完成的建设工程质量不合格，并拒绝修复的；

（四）将承包的建设工程非法转包、违法分包的。

第九条 发包人具有下列情形之一，致使承包人无法施工，且在催告的合理期限内仍未履行相应义务，承包人请求解除建设工程施工合同的，应予支持：

（一）未按约定支付工程价款的；

（二）提供的主要建筑材料、建筑构配件和设备不符合强制性标准的；

（三）不履行合同约定的协助义务的。

第十条 建设工程施工合同解除后，已经完成的建设工程质量合格的，发包人应当按照约定支付相应的工程价款；已经完成的建设工程质量不合格的，参照本解释第三条规定处理。

因一方违约导致合同解除的，违约方应当赔偿因此而给对方造成的损失。

第十一条 因承包人的过错造成建设工程质量不符合约定，承包人拒绝修理、返工或者改建，发包人请求减少支付工程价款的，应予支持。

第十二条 发包人具有下列情形之一，造成建设工程质量缺陷，应当承担过错责任：

（一）提供的设计有缺陷；

（二）提供或者指定购买的建筑材料、建筑构配件、设备不符合强制性标准；

（三）直接指定分包人分包专业工程。

承包人有过错的，也应当承担相应的过错责任。

第十三条 建设工程未经竣工验收，发包人擅自使用后，又以使用部分质量不符合约定为由主张权利的，不予支持；但是承包人应当在建设工程的合理使用寿命内对地基基础工程和主体结构质量承担民事责任。

第十四条 当事人对建设工程实际竣工日期有争议的，按照以下情形分别处理：

（一）建设工程经竣工验收合格的，以竣工验收合格之日为竣工日期；

（二）承包人已经提交竣工验收报告，发包人拖延验收的，以承包人提交验收报告之日为竣工日期；

（三）建设工程未经竣工验收，发包人擅自使用的，以转移占有建设工程之日为竣工日期。

第十五条 建设工程竣工前，当事人对工程质量发生争议，工程质量经鉴定合格的，鉴定期间为顺延工期期间。

第十六条 当事人对建设工程的计价标准或者计价方法有约定的，按照约定结算工程价款。

因设计变更导致建设工程的工程量或者质量标准发生变化，当事人对该部分工程价款不能协商一致的，可以参照签订建设工程施工合同时当地建设行政主管部门发布的计价方法或者计价标准结算工程价款。

建设工程施工合同有效，但建设工程经竣工验收不合格的，工程价款结算参照本解释第三条规定处理。

第十七条 当事人对欠付工程价款利息计付标准有约定的，按照约定处理；没有约定的，按照中国人民银行发布的同期同类贷款利率计息。

第十八条 利息从应付工程价款之日计付。当事人对付款时间没有约定或者约定不明的，下列时间视为应付款时间：

（一）建设工程已实际交付的，为交付之日；

（二）建设工程没有交付的，为提交竣工结算文件之日；

（三）建设工程未交付，工程价款也未结算的，为当事人起诉之日。

第十九条 当事人对工程量有争议的，按照施工过程中形成的签证等书面文件确认。承包人能够证明发包人同意其施工，但未能提供签证文件证明工程量发生的，可以按照当事人提供的其他证据确认实际发生的工程量。

第二十条 当事人约定，发包人收到竣工结算文件后，在约定期限内不予答复，视为认可竣工结算文件的，按照约定处理。承包人请求按照竣工结算文件结算工程价款的，应予支持。

第二十一条 当事人就同一建设工程另行订立的建设工程施工合同与经过备案的中标合同实质性内容不一致的，应当以备案的中标合同作为结算工程价款的根据。

第二十二条 当事人约定按照固定价结算工程价款，一方当事人请求对建设工程造价进行鉴定的，不予支持。

第二十三条 当事人对部分案件事实有争议的，仅对有争议的事实进行鉴定，但争议事实范围不能确定，或者双方当事人请求对全部事实鉴定的除外。

第二十四条 建设工程施工合同纠纷以施工行为地为合同履行地。

第二十五条 因建设工程质量发生争议的，发包人可以以总承包人、分包人和实际施工人为共同被告提起诉讼。

第二十六条 实际施工人以转包人、违法分包人为被告起诉的，人民法院应当依法受理。

实际施工人以发包人为被告主张权利的，人民法院可以追加转包人或者违法分包人为本案当事人。发包人只在欠付工程价款范围内对实际施工人承担责任。

第二十七条 因保修人未及时履行保修义务，导致建筑物毁损或者造成人身、财产损害的，保修人应当承担赔偿责任。

保修人与建筑物所有人或者发包人对建筑物毁损均有过错的，各自承担相应的责任。

第二十八条 本解释自二〇〇五年一月一日起施行。

施行后受理的第一审案件适用本解释。

施行前最高人民法院发布的司法解释与本解释相抵触的，以本解释为准。

建筑工程施工发包与承包违法行为认定查处管理办法

(2019 年 1 月 3 日 建市规〔2019〕1 号)

第一条 为规范建筑工程施工发包与承包活动中违法行为的认定、查处和管理，保证工程质量和施工安全，有效遏制发包与承包活动中的违法行为，维护建筑市场秩序和建筑工程主要参与方的合法权益，根据《中华人民共和国建筑法》《中华人民共和国招标投标法》《中华人民共和国合同法》《建设工程质量管理条例》《建设工程安全生产管理条例》《中华人民共和国招标投标法实施条例》等法律法规，以及《全国人大法工委关于对建筑施工企业母公司承接工程后交由子公司实施是否属于转包以及行政处罚两年追诉期认定法律适用问题的意见》（法工办发〔2017〕223 号），结合建筑活动实践，制定本办法。

第二条 本办法所称建筑工程，是指房屋建筑和市政基础设施工程及其附属设施和与其配套的线路、管道、设备安装工程。

第三条 住房和城乡建设部对全国建筑工程施工发包与承包违法行为的认定查处工作实施统一监督管理。

县级以上地方人民政府住房和城乡建设主管部门在其职责范围内具体负责本行政区域内建筑工程施工发包与承包违法行为的认定查处工作。

本办法所称的发包与承包违法行为具体是指违法发包、转包、违法分包及挂靠等违法行为。

第四条 建设单位与承包单位应严格依法签订合同，明确双方权利、义务、责任，严禁违法发包、转包、违法分包和挂靠，确保工程质量和施工安全。

第五条 本办法所称违法发包，是指建设单位将工程发包给个人或不具有相应资质的单位、肢解发包、违反法定程序发包及其他违反法律法规规定发包的行为。

第六条 存在下列情形之一的，属于违法发包：

（一）建设单位将工程发包给个人的；

（二）建设单位将工程发包给不具有相应资质的单位的；

（三）依法应当招标未招标或未按照法定招标程序发包的；

（四）建设单位设置不合理的招标投标条件，限制、排斥潜在投标人或者投标人的；

（五）建设单位将一个单位工程的施工分解成若干部分发包给不同的施工总承包或专业承包单位的。

第七条 本办法所称转包，是指承包单位承包工程后，不履行合同约定的责任和义务，将其承包的全部工程或者将其承包的全部工程肢解后以分包的名义分别转给其他单位或个人施工的行为。

第八条 存在下列情形之一的，应当认定为转包，但有证据证明属于挂靠或者其他违法行为的除外：

（一）承包单位将其承包的全部工程转给其他单位（包括母公司承接建筑工程后将所承接工程交由具有独立法人资格的子公司施工的情形）或个人施工的；

（二）承包单位将其承包的全部工程肢解以后，以分包的名义分别转给其他单位或个人施工的；

（三）施工总承包单位或专业承包单位未派驻项目负责人、技术负责人、质量管理负责人、安全管理负责人等主要管理人员，或派驻的项目负责人、技术负责人、质量管理负责人、安全管理负责人中一人及以上与施工单位没有订立劳动合同且没有建立劳动工资和社会养老保险关系，或派驻的项目负责人未对该工程的施工活动进行组织管理，又不能进行合理解释并提供相应证明的；

（四）合同约定由承包单位负责采购的主要建筑材料、构配件及工程设备或租赁的施工机械设备，由其他单位或个人采购、租赁，或施工单位不能提供有关采购、租赁合同及发票等证明，又不能进行合理解释并提供相应证明的；

（五）专业作业承包人承包的范围是承包单位承包的全部工程，专业作业承包人计取的是除上缴给承包单位“管理费”之外的全部工程价款的；

（六）承包单位通过采取合作、联营、个人承包等形式或名义，直接或变相将其承包的全部工程转给其他单位或个人施工的；

（七）专业工程的发包单位不是该工程的施工总承包或专业承包单位的，但建设单位依约作为发包单位的除外；

（八）专业作业的发包单位不是该工程承包单位的；

（九）施工合同主体之间没有工程款收付关系，或者承包单位收到款项后又将款项转拨给其他单位和个人，又不能进行合理解释并提供材料证明的。

两个以上的单位组成联合体承包工程，在联合体分工协议中约定或者在项目实际实施过程中，联合体一方不进行施工也未对施工活动进行组织管理的，并且向联合体其他方收取管理费或者其他类似费用的，视为联合体一方将承包的工程转包给联合体其他方。

第九条 本办法所称挂靠，是指单位或个人以其他有资质的施工单位的名义承揽工程的行为。

前款所称承揽工程，包括参与投标、订立合同、办理有关施工手续、从事施工等活动。

第十条 存在下列情形之一的，属于挂靠：

（一）没有资质的单位或个人借用其他施工单位的资质承揽工程的；

（二）有资质的施工单位相互借用资质承揽工程的，包括资质等级低的借用资质等级高的，资质等级高的借用资质等级低的，相同资质等级相互借用的；

（三）本办法第八条第一款第（三）至（九）项规定的情形，有证据证明属于挂靠的。

第十一条 本办法所称违法分包，是指承包单位承包工程后违反法律法规规定，把单位工程或分部分项工程分包给其他单位或个人施工的行为。

第十二条 存在下列情形之一的，属于违法分包：

（一）承包单位将其承包的工程分包给个人的；

（二）施工总承包单位或专业承包单位将工程分包给不具备相应资质单位的；

（三）施工总承包单位将施工总承包合同范围内工程主体结构的施工分包给其他单位的，钢结构工程除外；

（四）专业分包单位将其承包的专业工程中非劳务作业部分再分包的；

（五）专业作业承包人将其承包的劳务再分包的；

（六）专业作业承包人除计取劳务作业费用外，还计取主要建筑材料款和大中型施工机械设备、主要周转材料费用的。

第十三条 任何单位和个人发现违法发包、转包、违法分包及挂靠等违法行为的，均可向工程所在地县级以上人民政府住房和城乡建设主管部门进行举报。

接到举报的住房和城乡建设主管部门应当依法受理、调查、认定和处理，除无法告知举报人的情况外，应当及时将查处结果告知举报人。

第十四条 县级以上地方人民政府住房和城乡建设主管部门如接到人民法院、检察机关、仲裁机构、审计机关、纪检监察等部门转交或移送的涉及本行政区域内建筑工程发包与承包违法行为的建议或相关案件的线索或证据，应当依法受理、调查、认定和处理，并把处理结果及时反馈给转交或移送机构。

第十五条 县级以上人民政府住房和城乡建设主管部门对本行政区域内发现的违法发包、转包、违法分包及挂靠等违法行为，应当依法进行调查，按照本办法进行认定，并依法予以行政处罚。

（一）对建设单位存在本办法第五条规定的违法发包情形的处罚：

1. 依据本办法第六条（一）、（二）项规定认定的，依据《中华人民共和国建筑法》第六十五条、《建设工程质量管理条例》第五十四条规定进行处罚；

2. 依据本办法第六条（三）项规定认定的，依据《中华人民共和国招标投标法》第四十九条、《中华人民共和国招标投标法实施条例》第六十四条规定进行处罚；

3. 依据本办法第六条（四）项规定认定的，依据《中华人民共和国招标投标法》第五十一条、《中华人民共和国招标投标法实施条例》第六十三条规定进行处罚。

4. 依据本办法第六条（五）项规定认定的，依据《中华人民共和国建筑法》第六十五条、《建设工程质量管理条例》第五十五条规定进行处罚。

5. 建设单位违法发包，拒不整改或者整改后仍达不到要求的，视为没有依法确定施工企业，将其违法行为记入诚信档案，实行联合惩戒。对全部或部分使用国有资金的项目，同时将建设单位违法发包的行为告知其上级主管部门及纪检监察部门，并建议对建设单位直接负责的主管人员和其他直接责任人员给予相应的行政处分。

（二）对认定有转包、违法分包违法行为的施工单位，依据《中华人民共和国建筑法》第六十七条、《建设工程质量管理条例》第六十二条规定进行处罚。

（三）对认定有挂靠行为的施工单位或个人，依据《中华人民共和国招标投标法》第五十四条、《中华人民共和国建筑法》第六十五条和《建设工程质量管理条例》第六十条规定进行处罚。

（四）对认定有转让、出借资质证书或者以其他方式允许他人以本单位的名义承揽工程的施工单位，依据《中华人民共和国建筑法》第六十六条、《建设工程质量管理条例》第六十一条规定进行处罚。

（五）对建设单位、施工单位给予单位罚款处罚的，依据《建设工程质量管理条例》第七十三条、《中华人民共和国招标投标法》第四十九条、《中华人民共和国招标投标法实施条例》第六十四条规定，对单位直接负责的主管人员和其他直接责任人员进行处罚。

（六）对认定有转包、违法分包、挂靠、转让出借资质证书或者以其他方式允许他人以本单位的名义承揽工程等违法行为的施工单位，可依法限制其参加工程投标活动、承揽新的工程项目，并对其企业资质是否满足资质标准条件进行核查，对达不到资质标准要求的限期整改，整改后仍达不到要求的，资质审批机关撤回其资质证书。

对2年内发生2次及以上转包、违法分包、挂靠、转让出借资质证书或者以其他方式允许他人以本单位的名义承揽工程的施工单位，应当依法按照情节严重情形给予处罚。

（七）因违法发包、转包、违法分包、挂靠等违法行为导致发生质量安全事故的，应当依法按照情节严重情形给予处罚。

第十六条 对于违法发包、转包、违法分包、挂靠等违法行为的行政处罚追溯期限，应当按照法工办发〔2017〕223号文件的规定，从存在违法发包、转包、违法分包、挂靠的建筑工程竣工验收之日起计算；合同工程量未全部完成而解除或终止履行合同的，自合同解除或终止之日起计算。

第十七条 县级以上人民政府住房和城乡建设主管部门应将查处的违法发包、转包、违法分包、挂靠等违法行为和处罚结果记入相关单位或个人信用档案，同时向社会公示，并逐级上报至住房和城乡建设部，在全国建筑市场监管公共服务平台公示。

第十八条 房屋建筑和市政基础设施工程以外的专业工程可参照本办法执行。省级人民政府住房和城乡建设主管部门可结合本地实际，依据本办法制定相应实施细则。

第十九条 本办法中施工总承包单位、专业承包单位均指直接承接建设单位发包的工程的单位；专业分包单位是指承接施工总承包或专业承包企业分包专业工程的单位；承包单位包括施工总承包单位、专业承包单位和专业分包单位。

第二十条 本办法由住房和城乡建设部负责解释。

第二十一条 本办法自2019年1月1日起施行。2014年10月1日起施行的《建筑工程施工转包违法分包等违法行为认定查处管理办法（试行)》（建市〔2014〕118号）同时废止。

后　记

2018 年 12 月 29 日，《最高人民法院关于审理建设工程施工合同纠纷案件适用法律问题的解释（二）》（以下简称《建设工程司法解释（二）》）公布。而对包括笔者在内的大多数从业人员来说，都是在 2019 年 1 月 3 日上午通过最高人民法院的官网第一次看到《建设工程司法解释（二）》的全文。忆当日，大家纷纷转发此文，朋友圈几乎被刷屏。借用最高人民法院王毓莹法官于 2019 年 1 月 3 日下午通过微信公众号“法盏”刊发的《〈关于审理建设工程施工合同纠纷案件适用法律问题的解释（二）〉逐条解读》一文中的第一个词来概括彼时之盛况，那就是——万众瞩目。

学习完王毓莹法官的前述文章之后，笔者自 1 月 4 日开始又相继学习了参与《建设工程司法解释（二）》修改和定稿工作的最高人民法院肖峰法官通过公众号“法语峰言”先后刊发的与此相关的解读文章，进而间或学习了几位同行的类似文章。随后，笔者带领团队成员经过夜以继日的努力，精心制作出题为《〈建设工程司法解释（二）〉相关法律问题解析》的心得体会，并于 1 月 14 日与一大型房地产企业法务条线的数十名管理者进行了深入的交流与探讨。

在此期间，笔者有两点深切的感受：一是《建设工程司法解释（二)》的出台，除了帮助我们在施工合同纠纷领域更好地定分止争之外，还需要我们在更宽广的领域进行思考，比如司法解释将会给作为承包人的施工企业和作为发包人的房地产企业分别带来哪些重要的影响；二是我们在学习理解和实际运用《建设工程司法解释（二)》的具体条文时，如何通过司法实践中案例与条文的对照，更加高效、准确地把握每一条司法解释的核心要义及实务精髓，这同样值得我们深入思考。

1月21日，在不断学习、思考《建设工程司法解释（二)》的基础上，笔者撰写了一篇题为《浅谈建设工程司法解释（二）将给房地产企业带来的几点影响》的文章；1月22日，又以建筑施工企业的视角，撰写了题为《略论建设工程司法解释（二）给建筑施工企业带来的“五大影响”》的文章，两者分别于当日由公众号“锦天城律师事务所”刊发。

1月24日，笔者团队成员和全国各地的读者一样，接连收到第一时间订购的《最高人民法院建设工程施工合同司法解释（二）理解与适用》(以下简称《理解与适用》）一书。在用心学习了《理解与适用》五十多万字的“条文释义”后，我们坚定了将1月14日的讲稿延展为书稿的想法。

今天，以《建设工程施工合同司法解释（二）实务指南》(以下简称《实务指南》）为名的书稿已基本完成。本书对《建设工程司法解释（二)》中除附则以外的每一个条文进行了说明。在每一个条文下，除了阐明其内容外，还包括四个部分：最高院意见、条文点读、相关案例和实务建议。

“最高院意见”主要是对《理解与适用》中该条文的相关内容进行了提炼，以便于读者明确《理解与适用》中关于本条的

“条文释义”的主要内容。

“条文点读”主要是我们从解决具体问题或者给出切实提示的角度出发，在《理解与适用》的基础上，结合以往办理建设工程施工合同纠纷案件的经验，对条文进行相应的分析，不求面面俱到，但求有所启发。

“相关案例”这部分包括案例的裁判要点和裁判文书。主要是希望读者通过对案例的阅读，可以从条文的规定直接切入到真实具体的案例场景中，以加深对条文的理解与体会，从而在现实意义层面把握条文的精髓要旨。而以具体案例阐释相关司法解释的条文规定的表达方式，是我们编写本书的初衷之一。

在《建设工程司法解释（二)》出台之前，我们就曾针对“黑白合同的效力及工程价款结算依据的认定”“开工日期的认定及逾期违约责任的承担”“发包人提出工程质量索赔应注意的事项”“建设工程价款优先受偿权的行使”等多个问题开展过专题研究，而上述问题也是《建设工程司法解释（二)》的重要内容。并且，自2012年由最高人民法院关丽法官执笔的《建设工程司法解释（二）（征求意见稿)》出台以来，我们始终密切关注其进展与变化。为了更好地把握最高人民法院关于施工合同纠纷案件的审判动态，我们一直系统地检索梳理最高人民法院冯小光、关丽等法官参与审理的所有在中国裁判文书网公布的建设工程施工合同纠纷案例。积沙成塔，所有相关的研究与整理工作，都最终为我们这次编写本书提供了支持。

“实务建议”部分，则旨在从实务操作的角度出发，在“条文点读”与“相关案例”的基础上给出一些更加务实的建议，进而希望读者可以真正地读有所思、思有所获、获有所用。

在此，要感谢中国法制出版社的靳晓婷编辑及其同事们付出的辛劳，才能让本书得以尽快出版。团队包智渊付出了最大的努力编写本书，王敬和张文针对本书“条文点读”部分的立意等提出了很好的建议，张文还负责了相当一部分案例的整理工作及整个书稿的校对梳理，实习生马任辉也协助收集了部分案例，还有一些同事和始终伴随我们不断奔跑的客户给了我们良好的意见和令人鼓舞的支持，谨此一并向大家致以深深的谢意！想必书中定然会有不少的错漏，也恳请诸君批评指正，把您的宝贵意见毫不迟疑地直接发送给我们：liyun@ allbrightlaw. com。

此刻，夜深人静，脑海里一片空白。耳边响起的是从夜空传来的同事正敲击键盘的声音，响起的是自己1995年7月在宝钢三期工程的施工现场搅拌泥浆的声音，是自己1999年6月迈入律师行业后上班的路上追赶那趟正在远去的公交车的声音，是全体锦天城人20年来一路砥砺奋进的足音……

己亥新年，崭新的日子即将到来，愿本书能够给读者些许的切实帮助。如此，善莫大焉。

2019，愿将腰下剑，直为斩楼兰。

李　云

二〇一九年二月十日

图书在版编目（CIP）数据

建设工程施工合同司法解释（二）实务指南／李云，包智渊编著．—北京：中国法制出版社，2019.3
ISBN 978－7－5216－0067－4

Ⅰ.①建… Ⅱ.①李…②包… Ⅲ.①建筑工程－经济合同－法律解释－中国 Ⅳ.①D923.65

中国版本图书馆CIP数据核字（2019）第039601号

策划/责任编辑　靳晓婷（tinajxt@126.com）　　封面设计　杨鑫宇

建设工程施工合同司法解释（二）实务指南

JIANSHE GONGCHENG SHIGONG HETONG SIFA JIESHI（ER）SHIWU ZHINAN

编著/李云　包智渊
经销/新华书店
印刷/三河市国英印务有限公司
开本/730毫米×1030毫米　16开　　印张/28.25　字数/380千
版次/2019年3月第1版　　2019年3月第1次印刷

中国法制出版社出版
书号ISBN 978－7－5216－0067－4　　定价：108.00元

北京西单横二条2号
邮政编码100031　　传真：010－66031119
网址：http：//www.zgfzs.com　　**编辑部电话：010－66034242**
市场营销部电话：010－66033393　　**邮购部电话：010－66033288**

（如有印装质量问题，请与本社印务部联系调换。电话：010－66032926）